Schriftenreihe
der Juristischen Schulung
Band 146

Fälle zum Internationalen Privatrecht

mit Internationalem Zivilverfahrensrecht

von

Dr. Angelika Fuchs, LL. M.
Europäische Rechtsakademie Trier

Dr. Wolfgang Hau
o. Professor an der Ludwig-Maximilians-Universität München
Richter am OLG München

Dr. Karsten Thorn, LL. M.
o. Professor an der Bucerius Law School, Hamburg

5., neu bearbeitete Auflage 2019

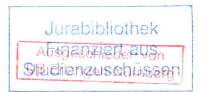

www.beck.de

ISBN 978 3 406 72487 9

© 2019 Verlag C. H. Beck oHG
Wilhelmstraße 9, 80801 München
Druck und Bindung: Druckhaus Nomos
In den Lissen 12, 76547 Sinzheim

Satz: Druckerei C. H. Beck Nördlingen

Gedruckt auf säurefreiem, alterungsbeständigem Papier
(hergestellt aus chlorfrei gebleichtem Zellstoff)

Vorwort zur 5. Auflage

Für die Neuauflage wurden sechs Fälle völlig neu entworfen und die übrigen gründlich überarbeitet; somit liegen nunmehr insgesamt fünfzehn Fälle vor, deren Verfasser dem Inhaltsverzeichnis zu entnehmen sind.

Die Fallsammlung behandelt sowohl klassische Prüfungsthemen als auch aktuelle Probleme der allgemeinen und besonderen Lehren des Kollisionsrechts. Das besondere Augenmerk gilt dabei der Verzahnung mit dem EU-Recht, dem Internationalen Zivilverfahrensrecht sowie dem Internationalen Einheitsrecht. Neue EU-Rechtsakte, namentlich die Brüssel Ia-Verordnung und die Europäische Erbrechts-Verordnung, und prüfungsrelevante Leitentscheidungen des *EuGH* werden ebenso ausführlich behandelt wie die aktuellen Entwicklungen im autonomen Recht (so die Einführung der gleichgeschlechtlichen Ehe).

Die Fälle sind so konzipiert, dass sie im Schwerpunktbereichs- oder Masterstudium gleichermaßen als Übung für Abschlussklausuren im klassischen Examensformat wie für Hausarbeiten dienen können. Die Aufnahme kürzerer Fälle sowie die Unterteilung der längeren Fälle in mehrere Teilaufgaben sollen es zudem ermöglichen, sich auf die mancherorts geforderten kürzeren Schwerpunktklausuren im IPR und/oder IZVR vorzubereiten.

Trier, München und Hamburg im Oktober 2018 *Die Verfasser*

Inhaltsverzeichnis

Vorwort zur 5. Auflage V
Abkürzungsverzeichnis IX
Literaturverzeichnis XV

Fall 1. Gesucht? Gefunden! *(Thorn)*
         Vertragsstatut – Rechtswahl in AGB – Sonderanknüpfung verbraucherschützender Normen – Verbrauchervertrag – Geschäftsführung ohne Auftrag – unerlaubte Handlung – Eingriffskondiktion – dinglicher Herausgabeanspruch – internationale Zuständigkeit – Anwendbarkeit der Brüssel I-VO – Verbrauchergerichtsstand – Niederlassungsbegriff – Vermögensgerichtsstand 1

Fall 2. Urlaub mit Zwischenfällen *(Fuchs)*
         Brüssel Ia-VO – Gerichtsstandsvereinbarung in AGB – Prorogationsschranke in Verbrauchersachen – Gerichtsstand für Deliktsklagen – Zuständigkeit für Versicherungssachen – Direktklage gegen den Versicherer – Rom II-VO – Anscheinsbeweis – Streitverkündung in Versicherungssachen – Mehrparteiengerichtsstand 15

Fall 3. Verspätung im Luftverkehr *(Fuchs)*
         Brüssel Ia-VO – Gerichtsstand für Vertragsklagen – Dienstleistungen – Erfüllungsort der Beförderungsleistung – Fluggastrechte – Europäisches Mahnverfahren – Europäisches Bagatellverfahren 31

Fall 4. IPR und SOS *(Hau)*
         Gesellschaftssitz – Erfüllungsortsvereinbarung – konkludente Rechtswahl – Vermögensgerichtsstand – Rechtshängigkeitssperre durch drittstaatliches Verfahren – Anerkennungsprognose – Anerkennungszuständigkeit – rügelose Einlassung nach Brüssel Ia-VO und ZPO 41

Fall 5. Grenzenlose Bürgenhaftung *(Hau)*
         Vollstreckbarkeit nach Brüssel Ia-VO – Vollstreckungsversagungsverfahren – Anerkennungszuständigkeit – ordre public und Angehörigenbürgschaft – internationale Zuständigkeit für Pfändungs- und Überweisungsbeschluss – Einziehungsklage – Anknüpfung des Ausgleichsanspruchs des Handelsvertreters – Europäischer Vollstreckungstitel – Europäisches Mahnverfahren 49

Fall 6. Rennfahrer Michael S. *(Fuchs)*
         Persönlichkeitsverletzung – Staatenimmunität – Luganer Übereinkommen – Gerichtsstand für Deliktsklagen – Streudelikt – Mosaikbeurteilung – Mittelpunkt der Interessen – autonomes Kollisionsrecht – Rückverweisung – internationale Handlungsvollstreckung – ordre public 61

Fall 7. Goodbye Sunshine *(Thorn)*
         Anwendbarkeit der Rom II-VO – internationale Produkthaftung – Ort des Inverkehrbringens – Erwerbsort – deliktischer Gerichtsstand – Tatortbegriff – internationales Vertragsrecht – Rechtswahl bei Pauschalreisevertrag – Wirkungsbeschränkung bei Verbrauchervertrag – Beschränkung der Rechtswahl bei Personenbeförderungsverträgen – internationale Produkthaftung in bystander-Fällen – Arbeitsvertragsstatut – Seearbeitsvertrag 73

Fall 8. Golfschuhe im Regen *(Fuchs)*
UN-Kaufrecht – Zustandekommen des Kaufvertrags – Vertragsaufhebung und Rügeobliegenheit – Schadensersatz und Nachbesserung – Aufrechnung – Zinsanspruch – Brüssel Ia-VO – Gerichtsstandsvereinbarung – Gerichtsstand des Erfüllungsorts – Incoterms – rügelose Einlassung 87

Fall 9. Der Kampf ums Forum *(Hau)*
Zustellung von US-Klagen nach Deutschland – Rechtsschutz gegen Zustellungsverfügung – Vollstreckbarerklärung – anerkennungsrechtlicher ordre public – punitive damages – Anerkennungszuständigkeit – Gerichtsstandsvereinbarungen in AGB – rügelose Einlassung – American rule of costs – Gerichtsstand für Kostenerstattungsklage – Anknüpfung der Haftung für abredewidrige Klagerhebung 101

Fall 10. Versilbertes Tafelsilber *(Thorn)*
Internationales Sachenrecht – lex rei sitae – Erwerb vom Nichtberechtigten – Gesetzesumgehung – Statutenwechsel – abgeschlossener Tatbestand – internationaler Versendungskauf – offener Tatbestand – Rechtswahl – Ausweichklausel – Lösungsrecht – Fortgeltung im Inland unbekannter Rechtsinstitute 115

Fall 11. Schwimmende Ware *(Thorn)*
UN-Kaufrecht – Anwendungsbereich – Vertragserfüllung – Eigentumsübergang als externe Regelungslücke – Sachenrechtsstatut bei Veräußerung schwimmender Ware – Gefahrübergang – Deliktsstatut – Drittschadensliquidation – Lieferort – Übereignung im Falle von Traditionspapieren – Wertpapiersachstatut – Wertpapierrechtsstatut – internationale Zuständigkeit – Schiedseinrede – Zulässigkeit von antisuit injunctions 129

Fall 12. Urlaubsflirt und Heiratsschwindel *(Hau)*
Internationale Zuständigkeit nach autonomem Recht – Gerichtsstand des Erfüllungsorts – Kognitionsbefugnis im Deliktsgerichtsstand – Deliktsstatut – Auflockerung mittels akzessorischer Anknüpfung – Statut des Verlöbnisbruchs – Unterhaltsstatut – internationale und örtliche Zuständigkeit in Unterhaltssachen – internationale Zuständigkeit in Erwachsenenschutzsachen – Betreuungsstatut . 143

Fall 13. Trennung im Dreiländereck *(Hau)*
Internationale Zuständigkeit in Ehesachen nach Brüssel IIa-VO und FamFG – wesenseigene Unzuständigkeit – Anknüpfung der Trennung von Tisch und Bett – Erstfrage – Handschuhehe – Handeln unter falschem Recht – Beachtung innereuropäischer Parallelverfahren 155

Fall 14. Schlechter Umgang *(Fuchs)*
Elterliche Verantwortung – Umgangsrecht – internationale Zuständigkeit nach der Brüssel IIa-VO – Forum non conveniens – Haager Kinderschutzübereinkommen – Verhältnis der Brüssel IIa-VO zum Haager Kindesentführungsübereinkommen – Verfahrensbeistand – Anhörung des Kindes – undertakings – Regelungen zur Kindesrückführung 167

Fall 15. Bimmel und Bommel Reloaded *(Thorn)*
Erbstatut – Vorfrage – Abstammungsstatut – gleichgeschlechtliche Ehe – Lebenspartnerschaftsstatut – kollisionsrechtliche Anerkennung einer ausländischen Partnerschaftsauflösung – verfahrensrechtliche Anerkennung nach Brüssel IIa-VO und FamFG – Qualifikation des Zugewinnausgleichs im Todesfall 183

Gesetzesverzeichnis 199
Sachverzeichnis 207

Abkürzungsverzeichnis

a. A.	anderer Ansicht
a. a. O.	am angegebenen Ort
ABGB	Allgemeines Bürgerliches Gesetzbuch (Österreich)
abgedr.	abgedruckt
abl.	ablehnend
ABl.	Amtsblatt
Abs.	Absatz
AcP	Archiv für die civilistische Praxis
AdoptÜ	Haager Übereinkommen über den Schutz von Kindern und die Zusammenarbeit auf dem Gebiet der internationalen Adoption
a. E.	am Ende
a. F.	alte Fassung
AfP	Archiv für Presserecht
AG	Aktiengesellschaft; Amtsgericht
AGB	Allgemeine Geschäftsbedingung(en)
AGBG	Gesetz zur Regelung des Rechts der Allgemeinen Geschäftsbedingungen
All E. R.	All England Law Reports
Alt.	Alternative
Anh.	Anhang
Anm.	Anmerkung
AnwBl	Anwaltsblatt
arg.	argumentum
Art.	Artikel
Aufl.	Auflage
AVAG	Gesetz zur Ausführung zwischenstaatlicher Anerkennungs- und Vollstreckungsverträge in Zivil- und Handelssachen
AWD	Außenwirtschaftsdienst des Betriebs-Beraters
BayObLG	Bayerisches Oberstes Landesgericht
BayObLGZ	Bayerisches Oberstes Landesgericht, Entscheidungssammlung in Zivilsachen
BAG	Bundesarbeitsgericht
BB	Betriebs-Berater
Bd.	Band
BerGesVR	Berichte der Deutschen Gesellschaft für Völkerrecht
BGB	Bürgerliches Gesetzbuch
BGBl.	Bundesgesetzblatt
BGH	Bundesgerichtshof
BGHZ	Entscheidungen des Bundesgerichtshofes in Zivilsachen
BKR	Zeitschrift für Bank- und Kapitalmarktrecht
Brüssel I-VO	EG-Verordnung über die gerichtliche Zuständigkeit und die Anerkennung und Vollstreckung von Entscheidungen in Zivil- und Handelssachen
Brüssel Ia-VO	EU-Verordnung über die gerichtliche Zuständigkeit und die Anerkennung und Vollstreckung von Entscheidungen in Zivil- und Handelssachen
Brüssel IIa-VO	EG-Verordnung über die Zuständigkeit und die Anerkennung und Vollstreckung von Entscheidungen in Ehesachen und in Verfahren betreffend die elterliche Verantwortung für die gemeinsamen Kinder der Ehegatten

BT-Drs.	Drucksachen des Deutschen Bundestages
BVerfG	Bundesverfassungsgericht
BVerfGE	Entscheidungen des Bundesverfassungsgerichts
BW	Burgerlijk Wetboek (Niederlande)
bzw.	beziehungsweise
CISG	Wiener UN-Übereinkommen über Verträge über den internationalen Warenkauf (Convention on the International Sale of Goods)
Civ.	Cour de Cassation, Chambre Civile (Frankreich)
DB	Der Betrieb
DEuFamR	Deutsches und Europäisches Familienrecht
d. h.	das heißt
D. jur./somm.	Recueil Dalloz Jurisprudence/Sommaires Commentés
DNotZ	Deutsche Notar-Zeitschrift
DStR	Deutsches Steuerrecht
DZWir	Deutsche Zeitschrift für Wirtschafts- und Insolvenzrecht
EG	Europäische Gemeinschaft; Vertrag zur Gründung der Europäischen Gemeinschaft
EGBGB	Einführungsgesetz zum Bürgerlichen Gesetzbuch
EGGVG	Einführungsgesetz zum Gerichtsverfassungsgesetz
Einl.	Einleitung
E. L. Rev.	European Law Review
EMRK	Konvention zum Schutze der Menschenrechte und Grundfreiheiten
EU	Europäische Union
EuEntfÜ	Luxemburger Europäisches Übereinkommen über die Anerkennung und Vollstreckung von Entscheidungen über das Sorgerecht für Kinder und die Wiederherstellung des Sorgeverhältnisses
EuErbVO	EU-Verordnung über die Zuständigkeit, das anzuwendende Recht, die Anerkennung und Vollstreckung von Entscheidungen und die Annahme und Vollstreckung öffentlicher Urkunden in Erbsachen sowie zur Einführung eines Europäischen Nachlasszeugnisses
EuGH	Gerichtshof der Europäischen Union
EuGHE	Sammlung der Rechtsprechung des Gerichtshofes und des Gerichts der Europäischen Union
EuGüVO	EU-Verordnung zur Durchführung einer Verstärkten Zusammenarbeit im Bereich der Zuständigkeit, des anzuwendenden Rechts und der Anerkennung und Vollstreckung von Entscheidungen in Fragen des ehelichen Güterstands
EuGVÜ	Brüsseler EWG-Übereinkommen über die gerichtliche Zuständigkeit und die Vollstreckung gerichtlicher Entscheidungen in Zivil- und Handelssachen
EuMahnVO	EG-Verordnung zur Einführung eines Europäischen Mahnverfahrens
EurRevPrivL	European Review of Private Law
EuUntVO	EG-Verordnung über die Zuständigkeit, das anwendbare Recht, die Anerkennung und Vollstreckung von Entscheidungen und die Zusammenarbeit in Unterhaltssachen
EuZW	Europäische Zeitschrift für Wirtschaftsrecht
EVÜ	Römisches EWG-Übereinkommen über das auf vertragliche Schuldverhältnisse anzuwendende Recht
EWiR	Entscheidungen zum Wirtschaftsrecht
EWR	Europäischer Wirtschaftsraum
EWS	Europäisches Wirtschafts- & Steuerrecht
f./ff.	folgende

Abkürzungsverzeichnis

FamFG	Gesetz über das Verfahren in Familiensachen und in Angelegenheiten der freiwilligen Gerichtsbarkeit
FamG	Familiengericht
FamRÄndG	Gesetz zur Vereinheitlichung und Änderung familienrechtlicher Vorschriften (Familienrechtsänderungsgesetz)
FamRBint	Der Familienrechtsberater (international)
FamRZ	Zeitschrift für das gesamte Familienrecht
FlaggenrechtsG	Gesetz über das Flaggenrecht der Seeschiffe und die Flaggenführung der Binnenschiffe
Fn.	Fußnote
FPR	Familie Partnerschaft Recht
FS	Festschrift
gem.	gemäß
GewSchG	Gesetz zum zivilrechtlichen Schutz vor Gewalttaten und Nachstellungen (Gewaltschutzgesetz)
GG	Grundgesetz für die Bundesrepublik Deutschland
GmbH	Gesellschaft mit beschränkter Haftung
GmbHG	Gesetz betreffend die Gesellschaften mit beschränkter Haftung
GRUR	Gewerblicher Rechtsschutz und Urheberrecht
GRUR Int.	Gewerblicher Rechtsschutz und Urheberrecht, Internationaler Teil
GVG	Gerichtsverfassungsgesetz
h. A./L./M.	herrschende Ansicht/Lehre/Meinung
HKEntfÜ	Haager Übereinkommen über die zivilrechtlichen Aspekte internationaler Kindesentführung
HGB	Handelsgesetzbuch
HL	House of Lords
Hrsg.	Herausgeber
Hs.	Halbsatz
HZÜ	Haager Übereinkommen über die Zustellung gerichtlicher und außergerichtlicher Schriftstücke im Ausland in Zivil- oder Handelssachen
i.(e.)S.	im (engeren) Sinne
ICC	Internationale Handelskammer Paris
ID	Identifikator
IHR	Internationales Handelsrecht
InsO	Insolvenzordnung
IntFamRVG	Internationales Familienrechtsverfahrensgesetz
IPG	Gutachten zum internationalen und ausländischen Privatrecht
IPR	Internationales Privatrecht
IPRG	Gesetz über das Internationale Privatrecht
IPRax	Praxis des Internationalen Privat- und Verfahrensrechts
IPRspr	Die deutsche Rechtsprechung auf dem Gebiete des internationalen Privatrechts
i. S. d./v.	im Sinne des/der/von
i. V. m.	in Verbindung mit
IZVR	Internationales Zivilverfahrensrecht
JA	Juristische Arbeitsblätter
JR	Juristische Rundschau
JURA	Juristische Ausbildung
JuS	Juristische Schulung
JZ	Juristenzeitung
KG	Kammergericht; Kommanditgesellschaft
krit.	kritisch(e/er)

KSÜ	Haager Übereinkommen über die Zuständigkeit, das anzuwendende Recht, die Anerkennung, Vollstreckung und Zusammenarbeit auf dem Gebiet der elterlichen Verantwortung und der Maßnahmen zum Schutz von Kindern
LG	Landgericht
lit.	litera
LM	Lindenmaier/Möhring (Hrsg.), Nachschlagewerk des BGH in Zivilsachen
LPartG	Gesetz über die Eingetragene Lebenspartnerschaft (Lebenspartnerschaftsgesetz)
LS	Leitsatz
LugÜ	Luganer Übereinkommen über die gerichtliche Zuständigkeit und die Vollstreckung gerichtlicher Entscheidungen in Zivil- und Handelssachen
MDR	Monatsschrift für Deutsches Recht
MoMiG	Gesetz zur Modernisierung des GmbH-Rechts und zur Bekämpfung von Missbräuchen
MSA	Haager Übereinkommen über die Zuständigkeit der Behörden und das anzuwendende Recht auf dem Gebiet des Schutzes von Minderjährigen (Haager Minderjährigenschutzabkommen)
m. Anm.	mit Anmerkung
m. w. N.	mit weiteren Nachweisen
n. F.	neue Fassung
NJW	Neue Juristische Wochenschrift
NJW-RR	NJW-Rechtsprechungs-Report Zivilrecht
Nr.	Nummer
NZA	Neue Zeitschrift für Arbeitsrecht
OLG	Oberlandesgericht
PHI	Produkt- und Umwelthaftpflicht international
port.	portugiesisch
ProdHaftG	Gesetz über die Haftung für fehlerhafte Produkte
RabelsZ	Rabels Zeitschrift für ausländisches und internationales Privatrecht
RdA	Recht der Arbeit
Ref.E.	Referentenentwurf
Rev crit	Revue critique de droit international privé
RG	Reichsgericht
RGBl.	Reichsgesetzblatt
RGZ	Entscheidungen des Reichsgerichts in Zivilsachen
Riv.dir.int.priv.proc.	Rivista di diritto internazionale privato e processuale
RIW	Recht der internationalen Wirtschaft
Rn.	Randnummer
Rom I-VO	EG-Verordnung über das auf vertragliche Schuldverhältnisse anzuwendende Recht
Rom II-VO	EG-Verordnung über das auf außervertragliche Schuldverhältnisse anzuwendende Recht
Rom III-VO	EU-Verordnung zur Durchführung einer Verstärkten Zusammenarbeit im Bereich des auf die Ehescheidung und Trennung ohne Auflösung des Ehebandes anzuwendenden Rechts
RPflG	Rechtspflegergesetz

Abkürzungsverzeichnis XIII

Rs.	Rechtssache
RL	Richtlinie
S.	Satz; Seite
s. (o./u.)	siehe (oben/unten)
Sem.jud.	Semaine judiciaire
sog.	sogenannte
SorgeRÜbkAG	Sorgerechtsübereinkommens-Ausführungsgesetz
span.	spanisch
st. Rspr.	ständige Rechtsprechung
StAG	Staatsangehörigkeitsgesetz
StAZ	Das Standesamt
StGB	Strafgesetzbuch
str.	strittig
TribGInst	Tribunal de grande instance (Frankreich)
Tz.	Textziffer
TzWrG	Gesetz über die Veräußerung von Teilzeitnutzungsrechten an Wohngebäuden (Teilzeit-Wohnrechtegesetz)
u. a.	und andere/unter anderem
Ufita	Archiv für Urheber-, Film-, Funk- und Theaterrecht
UKlaG	Gesetz über Unterlassungsklagen bei Verbraucherrechts- und anderen Verstößen (Unterlassungsklagengesetz)
Unterabs.	Unterabsatz
US	United States
u. U.	unter Umständen
UWG	Gesetz gegen den unlauteren Wettbewerb
v.	versus
VersR	Zeitschrift für Versicherungsrecht, Haftungs- und Schadensrecht
vgl.	vergleiche
VO	Verordnung
WiB	Wirtschaftsrechtliche Beratung
WM	Wertpapier-Mitteilungen
WRP	Wettbewerb in Recht und Praxis
WuB	Wirtschafts- und Bankrecht
z. B.	zum Beispiel
ZEuP	Zeitschrift für europäisches Privatrecht
ZHR	Zeitschrift für das gesamte Handels- und Wirtschaftsrecht
ZIP	Zeitschrift für Wirtschaftsrecht
zit.	zitiert
ZGB	Zivilgesetzbuch (Schweiz)
ZPO	Zivilprozessordnung
ZRvgl	(Österreichische) Zeitschrift für Rechtsvergleichung
ZUM	Zeitschrift für Urheber- und Medienrecht
zust.	zustimmend(e/er)
ZvglRW	Zeitschrift für vergleichende Rechtswissenschaft
ZZP	Zeitschrift für Zivilprozess
ZZPInt	Zeitschrift für Zivilprozess International

Literaturverzeichnis

Adolphsen EuZVR	*Adolphsen*, Europäisches Zivilverfahrensrecht, 2. Aufl. 2015
Althammer/*Bearbeiter* ...	*Althammer*, Brüssel IIa Rom III, 2014
Andrae IntFamR	*Andrae*, Internationales Familienrecht, 3. Aufl. 2014
BeckOK BGB/	
Bearbeiter	*Bamberger/Roth/Hau/Poseck*, Beck'scher Online-Kommentar BGB, 46. Edition, Stand: 1.5.2018
von Bar/Mankowski	
IPR AT	*von Bar/Mankowski*, Internationales Privatrecht, Bd. I: Allgemeine Lehren, 2. Aufl. 2003
Erman/*Bearbeiter*	*Erman*, Handkommentar zum BGB, 15 Aufl. 2017
Geimer IZPR	*Geimer*, Internationales Zivilprozessrecht, 7. Aufl. 2014
Hausmann EuIntFamR ..	*Hausmann*, Internationales und Europäisches Familienrecht, 2. Aufl. 2018
von Hoffmann/Thorn	
IPR	*von Hoffmann/Thorn*, Internationales Privatrecht, 9. Aufl. 2007
Honsell/*Bearbeiter*	*Honsell*, Kommentar zum UN-Kaufrecht: Übereinkommen der Vereinten Nationen über Verträge über den Internationalen Warenkauf (CISG), 2. Aufl. 2010
IZVR-HdB	*Max-Planck-Institut für ausländisches und internationales Privatrecht* (Hrsg.), Handbuch des Internationalen Zivilverfahrensrechts, seit 1982
Jayme/Hausmann	*Jayme/Hausmann*, Internationales Privat- und Verfahrensrecht, 19. Aufl. 2018
Junker IPR	*Junker*, Internationales Privatrecht, 2. Aufl. 2017
Junker IZPR	*Junker*, Internationales Zivilprozessrecht, 3. Aufl. 2016
Kegel/Schurig IPR	*Kegel/Schurig*, Internationales Privatrecht, 9. Aufl. 2004
Kropholler IPR	*Kropholler*, Internationales Privatrecht, 6. Aufl. 2006
Kropholler/von Hein	*Kropholler/von Hein*, Europäisches Zivilprozessrecht, 9. Aufl. 2011
Linke/Hau IZVR	*Linke/Hau*, Internationales Zivilverfahrensrecht, 7. Aufl. 2018
Looschelders	*Looschelders*, Internationales Privatrecht – Art. 3–46 EGBGB, 2004
Magnus/Mankowski/	
Bearbeiter	*Magnus/Mankowski*, European Commentaries on Private International Law, Vol. I–IV, Brussels IIbis – Commentary, 2017
MüKoBGB/*Bearbeiter* ..	Münchener Kommentar zum BGB, 7. Aufl. seit 2015
MüKoFamFG/*Bearbeiter*	Münchener Kommentar zum FamFG, 2. Aufl. 2013
MüKoHGB/*Bearbeiter* ..	Münchener Kommentar zum HGB, 3. Aufl. seit 2012, 4. Aufl. seit 2016
MüKoZPO/*Bearbeiter* ...	Münchener Kommentar zur ZPO, 5. Aufl. 2016
Musielak/Voit/*Bearbeiter*	*Musielak/Voit*, ZPO, 14. Aufl. 2017
Nademleinsky/Neumayr	
IntFamR	*Nademleinsky/Neumayr*, Internationales Familienrecht, 2. Aufl. 2017
Nagel/Gottwald IZPR ..	*Nagel/Gottwald*, Internationales Zivilprozessrecht, 7. Aufl. 2013
NK-BGB/*Bearbeiter*	*Dauner-Lieb/Heidel/Ring*, NomosKommentar BGB, 2. Aufl. 2016
Palandt/*Bearbeiter*	*Palandt*, BGB, 77. Aufl. 2018
Prütting/Helms/	
Bearbeiter	*Prütting/Helms*, FamFG, 4. Aufl. 2018

Prütting/Wegen/
Weinreich/*Bearbeiter* .... *Prütting/Wegen/Weinreich*, BGB, 12. Aufl. 2017
Rauscher/*Bearbeiter* ..... *Rauscher*, Europäisches Zivilprozess- und Kollisionsrecht EuZPR/EuIPR, 4. Aufl. 2015
Rauscher IPR .... *Rauscher*, Internationales Privatrecht, 5. Aufl. 2017
Reithmann/Martiny/
Bearbeiter .... *Reithmann/Martiny*, Internationales Vertragsrecht, 8. Aufl. 2015
Schack IZVR .... *Schack*, Internationales Zivilverfahrensrecht, 7. Aufl. 2017
Schlechtriem/Schroeter .. *Schlechtriem/Schroeter*, Internationales Kaufrecht, 6. Aufl. 2016
Schlechtriem/Schwenzer/
Bearbeiter .... *Schlechtriem/Schwenzer*, Kommentar zum Einheitlichen UN-Kaufrecht – CISG –, 6. Aufl. 2013
Schlosser/Hess .... *Schlosser/Hess*, EU-Zivilprozessrecht, 4. Aufl. 2015
Schütze IZPR .... *Schütze*, Deutsches Internationales Zivilprozessrecht unter Einschluss des Europäischen Zivilprozessrechts, 2. Aufl. 2005
Siehr IPR .... *Siehr*, Internationales Privatrecht: deutsches und europäisches Kollisionsrecht für Studium und Praxis, 2001
Staudinger/*Bearbeiter* ... *Staudinger*, Kommentar zum Bürgerlichen Gesetzbuch, 13. Aufl. seit 1993, seither bandweise Aktualisierungen
Stein/Jonas/*Bearbeiter* ... *Stein/Jonas*, ZPO, 23. Aufl. seit 2014
Thomas/Putzo/
Bearbeiter .... *Thomas/Putzo*, ZPO, 39. Aufl. 2018
Wieczorek/Schütze/
Bearbeiter .... *Wieczorek/Schütze*, ZPO, 4. Aufl. seit 2013
Zöller/*Bearbeiter* .... *Zöller*, ZPO, 32. Aufl. 2018

Fall 1. Gesucht? Gefunden!

Vertragsstatut – Rechtswahl in AGB – Sonderanknüpfung verbraucherschützender Normen – Verbrauchervertrag – Geschäftsführung ohne Auftrag – unerlaubte Handlung – Eingriffskondiktion – dinglicher Herausgabeanspruch – internationale Zuständigkeit – Anwendbarkeit der Brüssel I-VO – Verbrauchergerichtsstand – Niederlassungsbegriff – Vermögensgerichtsstand

Sachverhalt

Der in Beirut ansässige *Ahmed* befasst sich gewerbsmäßig damit, verschwundene Kunstwerke aufzuspüren und ihrem Eigentümer wiederzuverschaffen. Hierzu gründete er 1997 eine Gesellschaft nach liechtensteinischem Recht, die *Ahmed AG (A)*. Diese hat in Vaduz lediglich ihren statutarischen Sitz, während die Geschäfte von Beirut aus geführt werden. Zur Koordinierung ihrer europäischen Aktivitäten unterhält die Gesellschaft in Brüssel ein ständiges Büro mit fünf Angestellten.

Ein von diesem Büro beauftragter Bevollmächtigter der *A (V)* findet im Juni 2018 anlässlich von Recherchen für einen anderen Fall, welche ihn an die französische Côte d'Azur geführt haben, durch Zufall ein dem *Berthold (B)* gehörendes Gemälde von *Ernst Ludwig Kirchner*; dieses war *B* einige Jahre zuvor aus seiner Ferienvilla in Cannes gestohlen worden. Unter ungeklärten Umständen gelingt es *V*, das Bild in die Schweiz zu verbringen, wo er es in einem von *A* angemieteten Bankschließfach deponiert.

Wenig später sucht *V* den *B* an dessen Wohnsitz in Hamburg auf. Er teilt diesem – unter Verschweigen des bereits erfolgten Fundes – mit, dass *A* möglicherweise in der Lage sei, ihm sein lange vermisstes Gemälde wiederzubeschaffen. Voraussetzung sei selbstverständlich, dass *B* die *A* zu den erforderlichen Nachforschungen beauftrage; auf die Allgemeinen Geschäftsbedingungen der *A* weist *V* in diesem Zusammenhang ausdrücklich hin. *B*, der im Aufbruch zu seinem französischen Urlaubsdomizil ist, bittet sich eine kurze Bedenkzeit aus. In Cannes angekommen unterschreibt er schließlich das von *V* ausgehändigte Vertragsformular sowie die beigefügte Widerrufsbelehrung nach § 355 II BGB und übermittelt beides der *A*. Der Vertrag enthält u. a. eine Gerichtsstandsvereinbarung zugunsten libanesischer Gerichte sowie eine Klausel über die Anwendbarkeit libanesischen Rechts.

Als *B* Kenntnis von der wahren Sachlage erhält, bemüht er sich zunächst um eine gütliche Einigung mit *A*. Als diese einen Vergleich immer weiter hinauszögert, ficht *B* den Vertrag schließlich an; zwischen den Parteien bleibt jedoch umstritten, ob die Anfechtung fristgemäß war. Jedenfalls begehrt *B* von *A* die Herausgabe seines Gemäldes.

Frage 1: Welchem Recht unterliegen die möglichen Ansprüche des *B* gegen *A* auf Herausgabe des Gemäldes?

Frage 2: Ist das *LG Hamburg* für die im Juli 2018 erhobene Klage des *B* zuständig? Ist es hierfür von Bedeutung, ob *A* aus einem früheren Geschäftsbesorgungsverhältnis noch einen Vergütungsanspruch gegen den ebenfalls in Hamburg ansässigen *Dieter (D)* hat?

Bearbeitervermerk:

Soweit der Bearbeiter zur Anwendbarkeit ausländischer Normen gelangt, ist davon auszugehen, dass diese dem deutschen Recht entsprechen.

Lösung

Frage 1

I. Vertragliche Ansprüche

Das Vertragsstatut ist nach den Kollisionsregeln der Rom I-VO[1] zu ermitteln, welche Anwendungsvorrang gegenüber dem autonomen Recht genießt, wie sich auch aus dem – freilich rein deklaratorischen – Art. 3 Nr. 1 lit. b EGBGB ergibt.

1. Rechtswahl

a) Vorwirkung der Rechtswahl

Gemäß Art. 3 I Rom I-VO, der das Prinzip der freien Rechtswahl (Grundsatz der Parteiautonomie)[2] verwirklicht, ist vorrangig an den Parteiwillen anzuknüpfen. Hier haben A und B eine ausdrückliche Rechtswahl zugunsten libanesischen Rechts getroffen. Fraglich ist, ob die Rechtswahl wirksam ist. Obgleich die Rechtswahlvereinbarung materiellrechtlich vom Hauptvertrag zu unterscheiden ist, wird sie hinsichtlich ihres Zustandekommens wie ihrer Wirksamkeit akzessorisch zu diesem angeknüpft (Art. 3 V, 10 I Rom I-VO). Das gewählte Vertragsstatut entfaltet mithin Vorwirkung für die materielle Beurteilung der Rechtswahl.[3] Diese unterliegt gleichfalls libanesischem Recht.

b) Rechtswahl in AGB

Etwas anderes könnte sich indes daraus ergeben, dass die Rechtswahl zwischen A und B in Form Allgemeiner Geschäftsbedingungen erfolgt ist. Abschluss- und Inhaltskontrolle der Rechtswahl könnten insoweit der Sonderanknüpfung nach Art. 46b EGBGB unterliegen, welcher die kollisionsrechtlichen Bestimmungen einzelner verbraucherschützender EG-Richtlinien in das deutsche Recht umsetzt und in dieser Funktion an die Stelle früherer Kollisionsregeln in Spezialgesetzen (§ 12 AGBG, § 8 TzWrG) getreten ist.[4] Eine solche Sonderanknüpfung ist unproblematisch, da Art. 23 Rom I-VO die Anwendung von Kollisionsnormen unberührt lässt, durch die Richtlinien der Europäischen Gemeinschaften in nationales Recht umgesetzt werden. Dabei verdrängt Art. 46b EGBGB nicht das Vertragsstatut als solches, sondern überlagert dieses lediglich in einzelnen Bereichen.

Der *sachliche* Anwendungsbereich von Art. 46b EGBGB ergibt sich mittelbar aus dem Richtlinienkatalog des Abs. 4. In Betracht kommt vorliegend die Klauselricht-

---

[1] Verordnung (EG) Nr. 593/2008 des Europäischen Parlaments und des Rates über das auf vertragliche Schuldverhältnisse anwendbare Recht vom 17.6.2008, ABl. EG 2008 Nr. L 177/6; abgedr. bei *Jayme/Hausmann* Nr. 80.
[2] Hierzu NK-BGB/*Leible* Rom I-VO Art. 3 Rn. 1 ff.
[3] Rauscher/*von Hein* Rom I-VO Art. 3 Rn. 40.
[4] Nach dem ursprünglichen Entwurf zur Rom I-VO sollte das Richtlinienkollisionsrecht noch bis auf wenige in einem Anhang zur VO aufgeführte Ausnahmen ersatzlos entfallen. Dieser Plan, der zu einer sinnvollen Bereinigung der Rechtslage geführt hätte, wurde später leider wieder aufgegeben.

linie vom 5.4.1993[5] (lfd. Nr. 1). Nach ihrem Art. 3 erfasst die Richtlinie Vertragsklauseln, welche nicht im Einzelnen ausgehandelt wurden, also Allgemeine Geschäftsbedingungen, wie sie vorliegend von der A verwendet wurden.[6]

Der *persönliche* Anwendungsbereich ist eröffnet, wenn die Allgemeinen Geschäftsbedingungen gegenüber einem Verbraucher i. S. v. Art. 2 lit. b Klauselrichtlinie Verwendung finden. Da B den Vertrag nicht zu einem Zweck abgeschlossen hat, der seiner gewerblichen oder beruflichen Tätigkeit zuzurechnen ist, ist diese Voraussetzung erfüllt. Zudem setzt die Klauselrichtlinie nach ihrem Art. 1 I voraus, dass der AGB-Verwender Gewerbetreibender i. S. v. Art. 2 lit. c ist, was hier bejaht werden kann, da A den Vertrag zu gewerblichen Zwecken abgeschlossen hat.

Hinsichtlich seiner *räumlichen* Anwendbarkeit fordert Art. 46b I EGBGB einen engen Zusammenhang des Vertrages mit dem Gebiet eines Staates der Europäischen Union bzw. des Europäischen Wirtschaftsraums. Diese Generalklausel wird durch das Regelbeispiel des Art. 46b II EGBGB näher ausgefüllt. Voraussetzung ist hiernach, dass der fragliche Vertrag aufgrund einer geschäftlichen Tätigkeit des Unternehmers in einem Staat der EU oder des EWR zustande gekommen ist, in welchem der Verbraucher bei Abgabe seiner auf den Vertragsschluss gerichteten Erklärung seinen gewöhnlichen Aufenthalt hat, und der Vertrag in den Bereich der Tätigkeit fällt. Vorliegend erfolgte das Angebot der A auf Vertragsschluss am gewöhnlichen Aufenthalt des B in Deutschland. Dass dieser seine Annahmeerklärung in der Folge in einem anderen Staat – hier Frankreich – abgab, ist im Unterschied zum früheren Art. 5 II EVÜ (Art. 29 I Nr. 1 EGBGB) unschädlich.[7] Somit liegt der geforderte enge räumliche Bezug zu Deutschland vor.

Schließlich greift Art. 46b I EGBGB nur dann ein, wenn der betreffende Vertrag *kraft Rechtswahl* dem Recht eines Staates unterliegt, der weder der Europäischen Union noch dem Europäischen Wirtschaftsraum angehört.[8] Die Wahl libanesischen Rechts durch die Parteien erfüllt diese Voraussetzung.

Sämtliche Anwendungsvoraussetzungen des Art. 46b I EGBGB liegen somit vor. Als Rechtsfolge unterliegt der Geschäftsbesorgungsvertrag zwischen A und B und damit auch die Rechtswahlvereinbarung der in Deutschland geltenden Umsetzung der Klauselrichtlinie, also den §§ 305 ff. BGB. Ein Günstigkeitsvergleich mit den verbraucherschützenden Normen des gewählten Rechts ist entgegen der Vorgaben des Art. 6 II Klauselrichtlinie nicht vorgesehen. Hierin liegt ein Verstoß gegen europäisches Sekundärrecht begründet. Eine richtlinienkonforme Auslegung scheitert indes am eindeutigen Willen des deutschen Gesetzgebers.[9]

Fraglich ist, ob die Rechtswahlklausel danach wirksamer Vertragsbestandteil geworden ist. Zwar hat V den B ausdrücklich auf die Geltung der AGB hingewiesen und diesem die Möglichkeit zur Kenntnisnahme verschafft (§ 305 II BGB). Zudem stellt eine Klausel zugunsten ausländischen Rechts in einem Vertrag mit einer ausländischen juristischen Person, welche international tätig ist, entgegen vereinzelter

---

[5] Richtlinie 93/13/EWG über missbräuchliche Klauseln in Verbraucherverträgen vom 5.4.1993, ABl. EG 1993 Nr. L 95/29.
[6] Zur Anwendbarkeit der Richtlinie auf vorformulierte Rechtswahlklauseln *W.-H. Roth*, IPRax 2017, 449 (455 f.).
[7] *Hinweis:* Zudem reichen nach Art. 46b II EGBGB auch Bezüge zu zwei unterschiedlichen Mitgliedstaaten aus, um den erforderlichen räumlichen Bezug zum Binnenmarkt herzustellen; hierzu *Rauscher* IPR § 10 Rn. 1237 ff.
[8] Krit. zu dieser Voraussetzung *Thorn*, IPRax 1999, 1 (8 f.).
[9] Hierzu *Freitag/Leible*, EWS 2000, 342 (345 f.).

Judikate auch keine überraschende Klausel i. S. v. § 305c I BGB dar.[10] Allerdings kann eine solche Klausel nach einer aktuellen Entscheidung des *EuGH* als missbräuchlich i. S. v. Art. 3 I Klauselrichtlinie (= § 307 I S. 1 BGB) anzusehen sein, wenn sie den Verbraucher im Falle eines Verbrauchervertrags gemäß Art. 6 Rom I-VO nicht darüber unterrichtet, dass er nach Art. 6 II S. 2 Rom I-VO unbeschadet der Rechtswahl zumindest den Schutz der zwingenden Vorschriften des objektiven Vertragsstatuts genießt.[11] Somit ist an dieser Stelle inzident die Anwendbarkeit des Art. 6 Rom I-VO zu prüfen.

c) Sonderanknüpfung für Verbraucherverträge

Voraussetzung für die Anwendbarkeit des Art. 6 Rom I-VO im Allgemeinen und dessen Abs. 2 S. 2 im Besonderen ist, dass deren sachlicher, persönlicher und räumlicher Anwendungsbereich eröffnet ist. Die Begriffe sind jeweils autonom auszulegen.

aa) Sachlicher Anwendungsbereich

Im Unterschied zum vormaligen Art. 5 EVÜ (Art. 29 EGBGB) ist Art. 6 Rom I-VO sachlich im Grundsatz auf sämtliche Vertragstypen anwendbar. Fraglich ist, ob hier die *Ausschlussklausel* des Art. 6 IV lit. a Rom I-VO greift, wonach Art. 6 Rom I-VO nicht auf Verträge über Dienstleistungen anwendbar ist, die ausschließlich in einem anderen Staat als dem Aufenthaltsstaat des Verbrauchers erbracht werden müssen.[12] Die *A* sollte jedoch weltweit nach dem Gemälde des *B* forschen, also auch in dessen Aufenthaltsstaat Deutschland. Dabei darf *A* nicht zugutekommen, dass das Gemälde zum Zeitpunkt des Vertragsschlusses bereits in Frankreich aufgefunden und anschließend in die Schweiz verbracht worden war und so kein Bezug der Dienstleistung zu Deutschland mehr entstehen konnte, da ihr Vertreter *V* dem *B* diesen Umstand arglistig verschwiegen hat.

bb) Persönlicher Anwendungsbereich

In persönlicher Hinsicht setzt Art. 6 I Rom I-VO auf der einen Seite einen Verbraucher als zu schützende schwächere Vertragspartei voraus, da nur dann eine typische Ungleichgewichtslage in der Verhandlungsmacht besteht, welche es auszugleichen gilt. Dabei ist nicht die formelle Stellung des Empfängers ausschlaggebend, sondern der Verwendungszweck der Dienstleistung.[13] Die Wiederbeschaffung des Gemäldes dient *B* einem nichtgewerblichen Zweck, da dieser das Bild zur persönlichen Erbauung in seinem Privathaus aufhängen will. Auf der anderen Seite verlangt Art. 6 I Rom I-VO nunmehr ausdrücklich einen Anbieter, der im Rahmen seiner beruflichen bzw. gewerblichen Tätigkeit gehandelt hat. Der vormalige Meinungsstreit, ob auch Verträge zwischen Privaten von der Norm erfasst sind,[14] hat sich damit erledigt: Art. 6 Rom I-VO gilt eindeutig nur für Verträge zwischen einem Verbraucher und einem Unternehmer.[15] Die *A* befasst sich ständig und zum Zwecke

---

[10] *Mankowski*, RIW 1996, 1001 f. (zum vormaligen § 3 AGBG).
[11] *EuGH* 28.7.2016 (*Verein für Konsumenteninformation/Amazon*), EU:C:2016:612, IPRax 2017, 483.
[12] Zur restriktiven Auslegung der Ausnahmeregel Rauscher/*Heiderhoff* Rom I-VO Art. 6 Rn. 44 ff.
[13] MüKoBGB/*Martiny* Rom I-VO Art. 6 Rn. 14.
[14] Hierzu *Thorn*, IPRax 1999, 1 (4).
[15] Prütting/Wegen/Weinrich/*Remien* Rom I-VO Art. 6 Rn. 2.

der Gewinnerzielung mit dem Aufspüren verschwundener Kunstgegenstände, sodass sie als Anbieter der fraglichen Dienstleistung im Rahmen ihrer gewerblichen Tätigkeit handelt. Der Vertrag zwischen A und B stellt somit in persönlicher Hinsicht eine Verbrauchersache dar.

cc) Räumlicher Anwendungsbereich

Schließlich verlangt Art. 6 I Rom I-VO einen besonderen räumlichen Bezug des Vertrags zum Aufenthaltsstaat des Verbrauchers, der den Vertragsschluss für diesen in die Nähe eines Inlandsgeschäfts rückt. Im Gegensatz zu den Vorgängernormen konkretisiert Art. 6 I Rom I-VO den nötigen räumlichen Bezug nicht mehr mittels fester Fallgruppen, sondern fordert allgemein, dass der Unternehmer seine Tätigkeit im Aufenthaltsstaat des Verbrauchers ausgeübt (lit. a) oder auf diesen ausgerichtet hat (lit. b). Die Regelung entspricht derjenigen des Art. 15 I lit. c Brüssel I-VO, weshalb eine einheitliche Auslegung geboten ist.[16] Zwar bedarf gerade der Begriff des „Ausrichtens" aufgrund seiner Unbestimmtheit der weiteren Ausfüllung durch die Rechtsprechung. Vorliegend bestehen an der räumlichen Anwendbarkeit des Art. 6 I Rom I-VO aber keine Zweifel, da ein Vertreter der A den B an dessen Wohnsitz aufgesucht und hier zum Vertragsschluss bewegt hat.

Wo der Verbraucher letztlich die erforderliche Rechtshandlung zum Abschluss des Vertrags vornimmt, ist im Unterschied zur Vorgängernorm des Art. 5 II EVÜ (Art. 29 I EGBGB) unerheblich. Deshalb ist es für die Anwendbarkeit des Art. 6 I Rom I-VO unschädlich, dass B seine Annahmeerklärung vorliegend nicht an seinem Wohnsitz in Hamburg, sondern an seinem französischen Urlaubsort abgegeben hat.

Da auch die räumlichen Anwendungsvoraussetzungen erfüllt sind, handelt es sich bei dem Geschäftsbesorgungsverhältnis zwischen A und B im Ergebnis um einen Verbrauchervertrag i. S. d. Art. 6 I Rom I-VO.

d) Rechtsfolge

Fraglich ist, was die Anwendbarkeit des Art. 6 Rom I-VO im Lichte der *Amazon*-Entscheidung des *EuGH* für die Wirksamkeit der formularmäßigen Rechtswahl bedeutet.

Dahinter steht folgende Überlegung: Zwar lässt Art. 6 II S. 1 Rom I-VO die freie Rechtswahl auch für Verbraucherverträge zu, die Wirkungen der Rechtswahl werden indes durch Art. 6 II S. 2 Rom I-VO eingeschränkt. Danach darf die Rechtswahl nicht dazu führen, dass dem Verbraucher der Schutz entzogen wird, der ihm durch die zwingenden Bestimmungen seines Aufenthaltsrechts gewährt wird. Die Rechtswahl der Parteien bleibt zwar unberührt. Jedoch kommt der Verbraucher alternativ in den Genuss der Verbraucherschutznormen seines Aufenthaltsstaates. Sind diese im konkreten Einzelfall für ihn günstiger als die Normen des gewählten Rechts, so setzen sie sich gegen Letzteres durch.[17] Im Übrigen bleibt es bei der Anwendung des von den Parteien bestimmten Vertragsstatuts. Somit würde vorliegend das gewählte libanesische Recht partiell durch die Regelungen des deutschen Rechts überlagert.

Nach Auffassung des *EuGH* droht dieser Schutzmechanismus freilich zu versagen, wenn dem Verbraucher durch die Rechtswahl in AGB der Eindruck vermittelt wird,

---

[16] S. Rom I-VO Erwägungsgrund 24 sowie Prütting/Wegen/Weinrich/*Remien* Rom I-VO Art. 6 Rn. 5.
[17] Zur alten Rechtslage E. *Lorenz*, RIW 1987, 569 (577): „Rosinentheorie".

dass auf den Vertrag ausschließlich die gewählte Rechtsordnung anwendbar ist, ohne dass ein Vergleich mit den Schutzbestimmungen am gewöhnlichen Aufenthalt des Verbrauchers stattfände. Für diesen Fall sei die Rechtswahlklausel irreführend und somit missbräuchlich, sofern sie den Verbraucher nicht über die Möglichkeit eines Günstigkeitsvergleichs unterrichte.[18] Da die von *A* unterbreitete Rechtswahlklausel den *B* nicht über den Schutzmechanismus des Art. II S. 2 Rom I-VO unterrichtet und keine besonderen Umstände erkennbar sind, die eine solche Information erübrigen würden, kann sich zumindest *A* nicht auf die Rechtswahl berufen.

Etwas anderes sollte freilich für *B* als dem zu schützenden Verbraucher gelten. Nach dem Grundsatz der teleologischen Auslegung muss dieser sich gegebenenfalls auf die Rechtswahl und ein danach für ihn im Einzelfall günstigeres Recht berufen können. Diese einer halbseitigen Unwirksamkeit der Rechtswahlklausel nahe kommende Lösung ist der Klauselkontrolle durchaus bekannt und schützt das legitime Vertrauen in das anwendbare Recht auf Verbraucherseite.[19]

2. Objektive Anknüpfung

Soweit die zwischen *A* und *B* getroffene Rechtswahl aus den beschriebenen Gründen unwirksam ist, ist nach Art. 6 I Rom I-VO das Recht des Staates anwendbar, in dem der Verbraucher seinen gewöhnlichen Aufenthalt hat. Im Wege der Sachnormverweisung (Art. 20 Rom I-VO) gelangt somit deutsches Recht zur Anwendung.

II. Sonstige Ansprüche

Sollte der Vertrag zwischen *A* und *B* aufgrund der Anfechtung seitens *B* unwirksam sein, so könnte *B* sein Herausgabeverlangen auf Ansprüche aus außervertraglichem Schuldverhältnis sowie auf einen dinglichen Herausgabeanspruch stützen.

1. Geschäftsführung ohne Auftrag

a) Anwendbarkeit der Rom II-VO

Ansprüche aus einer Geschäftsführung ohne Auftrag könnten nach den Kollisionsregeln der Rom II-VO[20] anzuknüpfen sein. Die Geschäftsführung ohne Auftrag (GoA) stellt ein außervertragliches Schuldverhältnis i. S. v. Art. 2 I Rom II-VO dar. Daher ist der *sachliche* Anwendungsbereich der VO eröffnet. Zudem weist der Sachverhalt auch Verbindung zum Recht verschiedener Staaten auf (vgl. Art. 1 I S. 1 Rom II-VO). Da das schädigende Ereignis nach dem 10.1.2009 eingetreten ist, ist die Rom II-VO schließlich auch *zeitlich* anwendbar (Art. 31, 32 Rom II-VO).

b) Anwendbares Recht

Die Parteien haben keine Rechtswahl gemäß Art. 14 Rom II-VO getroffen.[21] Soweit der Vertrag aufgrund der Anfechtung seitens des *B* unwirksam ist, scheidet zudem

---

[18] *EuGH* 28.7.2016 (*Verein für Konsumenteninformation/Amazon*) EU:C:2016:612, IPRax 2017, 483 (Tz. 69 f.).
[19] Zum „Rechtsschutz-Paradoxon" *W.-H. Roth*, IPRax 2017, 449 (455).
[20] Verordnung (EG) Nr. 864/2007 des Europäischen Parlaments und des Rates über das auf außervertragliche Schuldverhältnisse anwendbare Recht vom 11.7.2007, ABl. EG 2007 Nr. L 199/40; abgedr. bei *Jayme/Hausmann* Nr. 101.
[21] *Beachte:* Die *vorherige* Rechtswahlvereinbarung im Geschäftsbesorgungsvertrag würde, soweit sie nicht wie dieser infolge Anfechtung unwirksam ist, ohnedies nur Rückabwicklungsansprüche erfassen.

eine vertragsakzessorische Anknüpfung nach Art. 11 I Rom II-VO aus. Gegenüber einer nach dieser Norm ebenfalls möglichen deliktsakzessorischen Anknüpfung ist Zurückhaltung geboten: Zwar besteht auch insoweit für den Fall der Anspruchskonkurrenz das Bedürfnis nach Erzielung materieller Harmonie; der Schwerpunkt des Rechtsverhältnisses liegt hier aber regelmäßig bei der Geschäftsführung ohne Auftrag als speziellerem gesetzlichen Ausgleichverhältnis, weshalb eher eine GoA-akzessorische Anknüpfung deliktischer Ansprüche nach Art. 4 III Rom II-VO zu erwägen ist.[22] Im Übrigen haben die Parteien auch keinen gemeinsamen gewöhnlichen Aufenthalt i. S. d. Art. 11 II Rom II-VO.

Nach Art. 11 III Rom II-VO sind Ansprüche aus Geschäftsführung ohne Auftrag an den Ort anzuknüpfen, an dem das Geschäft vorgenommen wurde *(Vornahmeort)*. Vorliegend hat der Bevollmächtigte der *A* die Geschäftsführung am französischen Fundort des Bildes begonnen und in der Schweiz fortgesetzt, wo das Gemälde des *B* derzeit verwahrt wird. Fraglich ist, wie ein solches gestrecktes Geschäft zu behandeln ist. Eine gleichzeitige Unterstellung des Geschäfts unter mehrere Rechtsordnungen würde dessen inneren Zusammenhang kollisionsrechtlich zerreißen. In Betracht kommen daher eine Anknüpfung an den Ort des Beginns bzw. der Beendigung des Geschäfts sowie eine einzelfallbezogene Schwerpunktbestimmung.[23] Letztere opfert jedoch ohne Not die erforderliche Rechtssicherheit zugunsten der Einzelfallgerechtigkeit; diese kann in begründeten Ausnahmefällen auch über eine Auflockerung der Regelanknüpfung nach Art. 11 IV Rom II-VO erzielt werden. Die Anknüpfung an den Ort, an welchem die Geschäftsführung beendet wurde (hier: die Schweiz), hätte zur Folge, dass der Geschäftsführer das anwendbare Recht einseitig durch Veränderung des Anknüpfungsmoments bestimmen könnte. Hierdurch würden die kollisionsrechtlichen Interessen des Geschäftsherrn vernachlässigt. Der Ort des Beginns des Geschäfts (hier: Frankreich) ist dagegen manipulationssicher. Er entspricht zudem den kollisionsrechtlichen Interessen von Geschäftsherr und Geschäftsführer, da hier ihre Rechtssphären erstmals aufeinanderstoßen.[24]

Eine wesentlich engere Verbindung des Sachverhalts zu einer anderen Rechtsordnung i. S. v. Art. 11 IV Rom II-VO ist vorliegend nicht erkennbar. Somit bleibt es bei der Sachnormverweisung (Art. 24 Rom II-VO) auf französisches Recht.

2. Unerlaubte Handlung

Mangels Rechtswahl (Art. 14 Rom II-VO) bzw. gemeinsamen gewöhnlichen Aufenthalts von Schädiger und Geschädigtem (Art. 4 II Rom II-VO) unterliegen eventuelle Ansprüche aus unerlaubter Handlung nach Art. 4 I Rom II-VO ausschließlich dem Recht des *Erfolgsorts*. Ubiquitätsregel und Günstigkeitsprinzip, die noch das autonome deutsche Kollisionsrecht beherrschen (vgl. Art. 40 I EGBGB),[25] wurden somit aufgegeben.[26] Fraglich ist, wo vorliegend der Erfolgsort anzusiedeln ist. Allgemein ist hierfür auf den Ort abzustellen, an dem der Primärschaden eingetreten ist.[27] Die *A* könnte mittels ihres Bevollmächtigten *V* gegenüber *B* eine Unterschlagung durch Vorenthalten des Gemäldes begehen. Diese begann in Frankreich und wird nunmehr in der Schweiz fortgesetzt. Eine kollisionsrechtliche Aufspaltung des einheitlichen Vorgangs scheidet ebenso wie im Falle der GoA aus. Eine Anwendung

---

[22] Palandt/*Thorn* Rom II-VO Art. 11 Rn. 5.
[23] Überblick über den Meinungsstand bei Rauscher/*Jakob/Picht* Rom II-VO Art. 11 Rn. 28.
[24] MüKoBGB/*Junker* Rom II-VO Art. 11 Rn. 18.
[25] Hierzu Fall 6 *(Rennfahrer Michael S.)* Frage 2, S. 69.
[26] Die einzige Ausnahme findet sich in Art. 7 Rom II-VO für Umweltschädigungen.
[27] Rom II-VO Erwägungsgrund 17.

des Günstigkeitsprinzips, d. h. die Anwendung der für den Geschädigten *B* günstigeren Rechtsordnung, wie sie nach altem Recht von Teilen des Schrifttums bei einer Mehrzahl von Handlungs- bzw. Erfolgsorten vorgeschlagen wurde,[28] ist spätestens nach dessen Aufgabe als Grundregel des Internationalen Deliktsrechts versperrt. Abzustellen ist vielmehr auf den Ort des ersten Schadenseintritts, hier also Frankreich. Dafür sprechen neben Erwägungsgrund 17 insbesondere auch die ansonsten bestehende Gefahr einer Manipulation des anwendbaren Rechts durch den Schädiger, die Möglichkeit weiterer Statutenwechsel sowie der Gleichklang (kollisionsrechtliche Harmonie) mit dem Statut der Geschäftsführung ohne Auftrag wie mit dem Bereicherungsstatut.[29]

Eine Auflockerung der Regelanknüpfung an den Erfolgsort über eine Näherbeziehung zu einer anderen Rechtsordnung (Art. 4 III Rom II-VO)[30] kommt nicht in Betracht, zumal materielle Harmonie mit dem Statut der Geschäftsführung ohne Auftrag bereits über die Anknüpfung an den Erfolgsort erzielt wird. Somit bleibt französisches Recht anwendbar (Sachnormverweisung, Art. 24 Rom II-VO).

3. Ungerechtfertigte Bereicherung

Fraglich ist, welches Recht auf etwaige Bereicherungsansprüche des *B* gegen *A* Anwendung findet. Im Unterschied zum deutschen Kollisionsrecht unterscheidet die Rom II-VO nicht ausdrücklich zwischen Leistungs- und Eingriffskondiktion.[31] Die Differenzierung kann aber mittels der Sprossen der in Art. 10 Rom II-VO verwendeten Anknüpfungsleiter fortgeführt werden. Den Besitz am Gemälde, den *B* von *A* herausverlangt, hat diese nicht durch Leistung, sondern auf sonstige Weise erlangt. Somit kommt eine Eingriffskondiktion in Betracht. Mangels Rechtswahl (Art. 14 Rom II-VO) könnten die Ansprüche aus Eingriffskondiktion vorliegend gemäß Art. 10 I Rom II-VO akzessorisch zum Statut der Geschäftsführung ohne Auftrag anzuknüpfen sein. Ziel der akzessorischen Anknüpfung ist wiederum die Erzielung materieller Harmonie im Falle einer Anspruchskonkurrenz, da die Unterwerfung der einzelnen Anspruchstypen unter unterschiedliche Rechtsordnungen häufig zu Wertungswidersprüchen führen würde, die anschließend im Wege der Anpassung wieder mühsam beseitigt werden müssten. Dagegen sichert die einheitliche Anknüpfung sämtlicher Ansprüche an das Statut des das Rechtsverhältnis beherrschenden Anspruchs von vornherein eine in sich stimmige rechtliche Bewertung des Lebenssachverhalts. Insofern Art. 10 I Rom II-VO ein bestehendes Rechtsverhältnis fordert, lassen der Wortlautvergleich mit Art. 4 III Rom II-VO („bereits bestehendes Rechtsverhältnis") sowie systematische Erwägungen eine weite Auslegung zu.[32] Somit sind eventuelle Ansprüche aus Eingriffskondiktion akzessorisch zur Geschäftsführung ohne Auftrag anzuknüpfen. Anwendbar ist auch insoweit französisches Recht (Sachnormverweisung, Art. 24 Rom II-VO).

---

[28] Soergel/*Lüderitz* EGBGB Art. 38 Rn. 16; ablehnend: Staudinger/*von Hoffmann* EGBGB Art. 40 Rn. 7, 19 ff. Zur Vielzahl von Erfolgsorten bei Pressedelikten vgl. Fall 6 (*Rennfahrer Michael S.*), S. 67.
[29] So auf den Erfolgsort bezogen *Rabel*, The Conflict of Laws II, 2. Aufl. 1960, S. 323 („first invasion of interest"); ebenso Staudinger/*von Hoffmann* EGBGB Art. 40 Rn. 20.
[30] Hierzu Fall 12 (*Urlaubsflirt und Heiratsschwindel*), S. 143.
[31] Palandt/*Thorn* Rom II-VO Art. 10 Rn. 1.
[32] Hierzu Palandt/*Thorn* Rom II-VO Art. 10 Rn. 8 m. w. N.

Fall 1. Gesucht? Gefunden!

4. Dinglicher Herausgabeanspruch

Der dingliche Herausgabeanspruch des *B* unterliegt nach Art. 43 I EGBGB dem Recht des *Lageorts* der Sache *(lex rei sitae)*. Das fragliche Gemälde befindet sich derzeit in der Schweiz, sodass Schweizer Recht Anwendung findet. Eine Auflockerung über die Ausweichklausel des Art. 46 EGBGB – etwa zugunsten französischen Rechts – kommt nicht in Betracht: Allein das Bestreben, Gleichklang mit den Ansprüchen aus außervertraglichem Schuldverhältnis herzustellen, reicht zur Begründung einer wesentlich engeren Beziehung, wie sie vom Gesetz gefordert wird, nicht aus.[33] Die Gesamtverweisung (Art. 4 I S. 1 EGBGB) auf Schweizer Recht wird von diesem laut Bearbeitervermerk angenommen.

5. Ergebnis

Während der dingliche Herausgabeanspruch Schweizer Recht unterliegt, ist auf sämtliche denkbaren Ansprüche aus außervertraglichem Schuldverhältnis französisches Recht anwendbar. Die einheitliche Anknüpfung hat den Vorzug, dass sich die in den betroffenen Rechtsordnungen variierende Abgrenzung zwischen den einzelnen Anspruchsarten, etwa zwischen Ansprüchen aus Delikt und ungerechtfertigter Bereicherung, nicht nachteilig auswirken kann. Eine unterschiedliche Anknüpfung hingegen könnte wegen fehlender Abstimmung zwischen den Rechtsordnungen zu Normenmangel bzw. Normenhäufung führen, was eine Anpassung erforderlich machen würde.[34]

Frage 2

I. Vertragliche Ansprüche

1. Internationale Zuständigkeit

Fraglich ist, ob deutsche Gerichte[35] für die Klage des *B* international zuständig sind. Eine solche Zuständigkeit könnte sich vorrangig aus der EU-Verordnung über die gerichtliche Zuständigkeit und die Anerkennung und Vollstreckung von Entscheidungen in Zivil- und Handelssachen (im Folgenden: Brüssel Ia-VO, auch bekannt als EuGVO bzw. EuGVVO)[36] ergeben.[37] Die Verordnung gilt gemäß Art. 288 Unterabs. 2 AEUV unmittelbar in den Mitgliedstaaten der Union und genießt Vorrang vor dem mitgliedstaatlichen Recht. Sie trat am 10.1.2015 an die Stelle der Vorgängerverordnung Nr. 44/2001 (vgl. Art. 80, 81 Unterabs. 2 Brüssel Ia-VO), die ihrerseits im Jahr 2002 das vormalige EuGVÜ abgelöst hatte.[38] Soweit die Regelungen der alten Brüssel I-VO bzw. des Übereinkommens inhaltlich unverändert in die

---

[33] *von Hoffmann/Thorn* IPR § 12 Rn. 12. So im Ergebnis auch Staudinger/*Mansel* EGBGB Art. 46 Rn. 40.
[34] *Schlechtriem*, IPRax 1995, 65 (67 ff.); *von Bar* IPR BT, Rn. 738 f.
[35] *Beachte:* Die internationale Zuständigkeit grenzt die Kompetenzen zwischen den Gerichten verschiedener Staaten ab, ohne das konkret zuständige Gericht zu bestimmen; deshalb ist nicht die „internationale Zuständigkeit des *LG Hamburg*" zu prüfen.
[36] Verordnung (EU) Nr. 1215/2012 vom 12.12.2012, ABl. EU 2012 Nr. L 351/1; abgedr. bei *Jayme/Hausmann* Nr. 160.
[37] Eine Anwendbarkeit des Haager Übereinkommens über Gerichtsstandsvereinbarungen (HGÜ) vom 30.6.2005, abgedr. bei *Jayme/Hausmann* Nr. 151, scheitert hier bereits am fehlenden sachlichen Anwendungsbereich, da Verbrauchersachen nach dessen Art. 2 I lit. a ausdrücklich ausgenommen sind.
[38] Zur Sonderstellung Dänemarks vgl. *Rauscher* IPR § 1 Rn. 122.

Brüssel Ia-VO überführt worden sind, gilt die hierzu durch den *EuGH* entwickelte Auslegung fort.[39]

a) Anwendbarkeit der Brüssel Ia-VO

Voraussetzung ist, dass der sachliche, der räumlich-persönliche sowie der zeitliche Anwendungsbereich der Verordnung eröffnet sind.

Sachlich stellt die Klage eines Privatmannes gegen eine juristische Person des Zivilrechts, gerichtet auf Herausgabe einer Sache, eine Zivilsache gemäß Art. 1 I Brüssel Ia-VO dar; der Ausnahmekatalog des Abs. 2 greift nicht. – *Zeitlich* findet die Verordnung Anwendung auf solche Klagen, die seit dem 10.1.2015 erhoben worden sind (Art. 66 I, 81 Unterabs. 2 Brüssel Ia-VO). – Fraglich erscheint somit allein die räumlich-persönliche Anwendbarkeit der Verordnung:

aa) *Grundregel zum räumlich-persönlichen Anwendungsbereich.* Räumlich-persönlich ist die Verordnung grundsätzlich anwendbar, wenn der Beklagte seinen Wohnsitz in einem Mitgliedstaat der EU hat; dies ergibt sich aus dem Wortlaut der Art. 4 I, 5 I und 6 I Brüssel Ia-VO. Im Unterschied zu natürlichen Personen und in Abkehr vom EuGVÜ wird der „Wohnsitz" von *Gesellschaften und juristischen Personen* durch Art. 63 Brüssel Ia-VO autonom bestimmt. Gemäß Art. 63 I Brüssel Ia-VO ist alternativ deren satzungsmäßiger Sitz, deren Hauptverwaltung oder deren Hauptniederlassung maßgeblich. Die Anknüpfungsmomente entsprechen den in Art. 54 Unterabs. 1 AEUV verwendeten Begriffen, weshalb zu deren Auslegung auf die dort entwickelten Kriterien zurückgegriffen werden kann.[40] Fallen satzungsmäßiger Sitz und tatsächlicher Sitz der Gesellschaft auseinander, so reicht es für die Anwendbarkeit der Verordnung aus, wenn einer von beiden innerhalb der EU belegen ist. Vorliegend hat die *A* ihren statutarischen Sitz in Liechtenstein. Die Hauptverwaltung, also der Ort, an dem die Willensbildung sowie die eigentliche unternehmerische Leitung der Gesellschaft erfolgen, sowie die Hauptniederlassung, d. h. der tatsächliche Geschäftsschwerpunkt der Gesellschaft, befinden sich hingegen in Beirut. Da weder Liechtenstein noch der Libanon Mitgliedstaaten der EU sind, ist der räumlich-persönliche Anwendungsbereich der Verordnung insoweit nicht eröffnet.

bb) *Erweiterung in Verbrauchersachen.* Etwas anderes könnte sich vorliegend jedoch – zumindest für einen Teil der möglichen Anspruchsgrundlagen des *B* – aus Art. 6 I, 18 I Brüssel Ia-VO ergeben. Hiernach wird der räumlich-persönliche Anwendungsbereich der Verordnung bei Verbrauchersachen auf vertragliche Streitigkeiten ausgedehnt, bei denen der klagende Verbraucher seinen Wohnsitz in einem Mitgliedstaat hat, und zwar unabhängig davon, ob der beklagte Unternehmer in einem Mitgliedstaat oder einem Drittstaat ansässig ist.

Erforderlich ist zunächst, dass der Rechtsstreit eine *Verbrauchersache* betrifft. Hierfür müssen die sachlichen, persönlichen und räumlichen Voraussetzungen nach Art. 17 I Brüssel Ia-VO erfüllt sein. Die Anwendungsvoraussetzungen entsprechen dabei im Wesentlichen den in Art. 6 I Rom I-VO genannten.

Sachlich erfasst Art. 17 I lit. c Brüssel Ia-VO nicht allein die Lieferung beweglicher Sachen sowie die Erbringung von Dienstleistungen, sondern als Auffangtatbestand sämtliche gewerblichen Tätigkeiten.[41] Die vorliegend von der *A* zu erbringende Geschäftsbesorgung ist danach ohne Weiteres erfasst.

---

[39] Vgl. Rauscher/*A. Staudinger* Brüssel Ia-VO Einl Rn. 35.
[40] *BGH* 27.6.2007, NJW-RR 2008, 551; Rauscher/*A. Staudinger* Brüssel Ia-VO Art. 63 Rn. 1.
[41] Rauscher/*A. Staudinger* Brüssel Ia-VO Art. 17 Rn. 7.

In *persönlicher* Hinsicht entspricht die Verbrauchereigenschaft[42] des Dienstleistungsempfängers der Voraussetzung nach Art. 6 I Rom I-VO, wodurch die Bildung eines einheitlichen europäischen Verbraucherbegriffs befördert wird. Aus der Formulierung des Art. 17 I Brüssel Ia-VO, wonach eine Seite den Vertrag zu einem Zweck abgeschlossen haben muss, der nicht ihrer beruflichen oder gewerblichen Tätigkeit zugerechnet werden kann, folgt darüber hinaus notwendig, dass die andere Seite (der Anbieter) im Rahmen ihrer beruflichen oder gewerblichen Tätigkeit gehandelt hat. Diese Auslegung wird durch Art. 17 I lit. c Brüssel Ia-VO bestätigt, der ausdrücklich eine berufliche oder gewerbliche Tätigkeit des Anbieters fordert. Die Verbrauchereigenschaft des *B* wie auch die Stellung der *A* als gewerbliche Anbieterin wurden oben (Frage 1, I. 1. c. bb) bereits bejaht.

Verändert im Vergleich zu Art. 13 I Nr. 3 EuGVÜ erweist sich auch die Umschreibung des für die Vertragstypen nach Art. 17 I lit. c Brüssel Ia-VO geforderten besonderen *räumlichen Bezugs* des Vertrages zum Wohnsitzstaat des Verbrauchers. Die vormalige, Art. 29 I EGBGB bzw. Art. 5 I EVÜ angenäherte Umschreibung wurde hier durch eine wesentlich offenere Formulierung ersetzt, mit der auf neue Vertriebswege, insbesondere den e-commerce, reagiert werden sollte und die später ihrerseits Vorbild für den neuen Art. 6 I Rom I-VO war.[43] Erforderlich ist danach, dass der gewerbliche Anbieter im Wohnsitzstaat des Verbrauchers eine berufliche oder gewerbliche Tätigkeit ausübt oder eine solche auf irgendeinem Wege dorthin ausrichtet. Wie bereits oben (Frage 1, I. 1. c. cc) ausgeführt, ist diese Voraussetzung trotz der Unbestimmtheit der verwendeten Begriffe im vorliegenden Fall erfüllt. Da somit auch der räumliche Anwendungsbereich gegeben ist, handelt es sich bei dem Geschäftsbesorgungsverhältnis zwischen *A* und *B* um einen Verbrauchervertrag i. S. v. Art. 17 I Brüssel Ia-VO.

Da es sich um eine Verbrauchersache handelt, ist der räumlich-persönliche Anwendungsbereich der Brüssel Ia-VO – beschränkt auf Verbrauchersachen – somit bereits dann eröffnet, wenn der klagende Verbraucher seinen Wohnsitz in einem Mitgliedstaat hat. Nach der Kollisionsregel des Art. 62 I Brüssel Ia-VO ist für die Ermittlung des Wohnsitzes das Recht des angerufenen Gerichts, also die *lex fori*, maßgeblich. Da *B* laut Sachverhalt seinen Wohnsitz in Hamburg hat, ist die Brüssel Ia-VO partiell anwendbar.

Aufgrund der Neuregelung in Art. 6 I, 18 I Brüssel Ia-VO hat die früher in solchen Fällen bedeutsame partielle Ausdehnung des räumlich-persönlichen Anwendungsbereichs der Verordnung nach Art. 17 II Brüssel Ia-VO auf Fälle, bei denen die Beklagte über eine „Zweigniederlassung, Agentur oder sonstige Niederlassung" im Hoheitsgebiet eines Mitgliedstaates verfügt, ihre Bedeutung weitestgehend eingebüßt.

Die Brüssel Ia-VO ist somit räumlich-persönlich anwendbar. Allerdings erfasst diese Ausdehnung des Anwendungsbereichs der Verordnung ausschließlich Klagen aus Verbrauchervertrag, setzt also ein bestehendes Geschäftsbesorgungsverhältnis zwischen *A* und *B* voraus. Ist der Vertrag infolge der Anfechtung durch *B* unwirksam, so steht der Verbrauchergerichtsstand zur Durchsetzung des Herausgabeanspruches nicht zur Verfügung,[44] was zugleich bedeutet, dass für diesen Fall die Brüssel Ia-VO nicht anwendbar ist.

---

[42] Hierzu *EuGH* 3.7.1997 (*Benincasa/Dentalkit*), EU:C:1997:337, EuGHE 1997, I-3767 (Tz. 12 ff.).
[43] Rauscher/*A. Staudinger* Brüssel Ia-VO Art. 17 Rn. 13a.
[44] *Beachte:* Dies trifft auch für die bereicherungs- und/oder vindikationsrechtlichen Rückabwicklungsansprüche wegen Unwirksamkeit des Vertragsverhältnisses (etwa Rauscher/ *A. Staudinger* Brüssel Ia-VO Art. 17 Rn. 3) zu, da die *A* den Besitz am Gemälde vorliegend

b) Verbrauchergerichtsstand des Art. 18 I Brüssel Ia-VO

Fraglich ist, ob danach die internationale Zuständigkeit deutscher Gerichte gegeben ist. In Betracht kommt wegen der sachlich begrenzten Ausdehnung des Anwendungsbereichs der Verordnung allein der Verbrauchergerichtsstand nach Art. 18 I Brüssel Ia-VO.

aa) Gemäß Art. 18 I Brüssel Ia-VO kann der Verbraucher seinen Vertragspartner entweder vor den Gerichten im Wohnsitzstaat des Vertragspartners[45] oder aber vor dem Gericht des Ortes verklagen, an dem er selbst seinen Wohnsitz hat; ihm steht somit ein Wahlrecht zu. Da *B* seinen Wohnsitz in Deutschland hat, sind folglich deutsche Gerichte für seine Klage international zuständig.

bb) Der Gerichtsstand im Wohnsitzstaat des Verbrauchers wurde auch nicht durch Vereinbarung zwischen *A* und *B* wirksam ausgeschlossen *(Derogation)*. Unabhängig davon, ob die in den Allgemeinen Geschäftsbedingungen der *A* enthaltene Gerichtsstandsklausel den Formerfordernissen des Art. 25 I Brüssel Ia-VO entspricht, könnte diese nur dann rechtliche Wirkung entfalten, wenn eine der Alternativen des Art. 19 Brüssel Ia-VO erfüllt ist (Art. 25 IV Brüssel Ia-VO). Die vorliegende Gerichtsstandsvereinbarung wurde aber weder nach Entstehen der Streitigkeit getroffen, noch eröffnet sie dem Verbraucher einen zusätzlichen Gerichtsstand; auch die in Art. 19 Nr. 3 Brüssel Ia-VO umschriebene Konstellation liegt nicht vor.[46] Aus Gründen des prozessualen Verbraucherschutzes ist sie daher unwirksam.

c) Ergebnis

Deutsche Gerichte sind für eine Klage des *B* gegen *A* aus Vertrag international zuständig. Diese Zuständigkeit erstreckt sich jedoch nicht auf Ansprüche des *B* für den Fall, dass der Vertrag von diesem wirksam angefochten wurde, also insbesondere nicht auf Ansprüche aus gesetzlichem Schuldverhältnis oder aus Eigentum.

2. Örtliche Zuständigkeit

Fraglich ist, ob Hamburger Gerichte für die Klage des *B* örtlich zuständig sind. Im Unterschied zu den vormaligen Art. 13 ff. EuGVÜ regelt Art. 18 I Brüssel Ia-VO teilweise auch die örtliche Zuständigkeit. Für die Klage des Verbrauchers gegen den gewerblichen Anbieter sind die Gerichte am Wohnsitz des Verbrauchers zuständig.[47] Damit wird die nach altem Recht bestehende Lücke, die mangels entsprechender örtlicher Gerichtsstände im autonomen einzelstaatlichen Prozessrecht häufig die Begründung einer Ersatzzuständigkeit erforderte,[48] geschlossen.

Da *B* die *A* vorliegend an seinem Wohnsitz in Hamburg verklagt, sind Hamburger Gerichte danach örtlich zuständig.

---

nicht im Rahmen des (vermeintlichen) Vertrags erhalten, sondern sich eigenmächtig von Dritten verschafft hat.

[45] Dies wären hier libanesische bzw. liechtensteinische Gerichte (vgl. Art. 60 Brüssel I-VO). Da weder der Libanon noch Liechtenstein Mitgliedstaat der EU ist, läuft dieser Gerichtsstand ins Leere.

[46] Hierzu Rauscher/*A. Staudinger* Brüssel Ia-VO Art. 17 Rn. 2a.

[47] *Hinweis:* Im Übrigen, also für Klagen des anderen Vertragspartners wie für Klagen des Verbrauchers im Wohnsitzstaat des anderen Vertragspartners, bleibt es hingegen dabei, dass allein die internationale Zuständigkeit geregelt ist, vgl. auch Fall 2 (*Urlaub mit Zwischenfällen*).

[48] Vgl. hierzu *KG* 13.1.2000, IPRax 2001, 44 m. Anm. *Mankowski*, 33.

3. Sachliche Zuständigkeit

Die sachliche Zuständigkeit des *LG Hamburg* ergibt sich aus der Höhe des Streitwerts, welcher dem Wert des herausverlangten Gemäldes entspricht (§§ 23 Nr. 1, 71 I GVG i. V. m. § 5 ZPO).

II. Sonstige Ansprüche

Im Hinblick auf sonstige mögliche Ansprüche des *B* gegen *A*, die insbesondere dann zum Tragen kommen, wenn der Vertrag infolge Anfechtung unwirksam ist, ist der räumlich-persönliche Anwendungsbereich der Brüssel I-VO, wie gesehen (oben Frage 2, I. 1. a. bb), nicht eröffnet. Dies betrifft namentlich Ansprüche aus gesetzlichem Schuldverhältnis sowie dingliche Herausgabeansprüche. Daher sind gemäß Art. 6 I Brüssel Ia-VO die Regeln des autonomen Rechts zur Bestimmung der internationalen Zuständigkeit heranzuziehen. Mangels ausdrücklicher Regelung wird hierzu auf die Regeln über die örtliche Zuständigkeit zurückgegriffen, denen insoweit Doppelfunktion zukommt.[49]

In Betracht kommt vorliegend allein der Vermögensgerichtsstand nach § 23 S. 1 Alt. 1 ZPO.[50] Der Gerichtsstand setzt voraus, dass sich Vermögen der *A* im Bezirk des *LG Hamburg* befindet. Als solches kommt die Forderung der *A* gegen *D* in Betracht, da diese nach § 23 S. 2 ZPO als am Wohnsitz des Schuldners, also hier am Hamburger Wohnsitz des *D*, belegen gilt. Der darüber hinaus von der Rechtsprechung[51] in restriktiver Auslegung der Norm geforderte hinreichende Inlandsbezug des Sachverhalts ist vorliegend ohne Weiteres zu bejahen, da der Kläger seinen Wohnsitz wie seinen gewöhnlichen Aufenthalt in Deutschland hat. Ist *A* Inhaberin einer Forderung gegen *D*, so sind deutsche Gerichte folglich international zuständig. Andernfalls besteht diese Zuständigkeit nicht und die Klage des *B* wäre unzulässig.

Die örtliche Zuständigkeit des *LG Hamburg* ergibt sich gleichfalls aus § 23 S. 1 Alt. 1 ZPO, die sachliche Zuständigkeit folgt aus §§ 23 Nr. 1, 71 I GVG i. V. m. § 5 ZPO.

---

[49] St. Rspr., so etwa *BGH* 14.6.1965, BGHZ 44, 46 (47) = IPRspr 1964/65, Nr. 224. Dabei kann offenbleiben, ob diese Regeln analog angewandt werden oder ob die internationale Zuständigkeit in ihnen stillschweigend mitgeregelt ist.

[50] *Beachte:* Die Gerichtsstandsvereinbarung, durch welche die Zuständigkeit deutscher Gerichte derogiert wurde, kommt hier nicht zum Tragen, da diese nur die vertraglichen Ansprüche sowie etwaige damit konkurrierende Ansprüche erfassen sollte.

[51] *BGH* 2.7.1991, BGHZ 115, 90 = IPRax 1992, 160 m. Anm. *Schlosser*, 140 = IPRspr 1991, Nr. 166b; *OLG Stuttgart* 6.8.1990, IPRax 1991, 179 m. Anm. *Fricke*, 159 = IPRspr 1991, Nr. 166a.

Fall 2. Urlaub mit Zwischenfällen

Brüssel Ia-VO – Gerichtsstandsvereinbarung in AGB – Prorogationsschranke in Verbrauchersachen – Gerichtsstand für Deliktsklagen – Zuständigkeit für Versicherungssachen – Direktklage gegen den Versicherer – Rom II-VO – Anscheinsbeweis – Streitverkündung in Versicherungssachen – Mehrparteiengerichtsstand

Sachverhalt

Woonboote BV (W), eine Gesellschaft niederländischen Rechts mit Geschäftssitz im nördlich von Amsterdam gelegenen Sneek (Niederlande), vermietet Hausboote. Sie unterhält eine Homepage, auf der die Möglichkeit besteht, einen mit „Wegbeschreibung" bezeichneten Link anzuklicken. Dieser führt zu einer Straßenkarte, in der auch Routen für die Anfahrt aus Deutschland eingezeichnet sind. Außerdem befindet sich an mehreren Stellen der Homepage neben der deutschen Flagge der Hinweis „Wir sprechen Deutsch!"

Anfang des Jahres erfährt *Alexa* (A) aus Aachen über Bekannte von der Hausbootvermietung und erkundigt sich telefonisch bei W nach den Einzelheiten. Nach dem Telefonat schickt W per E-Mail einen in deutscher Sprache verfassten Reservierungsantrag als pdf-Dokument an A, den A unterschrieben und eingescannt per E-Mail an W zurückschickt.

Kurz vor Ostern reist A mit dem Auto nach Sneek und unterschreibt dort in den Geschäftsräumen der W den Mietvertrag über das gewünschte Hausboot. Das in deutscher Sprache abgefasste Formular enthält auf der Vorderseite einen deutlichen Hinweis auf die Geltung der AGB, auf der Rückseite sind die von W verwendeten AGB abgedruckt. Nach deren Ziffer 19 sind die Gerichte am Sitz des Vermieters ausschließlich zuständig, sofern der Mieter keinen allgemeinen Gerichtsstand in den Niederlanden hat.

A genießt den Osterurlaub auf dem Wasser mit ihren Freunden und bringt das Hausboot erst einige Tage nach Ablauf der vereinbarten Mietzeit zurück.

Auf der Rückfahrt erleidet A in ihrem in Deutschland zugelassenen Pkw einen Verkehrsunfall in Eindhoven (Niederlande), weil der dort lebende *Peer* (P) auf ihr Fahrzeug auffährt. Bei dem Unfall entsteht am Pkw der A ein Schaden in Höhe von 2.000 €. Das Fahrzeug von P ist bei dem Haftpflichtversicherer *Haya NV* (H), einer Aktiengesellschaft niederländischen Rechts mit Sitz in Amsterdam versichert.

Frage 1: W möchte gegen A auf Ersatz des ihr aus der verspäteten Rückgabe des Bootes entstandenen Schadens klagen und bittet um Rechtsauskunft, ob die niederländischen Gerichte für diesen Rechtsstreit international zuständig sind.

Frage 2: Hat die vor dem *AG Aachen* erhobene Klage der A gegen H auf Ersatz der Schäden am Pkw Aussicht auf Erfolg?

Frage 3: Ist das *AG Aachen* auch für die Schadensersatzklage der A gegen P zuständig?

Bearbeitervermerk:

1. Soweit nicht anders angegeben, ist im Falle der Anwendbarkeit ausländischen Rechts davon auszugehen, dass dieses den deutschen Rechtsvorschriften entspricht.

2. In Art. 18 der Richtlinie 2009/103/EG vom 16.9.2009 über die Kraftfahrzeug-Haftpflichtversicherung heißt es: „Die Mitgliedstaaten stellen sicher, dass Geschädigte eines Unfalls, der durch ein durch die Versicherung nach Art. 3 gedecktes Fahrzeug verursacht wurde, einen Direktanspruch gegen das Versicherungsunternehmen haben, das die Haftpflicht des Unfallverursachers deckt."

3. Das *niederländische* Recht sieht in Art. 6 I S. 1 Wet ansprakelijkheidsverzekering motorrijtuigen (WAM) einen Direktanspruch des Geschädigten gegen den Kfz-Haftpflichtversicherer des Schädigers vor.

4. Art. 6:162 Burgerlijk Wetboek (BW) ist die allgemeine Vorschrift über die unerlaubte Handlung. Ein Verkehrsunfall, bei dem es zur Beschädigung eines Kfz kommt, erfüllt den objektiven Tatbestand einer unerlaubten Handlung. Ein Schadensersatzanspruch besteht, wenn der Kläger nachweist, dass der Versicherungsnehmer der Beklagten den Unfall verschuldet hat.

5. Gemäß Art. 150 Wetboek van burgerlijke Rechtsvordering (Rv) trägt jede Partei die Beweislast für die ihr günstigen Tatsachen.

6. Nach *deutschem* Recht spricht bei Auffahrunfällen grundsätzlich der erste Anschein für ein Verschulden des Auffahrenden.

Lösung

Frage 1

I. Anwendbarkeit der Brüssel Ia-VO

Ob die niederländischen Gerichte für den Rechtsstreit international zuständig sind, könnte sich aus Unionsrecht ergeben, das gegenüber dem autonomen Recht eines Mitgliedstaats Vorrang beansprucht. Es ist zu prüfen, ob die Brüssel Ia-VO[1] auf die Klage der W zur Anwendung kommt. Gemäß Art. 1 I ist die Brüssel Ia-VO sachlich anwendbar, wenn – wie hier bei Schadensersatzansprüchen aus einem Mietvertrag über ein Hausboot – eine Zivilsache vorliegt. Der räumlich-persönliche Anwendungsbereich ist gemäß Art. 4 I Brüssel Ia-VO eröffnet, weil die Beklagte ihren Wohnsitz in Deutschland, einem Mitgliedstaat, hat.[2] Die Verordnung ist auch in zeitlicher Hinsicht anwendbar (Art. 66, 81 Brüssel Ia-VO).

---

[1] Verordnung (EG) Nr. 1215/2012 über die gerichtliche Zuständigkeit und die Anerkennung und Vollstreckung von Entscheidungen in Zivil- und Handelssachen vom 22.12.2012; abgedr. bei *Jayme/Hausmann* Nr. 160.

[2] *Beachte*: Unabhängig vom mitgliedstaatlichen Wohnsitz der A könnte die internationale Zuständigkeit der niederländischen Gerichte nach Art. 24 („ohne Rücksicht auf den Wohnsitz der Parteien") oder Art. 25 I Brüssel Ia-VO („unabhängig von ihrem Wohnsitz") eröffnet sein. Es ist daher an dieser Stelle nicht zwingend geboten, den räumlich-persönlichen Anwendungsbereich der Brüssel Ia-VO allgemein zu prüfen. Da jedoch in der Fallbearbeitung auch andere Gerichtsstände herangezogen werden, erleichtert die Feststellung der generellen Anwendbarkeit der Verordnung die weitere Prüfung.

II. Entscheidungszuständigkeit

Zu klären ist, ob die in Deutschland wohnhafte Beklagte abweichend von Art. 4 Brüssel Ia-VO, der die Zuständigkeit am Beklagtenwohnsitz bestimmt, vor den Gerichten eines anderen Mitgliedstaats, nämlich in den Niederlanden, verklagt werden kann.

1. Ausschließliche Zuständigkeit

Da es sich bei dem Hausboot nicht um eine unbewegliche Sache handelt, kommt eine ausschließliche Zuständigkeit nach Art. 24 Nr. 1 Brüssel Ia-VO nicht in Betracht.

2. Vereinbarung über die Zuständigkeit

Fraglich ist, ob aufgrund der in Ziffer 19 der AGB enthaltenen Klausel, wonach die Gerichte am Sitz des Vermieters ausschließlich zuständig sind, eine wirksame Gerichtsstandsvereinbarung i.S.v. Art. 25 Brüssel Ia-VO zwischen den Parteien geschlossen worden ist. Voraussetzung dafür ist, dass es sich dabei um eine formell und materiell wirksame Vereinbarung über die internationale Zuständigkeit handelt.

a) Formelle Voraussetzungen

Die auf dem von W ausgehändigten und von A unterschriebenen Formular in Ziffer 19 enthaltene Klausel könnte eine schriftliche Vereinbarung i.S.v. Art. 25 I S. 3 lit. a Alt. 1 Brüssel Ia-VO sein.

Art. 25 Brüssel Ia-VO normiert besondere Voraussetzungen für die internationale Prorogation; insbesondere bestimmt Abs. 1 S. 3 die Formerfordernisse, die abschließend aufgezählt und autonom, also insbesondere ohne Rückgriff auf *lex fori*, *lex causae* oder *lex fori prorogati*, auszulegen sind.[3] Sinn und Zweck dieser Formerfordernisse ist es, im Interesse der Rechtssicherheit eine tatsächliche materielle Einigung zwischen den Parteien zu gewährleisten, die ihrem Inhalt nach hinreichend bestimmt ist.[4] W hat ihre Erklärung durch die Aufnahme von Ziffer 19 in die AGB des von ihr formularmäßig verwendeten Mietvertrags über das Hausboot in schriftlicher Form abgegeben.

Nicht erforderlich ist, dass die Gerichtsstandsvereinbarung in Form einer Individualabrede getroffen worden ist. Vielmehr kann diese auch Teil der AGB sein. Allerdings reicht ein bloßer Abdruck der AGB auf der Rückseite für deren Einbeziehung nicht aus; entscheidend ist, dass sich im Vertragstext ein deutlicher Hinweis auf die AGB findet.[5] Der von A unterschriebene Formularmietvertrag enthält auf der Vorderseite einen solchen Hinweis auf die AGB. Diese sind zudem auf demselben Vertragsdokument abgedruckt und lagen der A also im Zeitpunkt des Vertragsschlusses vor. Die Vereinbarung ist trotz des Vertragsschlusses in den Niederlanden auf Deutsch verfasst, sodass sich die Frage nach dem Sprachenrisiko nicht stellt.

Mit ihrer eigenhändigen Unterschrift auf dem Mietvertragsformular der W hat auch A eine schriftliche Erklärung abgegeben. Das Schriftformerfordernis des Art. 25 I S. 3 lit. a Var. 1 Brüssel Ia-VO ist folglich erfüllt.

---

[3] *Linke/Hau* IZVR Rn. 6.13.
[4] *EuGH* 23.7.1997 (*Benincasa*) EU:C:1997:337 (Tz. 29), RiW 1997, 775.
[5] *EuGH* 8.3.2018 (*Saey Home & Garden*) EU:C:2018:173 (Tz. 27), BB 2018, 776; Rauscher/*Mankowski* Brüssel Ia-VO Art. 25 Rn. 92.

b) Materielle Wirksamkeit

aa) Vorliegen einer Vereinbarung

Weiterhin setzt Art. 25 I S. 1 Hs. 1 Brüssel Ia-VO voraus, dass die Parteien eine Vereinbarung getroffen haben. Der Begriff der Vereinbarung ist – trotz des nunmehr in Art. 25 I S. 1 a. E. Brüssel Ia-VO enthaltenen Verweises auf die *lex fori prorogati* – weiterhin autonom auszulegen.[6] Eine Vereinbarung liegt bei einer tatsächlichen Willenseinigung zwischen den Parteien vor; wurde – wie hier – die Form nach Art. 25 I S. 3 Brüssel Ia-VO gewahrt, wird das Vorliegen einer Vereinbarung vermutet.[7] Für einen Parteikonsens spricht zudem, dass W und A ihre Erklärungen unmittelbar in Bezug aufeinander abgegeben haben. Das von A in Sneek unterzeichnete Formular enthielt einen ausdrücklichen Hinweis auf die Geltung der AGB, sodass A die Möglichkeit zur Kenntnisnahme der AGB hatte, zumal alle Unterlagen in deutscher Sprache vorlagen. Schließlich war den Parteien bei Abgabe ihrer schriftlichen Erklärungen auch bewusst, dass sie eine rechtsverbindliche Erklärung auf Abschluss eines Mietvertrags abgeben. Eine Vereinbarung der Parteien liegt damit vor.

bb) Bestimmtheitserfordernis

Das Bestimmtheitserfordernis nach Art. 25 I S. 1 Brüssel Ia-VO verlangt, dass das zuständige Gericht aus der Klausel oder zumindest bei Klageerhebung anhand objektiver Kriterien zu bestimmen ist.[8] Ziffer 19 der AGB beruft gemäß ihrem Wortlaut die ausschließliche Zuständigkeit „am Sitz des Vermieters". Anhand des objektiven Kriteriums des Sitzes der W lässt sich nach der Vereinbarung die internationale und örtliche Zuständigkeit bestimmen. Aus der Bezugnahme auf den allgemeinen Gerichtsstand des Mieters außerhalb der Niederlande folgt zudem eindeutig, dass die Klausel sich nicht lediglich auf die örtliche Zuständigkeit bezieht, sondern ausdrücklich (auch) die internationale Zuständigkeit in den Niederlanden erfasst.

cc) Prorogationsschranke in Verbrauchersachen

Der nach Art. 25 I Brüssel Ia-VO grundsätzlich wirksamen Vereinbarung der internationalen und örtlichen Zuständigkeit der Gerichte am Sitz der W könnte allerdings das Derogationsverbot nach Art. 25 IV, 19 Brüssel Ia-VO entgegenstehen. Das ist der Fall, wenn der streitgegenständliche Mietvertrag zwischen W und A eine Verbrauchersache im Sinne des Art. 17 I Brüssel Ia-VO ist und keine der in Art. 19 Brüssel Ia-VO vorgesehenen Ausnahmen vom Derogationsverbot greift. Art. 19 Brüssel Ia-VO schützt den Verbraucher davor, dass er durch eine Gerichtsstandsvereinbarung seinen in Art. 18 Brüssel Ia-VO abschließend geregelten Schutzgerichtsständen entzogen wird.

Nach der Legaldefinition des Art. 17 I Brüssel Ia-VO liegt ein *Verbrauchervertrag* dann vor, wenn eine Person einen Vertrag zu einem Zweck geschlossen hat, der nicht der beruflichen oder gewerblichen Tätigkeit dieser Person zugerechnet werden kann.

---

[6] *Schlosser/Hess* EuGVVO Art. 25 Rn. 2.
[7] Rauscher/*Mankowski* Brüssel Ia-VO Art. 25 Rn. 134; *Schlosser/Hess* EuGVVO Art. 25 Rn. 15 und 3. – *Beachte*: Wegen dieser Vermutungswirkung empfiehlt es sich, die Prüfung der formellen vor der materiellen Wirksamkeit vorzunehmen.
[8] *EuGH* 9.11.2000 (*Coreck Maritime*) EU:C:2000:606 (Tz. 15), NJW 2001, 501; *Kropholler/von Hein* EuGVO Art. 23 Rn. 71.

Fall 2. Urlaub mit Zwischenfällen 19

Der Begriff des Verbrauchers ist nach ständiger Rechtsprechung des *EuGH*[9] autonom auszulegen und situativ zu bestimmen, das heißt, dass es für die Verbrauchereigenschaft der Person auf die objektive Stellung innerhalb des konkreten Vertragsverhältnisses ankommt. Der Verbraucherbegriff ist eng auszulegen:[10] Erfasst werden Verträge, die der *private Endverbraucher* schließt.

A mietet das Hausboot zu Urlaubszwecken und damit nicht in Ausübung einer beruflichen oder gewerblichen Tätigkeit. Sie ist also in Bezug auf das konkrete Geschäft Verbraucher im Sinne des Art. 17 I Brüssel Ia-VO. Die W als Vertragspartnerin der A muss Unternehmerin sein; dies folgt zwar nicht aus dem Wortlaut der Verordnung, aber aus dem besonderen Schutzzweck (Erwägungsgrund 18). Als Gesellschaft niederländischen Rechts ist W eine juristische Person und damit Unternehmerin.

Beim *räumlichen Anwendungsbereich* ist zwischen den drei in Art. 17 I Brüssel Ia-VO genannten Alternativen zu unterscheiden. Es liegt weder ein Kauf beweglicher Sachen auf Teilzahlung (lit. a) noch ein Darlehen zur Finanzierung eines solchen Kaufs (lit. b) vor. In Betracht kommt hingegen ein Verbrauchervertrag gemäß Art. 17 I lit. c Brüssel Ia-VO („in allen anderen Fällen").

Die erste Alternative des Art. 17 I lit. c Brüssel Ia-VO setzt voraus, dass der andere Vertragspartner im Wohnsitzstaat des Verbrauchers eine berufliche oder gewerbliche Tätigkeit ausübt. Dies ist vorliegend nicht der Fall, weil W ihren Sitz in den Niederlanden und nicht in Deutschland, dem Wohnsitzstaat der A, hat.

Nach der zweiten Alternative genügt es, wenn die berufliche oder gewerbliche Tätigkeit des anderen Vertragspartners „auf irgendeinem Wege" auf den Mitgliedstaat, in dem der Verbraucher wohnt, ausgerichtet ist. Die Ausrichtung auf ein bestimmtes Land muss im Zeitpunkt des Vertragsschlusses vorliegen und kann über unterschiedliche Medien erfolgen. Umstritten ist, unter welchen Voraussetzungen ein Gewerbetreibender, der eine Homepage unterhält, seine Tätigkeit auf einen anderen Mitgliedstaat „ausrichtet". Ursprünglich wurde in Rechtsprechung und Lehre zwischen *aktiven* und *passiven* Websites unterschieden. Es bestand Einigkeit darüber, dass eine Zuständigkeit nach Art. 17 I lit. c Brüssel Ia-VO dann gegeben ist, wenn der Gewerbetreibende eine *aktive* Website unterhält, bei dem der Vertragsschluss unmittelbar über die Internetseite erfolgen kann (z. B. Homepage einer Fluggesellschaft, auf der Flüge gebucht werden können). Im Schrifttum wurde der Betrieb einer *passiven* Website dann für ausreichend erachtet, wenn sie eine Aufforderung zum Vertragsschluss im Fernabsatz enthält und es auf diesem Weg auch tatsächlich zum Vertragsschluss gekommen ist.[11]

Nach der Rechtsprechung des *EuGH* wird die Unterscheidung zwischen aktiven und passiven Websites jedoch nicht länger aufrechterhalten, da sie kein taugliches Abgrenzungskriterium bilde. Vielmehr stellt der *EuGH* darauf ab, ob der Gewerbetreibende bereits vor dem eigentlichen Vertragsschluss seinen Willen zum Ausdruck gebracht hat, Geschäftsbeziehungen zu Verbrauchern eines oder mehrerer anderer Mitgliedstaaten, einschließlich des Wohnsitzmitgliedstaates des Verbrauchers, aufzunehmen.[12] Mögliche Anhaltspunkte dafür sind der internationale Cha-

---

[9] Etwa *EuGH* 11.7.2002 (*Gabriel*) EU:C:2002:436 (Tz. 37), EuZW 2002, 539.
[10] *EuGH* 3.7.1997 (*Benincasa*) EU:C:1997:337 (Tz. 16), RIW 1997, 775; *EuGH* 20.1.2005 (*Gruber*) EU:C:2005:32, IPRax 2005, 537 m. Anm. *Mankowski*; *EuGH* 20.1.2005 (*Engler*) EU:C:2005:33 (Tz. 41), EuZW 2005, 241; *EuGH* 25.1.2018 (*Schrems*) EU:C:2018:37 (Tz. 29), EuZW 2018, 197 m. Anm. *Schmitt*.
[11] *Kropholler/von Hein* EuGVO Art. 15 Rn. 24.
[12] *EuGH* 7.12.2010 (*Pammer* und *Alpenhof*) EU:C:2010:740 (Tz. 75), NJW 2011, 505.

rakter der Tätigkeit des Gewerbetreibenden, die Angabe von Anfahrtsbeschreibungen aus anderen Mitgliedstaaten zu dem Ort der Niederlassung des Gewerbetreibenden, die Verwendung einer anderen Sprache oder Währung als seiner eigenen sowie die Möglichkeit der Buchung in dieser Sprache.[13]

W wendet sich auf ihrer Homepage ausdrücklich an Kunden in Deutschland, da sie auf Deutsch verfasst ist („Wegbeschreibung") und die Anfahrt aus Deutschland mit einbezieht. Auch über das Symbol der deutschen Flagge und den Hinweis „Wir sprechen Deutsch!" soll die Aufmerksamkeit deutscher Kunden gewonnen werden. Durch die Gestaltung ihrer Homepage richtet W ihre Tätigkeit mithin auf Deutschland – den Wohnsitzstaat der A – im Sinne von Art. 17 I lit. c Brüssel Ia-VO aus. Zu ergänzen bleibt, dass das Merkmal des „Ausrichtens" nicht erfordert, dass die Initiative zum konkreten Vertragsschluss vom Unternehmer ausgegangen ist:[14] Ein Bezug des Vertrages zum Wohnsitzstaat des Verbrauchers liegt auch dann vor, wenn – wie hier durch den Anruf der A bei W – die Kontaktaufnahme durch den Verbraucher erfolgt ist.

Das Vorliegen eines Verbrauchervertrags wäre indes zu verneinen, wenn Art. 17 I lit. c Brüssel Ia-VO weiterhin erfordert, dass der Vertrag im *Fernabsatz* zustande gekommen ist. Einem solchen Erfordernis hat der *EuGH* jedoch eine Absage erteilt, weil es dem Ziel der Vorschrift, den Verbraucher als schwächere Partei zu schützen, zuwiderlaufe.[15] Damit wird der Internetauftritt anderen Werbemitteln gleichgestellt. Wer als Kunde, der über Flyer oder Zeitungsannoncen geworben wurde, zum Vertragsschluss an den Geschäftssitz des Gewerbetreibenden in einen anderen Mitgliedstaat fährt, genießt den Schutz von Art. 17 I lit. c Brüssel Ia-VO. Gleiches gilt für die Werbung über das Internet.

Schließlich ist zu klären, ob der Internetauftritt des Gewerbetreibenden *ursächlich* für den konkreten Vertragsschluss gewesen sein muss. Im vorliegenden Fall erfuhr A nicht über das Internet, sondern über Bekannte von der Hausbootvermietung; von W's Homepage wusste sie zu diesem Zeitpunkt nichts. Zwar setzt Art. 17 I lit. c Brüssel Ia-VO seinem Wortlaut nach keine Kausalität zwischen dem Ausrichten der Tätigkeit auf den Wohnsitzstaat des Verbrauchers und dem tatsächlichen Vertragsabschluss voraus, doch könnte eine solche kausale Verknüpfung zu fordern sein, um den Verbraucherschutz nicht uferlos zu gestalten und eine unionsweite Gerichtspflichtigkeit des Gewerbetreibenden zu verhindern. Der *EuGH* tritt dieser Argumentation jedoch entgegen: Eine solch restriktive Auslegung könnte den Verbraucher in Beweisschwierigkeiten bringen und widerspricht dem Normziel des Verbraucherschutzes.[16] Es ist also nicht erforderlich, dass die Werbung im Internet kausal für den Vertragsschluss mit dem Verbraucher ist.

c) Ergebnis

Liegt mithin ein Verbrauchervertrag nach Art. 17 I lit. c Brüssel Ia-VO vor, so ist die Gerichtsstandsvereinbarung gemäß Art. 25 IV, 19 Brüssel Ia-VO unwirksam. Da die Vereinbarung vor Entstehen der Streitigkeit geschlossen wurde (Art. 19 Nr. 1

---

[13] *EuGH* 7.12.2010 (*Pammer* und *Alpenhof*) EU:C:2010:740 (Tz. 93), NJW 2011, 505, sowie *EuGH* 17.10.2013 (*Emrek*) EU:C:2013:666 (Tz. 27), NJW 2013, 3504; *BGH* 9.2.2017, VersR 2018, 372 (Tz. 24).
[14] *BGH* 9.2.2017, VersR 2018, 372 (Tz. 46).
[15] *EuGH* 6.12.2012 (*Mühlleitner*) EU:C:2012:542 (Tz. 35 ff.), RIW 2012, 718; bestätigt in *EuGH* 17.10.2013 (*Emrek*) EU:C:2013:666 (Tz. 19), NJW 2013, 3504.
[16] *EuGH* 17.10.2013 (*Emrek*) EU:C:2013:666 (Tz. 25 und 32), NJW 2013, 3504; *BGH* 9.2.2017, VersR 2018, 372 (Tz. 41).

Brüssel Ia-VO) und die Parteien ihren Wohnsitz in unterschiedlichen Mitgliedstaaten haben (Art. 19 Nr. 3 Brüssel Ia-VO), wäre lediglich eine Erweiterung der Klagemöglichkeiten für *A* im Wege der Vereinbarung zulässig gewesen. Allerdings eröffnet die Vereinbarung für *A* gerade keinen zusätzlichen fakultativen Gerichtsstand, weil sich in den Niederlanden auch der allgemeine Gerichtsstand der *W* befindet. Niederländische Gerichte sind demnach zur Entscheidung über die Schadensersatzklage nicht zuständig.

3. Gerichtsstand für Vertragsklagen

Liegt – wie gesehen – ein Verbrauchervertrag vor, so tritt die Zuständigkeit des Gerichts am Erfüllungsort nach Art. 7 Nr. 1 Brüssel Ia-VO hinter Art. 17ff. Brüssel Ia-VO zurück, denn die besondere Zuständigkeitsregelung in Verbrauchersachen ist *lex specialis* zu Art. 7 Nr. 1 Brüssel Ia-VO.[17]

4. Gerichtsstand für Deliktsklagen

Die internationale Zuständigkeit niederländischer Gerichte könnte sich indes aus Art. 7 Nr. 2 Brüssel Ia-VO ergeben, wenn sich *W* wegen der verspäteten Rückgabe auf etwaige Ansprüche aus unerlaubter Handlung oder aus dem Eigentümer-Besitzer-Verhältnis[18] beruft. Fraglich ist, ob die Zuständigkeitsvorschriften der Art. 17ff. Brüssel Ia-VO insoweit eine abschließende Regelung bilden. Dies ist sicher dann der Fall, wenn es sich um eine „Verbrauchersache" handelt, denn Ausnahmen dazu sieht Art. 17 I S. 1 Brüssel Ia-VO lediglich für zwei Normen („unbeschadet des Artikels 6 und des Artikels 7 Nummer 5"), nicht aber für Art. 7 Nr. 2 Brüssel Ia-VO vor. Eine Klage im Gerichtsstand für Deliktsklagen wäre also nur dann möglich, wenn es sich bei den geltend gemachten Ansprüchen nicht um eine Verbrauchersache handelt. Allerdings fasst der *EuGH* den Begriff des Vertrags in Abgrenzung zu deliktischen Ansprüchen in seiner *Brogsitter*-Entscheidung sehr weit. Danach knüpfen auch solche Klagen, die nach nationalem Recht deliktischer Natur sind, an einen Vertrag an, wenn sich das vorgeworfene Verhalten als Verstoß gegen vertragliche Pflichten darstellt.[19] Diese Rechtsprechung, die zur Abgrenzung des Anwendungsbereichs von Art. 7 Nr. 1 zu Art. 7 Nr. 2 Brüssel Ia-VO ergangen ist, dürfte ebenso für die Abgrenzung zu Verbraucherverträgen gelten.[20] In der deutschen Rechtsprechung wurde selbst die Verletzung deliktischer Verkehrssicherungspflichten als Verbrauchersache im Sinne von Art. 17 Brüssel Ia-VO qualifiziert, wenn „die deliktische Schadenshaftung eine so enge Beziehung mit dem Vertrag aufweist, dass sie von diesem nicht getrennt werden kann."[21] Dies dürfte auch bei der verspäteten Rückgabe einer Mietsache der Fall sein, denn ob *A* gegenüber *W* ein Recht zum Besitz hat oder nicht mehr berechtigte Besitzerin ist, beurteilt sich nach dem Mietvertrag. Daher kommt eine Klage im Gerichtsstand des Art. 7 Nr. 2 Brüssel Ia-VO nicht in Betracht.

---

[17] Rauscher/*Leible* Brüssel Ia-VO Art. 7 Rn. 10, 12.
[18] *Beachte*: Ansprüche aus Eigentümer-Besitzer-Verhältnis fallen unter den Begriff „unerlaubte Handlung" i.S.v. Art. 7 Nr. 2 Brüssel Ia-VO (*Schlosser/Hess* EuGVVO Art. 7 Rn. 13) und auch in den Anwendungsbereich der Rom II-VO (Palandt/*Thorn* Rom II-VO Art. 1 Rn. 5).
[19] *EuGH* 13.3.2014 (*Brogsitter*) EU:C:2014:148 (Tz. 16 ff.), NJW 2014, 1648.
[20] Rauscher/*Staudinger* Brüssel Ia-VO Vorbem. zu Art. 17ff. Rn. 5.
[21] *OLG München* 11.10.2017, BeckRS 2017, 127677 Rn. 14 mit Verweis auf *BGH* 5.10.2010, NJW 2011, 532 (Tz. 23).

Frage 2

Die Klage der *A* gegen *H* auf Ersatz der Schäden am Pkw hat Aussicht auf Erfolg, wenn sie zulässig und begründet ist.

I. Zulässigkeit

Die Klage ist zulässig, wenn das *AG Aachen* für den Rechtsstreit zuständig ist und darüber hinaus die weiteren Sachentscheidungsvoraussetzungen erfüllt sind.

1. Internationale Zuständigkeit

a) Anwendbarkeit der Brüssel Ia-VO

Ob das *AG Aachen* zuständig ist, richtet sich nach der Brüssel Ia-VO, wenn die Schadensersatzklage der *A* gegen *H* in deren sachlichen, räumlich-persönlichen und zeitlichen Anwendungsbereich fällt. *Sachlich* findet die Brüssel Ia-VO nach ihrem Art. 1 Anwendung auf „Zivil- und Handelssachen". Bei dem von *A* geltend gemachten versicherungsrechtlichen Direktanspruch gegen den Haftpflichtversicherer handelt es sich um eine Zivilsache. Der *räumlich-persönliche* Anwendungsbereich ist eröffnet, wenn der Beklagte seinen (Wohn-)Sitz in einem Mitgliedstaat hat (Art. 4 I Brüssel Ia-VO). Nach dem autonomen Wohnsitzbegriff für Gesellschaften und juristische Personen des Art. 63 Brüssel Ia-VO ist alternativ an deren satzungsmäßigen Sitz, ihre Hauptverwaltung oder ihre Hauptniederlassung anzuknüpfen. *H* hat ihren Sitz gemäß Art. 63 I lit. a Brüssel Ia-VO in den Niederlanden und folglich in einem Mitgliedstaat. Die Verordnung ist auch in zeitlicher Hinsicht anwendbar (Art. 66 I, 81 Brüssel Ia-VO).

b) Entscheidungszuständigkeit in Versicherungssachen

Da *A* die Klage gegen *H* auf dessen Einstandspflicht als Haftpflichtversicherer stützt, könnte sich die Zuständigkeit deutscher Gerichte aus Art. 10 ff. Brüssel Ia-VO ergeben, welche die Zuständigkeit für Versicherungssachen regeln. Erfasst werden hier sowohl Streitigkeiten zwischen den Parteien eines Versicherungsvertrags als auch gemäß Art. 13 II, III Brüssel Ia–VO die Klage des Geschädigten gegen die hinter dem Schädiger stehende Versicherung.

aa) *A* als Begünstigte?

Einer Sonderregel für die Direktklage gegen den Haftpflichtversicherer bedarf es deshalb, weil der Geschädigte nicht „Begünstigter" im Sinne von Art. 11 I lit. b Brüssel Ia-VO ist. Zum Kreis der Begünstigten zählen etwa der Bezugsberechtigte einer Lebensversicherung,[22] nicht aber Dritte, die als Verkehrsunfallopfer unmittelbar Ansprüche gegen den Versicherer geltend machen.

bb) Gerichtsstand für die *action directe*

In Betracht kommt also die internationale Zuständigkeit deutscher Gerichte gemäß Art. 13 II i. V. m. Art. 11 Brüssel Ia-VO. Allerdings liegen weder der Wohnort des Versicherungsnehmers *P* (Art. 11 I lit. b Brüssel Ia-VO) noch der Tatort (Art. 12 Brüssel Ia-VO) in Deutschland. Fraglich ist daher, ob der Verweis des Art. 13 II

---

[22] Rauscher/*Staudinger* Brüssel Ia-VO Art. 11 Rn. 5.

Brüssel Ia-VO auf Art. 11 I lit. b Brüssel Ia-VO so zu verstehen ist, dass er eine Direktklagemöglichkeit am Wohnsitz des Geschädigten eröffnet.

Dies setzt voraus, dass A Geschädigte und die Direktklage zulässig ist. Der Begriff des Geschädigten ist autonom auszulegen, wobei die Begriffsbestimmung in der 4. Kfz-Haftpflichtversicherungsrichtlinie herangezogen werden kann:[23] Geschädigter ist danach jede (natürliche oder juristische) Person, die ein Recht auf Schadensersatz hat.[24] Da es sich bei der Frage der Rechtsinhaberschaft um eine doppelrelevante Tatsache[25] handelt, genügt für die Zuständigkeitsprüfung nach h.M. bereits die schlüssige Behauptung der Klägerin für die Annahme, sie sei Geschädigte.

Weiterhin erfordert Art. 13 II Brüssel Ia-VO, dass „eine solche unmittelbare Klage zulässig ist". Ob die Direktklage zulässig ist, ist unter Einbeziehung der Kollisionsnormen des angerufenen Gerichts zu entscheiden. Freilich genügt im Rahmen der Zulässigkeitsprüfung, dass ein Direktanspruch im jeweiligen nationalen Recht abstrakt-generell besteht.[26] Dies ist zu bejahen: Art. 18 der Kfz-Haftpflicht-RL verpflichtet die Mitgliedstaaten dazu, einen derartigen Direktanspruch einzuführen;[27] dieser Verpflichtung sind alle EU-Mitgliedstaaten nachgekommen. Im deutschen Recht folgt der Direktanspruch aus § 6 I AuslPflVG und § 115 VVG i.V.m. § 1 PflVersG, im niederländischen Recht aus Art. 6 I WAM. Eine weitergehende Prüfung ist im Rahmen der internationalen Zuständigkeit nicht veranlasst.[28]

Die zentrale Frage in diesem Kontext ist, ob A die Klage gegen H an ihrem Wohnsitz erheben kann. Bei einer streng am Wortlaut orientierten Auslegung des Verweises in Art. 13 II Brüssel Ia-VO stünden A die in Art. 11 I lit. b Brüssel Ia-VO genannten Zuständigkeiten am Wohnsitz des Versicherungsnehmers, des Versicherten oder des Begünstigten, nicht aber die Zuständigkeit am Wohnsitz des Geschädigten offen.

Nachdem es lange Zeit umstritten war, ob aus den genannten Vorschriften ein Gerichtsstand am Wohnsitz des Geschädigten „herauszulesen" ist, wird dies vom *EuGH* seit der Entscheidung *Odenbreit* uneingeschränkt bejaht. Der Gerichtshof begründet dies mit dem Schutz des Geschädigten als der schwächeren Partei: Dem Geschädigten, das Recht zu verweigern, an seinem Wohnsitz zu klagen, stehe „im Widerspruch zum Geist dieser Verordnung".[29] Zwischenzeitlich ist der Klägergerichtsstand des Geschädigten zum praktisch wichtigsten Gerichtsstand im Internationalen Versicherungsprozessrecht avanciert[30] und seine Bedeutung wurde durch nachfolgende Entscheidungen des *EuGH* weiter ausgebaut.[31] Die mit dieser Rechtsprechung verbundene

---

[23] Art. 1 Nr. 2 sowie Erwägungsgrund 32 der Richtlinie 2009/103/EG vom 16.9.2009 über die Kraftfahrzeug-Haftpflichtversicherung und die Kontrolle der entsprechenden Versicherungspflicht, ABl. EU 2009 Nr. L 263/1.
[24] Rauscher/*Staudinger* Brüssel Ia-VO Art. 13 Rn. 6b.
[25] *Thole*, IPRax 2013, 136 (138 ff.); kritisch: *Linke/Hau* IZVR Rn. 4.70.
[26] BGH 6.5.2008, NJW 2008, 2343 (Tz. 13).
[27] Siehe Bearbeitervermerk 2; näher dazu: *Lüttringhaus*, VersR 2010, 183 (188).
[28] Vgl. auch *Staudinger*, NJW 2011, 650.
[29] *EuGH* 13.12.2007 (*Jack Odenbreit*) EU:C:2007:792 (Tz. 28), IPRax 2008, 123 m. Anm. *Fuchs*, 104. Dem folgend z. B. BGH 24.2.2015, NJW 2015, 2429 = VersR 2016, 271 (Tz. 12).
[30] *Mankowski*, VersR 2017, 1481 (1483).
[31] Darin geht es um die Frage, ob auch ein Legalzessionar an seinem Wohnort gegen den Haftpflichtversicherer des Schädigers klagen kann. Nach *EuGH* 17.9.2009 (*Vorarlberger Gebietskrankenkasse*) EU:C:2009:56, IPRax 2011, 255 m. Anm. *Staudinger*, 229 ist einem Sozialversicherungsträger, der im Wege der *cessio legis* Ansprüche des Geschädigten gegen den Haftpflichtversicherer geltend macht, der genannte Gerichtsstand versperrt: Eine Ausweitung der *Odenbreit*-Rechtsprechung erfolgt jedoch insofern, als der Verweis in Art. 13 II Brüssel Ia-VO nicht mehr nur den unmittelbar Geschädigten erfasst. Aber, so der *EuGH*, der Schutz durch die versicherungsrechtlichen Zuständigkeitsnormen sei nur denjenigen

drastische Ausweitung des Klägergerichtsstands für Direktklagen sieht sich im Schrifttum massiver Kritik ausgesetzt.[32] Gibt es nach einem Unfall mehrere Geschädigte oder liegt gar eine Massenkarambolage vor, ist eine impraktikable Vielfalt an Klägergerichtsständen zu beklagen.[33] In jedem Fall aber werden die Gerichte mit den Folgeproblemen belastet, die durch das systematische Auseinanderfallen von Zuständigkeit und anwendbarem Recht (*lex loci delicti commissi*) entstehen, etwa die stets erforderliche Ermittlung des ausländischen Rechts, die Notwendigkeit einer Beweisaufnahme im Ausland und die Bemessung der Schadenshöhe nach ausländischem Recht.[34] Ungeachtet dieser negativen Folgen ist die Zuständigkeit am Wohnsitz des Verkehrsunfallopfers in der Praxis der nationalen Gerichte inzwischen längst etabliert.[35] Folglich sind deutsche Gerichte für die Klage der *A* zuständig.

2. Örtliche und sachliche Zuständigkeit

Art. 11 I lit. b Brüssel Ia-VO regelt nicht nur die internationale, sondern auch die örtliche Zuständigkeit ("Gericht des Ortes"): Da *A* ihren Wohnsitz in Aachen hat, ist das *AG Aachen* für die Klage zuständig. Dessen sachliche Zuständigkeit ergibt sich aus §§ 23 Nr. 1, 71 GVG.

3. Sonstige Sachentscheidungsvoraussetzungen

Sachentscheidungsvoraussetzungen unterstehen grundsätzlich der *lex fori*. Dabei werden die Anknüpfungen der Partei- und Prozessfähigkeit in §§ 50 ff. ZPO als Verweis auf das Heimatrecht verstanden; nach der sog. europarechtlichen Gründungstheorie ist entscheidend, ob die Gesellschaft in einem EU-Staat wirksam gegründet worden ist.[36] Als Aktiengesellschaft niederländischen Rechts ist *H* in Deutschland partei- und prozessfähig.

II. Begründetheit

Die Klage ist begründet, wenn *A* gegen *H* einen Anspruch auf Ersatz des am Pkw entstandenen Schadens in Höhe von 2.000 € hat. Dazu ist zunächst das auf die Direktklage gegen den Versicherer anwendbare Recht zu bestimmen.

Personen zu gewähren, die ihn auch benötigten. Die somit geforderte Einzelfallprüfung lehnt der *EuGH* später mit dem Argument ab, eine einzelfallbezogene Beurteilung, ob der Kläger als schwächere Partei angesehen werden könne, berge die Gefahr der Rechtsunsicherheit: *EuGH* 20.7.2017 (*MMA IARD*) EU:C:2017:576, VersR 2017, 1481 (Tz. 34). Der *EuGH* führt weiter aus, dass "Dienstgeber, die in Schadensersatzansprüche ihrer Dienstnehmer eingetreten sind, als Geschädigte *unabhängig von ihrer Größe und Rechtsform*" an ihrem (Wohn-)Sitzforum klagen können (Tz. 35 Hervorhebung durch Verf.). *Staudinger*, LMK 2017, 395642, kritisiert die prozessökonomische Schieflage, die als Folge der *EuGH*-Rechtsprechung entsteht: Während Arbeitgeber an ihrem Sitz gegen die gegnerische Haftpflichtversicherung klagen können, ist dies einem Sozialversicherer wegen der *Vorarlberger*-Doktrin verwehrt. Ebenso wenig kann sich eine natürliche Person, die gewerbsmäßig Schadensersatzforderungen für Unfallgeschädigte eintreibt, auf den Schutzgerichtsstand des Art. 13 II i.V.m. Art. 11 I lit. b Brüssel Ia-VO berufen: *EuGH* 31.1.2018 (*Hofsoe*) EU:C:2018:50, EuZW 2018, 213, der hier hervorhebt, die Vorschriften seien eng auszulegen und daher nicht auf Personen auszudehnen, die keines besonderen Schutzes bedürfen (Tz. 31).

[32] *Jayme*, FS von Hoffmann, 2011, 656: "Danaergeschenk".
[33] *Fuchs*, IPRax 2008, 104 (106).
[34] *Jayme*, FS Kohler, 2018, 193.
[35] Z.B. *BGH* 24.2.2015, NJW 2015, 2429, VersR 2016, 271.
[36] *Nagel/Gottwald* IZPR § 5 Rn. 21, 24 m.w.N.

Fall 2. Urlaub mit Zwischenfällen 25

1. Anwendbarkeit der Rom II-VO

Fraglich ist, ob die Rom II-VO anwendbar ist. Der *sachliche* Anwendungsbereich der Rom II-VO erfasst nach deren Art. 1 sämtliche außervertraglichen Schuldverhältnisse in Zivil- und Handelssachen, darunter insbesondere unerlaubte Handlungen wie einen Verkehrsunfall. Der *räumliche* Anwendungsbereich der Verordnung erfordert, dass das außervertragliche Schuldverhältnis eine Verbindung zum Recht verschiedener Staaten aufweist. Dies ist der Fall, da der Unfallort in den Niederlanden liegt, Schädiger und Geschädigter aus unterschiedlichen Staaten kommen und auch die beteiligten Kfz in unterschiedlichen Staaten zugelassen und versichert sind. Auch *zeitlich* ist die Verordnung nach Art. 31 Rom II-VO anwendbar.

2. Völkerrechtliche Vereinbarungen

Nach Art. 28 I Rom II-VO bleiben solche völkerrechtlichen Vereinbarungen von der Anwendung der Rom II-VO unberührt, denen ein oder mehrere Mitgliedstaaten zum Zeitpunkt der Annahme der Verordnung angehören und die Kollisionsnormen für außervertragliche Schuldverhältnisse enthalten. Daher könnte das Haager Straßenverkehrsübereinkommen[37] vorrangig zur Anwendung kommen. Allerdings wurde dieses Übereinkommen nicht von Deutschland ratifiziert und steht folglich der Anwendung der Rom II-VO nicht entgegen.

3. Ermittlung des Statuts für den Direktanspruch

Nach Maßgabe des Art. 18 Rom II-VO unterliegt der Direktanspruch des Geschädigten gegen den Haftpflichtversicherer alternativ dem auf das zugrundeliegende außervertragliche Schuldverhältnis anzuwendenden Recht (Art. 18 Var. 1 Rom II-VO) oder dem Versicherungsvertragsstatut (Art. 18 Var. 2 Rom II-VO). Es handelt sich um eine echte Alternativanknüpfung, der das Günstigkeitsprinzip zugrunde liegt.[38] Da jedoch alle EU-Mitgliedstaaten einen derartigen Direktanspruch kennen, kommt dem Günstigkeitsprinzip bei Binnenmarktfällen – anders als in Drittstaatenfällen – kaum Bedeutung zu.[39]

Das von Art. 18 Var. 1 Rom II-VO berufene Deliktsstatut ist nach Art. 4 ff. Rom II-VO zu ermitteln. Da weder Art. 14 noch Art. 4 II, III Rom II-VO hier einschlägig sind, ist auf den Verkehrsunfall nach der allgemeinen Kollisionsnorm des Art. 4 I Rom II-VO das Recht des Schadensortes, die sog. *lex loci damni*, anzuwenden. Der materielle Schaden am Pkw der *A* ist unmittelbar durch den Unfall verursacht worden und damit am Ort des Verkehrsunfalls in den Niederlanden eingetreten. Gemäß Art. 4 I Rom II-VO findet also niederländisches Recht auf den deliktischen Anspruch der *A* gegen *P* Anwendung.

Gemäß Art. 24 Rom I-VO handelt es sich dabei um eine Sachnormverweisung. Da der *renvoi* ausgeschlossen ist, spielt es keine Rolle, dass die Niederlande Vertragsstaat des Haager Übereinkommens über das auf Straßenverkehrsunfälle anzuwendende Recht ist und daher möglicherweise ein anderes Recht zur Anwendung berufen hätte. Das niederländische Recht sieht in Art. 6 I S. 1 WAM einen Direkt-

---

[37] Haager Übereinkommen über das auf Straßenverkehrsunfälle anzuwendende Recht vom 4.5.1971; abgedr. bei *Jayme/Hausmann* Nr. 100.
[38] *EuGH* 9.9.2015 (*Prüller-Frey*) EU:C:2015:567 (Tz. 37 ff.), NJW 2016, 385; Palandt/*Thorn* Rom II-VO Art. 18 Rn. 2.
[39] Palandt/*Thorn* Rom II-VO Art. 18 Rn. 3; *Lüttringhaus*, VersR 2010, 183 (188). Im Übrigen ist die Reichweite von Art. 18 Rom II-VO begrenzt und erfasst nur die Frage nach dem Bestehen und den Modalitäten des Direktanspruchs.

anspruch des Geschädigten gegen den Haftpflichtversicherer vor. Da somit geklärt ist, dass die Direktklage in einem der anwendbaren Rechte „vorgesehen" ist, ist die Ermittlung des Versicherungsvertragsstatuts entbehrlich.[40]

4. Anscheinsbeweis: *lex fori* oder *lex causae*?

Der Direktanspruch begründet kollisionsrechtlich kein eigenes Schuldverhältnis zwischen A und P. Vielmehr entspringt der Direktanspruch dem außervertraglichen Schuldverhältnis zwischen Anspruchsinhaber und Anspruchsgegner;[41] denn gemäß Art. 18 Rom II-VO kann der Geschädigte „seinen" Anspruch gegen den Versicherer geltend machen. Auf diesen („seinen") Anspruch aus dem zugrundeliegenden Schuldverhältnis, dem Verkehrsunfall, kommt – wie gesehen – niederländisches Recht zur Anwendung.

Die einschlägige Norm für den Schadensersatzanspruch ist Art. 6:162 BW. Ein Verkehrsunfall, bei dem es zur Beschädigung eines Kfz kommt, erfüllt den objektiven Tatbestand einer unerlaubten Handlung. Weitere Voraussetzung für den Schadensersatzanspruch ist der Nachweis, dass der Versicherungsnehmer, hier also P, den Unfall verschuldet hat. Während nach niederländischem Recht jede Partei die ihr günstigen Tatsachen nachzuweisen hat, gibt es im deutschen Recht einen Anscheinsbeweis, wonach denjenigen, der auffährt, ein Verschulden trifft. Zu klären ist daher, ob sich der Beweis des Verschuldens und konkret die Anwendbarkeit des Anscheinsbeweises nach inländischem Verfahrensrecht (*lex fori*) oder ausländischem Haftungsrecht (*lex causae*) richtet.

Zunächst ist festzuhalten, dass der „Beweis" – wie alle verfahrensrechtlichen Fragen – gemäß Art. 1 III Rom II-VO nicht in den Anwendungsbereich der Rom II-VO fällt; dies gilt freilich „unbeschadet der Artikel 21 und 22". Gemäß Art. 22 Rom II-VO gilt für gesetzliche Vermutungen und Beweislastregeln das Geschäftsstatut. Voraussetzung ist, dass es sich um Regeln handelt, die speziell für das betreffende Schuldverhältnis aufgestellt und daher so eng mit dem materiellen Recht verbunden sind, dass sie materiell-rechtlich zu qualifizieren und der *lex causae* zu unterstellen sind. Besonders umstritten ist, ob dies auf die deutsche Rechtsfigur des Anscheinsbeweises zutrifft.

Überwiegend wird der Anscheinsbeweis wegen der Nähe zur richterlichen Beweiswürdigung, für die anerkanntermaßen die *lex fori* gilt, als prozessrechtliches Institut verfahrensrechtlich qualifiziert und deshalb der *lex fori* unterstellt.[42] Dem wird indes entgegengehalten, der Anscheinsbeweis erleichtere die Beweislast, privilegiere den Kläger und sei eng mit dem Sachrecht verflochten;[43] zudem hafte seiner Zuordnung zum Prozessrecht etwas Künstliches an.[44] Wie eng die Verflechtung des Anscheinsbeweises mit dem Sachrecht ist, macht ein Blick auf die spiegelbildliche Konstellation eines Autounfalls in Deutschland mit ausländischem Geschädigten deutlich:[45] Wäre der Anscheinsbeweis verfahrensrechtlich zu qualifizieren,

---

[40] Siehe vorherige Fn. Ergänzend jedoch der Hinweis, dass gemäß Art. 7 II S. 2 Rom I-VO auch auf den Versicherungsvertrag niederländisches Recht als das Recht am gewöhnlichen Aufenthalt des Versicherers zur Anwendung kommt.
[41] NK-BGB/*Nordmeier* Rom II-VO Art. 18 Rn. 5.
[42] *LG Saarbrücken* 11.5.2015, IPRax 2015, 567 (Tz. 22 m.w.N.) m. krit. Anm. *Zwickel*, 531; *Thole*, IPRax 2010, 285 (286, 289); *Linke/Hau* IZVR Rn. 10.10; *Brinkmann*, ZZP 129 (2016), 461 (482 ff.).
[43] *Jayme*, FS Kohler, 2018, 193 (200); *Staudinger*, NJW 2011, 650 (651).
[44] *Zwickel*, IPRax 2015, 531 (534).
[45] *Staudinger*, NJW 2011, 650 (652).

Fall 2. Urlaub mit Zwischenfällen 27

hätte das nach Art. 13 II i. V. m. Art. 11 I lit. b Brüssel Ia-VO zuständige ausländische Gericht das deutsche Deliktsrecht ohne den Grundsatz des Beweises des ersten Anscheins anzuwenden – und würde damit zu einem dem deutschen Recht nicht entsprechenden Ergebnis kommen. Die deutschen Regeln zum Anscheinsbeweis sind daher nicht Teil der *lex fori*, sondern unterstehen Art. 22 I Rom II-VO.[46] Danach hat das Gericht die Beweislastregelungen und gesetzlichen Vermutungen des Sachstatuts zu beachten. Folglich erstreckt sich der Verweisungsbefehl des Art. 4 I i. V. m. Art. 22 Rom II-VO vorliegend auch auf die allgemeine Beweislastregel des niederländischen Rechts, Art. 150 Rv. Dass Art. 150 Rv seine Grundlage im Prozessrecht hat, steht dem nicht entgegen. Denn: Nach Art. 22 Rom II-VO sind Beweislastregeln als materiell-rechtliche Vorschriften anzusehen, auch wenn deren Rechtsnatur im nationalen Recht als prozessrechtlich gesehen wird.[47]

Dies bedeutet *in casu*: Nach niederländischem Recht trägt jede Partei die Beweislast. Da der Sachverhalt keine Angaben darüber enthält, dass *A* den Verschuldensnachweis erbracht hat oder erbringen könnte, ist davon nicht auszugehen.

5. *Ordre public*-Verstoß?

Fraglich ist, ob dieses Ergebnis über Art. 26 Rom II-VO zu korrigieren ist. Die Beweislastverteilung, die das niederländische Recht für den Fall des Auffahrunfalls vorsieht, verstößt nicht offensichtlich gegen die deutsche öffentliche Ordnung, selbst wenn die Anwendung des im deutschen Recht bekannten Anscheinsbeweises hier zu einem anderen Ergebnis geführt hätte; denn eine Verletzung von Fundamentalprinzipien des deutschen Rechts liegt nicht vor.

III. Ergebnis

Die Klage ist zulässig, jedoch nicht begründet.

Frage 3

Fraglich ist, ob *A* an ihrem Wohnort auch Klage gegen *P*, den Halter und Fahrer des am Unfall beteiligten Pkw, erheben kann.

I. Anwendbarkeit der Brüssel Ia-VO

Die Zuständigkeit des *AG Aachen* richtet sich auch in dieser Konstellation nach den Zuständigkeitsvorschriften der Brüssel Ia-VO. *Sachlich* handelt es sich bei der gegen den Unfallverursacher erhobenen Schadensersatzklage um eine Zivilsache i. S. v. Art. 1 I S. 1 Brüssel Ia-VO. Der *räumlich-persönliche* Anwendungsbereich ist gemäß Art. 4 I Brüssel Ia-VO eröffnet, weil *P* seinen Wohnsitz in den Niederlanden, einem EU-Mitgliedstaat, hat. Schließlich ist die Verordnung auch in zeitlicher Hinsicht anwendbar (Art. 66, 81 Brüssel Ia-VO).

---

[46] Palandt/*Thorn* Rom II-VO Art. 22 Rn. 1; NK-BGB/*Schulze* Rom II-VO Art. 22 Rn. 2 a.E; *Zwickel*, IPRax 2015, 531 (534); *Staudinger*, NJW 2011, 650 (651); *AG Geldern* 27.10.2010, NJW 2011, 686 (687).
[47] *AG Geldern* 27.10.2010, NJW 2011, 686 (687).

II. Entscheidungszuständigkeit

1. Allgemeiner Gerichtsstand

P hat seinen Wohnsitz in Eindhoven und kann daher gemäß Art. 4 I Brüssel Ia-VO in den Niederlanden verklagt werden.

2. Gerichtsstand für Deliktsklagen

Eine daneben bestehende besondere Zuständigkeit am Unfallort nach Art. 7 Nr. 2 Brüssel Ia-VO gibt es nicht, weil auch der Unfallort in den Niederlanden liegt.[48]

3. Streitverkündung in Versicherungssachen

Das *AG Aachen* könnte für die Klage der *A* gegen *P* gemäß Art. 13 III Brüssel Ia-VO zuständig sein. Wie sich aus der Bezugnahme des Art. 13 III Brüssel Ia-VO auf den vorherigen Absatz ergibt („dasselbe Gericht"), muss dafür die Zuständigkeit des *AG Aachen* für die Direktklage nach Art. 13 II Brüssel Ia-VO bestehen. Dies ist der Fall (vgl. oben bei Frage 2). Was unter Streitverkündung zu verstehen ist, ist im Wege autonomer Auslegung zu ermitteln.[49] Problematisch ist dabei insbesondere, ob der Geschädigte bei einer auf Art. 13 II i.V.m. Art. 11 I lit. b Brüssel Ia-VO gestützten Klage gegen den Versicherer auch dem Versicherungsnehmer den Streit verkünden darf. Zwar lässt sich aus dem Wortlaut von Art. 13 III Brüssel Ia-VO keine derartige Einschränkung ergeben, doch verlangt die teleologische Auslegung, dass Streitverkünder der Versicherer sein muss.[50] Art. 13 III Brüssel Ia-VO dient nicht dazu, dem Geschädigten einen zusätzlichen Gerichtsstand gegen den Versicherungsnehmer zu schaffen. Nicht zuletzt handelt es sich bei dem Anspruch des Geschädigten gegen den Schädiger nicht um eine Versicherungssache, sondern um einen deliktischen Anspruch, der schon deshalb nicht unter Art. 13 III Brüssel Ia-VO fällt.[51]

4. Mehrparteiengerichtsstand

Fraglich ist, ob *P* gemäß Art. 8 Nr. 1 Brüssel Ia-VO – ebenso wie *H* – am Wohnsitz der *A* verklagt werden kann. Art. 8 Nr. 1 Brüssel Ia-VO setzt indes voraus, dass „einer der Beklagten seinen Wohnsitz" in diesem Staat haben muss. Die Beklagten sind jedoch alle in den Niederlanden ansässig. Die Zuständigkeit für die Klage gegen den Versicherer *H* beruht nicht auf dessen Niederlassung, sondern auf dem Wohnsitz der *A*. Eine Erstreckung dieser eng auszulegenden Vorschrift über ihren klaren Wortlaut hinaus verbietet sich: Die Zuständigkeit für die Klage gegen den sogenannten „Ankerbeklagten" muss sich daher auf dessen Wohnsitz stützen.[52] Für eine erweiternde oder analoge Anwendung von Art. 8 Nr. 1 Brüssel Ia-VO fehlt es an einer Grundlage: Allein die Konnexität der Klagen genügt dafür

---

[48] *Beachte*: Nach Art. 7 Brüssel Ia-VO kann „eine Person, die ihren Wohnsitz im Hoheitsgebiet eines Mitgliedstaats hat, in einem *anderen* Mitgliedstaat verklagt werden" (Hervorhebung d. Verf.).
[49] *Kropholler/von Hein* EuGVO Art. 11 Rn. 5.
[50] Rauscher/*Mankowski* Brüssel Ia-VO Art. 13 Rn. 13a; vgl. auch *BGH* 24.2.2015, NJW 2015, 2429 (Tz. 20).
[51] *Kropholler/von Hein* EuGVO Art. 11 Rn. 5.
[52] *BGH* 24.2.2015, NJW 2015, 2429 (Tz. 14).

jedenfalls nicht.[53] Damit fehlt es an einer Annexzuständigkeit für eine Klage der *A* gegen *P*.

III. Ergebnis

Das *AG Aachen* ist für die auf Schadensersatz gerichtete Klage der *A* gegen *P* nicht zuständig.

---

[53] *EuGH* 27.10.1998 (*Réunion Européenne*) EU:C:1998:509 (Tz. 44 ff.), EuZW 1999, 59; *EuGH* 11.10.2007 (*Freeport*) EU:C:2007:595 (Tz. 46), EuZW 2007, 703; *BGH* 24.2.2015, NJW 2015, 2429 (Tz. 14 und 18).

Fall 3. Verspätung im Luftverkehr

Brüssel Ia-VO – Gerichtsstand für Vertragsklagen – Dienstleistungen – Erfüllungsort der Beförderungsleistung – Fluggastrechte – Europäisches Mahnverfahren – Europäisches Bagatellverfahren

Sachverhalt

Berta (B), die im Hunsrück bei Simmern lebt, hat Verwandte in Amsterdam besucht. Für ihre Rückreise hat sie bei der Fluggesellschaft *Fly & Air Ltd.* (FA) mit Sitz in Dublin unter einer Buchungsnummer eine aus zwei Flügen bestehende Flugreise von Amsterdam nach Paris und weiter nach Frankfurt/Hahn, dem Simmern nächstgelegenen Flughafen, gebucht. Auf dem ersten dieser Flüge, der von *Netherlands Wings NV* (NW), einer Aktiengesellschaft mit Sitz in Amsterdam, durchgeführt wird, kommt es zu einer Verspätung von 20 Minuten, die dazu führt, dass B in Paris den Anschlussflug mit FA verpasst und erst mit vierstündiger Verspätung in Frankfurt/Hahn landet. B fordert von NW deswegen Zahlung eines Ausgleichs in Höhe von 250 €.

Frage 1: Wie beurteilen Sie die Erfolgsaussichten einer Klage von B gegen NW auf Ausgleichszahlung in Höhe von 250 € vor dem *AG Simmern*, in dessen Bezirk der Flughafen Frankfurt/Hahn liegt?

Frage 2: Nehmen Sie an, B scheut die mit einer Klage verbundenen Kosten und Risiken. Sie hat gehört, dass es im EU-Recht zivilprozessuale Rechtsakte gibt, deren Ziel es ist, die grenzüberschreitende Eintreibung von Geldforderungen zu erleichtern. B fragt bei Ihnen an, wie und auf welcher Rechtsgrundlage sie den Anspruch gegen NW geltend machen kann.

Bearbeitervermerk:

1. Verordnung (EG) Nr. 261/2004 vom 11.2.2004 über eine gemeinsame Regelung für Ausgleichs- und Unterstützungsleistungen für Fluggäste im Fall der Nichtbeförderung und bei Annullierung oder großer Verspätung von Flügen (...):

Art. 3 Anwendungsbereich
(1) Diese Verordnung gilt
a) für Fluggäste, die auf Flughäfen im Gebiet eines Mitgliedstaats (...) einen Flug antreten; (...).
(5) Diese Verordnung gilt für alle ausführenden Luftfahrtunternehmen, die Beförderungen für Fluggäste im Sinne der Absätze 1 und 2 erbringen. Erfüllt ein ausführendes Luftfahrtunternehmen, das in keiner Vertragsbeziehung mit dem Fluggast steht, Verpflichtungen im Rahmen dieser Verordnung, so wird davon ausgegangen, dass es im Namen der Person handelt, die in einer Vertragsbeziehung mit dem betreffenden Fluggast steht.

Art. 5 Annullierung
Bei Annullierung eines Fluges werden den betroffenen Fluggästen (...) c) vom ausführenden Luftfahrtunternehmen ein Anspruch auf Ausgleichsleistungen gemäß Artikel 7 eingeräumt (...).

Art. 7 Ausgleichsanspruch
Wird auf diesen Artikel Bezug genommen, so erhalten die Fluggäste Ausgleichszahlungen in folgender Höhe: a) 250 € bei allen Flügen über eine Entfernung von 1.500 km oder weniger, (...).
2. Beachte *EuGH*, Urteil vom 19.11.2009, C-402/07 und C-432/07 (zweiter Leitsatz): „Die Art. 5, 6 und 7 der Verordnung Nr. 261/2004 sind dahin auszulegen, dass die Fluggäste verspäteter Flüge im Hinblick auf die Anwendung des Ausgleichsanspruchs den Fluggästen annullierter Flüge gleichgestellt werden können und somit den in Art. 7 dieser Verordnung vorgesehenen Ausgleichsanspruch geltend machen können, wenn sie wegen eines verspäteten Fluges einen Zeitverlust von drei Stunden oder mehr erleiden, d. h., wenn sie ihr Endziel nicht früher als drei Stunden nach der von dem Luftfahrtunternehmen ursprünglich geplanten Ankunftszeit erreichen."
3. Das Montrealer Übereinkommen ist nicht zu prüfen.

Lösung

Frage 1

Die Klage der *B* gegen *NW* auf Ausgleichszahlung in Höhe von 250 € hat Aussicht auf Erfolg, wenn sie zulässig und begründet ist.

I. Zulässigkeit

Innerhalb der Zulässigkeitsprüfung ist allein zweifelhaft, ob das *AG Simmern* für die Klage zuständig ist.

1. Anwendbarkeit der Brüssel Ia-VO

Die Zuständigkeit des *AG Simmern* setzt voraus, dass deutsche Gerichte international zuständig sind. Dies richtet sich nach den vorrangig anwendbaren Zuständigkeitsvorschriften der Brüssel Ia-VO, wenn die Klage der *B* gegen *NW* auf Ausgleichszahlung in deren sachlichen, zeitlichen und räumlich-persönlichen Anwendungsbereich fällt. Sachlich handelt es sich bei der Klage auf Ausgleichszahlung um eine Zivilsache im Sinne des Art. 1 I Brüssel Ia-VO. Die Zuständigkeitsvorschriften der Brüssel Ia-VO sind grundsätzlich nur auf Klagen gegen Beklagte mit mitgliedstaatlichem (Wohn-)Sitz anwendbar, sofern nicht eine der in Art. 6 I Brüssel Ia-VO vorgesehenen Ausnahmen greift. Der Sitz der *NW* als Aktiengesellschaft ist autonom nach einer der Alternativen der Art. 63 I Nr. 1–3 Brüssel Ia-VO zu bestimmen. Die *NW* hat ihren Sitz gemäß Art. 63 I Nr. 1 Brüssel Ia-VO in den Niederlanden und damit in einem Mitgliedstaat. Die Brüssel Ia-VO ist in Deutschland nach Maßgabe ihres Art. 81 in Kraft getreten und gemäß Art. 66 I zeitlich auf nach dem 10.1.2015 erhobene Klagen anwendbar.

2. Entscheidungszuständigkeit

a) Verbrauchergerichtsstand

Die internationale Zuständigkeit deutscher Gerichte für die Klage der *B* gegen *NW* könnte aus Art. 18 I Var. 2 Brüssel Ia-VO folgen, wenn es sich bei dem Beförderungsvertrag um einen Verbrauchervertrag im Sinne des Art. 17 I Brüssel Ia-VO

Fall 3. Verspätung im Luftverkehr 33

handelt. Dies ist jedoch aufgrund der ausdrücklichen Regelung in Art. 17 III Brüssel Ia-VO nicht der Fall: Danach ist der 4. Abschnitt der Brüssel Ia-VO auf Beförderungsverträge – mit Ausnahme von Pauschalreiseverträgen – nicht anwendbar.[1]

Fraglich ist, ob diese Ausnahmeregelung hier greift. Der Begriff der Pauschalreise umfasst nach Art. 3 Nr. 2 lit. a der Pauschalreise-Richtlinie eine Kombination aus mindestens zwei verschiedenen Arten von Reiseleistungen und im Übrigen gemäß Art. 2 Nr. 2 lit. a keine Kurzreisen von weniger als 24 Stunden.[2] *B* hat vorliegend eine Flugreise gebucht, die aus zwei Flügen besteht. Der Vertrag setzt sich damit zwar aus mehreren Teilleistungen zusammen, auf die *B* einen Anspruch hat, doch diese Teilleistungen sind jeweils Beförderungsleistungen und damit keine verschiedenen Arten von Reiseleistungen; zusätzliche Dienstleistungen wurden nicht vereinbart. Es handelt sich deshalb um einen Beförderungsvertrag (und nicht um einen Reisevertrag) im Sinne des Art. 17 III Brüssel Ia-VO, sodass *B* sich nicht auf die Schutzgerichtsstände des Art. 18 Brüssel Ia-VO berufen kann.

b) Gerichtsstand für Vertragsklagen

aa) Anspruch aus Vertrag

Beim *AG Simmern* könnte indes der Gerichtsstand für Vertragsklagen eröffnet sein. Voraussetzung dafür ist zunächst, dass es sich bei dem Ausgleichsanspruch streitgegenständlich um einen Anspruch aus einem Vertrag im Sinne des Art. 7 Nr. 1 lit. a Brüssel Ia-VO handelt. Die Begriffe des Vertrags und des Anspruchs aus einem Vertrag sind nach ständiger Rechtsprechung des *EuGH* autonom zu bestimmen.[3] Eine Verpflichtung ist demnach als vertraglich zu qualifizieren, wenn sich die Klage auf eine von einer Person gegenüber einer anderen freiwillig eingegangene Verpflichtung stützt.[4] Mit dieser Definition werden vertragliche Ansprüche gegenüber den Ansprüchen aus unerlaubter Handlung nach Art. 7 Nr. 2 Brüssel Ia-VO abgegrenzt.

Vorliegend hat der ausführende Luftbeförderer *NW* für das vertragsschließende Luftfahrtunternehmen *FA* gehandelt. Um darzulegen, dass es sich bei dem Ausgleichsanspruch des Fluggastes gegen den ausführenden Luftbeförderer um einen vertraglichen Anspruch handelt, leitet der *EuGH* im Fall *flightright* aus Art. 3 V S. 2 FluggastrechteVO[5] ab, dass das Luftfahrtunternehmen (in unserem Fall: *NW*) Verpflichtungen erfüllt, die es gegenüber dem Vertragspartner (also: *FA*) der Fluggäste freiwillig eingegangen ist. Zwar überzeugt der Verweis auf die FluggastrechteVO in

---

[1] Der Ausschluss der Beförderungsverträge aus dem Anwendungsbereich der Verbraucherverträge trägt dem Vorrang spezieller transportrechtlicher Übereinkommen, insbesondere dem CMR und dem Montrealer Übereinkommen Rechnung (Rauscher/*Staudinger* Brüssel Ia-VO Art. 17 Rn. 21).
[2] Richtlinie (EU) 2015/2302 über Pauschalreisen und verbundene Reiseleistungen vom 25.11.2015, ABl. EU Nr. L 326/1.
[3] Erstmals *EuGH* 22.3.1983 (*Peters*) EU:C:1983:87 (Tz. 10), RIW 1983, 871; *EuGH* 7.3.2018 (*flightright*) EU:C:2018:160 (Tz. 58), EuZW 2018, 465. Siehe auch die Nachw. bei MüKoZPO/*Gottwald* Brüssel Ia-VO Art. 7 Rn. 4.
[4] *EuGH* 28.1.2015 (*Kolassa*) EU:C:2015:37 (Tz. 39), NJW 2015, 1581; *EuGH* 7.3.2018 (*flightright*) EU:C:2018:160 (Tz. 60), EuZW 2018, 465. Siehe auch MüKoZPO/*Gottwald* Brüssel Ia-VO Art. 7 Rn. 3.
[5] Darin heißt es: „Erfüllt ein ausführendes Luftfahrtunternehmen, das in keiner Vertragsbeziehung mit dem Fluggast steht, Verpflichtungen im Rahmen dieser Verordnung, so wird davon ausgegangen, dass es im Namen der Person handelt, die in einer Vertragsbeziehung mit dem betreffenden Fluggast steht."

diesem Kontext nicht, da die zitierte Vorschrift sich nicht auf die Beförderungsverpflichtung, sondern auf die Ausgleichsleistung bezieht;[6] doch ist das Ergebnis angesichts der weiten Auslegung des Vertragsbegriffs in Art. 7 Nr. 1 Brüssel Ia-VO und auch im Hinblick darauf stimmig, dass der Ursprung der Verpflichtung in einem Vertrag über die Beförderung im Luftverkehr liegt.[7]

bb) Dienstleistung

Die aus mehreren Teilstrecken bestehende Flugreise ist ein Dienstleistungsvertrag im Sinne von Art. 7 Nr. 1 lit. b 2. Spiegelstrich Brüssel Ia-VO. Der Begriff der Dienstleistung ist autonom auszulegen: Nach der Rechtsprechung des *EuGH* ist er nicht mit dem Dienstleistungsbegriff des Art. 57 AEUV gleichzusetzen, sondern erfasst jede Tätigkeit, die eine Partei gegen Entgelt durchführt,[8] hier also die Beförderung im Flugverkehr gegen Bezahlung.

cc) Erfüllungsort der Beförderungsleistung

Eine Zuständigkeit des *AG Simmern* nach Art. 7 Nr. 1 Brüssel Ia-VO besteht für die Klage des *B* allerdings nur, sofern der Flughafen Frankfurt/Hahn auch der Erfüllungsort der Verpflichtung im Sinne des Art. 7 Nr. 1 Brüssel Ia-VO ist. In Ermangelung einer vertraglichen Vereinbarung des Erfüllungsortes zwischen *B* und der *FA* (Art. 7 Nr. 1 lit. b Hs. 1 Brüssel Ia-VO), ist gemäß Art. 7 Nr. 1 lit. b 2. Spiegelstrich Brüssel Ia-VO der Ort maßgeblich, an dem die Dienstleistung erbracht worden ist oder hätte erbracht werden müssen. Dieser Ort ist nicht unter Rückgriff auf die *lex causae*, sondern autonom zu bestimmen,[9] um die einheitliche Anwendung und die Vorhersehbarkeit der besonderen Zuständigkeitsvorschrift zu stärken.[10] Sofern dem Vertrag ausdrücklich oder durch Auslegung entnommen werden kann, wo die Dienstleistung zu erbringen ist, ist für die Zwecke des Art. 7 Nr. 1 lit. b Brüssel Ia-VO auf diesen Erfüllungsort abzustellen.[11] Nach der vertraglichen Abrede zwischen *B* und *FA* wird die Beförderungsleistung in verschiedenen Mitgliedstaaten durchgeführt. Vertragsgemäß ist *B* vom Abflugort Amsterdam nach Paris als Ort der Zwischenlandung und Abflugort des Anschlussflugs und schließlich nach Frankfurt/Hahn als endgültigem Zielort befördert worden. Außerdem haben sowohl die *FA* als auch die *NW* als ausführende Luftfahrtunternehmen jeweils Leistungen am Ort ihrer Hauptniederlassung erbringen müssen, um die Beförderung durchführen zu können.

Fraglich ist, welcher dieser Orte als der für Art. 7 Nr. 1 lit. b Brüssel Ia-VO maßgebliche Erfüllungsort anzusehen ist. Damit hatte sich der *EuGH* zunächst im Zusammenhang mit Warenlieferungsverträgen zu befassen: Gibt es mehrere Liefer-

---

[6] *Schröder*, jurisPR-IWR 2/2018 Anm. 2.
[7] *EuGH* 7.3.2018 (*flightright*) EU:C:2018:160 (Tz. 63), EuZW 2018, 465. Zur weiten Auslegung des Vertragsbegriffs vgl. etwa die Entscheidung *EuGH* 13.3.2014 (*Brogsitter*) EU: C:2014:148, NJW 2014, 1648.
[8] *EuGH* 23.4.2009 (*Falco Privatstiftung*) EU:C:2009:257 (Tz. 29), IPRax 2009, 509 m. Anm. *Brinkmann*, 487.
[9] *EuGH* 25.2.2010 (*Car Trim*) EU:C:2010:90 (Tz. 60), RIW 2010, 220; *EuGH* 9.7.2009 (*Rehder*) EU:C:2009:439 (Tz. 32), NJW 2009, 2801; *EuGH* 3.5.2007 (*Color Drack*) EU: C:2007:262 (Tz. 24), IPRax 2007, 444 m. Anm. *Mankowski*, 404.
[10] *EuGH* 11.3.2010 (*Wood Floor Solutions*) EU:C:2010:137 (Tz. 23), IPRax 2011, 73.
[11] *EuGH* 25.2.2010 (*Car Trim*) EU:C:2010:90 (Tz. 60), RIW 2010, 220; *EuGH* 11.3.2010 (*Wood Floor Solutions*) EU:C:2010:137 (Tz. 23), IPRax 2011, 73 m. Anm. *Lehmann/Duczek*, 41.

Fall 3. Verspätung im Luftverkehr

orte innerhalb eines Mitgliedstaats, so ist ein Ort der Hauptlieferung zu bestimmen.[12] Dieser Ort sei bei mehreren Lieferorten jener, an dem die engste Verknüpfung zwischen dem Vertrag und dem zuständigen Gericht besteht. Scheitere eine solche Bestimmung eines Hauptlieferortes, müsse als vertraglicher Erfüllungsort im Sinne des Art. 7 Nr. 1 lit. b 1. Spiegelstrich Brüssel Ia-VO jeder Lieferort gelten, der eine hinreichende Nähe zum Sachverhalt des Rechtsstreits aufweist. Der Kläger könne dann am Lieferort seiner Wahl klagen.[13]

Diese Rechtsprechung hat der *EuGH* in der Rechtssache *Rehder* für den Fall der Flugbeförderung auf Dienstleistungsverträge im Sinne des Art. 7 Nr. 1 lit. b 2. Spiegelstrich übertragen.[14] Auch wenn Dienstleistungen in verschiedenen Mitgliedstaaten zu erbringen seien, spräche das Ziel der besonderen Zuständigkeiten des Art. 7 Nr. 1 lit. b Brüssel Ia-VO, ein einheitliches, vorhersehbares und sachnahes Forum für alle vertraglichen Verpflichtungen zu eröffnen, dafür, für die Zwecke des Art. 7 Nr. 1 lit. b 2. Spiegelstrich Brüssel Ia-VO einen einheitlichen Erfüllungsort zu ermitteln. Im Fall mehrerer, in verschiedenen Mitgliedstaaten gelegener Orte, an denen die Dienstleistungen erbracht werden, sei dies wiederum jener Ort, an dem die engste Verknüpfung zwischen dem Dienstleistungsvertrag und dem zuständigen Gericht besteht.[15] Während am Sitz des Luftfahrtunternehmens lediglich Handlungen zur Vorbereitung und Unterstützung der Beförderung durchgeführt werden, sind die eigentlichen vertraglichen Dienstleistungen die Abfertigung und der Empfang des Passagiers an Bord des Flugzeuges am Abflugort, dessen Beförderung sowie die Betreuung während des Fluges und die Abfertigung am Ankunftsort. Nach der Rechtsprechung des *EuGH* weisen lediglich der Ankunfts- und Abflugort eine unmittelbare Verbindung zu den genannten Dienstleistungen auf und sind Erfüllungsorte im Sinne des Art. 7 Nr. 1 lit. b 2. Spiegelstrich Brüssel Ia-VO.[16] Folglich kann der Kläger nach seiner Wahl am Ankunfts- oder Abflugort klagen. Ergänzend fügt der *EuGH* in der Rechtssache *flightright* hinzu, dass auch bei einem aus zwei Teilstrecken bestehenden Flug neben dem Abflugort der letzte Ankunftsort (und nicht der Ort der Zwischenlandung) entscheidend sei.[17]

Erfüllungsorte des von *B* mit *FA* geschlossenen Beförderungsvertrags sind Amsterdam als Abflugort und Frankfurt/Hahn als Zielort der Flugreise. *B* richtet ihre Klage auf Ausgleichszahlung jedoch nicht gegen *FA*, sondern gegen *NW*. Diese hat lediglich die erste der beiden Teilstrecken von Amsterdam nach Paris im Namen der *FA* ausgeführt. Würde es sich bei den beiden Teilstrecken um separate Beförderungssegmente handeln, dann wäre *NW* als ausführendes Luftfahrtunternehmen nur am Erfüllungsort der von ihr durchgeführten, konkret streitgegenständlichen Verpflichtung gerichtspflichtig.[18] Allerdings ist im Rahmen von Art. 7 Nr. 1 lit. b Brüssel Ia-VO ein einheitlicher vertraglicher Erfüllungsort zu ermitteln. Der *EuGH* hat dementsprechend in der Rechtssache *flightright* für die Klage des Fluggastes gegen das ausführende Luftfahrtunternehmen auf den vertragseinheitlichen Erfüllungsort am Ankunftsort einer aus zwei Teilstrecken bestehenden Flugreise für den gesamten

---

[12] *EuGH* 3.5.2007 (*Color Drack*) EU:C:2007:262 (Tz. 36 ff.), IPRax 2007, 444 m. Anm. *Mankowski*, 404.
[13] *EuGH* 3.5.2007 (*Color Drack*) EU:C:2007:262 (Tz. 42 ff.), IPRax 2007, 444.
[14] *EuGH* 9.7.2009 (*Rehder*) EU:C:2009:439 (Tz. 36 ff.), NJW 2009, 2801 m. Anm. *Lehmann* NJW 2010, 655.
[15] *EuGH* 9.7.2009 (*Rehder*) EU:C:2009:439 (Tz. 37 f.), NJW 2009, 2801.
[16] *EuGH* 9.7.2009 (*Rehder*) EU:C:2009:439 (Tz. 41), NJW 2009, 2801.
[17] *EuGH* 7.3.2018 (*flightright*) EU:C:2018:160 (Tz. 69), EuZW 2018, 465.
[18] So *Schröder*, jurisPR-IWR 2/2018 Anm. 2.

Beförderungsvertrag abgestellt.[19] Entscheidend ist, dass die Flüge Gegenstand einer einzigen Buchungsnummer sind.[20] Da im vorliegenden Fall eine einheitliche Buchung für die gesamte Reise erfolgt ist, kommt es für die Klage der *B* gegen *NW* nicht auf den Ankunftsort der ersten, sondern der letzten Teilstrecke an. Vorliegend wäre also eine Klage vor dem *AG Simmern*, in dessen Gerichtsbezirk der Flughafen Frankfurt/Hahn, der Ankunftsort der *B* liegt, möglich.

3. Sachliche und örtliche Zuständigkeit

Das *AG Simmern* ist gemäß Art. 7 Nr. 1 lit. b 2. Spiegelstrich Brüssel Ia-VO zugleich örtlich für die Klage der *B* gegen die *NW* zuständig. Seine sachliche Zuständigkeit folgt aus § 23 Nr. 1 GVG i. V. m. §§ 1, 3 ZPO, da der Streitwert 250 € beträgt.

4. Ergebnis

Das *AG Simmern* ist also zuständig und kann über die Klage der *B* gegen *NW* entscheiden.

II. Begründetheit

Die Klage ist begründet, wenn *B* gegen *NW* einen Anspruch auf Ausgleichsleistung in Höhe von 250 € hat. Ein derartiger Anspruch ergibt sich aus der gemäß Art. 288 II AEUV unmittelbar geltenden Fluggastrechte-VO Nr. 261/2004,[21] die gemäß Art. 3 I lit. a auf alle Fluggäste Anwendung findet, welche die Reise auf Flughäfen im Gebiet eines Mitgliedstaats antreten. Unter Berücksichtigung der einschlägigen Rechtsprechung des *EuGH*[22] steht *B* ein Anspruch auf Ausgleichszahlung gemäß Art. 5 und Art. 7 Fluggastrechte-VO zu, da eine Flugverspätung um mehr als drei Stunden im Hinblick auf die Entschädigungsleistung einer Annullierung des Flugs gleichgestellt wird. Aufgrund der geringfügigen Verspätung des ersten Fluges verpasste *B* den Anschlussflug und erreichte den endgültigen Ankunftsort Frankfurt/Hahn erst mit vierstündiger Verspätung. Damit ist der geltend gemachte Anspruch nach EU-Recht begründet; einer Bestimmung oder Anwendung nationalen Rechts bedarf es in diesem Fall nicht.[23]

III. Ergebnis

Die von *B* gegen *NW* vor dem *AG Simmern* erhobene Klage auf Ausgleichszahlung in Höhe von 250 € ist zulässig und begründet.

---

[19] *EuGH* 7.3.2018 (*flightright*) EU:C:2018:160 (Tz. 69, 72), EuZW 2018, 465.

[20] Dieser Befund wird für die Anwendung der Fluggastrechte-VO (nächste Fn.) bestätigt von *EuGH* 31.5.2018 (*Wegener*) EU:C:2018:361 (Tz. 19), NJW 2018, 2032 m. Anm. *Degott*.

[21] Verordnung (EG) Nr. 261/2004 vom 11.2.2004 über eine gemeinsame Regelung für Ausgleichs- und Unterstützungsleistungen für Fluggäste im Fall der Nichtbeförderung und bei Annullierung oder großer Verspätung von Flügen und zur Aufhebung der Verordnung (EWG) Nr. 295/91, ABl. EU 2004 Nr. L 46.

[22] *EuGH* 19.11.2009 (*Sturgeon*) EU:C:2009:716, NJW 2010, 43; *EuGH* 26.2.2013 (*Folkerts*) EU:C:2013:106, NJW 2013, 1291.

[23] *BGH* 25.2.2016, BeckRS 2016, 07888: Der Anspruch auf Ausgleichsleistung ergibt sich aus Art. 5 und 7 Fluggastrechte-VO; wenn hingegen weitergehend z. B. auch ein Verzugsschaden geltend gemacht wird, ist dafür das anwendbare nationale Recht zu bestimmen.

Fall 3. Verspätung im Luftverkehr

Frage 2

Drei EU-Rechtsakte, die Europäische Vollstreckungstitel-VO (EuVTVO),[24] die Verordnung zum Europäischen Mahnverfahren (EuMahnVO)[25] sowie zum Bagatellverfahren (BagatellVO)[26] bilden ein Regulierungsmodell, das sich die Ziele setzt, die grenzüberschreitende Durchsetzung von Forderungen zu beschleunigen, den freien Verkehr gerichtlicher Entscheidungen zu verbessern und damit dem Ziel der Vollendung des Binnenmarktes näher zu kommen. Gemeinsam ist den genannten Verordnungen, dass auf ein Exequaturverfahren und auf die Möglichkeit der *ordre public*-Kontrolle verzichtet wird. Zu klären ist, ob B ihren Anspruch auf Ausgleichszahlung gegen NW auf Grundlage einer dieser Verordnungen geltend machen kann.

I. Europäischer Vollstreckungstitel

Mit dem Vollstreckungstitel für unbestrittene Forderungen soll der freie Verkehr von Entscheidungen in allen Mitgliedstaaten ermöglicht werden (Art. 1 EuVTVO). Wie Art. 3 EuVTVO wiederholt und präzisiert, gilt die Verordnung für Entscheidungen, gerichtliche Vergleiche und öffentliche Urkunden über unbestrittene Forderungen. Ein solcher vom Anwendungsbereich der Verordnung erfasster Titel liegt hier jedoch (noch) nicht vor.

II. Europäisches Mahnverfahren

Mit der Verordnung zur Einführung eines Europäischen Mahnverfahrens wurde das erste echte europäische Zivilverfahren geschaffen, dessen Ziel es ist, die grenzüberschreitende Geltendmachung von Gläubigerrechten zu vereinfachen und zu beschleunigen.

1. Anwendungsbereich

Nach Art. 2 EuMahnVO ist das europäische Mahnverfahren in grenzüberschreitenden Rechtssachen in Zivil- und Handelssachen anzuwenden. Der Begriff „Zivil- und Handelssache" ist ebenso wie in der Brüssel Ia-VO autonom auszulegen.[27] Zu beachten ist freilich, dass Art. 2 II EuMahnVO in lit. d „Ansprüche aus außervertraglichen Schuldverhältnissen" aus ihrem Anwendungsbereich ausschließt. Dies könnte hier relevant werden, weil B und NW keinen Vertrag miteinander geschlossen haben. Allerdings gilt auch hier die Spiegelbildlichkeit zur Brüssel Ia-VO: Wie oben gesehen, macht B gegen NW einen vertraglichen Anspruch i. S. v. Art. 7 Nr. 1 Brüssel Ia-VO geltend. Die im europäischen Zivilprozessrecht angestrebte Kohärenz erfordert, die für Art. 7 Nr. 1 Brüssel Ia-VO aufgestellten Auslegungsmaßstäbe auf die EuMahnVO zu übertragen.[28] Eine grenzüberschreitende Rechtssache (Art. 3

---

[24] Verordnung (EG) Nr. 805/2004 zur Einführung eines europäischen Vollstreckungstitels für unbestrittene Forderungen vom 21.4.2004 abgedr. bei *Jayme/Hausmann* Nr. 184.
[25] Verordnung (EG) Nr. 1896/2006 zur Einführung eines Europäischen Mahnverfahrens vom 12.12.2006 in der Fassung der Verordnung (EU) 2015/2421 zur Änderung der Verordnung (EG) Nr. 861/2007 zur Einführung eines europäischen Verfahrens für geringfügige Forderungen und der Verordnung (EG) Nr. 1896/2006 zur Einführung eines Europäischen Mahnverfahrens vom 16.12.2015, abgedr. bei *Jayme/Hausmann* Nr. 185.
[26] Verordnung (EG) Nr. 861/2007 zur Einführung eines europäischen Verfahrens für geringfügige Forderungen in der Fassung der Verordnung (EU) 2015/2421, abgedr. bei *Jayme/Hausmann* Nr. 186.
[27] Rauscher/*Gruber* EG-MahnVO Art. 2 Rn. 2.
[28] Rauscher/*Gruber* EG-MahnVO Art. 2 Rn. 17.

EuMahnVO) liegt ebenfalls vor, da B ihren Wohnsitz in Deutschland und NW ihren Sitz in den Niederlanden hat. Die EuMahnVO gilt ausschließlich für eine bezifferte und fällige Geldforderung (Art. 4 EuMahnVO).

2. Zuständigkeit und Einleitung des Verfahrens

Die EuMahnVO enthält keine eigene Regelung der Zuständigkeit, sondern verweist in Art. 6 I auf die Brüssel Ia-VO. Dieser Verweis in Art. 6 I EuMahnVO bezieht sich nicht nur auf die internationale Zuständigkeit, sondern erfasst auch die örtliche Zuständigkeit, wenn die Brüssel Ia-VO diese – wie in Art. 7 Nr. 1 Brüssel Ia-VO („Gericht des Ortes") – regelt. Danach wäre hier das *AG Simmern* zuständig. Abweichend davon sieht der deutsche Gesetzgeber in § 1087 ZPO eine zentralisierte Zuständigkeit für die Durchführung des Europäischen Mahnverfahrens beim *AG Wedding* vor. Diese Verfahrenskonzentration, welche die Regelungen der Brüssel Ia-VO zur *örtlichen* Zuständigkeit verdrängt, verstößt nicht gegen EU-Recht.[29] Dafür spricht insbesondere auch Erwägungsgrund 12 der EuMahnVO, nach dem die Mitgliedstaaten bei der Entscheidung, welche Gerichte für den Erlass eines Europäischen Zahlungsbefehls zuständig sind, einen gewissen Entscheidungsspielraum haben.

B kann also gemäß Art. 7 EuMahnVO unter Verwendung des Formblatts A (Anhang I) einen Antrag auf Erlass eines Europäischen Zahlungsbefehls beim *AG Wedding* stellen.

III. Europäisches Verfahren für geringfügige Forderungen

Die sog. BagatellVO hat nach ihrem Art. 1 zum Ziel, grenzüberschreitende Streitigkeiten mit geringem Streitwert einfacher und schneller beizulegen und die Kosten dafür zu senken.

1. Anwendungsbereich

Art. 2 I BagatellVO setzt voraus, dass es sich um eine grenzüberschreitende Rechtssache in Zivil- und Handelssachen handelt und der Streitwert der Klage 5.000 €[30] nicht überschreitet. Anders als in den anderen zivilprozessualen Verordnungen wird hier also eine Obergrenze festgesetzt. Der von B geltend gemachte Anspruch bleibt deutlich unter dieser Wertgrenze.

2. Zuständigkeit und Einleitung des Verfahrens

Das Verfahren wird eingeleitet, indem der Kläger das Klageformblatt A ausgefüllt beim zuständigen Gericht einreicht (Art. 4 BagatellVO). Die Zuständigkeit bestimmt sich in diesem Zusammenhang ebenfalls nach der Brüssel Ia-VO.[31] Folglich ist, wie oben gesehen, das *AG Simmern* zuständig.[32] Das weitere Verfahren wird dann im Wesentlichen schriftlich durchgeführt (Art. 5 BagatellVO) und findet seinen Abschluss mit dem Urteil des Gerichts (Art. 7 BagatellVO).

---

[29] *Schlosser/Hess* EuMahnVO Art. 6 Rn. 3 („Die Zuständigkeit des zentralen Mahngerichts nach § 1087 ZPO ist im Ergebnis unbestritten.").
[30] Art. 2 I Verordnung (EG) Nr. 861/2007 in der Fassung der Verordnung (EU) 2015/2421, abgedr. bei *Jayme/Hausmann* Nr. 186. Näher zur BagatellVO bei der Geltendmachung von Fluggastrechten: *Mayer/Lindemann*, NJW 2012, 2317.
[31] *Linke/Hau* IZVR Rn. 11.20 f.
[32] Rheinland-Pfalz hat (anders als Hessen) nicht von der in § 1104a ZPO vorgesehenen Konzentrationsermächtigung Gebrauch gemacht.

B kann nach Art. 4 BagatellVO das ausgefüllte Klageformblatt A (Anhang I) beim *AG Simmern* einreichen und das Verfahren damit einleiten.

IV. Wahl des Verfahrens

B kann folglich entscheiden, ob sie ihren Anspruch auf Ausgleichszahlung im Wege einer klassischen Klage (dazu Frage 1) oder im Europäischen Mahnverfahren oder im Europäischen Bagatellverfahren geltend macht. Zu klären ist also, welches Verfahren die größten Erfolgsaussichten verspricht. Wie bereits die in Art. 1 lit. a EuMahnVO genannte Zielsetzung zeigt, ist das Europäische Mahnverfahren für die Geltendmachung unbestrittener Forderungen gedacht. Die Formulierung („Verfahren im Zusammenhang mit unbestrittenen Geldforderungen") ist freilich missverständlich, denn ob eine Forderung (un)bestritten ist, zeigt sich ja erst im Laufe des Verfahrens. Gleichwohl gilt: Das Europäische Mahnverfahren ist für die Fälle angezeigt, in denen der Antragssteller davon ausgeht, dass die Forderung unbestritten bleibt. Hält er es dagegen für absehbar, dass der Antragsgegner den Europäischen Zahlungsbefehl angreifen wird, so ist die Einleitung des Europäischen Mahnverfahrens nicht zweckmäßig. Der fristgerechte Einspruch hat nach Art. 17 EuMahnVO nämlich zur Folge, dass das Verfahren vor den Gerichten des Ursprungsmitgliedstaats – entweder als Europäisches Bagatellverfahren[33] oder als ordentliches Zivilverfahren – weitergeführt wird. Ist also wie in der vorliegenden Fallgestaltung zu erwarten, dass der Antragsgegner die Forderung bestreiten wird, ist es ratsam, das Verfahren für geringfügige Forderungen zu wählen, das – anders als das Europäische Mahnverfahren – kontradiktorisch ausgestaltet ist.

---

[33] Diese Möglichkeit wurde eingeführt durch die Verordnung (EU) 2015/2421 vom 16.12.2015; s. auch *Linke/Hau* IZVR Rn. 11.11.

Fall 4. IPR und SOS

Gesellschaftssitz – Erfüllungsortsvereinbarung – konkludente Rechtswahl – Vermögensgerichtsstand – Rechtshängigkeitssperre durch drittstaatliches Verfahren – Anerkennungsprognose – Anerkennungszuständigkeit – rügelose Einlassung nach Brüssel Ia-VO und ZPO

Sachverhalt

Die *Soul of Seoul Ltd.* (*SOS*), eine Handelsgesellschaft südkoreanischen Rechts mit Sitz in Seoul, betreibt in Südostasien eine Restaurantkette. In Europa verfügt sie bislang nur über eine Zweigniederlassung in Brüssel, ferner über ein Geschäftskonto bei der Münchener *M-Bank*, das ein Guthaben im dreistelligen Bereich aufweist. Die Polin *Irena* ist geschäftsführende Alleingesellschafterin der *Irena Public Relations GmbH* (*IPR*) mit Sitz in Berlin. *SOS* hat *IPR* damit betraut, eine Studie zu ihrem Marktpotential in der EU zu erstellen. Laut dem in französischer Sprache abgefassten Vertrag sind sämtliche Verpflichtungen in Brüssel zu erfüllen. Nach Abwicklung des Vertrags herrscht wegen einer unklar gefassten Klausel darüber Streit, ob *IPR* noch 10.000 € zustehen.

Frage 1. *IPR* erbittet ein Gutachten, wo sie in Europa den streitigen Betrag einklagen könnte.

Frage 2. *SOS* hat in Seoul eine Klage gegen *IPR* erhoben, und zwar gerichtet auf Feststellung, dass *IPR* keine Ansprüche mehr zustehen. Kann *IPR*, die Zuständigkeit des *LG München I* unterstellt, vor diesem Gericht mit Aussicht auf Erfolg gegen *SOS* auf Zahlung klagen, nachdem ihr die koreanische Klageschrift ordnungsgemäß zugestellt worden ist?

Frage 3. Wie ist Frage 2 zu beantworten, wenn nach Eingang der Klageschrift der *SOS* ein von *IPR* eingeschalteter Anwalt mit einem Schriftsatz an das Gericht in Seoul dargelegt hat, warum der streitige Anspruch nach Auffassung von *IPR* besteht?

Bearbeitervermerk: Soweit ausländisches Recht für maßgeblich erachtet wird, ist zu unterstellen, dass dieses inhaltlich dem deutschen Recht entspricht.

Lösung

Frage 1

I. Klagemöglichkeit in Belgien

1. Brüssel Ia-VO

Eine Klagemöglichkeit in Belgien setzt die internationale Zuständigkeit der dortigen Gerichte voraus. Diese Frage beurteilt sich vorrangig nach der Brüssel Ia-VO.[1]

---

[1] Verordnung (EU) Nr. 1215/2012 vom 12.12.2012 über die gerichtliche Zuständigkeit und die Anerkennung und Vollstreckung von Entscheidungen in Zivil- und Handelssachen; abgedr. bei *Jayme/Hausmann* Nr. 160.

Während diese Verordnung im vorliegenden Fall sowohl sachlich (Zivil- bzw. Handelssache i. S. v. Art. 1 I Brüssel Ia-VO) als auch zeitlich (vgl. Art. 66 I Brüssel Ia-VO) ohne Weiteres einschlägig ist, erscheint der räumlich-persönliche Anwendungsbereich zweifelhaft. Dieser ist gemäß Art. 4 I Brüssel Ia-VO grundsätzlich dann eröffnet, wenn der Beklagte seinen Wohnsitz bzw. Sitz in einem Mitgliedstaat hat. SOS hat zwar eine Zweigniederlassung in Brüssel, doch eine solche ist nicht als Sitz zu werten. Dies folgt aus der in Art. 63 I Brüssel Ia-VO enthaltenen verordnungsautonomen Definition des Sitzes für Gesellschaften und juristische Personen (vgl. insbesondere lit. c: *Haupt*niederlassung),[2] ferner aus einem Umkehrschluss zu Art. 11 II, 17 II und 20 III Brüssel Ia-VO.

Wenn der Beklagte seinen (Wohn-)Sitz in einem Drittstaat hat, kann der Anwendungsbereich der Brüssel Ia-VO noch nach Maßgabe der in Art. 6 I Brüssel Ia-VO erwähnten Sondervorschriften eröffnet sein. In Betracht kommt hier am ehesten ein Fall von Art. 25 Brüssel Ia-VO, sofern zwischen *IPR* und *SOS* eine Gerichtsstandsvereinbarung zugunsten von Brüssel getroffen wurde. Als solches genügt die bloße Festlegung des Erfüllungsorts aber gerade nicht, was sich mit einem Umkehrschluss zu Art. 7 Nr. 1 lit. b Brüssel Ia-VO belegen lässt.

2. Belgisches Zuständigkeitsrecht

Weil keiner der in Art. 6 I Brüssel Ia-VO erwähnten verordnungseigenen Gerichtsstände eröffnet ist, erlaubt die Vorschrift den Rückgriff auf das nationale, hier also das belgische Zuständigkeitsrecht. Ausweislich des Bearbeitervermerks ist zu unterstellen, dass das belgische dem deutschen Recht entspricht. Daher sind, jeweils bezogen auf Belgien, die in der ZPO vorgesehenen Gerichtsstände zu prüfen. Diese Vorschriften regeln nach dem Grundsatz der Doppelfunktionalität nicht nur die örtliche, sondern zugleich die internationale Zuständigkeit; das ist in Deutschland zwar nur in § 105 FamFG ausdrücklich angeordnet, gilt aber anerkanntermaßen auch für die ZPO.[3]

a) Zu denken ist zunächst an eine doppelfunktionale Anwendung von § 21 ZPO. Allerdings enthält der Sachverhalt keine Hinweise darauf, dass sich der von *IPR* beanspruchte Betrag auf den Geschäftsbetrieb der Brüsseler Niederlassung von *SOS* bezieht.

b) Näher liegt eine doppelfunktionale Anwendung von § 29 ZPO, und zwar abstellend auf die zugunsten von Brüssel getroffene Erfüllungsortvereinbarung. Aus Abs. 2 der Vorschrift folgt, dass eine solche Abrede zugleich die Gerichtszuständigkeit begründet, wenn die Parteien – wie hier – juristische Personen bzw. Kaufleute sind.[4] Dasselbe Ergebnis lässt sich auch schon aus § 29 I ZPO herleiten:[5] Danach kommt es auf den Erfüllungsort der streitgegenständlichen Verpflichtung, hier also des Zahlungsanspruchs der *IPR* an, wobei dieser Ort laut h. M.[6] gemäß dem Vertragsstatut zu bestimmen ist.[7] Die Ermittlung der *lex causae* erfolgt anhand der

---

[2] *Beachte:* Für natürliche Personen gilt hingegen Art. 62 Brüssel Ia-VO, der den Wohnsitz nicht etwa verordnungsautonom definiert, sondern auf das nationale (Sach-)Recht verweist.
[3] Vgl. dazu, statt mancher, etwa *Linke/Hau* IZVR Rn. 4.2 f.; *Schack* IZVR Rn. 266 f.
[4] Zur – hier nicht problematischen – Anknüpfung der Kaufmannseigenschaft vgl. *LG München I* 11.8.2017, MDR 2017, 1323.
[5] Nach verbreiteter Auffassung soll § 29 ZPO in Abs. 2 nur die sog. „fiktiven", in Abs. 1 hingegen „echte" Erfüllungsortabreden regeln; so etwa *Junker* IZPR § 21 Rn. 15.
[6] Statt vieler: *BGH* 18.1.2011, NJW 2011, 2056; *BGH* 7.11.2012, NJW-RR 2013, 309 f.; Stein/Jonas/*Roth* ZPO § 29 Rn. 52. Für Maßgeblichkeit der *lex fori* aber *Schack* IZVR Rn. 299 ff.
[7] *Beachte:* Demgegenüber kommt es gemäß Art. 7 Nr. 1 lit. b Brüssel Ia-VO nicht auf die streitgegenständliche, sondern auf die vertragscharakteristische Liefer- bzw. Dienstleis-

Rom I-VO,[8] wobei vorrangig eine Rechtswahl gemäß Art. 3 I maßgeblich ist: Eine solche lässt sich zugunsten des belgischen Rechts zwar nicht ausdrücklich, aber doch hinreichend eindeutig i. S. v. Art. 3 I S. 1 und 2 Rom I-VO der umfassenden Erfüllungsortabrede entnehmen;[9] als weiteres, freilich deutlich schwächeres Indiz spricht für dieses Ergebnis, dass die Parteien den Vertrag in französischer Sprache formuliert haben. Nach dem somit maßgeblichen belgischen Schuldrecht wäre (entsprechend §§ 269, 270 BGB) in erster Linie auf den vereinbarten Erfüllungsort – hier also wiederum Brüssel – abzustellen. Ist nach alledem die internationale Zuständigkeit der belgischen Gerichte gemäß § 29 ZPO (erneut: als Norm des belgischen Rechts) eröffnet, so steht auch die örtliche Zuständigkeit der Gerichte in Brüssel fest.

II. Klagemöglichkeit in Deutschland

Wie schon im Hinblick auf Belgien erörtert, sind für eine Klage gegen die drittstaatenansässige *SOS* nicht die Zuständigkeitsvorschriften der Brüssel Ia-VO eröffnet, sondern gemäß ihrem Art. 6 die autonomen mitgliedstaatlichen Regeln heranzuziehen. Dies bedeutet insbesondere, dass auch auf die sog. exorbitanten nationalen Gerichtsstände zurückgegriffen werden kann. In Betracht kommt daher in Deutschland die – wiederum doppelfunktionale – Anwendung des in § 23 S. 1 Var. 1 ZPO vorgesehenen Vermögensgerichtsstands. Das dafür erforderliche inländische Vermögen der *SOS* ist in Gestalt des Bankguthabens vorhanden: Dabei handelt es sich um eine Forderung gegen die kontoführende Bank; gemäß § 23 S. 2 ZPO gilt eine Forderung des Beklagten als am (Wohn-)Sitz seines Schuldners, hier also der Münchener *M-Bank*, belegen.

Allerdings wird der Vermögensgerichtsstand, wie insbesondere Art. 5 II i.V.m. der Mitteilung zu Art. 76 I lit. a Brüssel Ia-VO verdeutlicht, immer wieder als zu weitgehend kritisiert: Abweichend vom Grundsatz *actor sequitur forum rei* besteht nach § 23 S. 1 Var. 1 ZPO die Gerichtspflichtigkeit des Beklagten in einem Forum schon deshalb, weil das – womöglich zufällige – Vorhandensein irgendeines Bestandteils seines Vermögens eine gewisse Inlandsbeziehung vermittelt. Überwiegend wird zwar die Vereinbarkeit von § 23 S. 1 Var. 1 ZPO mit dem Verfassungs- und Völkerrecht bejaht,[10] zugleich jedoch auf die Notwendigkeit einer engen Auslegung hingewiesen. Das Schrifttum hat verschiedene Möglichkeiten einer Restriktion erörtert; insbesondere wurde vorgeschlagen, die geltend gemachte Klageforderung dürfe den Wert des inländischen Vermögens nicht (wesentlich) überschreiten.[11] So betrachtet, könnte es gegen die Zuständigkeitsbegründung sprechen, dass das Münchener Konto der *SOS* nur ein Guthaben im dreistelligen Bereich aufweist, die Klageforderung hingegen 10.000 € beträgt. Die deutsche Rechtsprechung lehnt eine solche teleologische Reduktion des Vermögensbegriffs aber überzeugend ab,[12] und auch die bisweilen formulierte Einschränkung, dass die Vollstreckung in den Ver-

---

tungspflicht an, deren Erfüllungsort sodann nicht etwa nach Maßgabe der *lex causae*, sondern verordnungsautonom zu ermitteln ist. Beachte dazu Fall 8.

[8] Verordnung Nr. 539/2008 vom 17.6.2008 über das auf vertragliche Schuldverhältnisse anzuwendende Recht; abgedr. bei *Jayme/Hausmann* Nr. 80.

[9] Dazu etwa *Junker* IPR § 15 Rn. 15; MüKoBGB/*Martiny* Rom I-VO Art. 3 Rn. 63.

[10] Ausdrücklich *Geimer* IZPR Rn. 1348; *Schack* IZVR Rn. 373; offen gelassen von *BVerfG* 12.4.1983, BVerfGE 64, 1 (17 ff.). Krit. etwa *Pfeiffer*, Internationale Zuständigkeit und prozessuale Gerechtigkeit, 1995, 620 ff. m. w. N.

[11] Dazu *Kropholler* in Handbuch IZVR Bd. I, Rn. 342; *Oberhammer*, FS Schlosser, 2005, 651 ff.; ablehnend etwa *Schütze*, FS Ishikawa, 2001, 493 (502 ff.).

[12] BGH 28.10.1996, NJW 1997, 325 (326).

mögensgegenstand wenigstens einen Überschuss über die Vollstreckungskosten erwarten lassen müsse, sollte nicht auf die internationale Zuständigkeit gemäß § 23 S. 1 Var. 1 ZPO übertragen werden.[13] In der Tat wäre es fragwürdig, hinsichtlich der Vollstreckungsaussichten alleine auf Deutschland abzustellen und dabei unberücksichtigt zu lassen, dass die deutsche Entscheidung nach Maßgabe von Art. 39 ff. Brüssel Ia-VO EU-weit (hier also etwa auch in die Brüsseler Zweigniederlassung) vollstreckbar wäre.

Allerdings möchte der *BGH* die Exorbitanz des internationalen Vermögensgerichtsstands auf andere Weise einschränken, nämlich dadurch, dass er aus dem Normzweck das Erfordernis eines über die bloße Vermögensbelegenheit hinausgehenden „hinreichenden Inlandsbezugs" des Rechtsstreits ableitet.[14] Dabei beruft er sich auf die Entstehungsgeschichte der Vorschrift, aber auch auf das Ziel, „außenwirtschaftliche und außenpolitische Belastungen" der Bundesrepublik zu vermeiden. Offen lässt der *BGH* dabei, welche Umstände im Einzelnen einen solchen Inlandsbezug begründen können. Diese Rechtsprechung ist im Schrifttum zum Teil heftig kritisiert worden.[15] Dem *BGH* wird insbesondere vorgeworfen, er verwässere das auf klaren Kriterien beruhende deutsche Zuständigkeitsrecht, indem er eine systemwidrige Einzelfallabwägung nach Vorbild der anglo-amerikanischen *doctrine of forum non conveniens* einführe und damit die überragend wichtige Rechtssicherheit vernachlässige.[16] Im vorliegenden Fall kann letztlich offen bleiben, ob man sich der Rechtsprechung des *BGH* oder dessen Kritikern anschließt. Denn selbst wenn man einen hinreichenden Inlandsbezug für erforderlich hält, wird man diesen hier bejahen können: Bei der Klägerin handelt es sich um eine deutsche Gesellschaft und der dem Konflikt zugrundeliegende Vertrag betrifft eine zumindest *auch* den deutschen Markt betreffende Dienstleistung. Daher erscheint es keineswegs exorbitant, von der Vermögensbelegenheit auf die Gerichtspflichtigkeit der *SOS* zu schließen und damit die internationale Zuständigkeit deutscher Gerichte gestützt auf § 23 S. 1 Var. 1 ZPO zu bejahen. Allerdings könnte die *IPR* ihre Klage nicht an ihrem Sitz in Berlin erheben, sondern – insoweit in unmittelbarer Anwendung des § 23 S. 1 Var. 1 ZPO als Regelung der örtlichen Zuständigkeit – nur am Ort der Vermögensbelegenheit, also in München.

Frage 2

Zu klären ist, ob das von *SOS* in Seoul bereits eingeleitete Verfahren einem weiteren Prozess in Deutschland entgegensteht, also eine Rechtshängigkeitssperre auslöst.

---

[13] Anders aber *OLG München* 29.4.2015, IPRax 2016, 267, dort unter Berufung auf *BGH* 22.9.2005, BGH-Report 2005, 1611 (einen Nichtannahmebeschluss, der allerdings einen nicht verallgemeinerungsfähigen Sonderfall betrifft). Dazu *Hau*, IPRax 2016, 230 (231 f.).
[14] Grundlegend *BGH* 2.7.1991, BGHZ 115, 90 = JuS 1992, 349 (*Hohloch*). Bestätigend aus neuerer Zeit etwa *BGH* 13.12.2012, NJW 2013, 386 (387). Näher zur bisherigen Judikatur *Koechel*, IPRax 2014, 312 ff.
[15] Vgl. etwa *Koechel*, IPRax 2014, 312 (315 ff.); *Pfeiffer*, FS 50 Jahre BGH, 2000, Bd. III, 617 (625 ff.); *Schütze*, FS Ishikawa, 2001, 493 (499 ff.). Dem *BGH* eher zustimmend hingegen *Schlosser*, IPRax 1992, 140; *Wollenschläger*, IPRax 2002, 96 (97 f.).
[16] Näher zur *doctrine of forum non conveniens* und zu ihrer Unanwendbarkeit im deutschen Zuständigkeitsrecht etwa *Schack* IZVR Rn. 559 ff. Zu ihrer Unvereinbarkeit mit dem Brüssel I-Zuständigkeitssystem beachte *EuGH* 1.3.2005 (*Owusu/Jackson*), EU:C:2005:120, EuGHE 2005, I-01383.

I. Brüssel Ia-VO

Eine Antwort könnte sich zunächst aus der Brüssel Ia-VO ergeben. Während Art. 29 und 30 Brüssel Ia-VO sich nur auf Kompetenzkonflikte innerhalb der EU beziehen, betreffen die im Rahmen der Brüssel I-Reform neu eingefügten Art. 33 und 34 Brüssel Ia-VO auch den hier relevanten Fall eines drittstaatlichen Parallelverfahrens.[17] Dabei hängt die Anwendbarkeit der einen oder anderen Vorschrift davon ab, ob die konkurrierenden Verfahren denselben Streitgegenstand aufweisen (Art. 33) oder nur miteinander in Zusammenhang stehen (Art. 34). Beide Vorschriften setzen ihrem Wortlaut nach allerdings voraus, dass die Zuständigkeit des in einem Mitgliedstaat angerufenen Gerichts auf Art. 4, 7, 8 oder 9 Brüssel Ia-VO beruht. Dies folgt aus der Erwägung, dass der europäische Gesetzgeber einen einheitlichen Maßstab dafür vorgeben will, wann von einem durch die Verordnung eröffneten Gerichtsstand mit Rücksicht auf ein drittstaatliches Verfahren kein Gebrauch gemacht werden soll. Im vorliegenden Fall ergibt sich die internationale Zuständigkeit des *LG München I* indes nicht aus der Brüssel Ia-VO, sondern – wie dargelegt – aus dem autonomen deutschen Zuständigkeitsrecht (nämlich § 23 S. 1 Var. 1 ZPO). Schon daher sind Art. 33 und 34 Brüssel Ia-VO nicht einschlägig.

II. Deutsches Verfahrensrecht

Aus dem Umstand, dass Art. 33 und 34 Brüssel Ia-VO die Beachtlichkeit des in Südkorea eingeleiteten Parallelverfahrens nicht vorschreiben, darf nicht vorschnell auf dessen Unbeachtlichkeit geschlossen werden. Vielmehr überlässt die Verordnung eine Antwort auf die Frage, inwieweit die Anrufung eines drittstaatlichen Gerichts der Ausübung einer vom mitgliedstaatlichen Recht eröffneten Zuständigkeit entgegensteht, dem jeweils betroffenen Mitgliedstaat. Nach autonomem deutschen Recht können ausländische Parallelverfahren in entsprechender Anwendung von § 261 III Nr. 1 ZPO relevant sein.[18]

1. Streitgegenstandsidentität

In diesem Zusammenhang stellt sich zunächst die Frage, ob eine bereits rechtshängige negative Feststellungsklage überhaupt geeignet ist, das Verfahren über eine später erhobene Leistungsklage zu sperren.[19] Dies ist im deutschen Recht seit jeher umstritten. Früher wurde häufig darauf verwiesen, dass die Leistungsklage das weitergehende Rechtsschutzinteresse verfolge (arg.: die negative Feststellungsklage könne nicht zu einer Titulierung des fraglichen Anspruchs führen) und sich schon deshalb durchsetzen müsse, selbst wenn sie später rechtshängig gemacht wird.[20] Demgegenüber ist heute weitgehend anerkannt, dass dieses Argument kaum tragfähig ist: Trifft nämlich die Behauptung der auf negative Feststellung klagenden

---

[17] Näher etwa *Linke/Hau* IZVR Rn. 7.20 ff.
[18] Vgl. zu den Einzelheiten etwa *Geimer* IZPR Rn. 2685 ff.; *Nagel/Gottwald* IZPR § 5 Rn. 212 ff.; *Schack* IZVR Rn. 838 ff.; *Reuß*, JURA 2009, 1.
[19] *Beachte*: Im Ausgangsfall steht fest, dass das südkoreanische Verfahren früher als das deutsche eingeleitet wurde. Daher kommt es nicht auf die häufig problematische Frage an, wie die zeitliche Reihenfolge zu beurteilen ist, wenn die Verfahrensrechte der an dem Kompetenzkonflikt beteiligten Staaten unterschiedliche Anforderungen an die Erhebung einer Klage stellen. Während die Brüssel Ia-VO hierzu mit Art. 32 eine sachgerechte autonome Lösung vorsieht, ist die Frage im autonomen deutschen Recht umstritten. Beachte hierzu etwa *Linke/Hau* IZVR Rn. 7.28.
[20] So etwa noch Zöller/*Greger* ZPO § 256 Rn. 16.

Partei zu, so steht ihrem Gegner ohnehin kein zu titulierender Anspruch zu.[21] Ausschlaggebend sollten daher das Prioritätsprinzip und die dadurch verwirklichte prozessuale Waffengleichheit beider Parteien sein, sodass auch die früher erhobene negative Feststellungsklage vorrangig gegenüber einer späteren korrespondierenden Leistungsklage sein kann. Dies entspricht im Übrigen der ständigen Rechtsprechung zur Parallelproblematik bei Art. 29 Brüssel Ia-VO.[22] Folgt man dieser neueren Auffassung, so hat der Leistungskläger keine inakzeptable Rechtsschutzeinbuße zu befürchten: Seine verspätet erhobene Klage ist nach h. M. auch im (entsprechend eröffneten) Anwendungsbereich von § 261 III Nr. 1 ZPO wegen der früheren ausländischen Rechtshängigkeit nicht etwa ohne Weiteres abzuweisen; vielmehr wird das Verfahren darüber – analog § 148 ZPO – vorerst nur ausgesetzt, um den Ausgang des Erstprozesses abzuwarten.[23] Im Übrigen steht es dem angeblichen Gläubiger (hier: *IPR*) frei, eine Leistungswiderklage im Erstprozess zu erheben.[24]

2. Anerkennungsprognose

Ausgehend davon, dass auch eine ausländische negative Feststellungsklage grundsätzlich die Aussetzung des Verfahrens über eine spätere inländische Leistungsklage auslösen kann, bleibt noch eine zweite Frage zu klären, die sich bei der Übertragung des auf innerdeutsche Kompetenzkonflikte zugeschnittenen § 261 III Nr. 1 ZPO auf internationale Sachverhalte stellt: Die Aussetzung erscheint im Lichte des Justizgewährungsanspruchs nur dann möglich, wenn nicht bereits absehbar ist, dass die im Ausland zu erwartende Entscheidung in Deutschland voraussichtlich ohnehin nicht anerkennungsfähig sein wird.[25] Die Beachtlichkeit des drittstaatlichen Parallelverfahrens wird also von einer positiven Anerkennungsprognose abhängig gemacht,[26] die anhand des jeweils maßgeblichen Anerkennungsregimes vorzunehmen ist. Im vorliegenden Fall ist dafür, mangels vorrangiger internationaler Regelungen im Verhältnis zu Südkorea, § 328 ZPO heranzuziehen.

Unterstellt man, dass die Gegenseitigkeit i. S. v. § 328 I Nr. 5 ZPO im Rechtsverkehr mit Südkorea verbürgt ist,[27] steht und fällt die Anerkennungsprognose mit der Frage der Anerkennungszuständigkeit gemäß § 328 I Nr. 1 ZPO. Nach dieser Vorschrift ist die Anerkennung einer ausländischen Entscheidung ausgeschlossen, „wenn die Gerichte des Staates, dem das ausländische Gericht angehört, nach den deutschen Gesetzen nicht zuständig sind". Den Maßstab für diese Prüfung entnimmt man einer gewissermaßen spiegelbildlichen Anwendung der Vorschriften über die internatio-

---

[21] Zutreffend etwa MüKoZPO/*Becker-Eberhard* ZPO § 261 Rn. 65; Stein/Jonas/*Roth* ZPO § 256 Rn. 96 f.
[22] Grundlegend *EuGH* 6.12.1994 (*The Tatry*), EU:C:1994:400, IPRax 1996, 108. Vgl. seither nur *EuGH* 20.12.2017 (*Brigitte Schlömp/Landratsamt Schwäbisch Hall*), EU:C:2017:993, FamRZ 2018, 286; *BGH* 13.9.2016, NJW 2017, 564 (565) m. Anm. *Mankowski*; näher aus dem Schrifttum etwa *Thole*, NJW 2013, 1192 (1194). Kritisch, aber nicht überzeugend, nunmehr *Brand*, IPRax 2016, 314; *Gottwald*, MDR 2016, 936 (938).
[23] So die heute ganz h. M. im Anschluss an *Habscheid*, RabelsZ 31 (1967), 254 (266 ff.). Dies verkennen aber *KG* 4.2.2016, FamRZ 2016, 836 (839) m. krit. Anm. *Geimer*; *OLG Bremen* 10.3.2016, FamRZ 2016, 1189 m. insoweit krit. Anm. *Eicher*.
[24] Dazu Stein/Jonas/*Roth* ZPO § 256 Rn. 92 ff.
[25] Zum Grundsatz etwa *BGH* 28.5.2008, FamRZ 2008, 1409 (Anm. *Henrich*, 1413).
[26] *Beachte*: Auch die Brüssel Ia-VO kennt eine entsprechende Anerkennungsprognose als Voraussetzung für die Aussetzung des mitgliedstaatlichen Zweitverfahrens, dies allerdings nur, wenn das Erstverfahren in einem Drittstaat eingeleitet wurde (vgl. Art. 33 I lit. a und Art. 34 I lit. b), nicht hingegen im Falle eines innereuropäischen Kompetenzkonflikts (also im Anwendungsbereich von Art. 29 und 30 Brüssel Ia-VO).
[27] Dazu *Jeong* in Hess, Die Anerkennung im Internationalen Zivilprozessrecht, 2014, 79 (91).

Fall 4. IPR und SOS 47

nale Entscheidungszuständigkeit deutscher Gerichte. Demgemäß ist die Anerkennungszuständigkeit des ausländischen Gerichts nur dann gegeben, wenn im Ausland ein Umstand verwirklicht ist, der aus unserer Sicht geeignet erscheint, die internationale Zuständigkeit zu begründen. Bezogen auf den Fall bedeutet dies: Solange *IPR* die internationale Zuständigkeit der südkoreanischen Gerichte nicht durch eine rügelose Einlassung auf den dortigen Prozess (spiegelbildlich § 39 ZPO) begründet, ist kein Gerichtsstand ersichtlich, auf den sich das von *SOS* in Seoul angerufene Gericht nach Maßgabe der deutschen Zuständigkeitsvorschriften stützen könnte; denn *IPR* hat weder ihren allgemeinen Gerichtsstand in Südkorea, noch ist dort ein dem deutschen Recht bekannter besonderer Gerichtsstand (etwa in spiegelbildlicher doppelfunktionaler Anwendung von § 23 oder § 29 ZPO) eröffnet.

Konsequenterweise kann keine positive Anerkennungsprognose zugunsten der in Seoul zu erwartenden Entscheidung gestellt werden, sodass auch schon die dortige Rechtshängigkeit aus deutscher Sicht einer Verhandlung und Entscheidung über eine korrespondierende Leistungsklage nicht entgegensteht. Daher hätte das *LG München I* das Verfahren über eine bei ihm erhobene Klage nicht auszusetzen.

Frage 3

Eine Abweichung im Vergleich zur Lösung von Frage 2 ist denkbar im Hinblick auf die Anerkennungsprognose, die für die entsprechende Anwendung von § 261 III Nr. 1 ZPO im Falle drittstaatlicher Rechtshängigkeit gefordert wird: Womöglich ist die Anerkennungszuständigkeit der südkoreanischen Gerichte i. S. v. § 328 I Nr. 1 ZPO nunmehr anders zu beurteilen.

Der geschilderte Schriftsatz des von *IPR* eingeschalteten Anwalts stellt jedenfalls keine rügelose Einlassung dar, die in spiegelbildlicher (und doppelfunktionaler) Anwendung von § 39 ZPO geeignet wäre, die Anerkennungszuständigkeit zu begründen. Das folgt daraus, dass diese Vorschrift eine „mündliche" Verhandlung zur Hauptsache erfordert. Demgegenüber wären die Anforderungen der Parallelregelung in Art. 26 I S. 1 Brüssel Ia-VO erfüllt, denn danach genügt jede Form der Einlassung, also auch eine schriftsätzliche.[28] Nicht zuständigkeitsbegründend ist zwar, über den engen Wortlaut von Art. 26 I S. 2 Var. 1 Brüssel Ia-VO hinaus, die nur hilfsweise Einlassung nach ausdrücklicher Zuständigkeitsrüge.[29] Der Sachverhalt enthält aber keine Hinweise darauf, dass *IPR* die Zuständigkeit des Gerichts in Seoul überhaupt gerügt hätte.[30]

Fraglich erscheint indes, ob Art. 26 Brüssel Ia-VO überhaupt für die Zwecke einer Überprüfung der Anerkennungszuständigkeit gemäß § 328 I Nr. 1 ZPO „gespiegelt" werden kann. Zweifel daran rühren daher, dass es nach dem Wortlaut dieser Vorschrift darauf ankommt, ob die Gerichte des ausländischen Staates „nach den deutschen Gesetzen" zuständig sind. Nimmt man dies wörtlich, so könnte die Anerkennungszuständigkeit nur auf eine spiegelbildliche (und doppelfunktionale) Anwendung der in der ZPO vorgesehenen Gerichtsstände gestützt werden. Diese Auffassung erscheint allerdings zu eng: Die Formulierung des § 328 I Nr. 1 ZPO

---

[28] Klarstellend etwa *BGH* 31.5.2011, NJW 2011, 2809 (2812); *BGH* 19.5.2015, NJW 2015, 2667.
[29] Vgl. *EuGH* 13.7.2017 (*Bayerische Motoren Werke/Acacia*), EU:C:2017:550, RIW 2017, 583 (586); *BGH* 23.6.2010, NJW 2010, 3452 (3453).
[30] *Beachte:* Ein weiterer bemerkenswerter Unterschied besteht darin, dass § 39 ZPO eine Verhandlung „zur Hauptsache" (also hinsichtlich der Begründetheit) erfordert, während Art. 26 Brüssel Ia-VO eine Einlassung „auf das Verfahren", also auch schon eine Verhandlung zur Zulässigkeit (mit Ausnahme der Zuständigkeitsfrage) genügen lässt.

soll zum Ausdruck bringen, dass Deutschland den ausländischen Gerichten grundsätzlich dieselben Zuständigkeitsgründe zubilligt, die auch den deutschen Gerichten bzw. den hier klagenden Parteien zur Verfügung stehen. Daher sollte man dann, wenn das Europa- oder Konventionsrecht in größerem Maße als die autonomen deutschen Regeln die Entscheidungszuständigkeit deutscher Gerichte eröffnet, auch diese weitergehenden Zuständigkeitsgründe im Interesse des internationalen Entscheidungseinklangs spiegelbildlich den Gerichten eines Drittstaates für die Zwecke von § 328 I Nr. 1 ZPO zubilligen.[31]

Folgt man dem, so scheitert die im Hinblick auf § 261 III Nr. 1 ZPO zu erstellende positive Anerkennungsprognose wegen Art. 26 Brüssel Ia-VO nicht schon mangels internationaler Anerkennungszuständigkeit der südkoreanischen Gerichte. Daher hätte das *LG München I* in diesem Fall mit Rücksicht auf die frühere Rechtshängigkeit der negativen Feststellungsklage das bei ihm rechtshängig gemachte Zweitverfahren über die von *IPR* erhobene korrespondierende Leistungsklage auszusetzen und die Sachentscheidung aus Seoul abzuwarten.

---

[31] Hierzu etwa *Linke/Hau* IZVR Rn. 13.10; *Heiderhoff,* IPRax 2014, 264 (266 f.); tendenziell auch Musielak/Voit/*Stadler* ZPO § 328 Rn. 10. Anders *Schärtl,* IPRax 2006, 438; differenzierend *Kern,* ZZP 120 (2007), 31.

Fall 5. Grenzenlose Bürgenhaftung

Vollstreckbarkeit nach Brüssel Ia-VO – Vollstreckungsversagungsverfahren – Anerkennungszuständigkeit – ordre public und Angehörigenbürgschaft – internationale Zuständigkeit für Pfändungs- und Überweisungsbeschluss – Einziehungsklage – Anknüpfung des Ausgleichsanspruchs des Handelsvertreters – Europäischer Vollstreckungstitel – Europäisches Mahnverfahren

Sachverhalt

Die verwaisten und vermögenslosen Geschwister *Sophie* (S) und *Bruno* (B) sind als deutsche Staatsangehörige in England aufgewachsen. B ließ sich mit zwanzig Jahren im neuseeländischen Wellington nieder; als Angestellter eines Weinguts erzielte er dort ein Monatseinkommen von umgerechnet etwa 2.000 €. S richtete sich eine kleine Weinhandlung in London ein. Zu diesem Zweck nahm S ein Darlehen in Höhe von umgerechnet 80.000 € bei der Londoner *G-Bank* (G) auf, wobei sie als Sicherheit nur eine Bürgschaft des B beibringen konnte. Als S den Kredit nicht bediente, kündigte G den Vertrag und erhob schließlich beim *High Court of Justice* in London Klage auf Rückzahlung der Darlehenssumme gegen B. Diesem wurde die Klageschrift während eines zweiwöchigen Heimaturlaubs in der Londoner Wohnung der S zugestellt, was nach *common law* die internationale Entscheidungszuständigkeit englischer Gerichte begründen kann (sog. *transient rule*). Der *High Court* sah sich nicht veranlasst, von der nach englischem Recht bestehenden Möglichkeit Gebrauch zu machen, die Ausübung der so eröffneten Zuständigkeit wegen zu geringen Inlandsbezugs abzulehnen (sog. *doctrine of forum non conveniens*). B ist dem Verfahren fern geblieben und wurde daraufhin antragsgemäß verurteilt. Das Versäumnisurteil wurde ihm im Wege der internationalen Rechtshilfe ordnungsgemäß nach Neuseeland zugestellt; Zahlungen bzw. Vollstreckungsmaßnahmen sind seither nicht erfolgt. Nach Erlass des Versäumnisurteils war B kurzzeitig für die Freiburger Weingroßhandlung *D-GmbH* (D) von Wellington aus als selbständiger Handelsvertreter für Neuseeland und Australien tätig. Aus dieser Tätigkeit fordert B von D noch einen angemessenen Ausgleich, weil er für D wichtige neue Kunden geworben habe.

Frage 1: Kann G in Deutschland erfolgreich die Vollstreckung des vom *High Court* erlassenen Urteils in den angeblichen Ausgleichsanspruch gegen D betreiben und wie könnte sich B dagegen zur Wehr setzen?

Frage 2: Gesetzt den Fall, G habe in Deutschland den Ausgleichsanspruch pfänden und sich zur Einziehung überweisen lassen: Hätte eine von G beim *LG Freiburg* gegen D erhobene Klage Aussicht auf Erfolg, wenn D jegliche Zahlung unter Hinweis darauf verweigert, ein Ausgleichsanspruch stehe B nicht zu? Dabei ist zu unterstellen, dass ein § 89b HGB vergleichbarer Anspruch dem neuseeländischen Recht unbekannt ist und dass im Übrigen ausländische Vorschriften, soweit sie entscheidungserheblich sind, dem deutschen Recht entsprechen.

Frage 3: Kommt im Ausgangsfall ein Vorgehen von G nach Maßgabe der Europäischen Vollstreckungstitel-VO in Betracht bzw. hätte sich für G anstelle der in London gegen B erhobenen Klage die Einleitung eines Europäischen Mahnverfahrens angeboten?

Lösung

Frage 1

Verfügt der Gläubiger über einen im Ausland erlassenen Titel, so ist zu unterscheiden zwischen der Frage der Vollstreckbarkeit (dazu I) und der eigentlichen Zwangsvollstreckung in das inländische Vermögen (dazu II).

I. Vollstreckbarkeit

1. Anwendbarkeit der Brüssel Ia-VO

Im vorliegenden Fall bestimmt sich die Vollstreckbarkeit nach der Brüssel Ia-VO:[1] Bei der Bürgenhaftung geht es um eine Zivilsache i. S. v. Art. 1 I, und auch der zeitliche Anwendungsbereich ist eröffnet, wenn man unterstellt, dass das Verfahren vor dem *High Court* nicht schon vor dem 10.1.2015 eingeleitet worden war (vgl. Art. 66 I und II Brüssel Ia-VO). Räumlich gelten die Regeln des Kapitels III über die Anerkennung und Vollstreckung für Entscheidungen, die von den Gerichten eines anderen Mitgliedstaats erlassen wurden, und hierzu zählt nach wie vor – trotz des bevorstehenden *Brexit*[2] – das Vereinigte Königreich (vgl. Erwägungsgrund Nr. 40). Demgegenüber ist irrelevant, ob sich der Wohnsitz des Titelschuldners (hier: *B*) in einem Mitgliedstaat oder in einem Drittstaat (hier: Neuseeland) befindet; denn für das Kapitel III fehlt eine dahingehende Einschränkung, wie sie für die Zuständigkeitsregeln (Kapitel II) in Art. 4 I und Art. 6 Brüssel Ia–VO vorgesehen ist.

Während nach dem autonomen deutschen Recht (§§ 722, 723 ZPO)[3] und auch noch nach dem Vorgängerrechtsakt der Brüssel Ia-VO (der Brüssel I-VO;[4] siehe deren Art. 38–42) eine gerichtliche Vollstreckbarerklärung, das sog. Exequatur, der eigentlichen Vollstreckung ausländischer Titel vorgeschaltet sein muss, gilt im Anwendungsbereich der Brüssel Ia-VO ihr Art. 39: Eine in einem Mitgliedstaat ergangene Entscheidung, die dort vollstreckbar ist, ist in den anderen Mitgliedstaaten *ipso iure* vollstreckbar. Der Titelgläubiger kann sich demnach unmittelbar an die im Vollstreckungsmitgliedstaat für die Vornahme von Vollstreckungsmaßnahmen zuständigen Stellen wenden. Die zur Einleitung der Vollstreckung vorzulegenden Unterlagen sind in Art. 42 I Brüssel Ia-VO aufgeführt. Eine besondere Rolle spielt dabei die in Art. 53 und im Anhang I vorgesehene formalisierte Bescheinigung, die im Erststaat erteilt wird; im Normalfall kann die Vollstreckung ohne Weiteres anhand der Angaben in diesem Formblatt erfolgen.

---

[1] Verordnung (EU) Nr. 1215/2012 vom 12.12.2012 über die gerichtliche Zuständigkeit und die Anerkennung und Vollstreckung von Entscheidungen in Zivil- und Handelssachen; abgedr. bei *Jayme/Hausmann* Nr. 160.
[2] Zum Stand der Austrittsverhandlungen und den absehbaren Konsequenzen für die justizielle Zusammenarbeit vgl. *Mansel/Thorn/Wagner,* IPRax 2018, 121 ff.
[3] Beachte dazu Fall Nr. 9.
[4] Verordnung (EG) Nr. 44/2001 vom 22.12.2000 über die gerichtliche Zuständigkeit und die Anerkennung und Vollstreckung von Entscheidungen in Zivil- und Handelssachen; ABl. EG 2001 Nr. L 12/1. Zum nach wie vor praxisrelevanten Restanwendungsbereich der Brüssel I-VO bei der Vollstreckung von Alttiteln vgl. Art. 66 II Brüssel Ia-VO.

Fall 5. Grenzenlose Bürgenhaftung 51

2. Vollstreckungsversagungsverfahren

a) Grundlagen

Nach früherem Recht konnte sich der Schuldner mit einem Rechtsbehelf gegen die damals noch erforderliche Vollstreckbarerklärung wenden und damit eine Prüfung der Vollstreckungsversagungsgründe herbeiführen (Art. 43–45, 34 Brüssel I-VO). Eine solche Prüfung obliegt nunmehr, also im Anwendungsbereich der Brüssel Ia-VO, nicht etwa den Vollstreckungsorganen. Vielmehr wird dem Schuldner nur noch die Möglichkeit eröffnet, die vom Gläubiger womöglich schon eingeleitete Vollstreckung mit einem besonderen Vollstreckungsversagungsantrag abzuwenden.[5] Das so eröffnete Vollstreckungsversagungsverfahren ist in Art. 46–48 Brüssel Ia-VO und für Deutschland ergänzend in § 1115 ZPO geregelt. Eingeleitet wird es durch einen an das zuständige Landgericht (§ 1115 I und II ZPO) gerichteten Antrag des Schuldners; hierfür besteht kein Anwaltszwang (§§ 1115 III, 78 III ZPO). Örtlich zuständig wäre im Ausgangsfall gemäß § 1115 II S. 2 ZPO das *LG Freiburg*: G erwägt die Pfändung einer B möglicherweise gegen D zustehenden Forderung, wobei sich der Sitz der D als Drittschuldnerin in Freiburg befindet.

Von der in Erwägungsgrund Nr. 30 angedeuteten Möglichkeit, eine Frist für die Einleitung des Vollstreckungsversagungsverfahrens vorzusehen, hat Deutschland keinen Gebrauch gemacht. Das weitere Verfahren ist kontradiktorisch ausgestaltet: Zwar ist eine mündliche Verhandlung freigestellt, doch der Gläubiger ist als Antragsgegner zu hören (§ 1115 IV S. 2 und 3 ZPO). Im Übrigen gelten die allgemeinen Regeln der ZPO. Die Entscheidung muss unverzüglich ergehen (Art. 48 Brüssel Ia-VO), und zwar durch den Vorsitzenden einer Zivilkammer mit einem zu begründenden Beschluss (§ 1115 IV S. 1 und 2 ZPO). Die im Erfolgsfall ergehende Gestaltungsentscheidung beseitigt die Vollstreckbarkeit mit Wirkung *ex tunc*,[6] dies allerdings nicht etwa europaweit, sondern nur für den konkreten Vollstreckungsstaat. Rechtsbehelfe gegen die Entscheidung des LG sind die sofortige Beschwerde zum OLG (Art. 49 Brüssel Ia-VO, § 1115 V S. 1 und 2 ZPO mit Sonderregelung für die Beschwerdefrist) und gegebenenfalls die Rechtsbeschwerde zum BGH (Art. 50 Brüssel Ia-VO, § 1115 V S. 3 ZPO).

Prüfungsmaßstab im Vollstreckungsversagungsverfahren sind gemäß Art. 46 Brüssel Ia-VO die in Art. 45 aufgeführten, im Folgenden zu erörternden Versagungsgründe.

b) Anerkennungszuständigkeit

Der englische *High Court* hat seine Zuständigkeit einzig darauf gestützt, dass dem Beklagten B die Klageschrift in London zugestellt werden konnte.[7] Dies ist für den mit dem Vollstreckungsversagungsantrag befassten deutschen Richter im Anwendungsbereich der Brüssel Ia-VO allerdings irrelevant: Denn abweichend vom autonomen deutschen Anerkennungsrecht (vgl. § 328 I Nr. 1 ZPO) ist grundsätzlich nicht zu prüfen, ob die Gerichte des Urteilsstaats international zuständig waren, die fragliche Entscheidung zu erlassen. Ausnahmen von diesem Verbot einer Kontrolle

---

[5] Näher zu diesem sog. Kompromissmodell der Brüssel Ia-VO etwa *Linke/Hau* IZVR Rn. 14.20 ff.; *Stürner*, DGVZ 2016, 215; *Ulrici*, JZ 2016, 127.
[6] BT-Drs. 18/823, 22.
[7] *Beachte:* Ausführungen zu Art. 45 I lit. b Brüssel Ia-VO liegen fern, weil laut Sachverhalt das verfahrenseinleitende Schriftstück dem Beklagten B persönlich (nicht etwa nur fiktiv) in England zugestellt wurde und deshalb eine Zustellung nach Neuseeland im Wege der internationalen Rechtshilfe entbehrlich war.

der sog. Anerkennungszuständigkeit sind in Art. 45 I lit. e Brüssel Ia-VO aufgeführt, im vorliegenden Fall aber nicht einschlägig: Insbesondere kommt dem *B* der in Art. 45 I lit. e Brüssel Ia-VO vorgesehene Verweis auf die Zuständigkeitsregeln in Verbrauchersachen (Kapitel II, Abschnitt 4) schon deshalb nicht zugute, weil Art. 18 II Brüssel Ia-VO von vornherein nur Anwendung findet, wenn der Verbraucher seinen Wohnsitz in einem Mitgliedstaat hat.

Im Übrigen hebt Art. 45 III Brüssel Ia-VO eigens hervor, dass das Nachprüfungsverbot auch nicht unter Rückgriff auf den *ordre public*-Vorbehalt (Art. 45 I lit. a Brüssel Ia-VO) umgangen werden darf.[8] Unerheblich ist dabei, wie ein Umkehrschluss aus Art. 45 I und 72 Brüssel Ia-VO ergibt, ob das Gericht seine internationale Zuständigkeit aus den vereinheitlichten Zuständigkeitsregeln der Verordnung oder aber – bei Beklagten mit Wohnsitz in Drittstaaten – aus dem nationalen Kompetenzrecht abgeleitet hat (vgl. auch Art. 6 Brüssel Ia-VO). Dies gilt selbst dann, wenn sich das Gericht zu Unrecht – also entgegen Art. 5 oder 6 Brüssel Ia-VO – auf nationales Recht gestützt hat; auch eine dahingehende Kontrolle durch den Anerkennungsrichter scheidet folglich aus. Ebenso wenig lässt die Verordnung dem deutschen Richter Raum für eine abweichende Erwägung unter dem Gesichtspunkt, dass der hier betroffene *B* deutscher Staatsangehöriger ist.

Rechtspolitisch ist das weitgehende Prüfungsverbot zwar keineswegs unangefochten; *de lege lata* wird man eine Durchbrechung aber allenfalls dann erwägen können, wenn der in einem anderen Mitgliedstaat für das Erkenntnisverfahren herangezogene Zuständigkeitsgrund unvereinbar mit Art. 6 I EMRK[9] und daher aus Sicht des Vollstreckungsstaats schlechterdings nicht hinnehmbar erscheint.[10] Ein derart schwerwiegendes Verdikt dürfte die sog. *transient rule* des englischen Rechts freilich nicht treffen: Denn dieser Gerichtsstand setzt immerhin – anders als beispielsweise der auf den Schutz französischer Kläger abzielende Art. 14 des französischen Code civil – einen gewissen Bezug des Beklagten zum Forum voraus; zudem kann sich das englische Gericht aufgrund der *doctrine of forum non conveniens* im Einzelfall für unzuständig erklären und somit Härten vermeiden.[11] Dass es dies im konkreten Fall nicht getan hat, ändert am Ergebnis nichts.

c) Angehörigenbürgschaft

Mit seinem Vollstreckungsversagungsantrag gemäß Art. 46 Brüssel Ia-VO könnte *B* auch darauf verweisen, dass die Entscheidung des *High Court* gegen ihn als einen jungen, (zumindest ursprünglich) vermögenslosen und mit der Hauptschuldnerin *S* nahe verwandten Bürgen ergangen ist. Dabei ist zu bedenken, dass es die deutsche Rechtsprechung im Anschluss an das *BVerfG* als Gebot der allgemeinen Handlungsfreiheit (Art. 2 I GG) erachtet, Bürgschaften mittelloser Angehöriger einer besonders intensiven Wirksamkeitskontrolle zu unterziehen.[12] Im Hinblick darauf stellt sich im

---

[8] Auch für Extremfälle betont dies etwa *EuGH* 28.3.2000 (*Krombach/Bamberski*), EU:C:2000:164, EuGHE 2000, I–1935 (Tz. 31 ff.).
[9] Konvention zum Schutze der Menschenrechte und Grundfreiheiten vom 4.11.1950; Text der Neufassung v. 22.10.2010: BGBl. 2010 II 1198.
[10] Vgl. Rauscher/*Leible* Brüssel Ia-VO Art. 45 Rn. 74; *Schlosser/Hess* EuGVVO Art. 45 Rn. 37; zurückhaltender MüKoZPO/*Gottwald* Brüssel Ia-VO Art. 45 Rn. 58. Beachte zudem schon *BVerfG* 26.6.2006, NJW-RR 2006, 1499.
[11] *Schack* IZVR Rn. 559 ff. (insb. 561). Näher zu Regel und Ausnahmen etwa *Cheshire/North/Fawcett*, Private International Law, 15. Aufl. 2017, 393 ff.
[12] Grundlegend *BVerfG* 19.10.1993, BVerfGE 89, 214 = JuS 1994, 251 (*Emmerich*). Näher zur Entwicklung seither etwa *Rimmelspacher/Stürner*, Kreditsicherungsrecht, 3. Aufl. 2017, § 2 Rn. 128 ff.

Fall 5. Grenzenlose Bürgenhaftung

Rahmen des Vollstreckungsversagungsverfahrens die Frage, inwieweit den so entwickelten Grundsätzen auch gegenüber ausländischen Urteilen, die in Deutschland zur Vollstreckung anstehen, Geltung zu verschaffen ist. Als Ansatzpunkt dafür kommt die deutsche öffentliche Ordnung in Betracht, also der in Art. 46, 45 I lit. a Brüssel Ia-VO vorgesehene *ordre public*-Vorbehalt. Obgleich dies in Art. 45 I lit. a Brüssel Ia-VO – anders als in § 328 I Nr. 4 ZPO und in Art. 33 EuInsVO[13] – nicht ausdrücklich hervorgehoben wird, ist daran nach allgemeiner Ansicht insbesondere dann zu denken, wenn die Vollstreckung unvereinbar mit Grundrechten erscheint.[14]

Zum Zwecke dieser Prüfung gilt es von vornherein drei Eckpunkte zu beachten:[15] Erstens kann der deutsche *ordre public* überhaupt nur bei Vorliegen eines hinreichenden Inlandsbezugs des Sachverhalts tangiert sein; denn selbst deutsche Grundrechtsvorstellungen erheben keineswegs einen räumlich völlig uneingeschränkten Geltungsanspruch. Zweitens und damit zusammenhängend kommt eine Anwendung von Art. 46, 45 I lit. a Brüssel Ia-VO, soll die von der Verordnung erstrebte Freizügigkeit gerichtlicher Entscheidungen nicht konterkariert werden, nur in Betracht, wenn das Ergebnis der Anerkennung bzw. Vollstreckung – also nicht die ausländische Entscheidung an sich – schlechterdings untragbar erscheint. Dabei ist wiederum drittens dem in der Verordnung verankerten Verbot einer *révision au fond* (Art. 52 Brüssel Ia-VO) Rechnung zu tragen.

Hier erweist sich bereits der Inlandsbezug als gering: Zwar ist der Schuldner deutscher Staatsangehöriger, doch dies allein erscheint im Bereich des Schuldvertragsrechts kaum relevant, wenn man etwa berücksichtigt, dass die Staatsangehörigkeit für die kollisionsrechtliche Anknüpfung nach Art. 4 ff. Rom I-VO[16] – entsprechend dem allgemeinen Trend im europäischen Kollisionsrecht[17] –bedeutungslos ist. Hinsichtlich des zweiten Punkts hat der *BGH* zu einem ähnlichen Sachverhalt für maßgeblich erachtet, ob ein „besonders krasser Fall der strukturellen Unterlegenheit" vorliegt, ob also „der Schuldner nach dem Urteil aller billig und gerecht Denkenden zweifelsfrei zum wehrlosen Objekt der Fremdbestimmung gemacht und hierdurch auf Jahre hinaus auf das wirtschaftliche Existenzminimum der Pfändungsfreigrenzen verwiesen würde".[18] Nicht ausschlaggebend könne wegen des Verbots einer *révision au fond* hingegen sein, ob bei Anwendbarkeit deutschen Rechts auf einen vergleichbaren Sachverhalt auch ein deutsches Gericht im Lichte von § 138 BGB den Bürgen zur Zahlung verurteilt hätte. Überträgt man diese Überlegungen auf den vorliegenden Fall, so dürfte Art. 45 I lit. a Brüssel Ia-VO kaum durchgreifen. Konkrete Hinweise auf eine Beeinträchtigung der rechtsgeschäftlichen Entscheidungsfreiheit des B mittels unzulässiger Einflussnahme oder Irreführung seitens S oder G – was auch nach englischem Vertragsrecht zu berücksichtigen wäre[19] – sind nicht ersicht-

---

[13] Verordnung Nr. 2015/848 vom 20.5.2015 über Insolvenzverfahren; abgedr. bei *Jayme/Hausmann* Nr. 260.
[14] Statt mancher: Musielak/Voit/*Stadler* EuGVVO Art. 45 Rn. 3.
[15] Näher zum Folgenden etwa *Linke/Hau* IZVR Rn. 13.29 ff.
[16] Verordnung Nr. 539/2008 vom 17.6.2008 über das auf vertragliche Schuldverhältnisse anzuwendende Recht; abgedr. bei *Jayme/Hausmann* Nr. 80.
[17] Vgl. *Mankowski*, IPRax 2017, 130 (136 ff.).
[18] BGH 24.2.1999, BGHZ 140, 395 (399) = JuS 2000, 95 (*Hohloch*). Dem *BGH* in der anerkennungsfreundlichen Tendenz und im konkreten Ergebnis, freilich nicht in allen dogmatischen Einzelheiten folgend *Dörner*, LM EGÜbk, Nr. 58; *Pfeiffer*, WuB VII B. Art. 27 EuGVÜ 1.99; *Roth*, JZ 1999, 1119; *G. Schulze*, IPRax 1999, 342; *Staudinger*, JR 1999, 373.
[19] Rechtsvergleichend speziell zu Sicherheiten naher Angehöriger nach englischem Recht etwa *Habersack/Giglio*, WM 2001, 1100.

lich, zumal sich *B* solchen Einwirkungen schon aufgrund der erheblichen räumlichen Distanz zu England leichter als in klassischen Fällen von Angehörigenbürgschaften entziehen konnte. Zudem gilt es zu berücksichtigen, dass bei der Vollstreckung in Deutschland keineswegs ein Zugriff auf die Lebensgrundlage des Bürgen droht; denn als inländisches pfändbares Vermögen kommen nach Beendigung des Vertrags zwischen *D* und *B* keine regelmäßigen Einkünfte des *B*, sondern allenfalls noch ein möglicherweise bestehender Ausgleichsanspruch in Betracht.

3. Zwischenergebnis

Das Urteil des *High Court* ist in Deutschland vollstreckbar. Da keine Anerkennungshindernisse durchgreifen, hätte ein Vollstreckungsversagungsantrag des *B* keine Aussicht auf Erfolg.

II. Zwangsvollstreckungsverfahren

G kann in Deutschland die Zwangsvollstreckung in die fragliche Forderung des *B* gegen *D* betreiben, wenn die Voraussetzungen für die Forderungspfändung erfüllt sind. Diese bestimmen sich ausweislich Art. 41 I S. 1 Brüssel Ia-VO nach deutschem Vollstreckungsrecht als der *lex loci executionis*.[20]

1. Internationale Zuständigkeit

Nicht anders als in einem Erkenntnisverfahren ist auch im Hinblick auf den Erlass von Vollstreckungsmaßnahmen zunächst die internationale Zuständigkeit zu klären. Maßgeblich dafür sind nicht etwa Art. 4 ff. Brüssel Ia-VO; insbesondere Art. 24 Nr. 5 Brüssel Ia-VO meint richtigerweise nur Gerichtsverfahren über die Zulässigkeit von Vollstreckungsmaßnahmen.[21] Vielmehr können deutsche Vollstreckungsorgane (also der Gerichtsvollzieher bzw. das Vollstreckungsgericht) konkrete Vollstreckungsmaßnahmen im Grundsatz immer dann vornehmen, wenn vollstreckbares Schuldnervermögen im Inland vorhanden ist.[22]

Als solches kommt im vorliegenden Fall nur der von *B* gegen *D* geltend gemachte Ausgleichsanspruch in Betracht. Bei Forderungen lässt sich die Belegenheit, anders als bei körperlichen Gegenständen, freilich nicht tatsächlich, sondern nur juristisch wertend ermitteln. Einen Anhaltspunkt hierfür bietet § 828 II Var. 2 ZPO, der auf § 23 S. 2 ZPO verweist und die zu pfändende Forderung des Schuldners beim Drittschuldner verortet. Demgemäß wären die deutschen Vollstreckungsorgane jedenfalls dann für die Forderungspfändung international zuständig, wenn sich der Wohnsitz des Drittschuldners im Inland befindet.[23] Dies ist nicht zu verwechseln mit der Missbilligung des deutschen Vermögensgerichtsstands (§ 23 S. 1 ZPO) durch Art. 5 II, 76 I lit. a Brüssel I-VO, die sich nur auf die Gerichtspflichtigkeit des Beklagten im Erkenntnisverfahren bezieht und damit nicht für Vollstreckungsmaßnahmen gilt.[24]

---

[20] Zu bisweilen auftretenden, hier aber nicht relevanten Abgrenzungsproblemen zwischen *lex loci executionis* und *lex causae* vgl. etwa *Linke/Hau* IZVR Rn. 14.46.

[21] Klarstellend etwa *Eichel*, IPRax 2013, 146 (147 f.); Rauscher/*Mankowski* Brüssel Ia-VO Art. 24 Rn. 123.

[22] *Geimer* IZPR Rn. 3231 ff.; *Schack* IZVR Rn. 1064.

[23] Siehe *Geimer* IZPR Rn. 1224 ff.; *Nagel/Gottwald* IZPR § 19 Rn. 78 ff.; *Schack* IZVR Rn. 1086.

[24] Zutreffend *OLG Saarbrücken* 11.7.2000, IPRax 2001, 456, m. unzutr. krit. Anm. *Jestaedt*, 438 (440).

Fall 5. Grenzenlose Bürgenhaftung

Die internationale Zuständigkeit zur Vornahme der Forderungspfändung ergibt sich hier also daraus, dass die Drittschuldnerin *D* ihren Sitz in Freiburg hat.

2. Pfändungs- und Überweisungsbeschluss

In Deutschland erfolgt die Zwangsvollstreckung in eine Geldforderung im Regelfall dadurch, dass die Forderung auf Antrag des Gläubigers gepfändet (§ 829 ZPO) und diesem zur Einziehung überwiesen wird (§§ 835 I Var. 1, 836 ZPO). Funktionell ist dafür das Vollstreckungsgericht zuständig (§ 828 I ZPO); die örtliche Zuständigkeit bestimmt sich wiederum nach dem Sitz des Drittschuldners (§§ 828 II Var. 2, 23 S. 2 ZPO). Sonstige Hindernisse für den Erlass des Pfändungs- und Überweisungsbeschlusses sind nicht ersichtlich. Insbesondere ist zu beachten, dass das Vollstreckungsgericht (sprich: der Rechtspfleger, § 20 Nr. 17 RPflG) nur die „angebliche" Forderung des Schuldners gegen den Drittschuldner pfändet, also nicht etwa im Einzelnen zu prüfen hat, ob diese tatsächlich existiert.[25] Vielmehr ist dem Pfändungsantrag des Gläubigers nur dann das Rechtsschutzbedürfnis abzusprechen, wenn die fragliche Forderung „gewiss und erkennbar nach keiner vertretbaren Rechtsansicht besteht".[26] Zur Erwirkung des Pfändungsbeschlusses genügt es demnach, wenn als Folge des zwischen *D* und *B* zunächst geschlossenen und inzwischen beendeten Handelsvertretervertrags Letzterem ein Ausgleichsanspruch zustehen könnte, wie ihn das deutsche Handelsvertreterrecht mit § 89b HGB kennt. Die kollisionsrechtliche Anknüpfung dieses Anspruchs bzw. die etwaige Ermittlung ausländischen Rechts sind hingegen nicht mehr Gegenstand der vollstreckungsgerichtlichen Evidenzkontrolle. Solchen Fragen ist erst dann nachzugehen, wenn der Drittschuldner die Zahlung an den Gläubiger verweigert und dieser die gepfändete Forderung einklagen muss.

Wirksam wird der zu erlassende Pfändungs- und Überweisungsbeschluss mit der Zustellung an den Drittschuldner (§§ 829 III, 835 III S. 1 ZPO); wegen des inländischen Sitzes der *D* bereitet dies keine Schwierigkeiten. Demgegenüber ist die Zustellung an den Schuldner kein Wirksamkeitserfordernis. Sie kann daher, wenn sich der Schuldner – wie hier *B* – in einem Drittstaat befindet, gemäß §§ 829 II S. 3, 835 III S. 1 ZPO durch Aufgabe zur Post i. S. v. § 184 II S. 1 ZPO erfolgen, ohne dass die Inanspruchnahme internationaler Rechtshilfe geboten wäre.

III. Ergebnis

G kann in Deutschland die Vollstreckung des vom *High Court* erlassenen Urteils betreiben. Damit ist allerdings, wie sich sogleich zeigen wird, noch nicht gesagt, dass dies auch tatsächlich zur Befriedigung der *G* führen wird.

Frage 2

I. Zulässigkeit der Einziehungsklage

Der Gläubiger wird durch die Überweisung der gepfändeten Forderung zur Einziehung (§§ 835 I Var. 1, 836 I ZPO) nicht etwa deren Inhaber, sondern nur berechtigt, vom Drittschuldner Zahlung an sich zu verlangen. Kommt der Drittschuldner dem nicht nach, etwa weil er – wie hier – die Existenz der Forderung leugnet, ist der Gläubiger darauf angewiesen, diese im eigenen Namen gegen den Drittschuldner

---

[25] Vgl. allgemein etwa *BGH* 19.3.2004, NJW 2004, 2096; *BGH* 24.7.2017, JuS 2018, 77.
[26] So, statt mancher, etwa Thomas/Putzo/*Seiler* ZPO § 829 Rn. 9; Zöller/*Herget* ZPO § 829 Rn. 4.

gerichtlich geltend zu machen. Bei dieser sog. Einziehungsklage des Gläubigers handelt es sich um eine gewöhnliche Leistungsklage.[27]

Für die Klage der englischen G bestimmt sich die internationale Entscheidungszuständigkeit deutscher Gerichte im vorliegenden Fall nach der Brüssel Ia-VO: Der räumlich-persönliche Anwendungsbereich ist eröffnet, weil die Beklagte D ihren Sitz in Freiburg und damit in einem Mitgliedstaat hat (Art. 4 I, 6 I, 63 I Brüssel Ia-VO); in Deutschland befindet sich damit gemäß Art. 4 I Brüssel Ia-VO zugleich der allgemeine Gerichtsstand der D. Die örtliche Zuständigkeit des *LG Freiburg* folgt aus §§ 12, 17 ZPO, dessen sachliche Zuständigkeit, einen Streitwert von mehr als 5.000 € unterstellt, aus § 1 ZPO, §§ 23 Nr. 1, 71 I GVG. Eine Besonderheit der Einziehungsklage ergibt sich aus § 841 ZPO: Die danach bestehende Pflicht des Gläubigers, dem Schuldner den Streit zu verkünden, entfällt ausweislich des eindeutigen Wortlauts der Norm, wenn der Schuldner – wie hier B – im Ausland lebt und demgemäß eine Zustellung ins Ausland erforderlich wäre. Sonstige Zulässigkeitsprobleme sind nicht ersichtlich.

II. Begründetheit der Einziehungsklage

Die Begründetheit der Einziehungsklage hängt erstens davon ab, dass der Kläger aufgrund eines wirksamen Pfändungs- und Überweisungsbeschlusses die Einziehungsberechtigung erlangt hat (was hier der Fall ist). Zweitens muss die gepfändete angebliche Forderung des Schuldners B gegen den Beklagten bzw. Drittschuldner D tatsächlich bestehen. Letzteres bleibt im Folgenden zu erörtern, wobei zunächst das auf die Forderung des B gegen D anwendbare Recht – das Vertragsstatut – zu ermitteln ist.

Das auf Verträge anzuwendende Recht bestimmt sich gemäß Art. 3 I Rom I-VO in erster Linie nach der Rechtswahl der Parteien. Anhaltspunkte für eine von B und D ausdrücklich oder konkludent getroffene Rechtswahl fehlen hier aber. Nichts anderes folgt aus dem Umstand, dass es sich bei D um eine GmbH mit Sitz in Deutschland und bei B um einen Deutschen handelt; denn die gemeinsame Staatsangehörigkeit der Parteien genügt für sich genommen keineswegs als Indiz für eine stillschweigende Rechtswahl.[28] Daher ist eine objektive Anknüpfung vorzunehmen. Dabei ist die in Art. 8 Rom I-VO vorgesehene Sonderanknüpfung von Arbeitsverhältnissen für selbständige Handelsvertreter weder direkt noch analog maßgeblich.[29] Vielmehr hat die Anknüpfung anhand von Art. 4 Rom I-VO zu erfolgen, wobei sich ein Handelsvertretervertrag als Dienstleistungsvertrag i. S. v. Art. 4 I lit. b Rom I-VO qualifizieren lässt. Dafür spricht bereits, dass Entsprechendes für den Dienstleistungsbegriff in der Brüssel Ia-VO anerkannt ist[30] und dass beide Rechtsakte ausweislich Erwägungsgrund Nr. 17 zur Rom I-VO möglichst gleich zu handhaben

---

[27] Ausführlich zu den damit verbundenen IZVR-Problemen *Sonnabend,* Der Einziehungsprozess nach Forderungspfändung im internationalen Rechtsverkehr, 2007.

[28] Klarstellend Staudinger/*Magnus* Rom I-VO Art. 3 Rn. 74. Beachte dazu, dass ein nur hypothetischer oder vermuteter Parteiwille unbeachtlich ist, etwa Rauscher/*von Hein* Rom I-VO Art. 3 Rn. 11; MüKoBGB/*Martiny* Rom I-VO Art. 3 Rn. 47.

[29] Vgl. nur *Hopt,* Handelsvertreterrecht, 5. Aufl. 2015, HGB § 92c Rn. 1; Staudinger/*Magnus* Rom I-VO Art. 8 Rn. 42. *Beachte:* Bei der Abgrenzung zwischen (selbständigem) Handelsvertreter und (unselbständigem) Arbeitnehmer handelt es sich der Sache nach um ein Qualifikationsproblem, das sich im vorliegenden Fall angesichts des eindeutigen Sachverhalts aber nicht stellt.

[30] Vgl. *EuGH* 19.12.2013 (*Corman-Collins*), EU:C:2013:860, EuZW 2014, 181 (183), dort noch zum insoweit inhaltsgleichen Art. 5 Nr. 1 lit. b Brüssel I-VO; *Hau,* ZVertriebsR 2014, 79 (80).

Fall 5. Grenzenlose Bürgenhaftung 57

sind. Berufen ist gemäß Art. 4 I lit. b Rom I-VO das Recht des Staates, in dem der Handelsvertreter (hier: *B*) seinen gewöhnlichen Aufenthalt hat. Nichts anderes würde im Übrigen gelten, würde man mit Art. 4 II Rom I-VO argumentieren; denn wegen der ihm obliegenden Absatzförderung erbringt der Handelsvertreter, nicht etwa der Prinzipal, die vertragscharakteristische Leistung.

Eine verordnungsautonome Bestimmung des somit ausschlaggebenden gewöhnlichen Aufenthalts ergibt sich aus Art. 19 Rom I-VO: Da eine berufliche Tätigkeit (Art. 19 I S. 2 Rom I-VO) des *B* in Rede steht, befindet sich sein gewöhnlicher Aufenthalt in dem Staat seiner Hauptniederlassung, hier also in Neuseeland. Der Berufung neuseeländischen Rechts steht nicht entgegen, dass *B* zugleich die Betreuung des australischen Markts übernommen hat: Die Maßgeblichkeit der Hauptniederlassung als festem Bezugspunkt soll gerade eine einheitliche Anknüpfung sicherstellen, und Art. 4 I lit. b Rom I-VO stellt – insoweit abweichend von Art. 7 Nr. 1 lit. b Brüssel Ia-VO – eben nicht auf den Ort der Dienstleistungserbringung ab. Unerheblich ist ferner, entgegen einer früher zuweilen vertretenen Ansicht, die gemeinsame Staatsangehörigkeit der Parteien: Dieser Umstand vermag keine engere Verbindung zu begründen, welche die Regelanknüpfung mittels der in Art. 4 III Rom I-VO vorgesehenen Ausweichklausel durchkreuzen könnte. Bei Art. 4 Rom I-VO handelt es sich gemäß Art. 20 Rom I-VO um eine Sachnormverweisung; dass damit die Geltung nicht etwa einer mitgliedstaatlichen, sondern einer drittstaatlichen Rechtsordnung angeordnet wird, ist wegen Art. 2 Rom I-VO ohne Belang.

Laut Bearbeitervermerk kennen die Vorschriften des somit maßgeblichen neuseeländischen Sachrechts keinen § 89b HGB entsprechenden Ausgleichsanspruch des Handelsvertreters. Dieses Ergebnis ist hinzunehmen: Wenngleich es sich bei § 89b HGB um Sonderprivatrecht zum Schutz von Handelsvertretern handelt, spricht bereits die Existenz von § 92c I HGB[31] dagegen, die Norm als Eingriffsnorm i. S. v. Art. 9 Rom I-VO zu qualifizieren. Auch wenn man berücksichtigt, dass der Ausgleichsanspruch durch die EG–Richtlinie zur Koordinierung der Rechtsvorschriften der Mitgliedstaaten betreffend die selbständigen Handelsvertreter vom 18.12.1986[32] europarechtlich verankert wurde, lässt sich daraus jedenfalls nicht schließen, der Ausgleichsanspruch sei ohne jede räumlich-persönliche Einschränkung verbürgt: Denn die Richtlinie erhebt keineswegs weltweiten Geltungsanspruch, dient also nicht etwa dem Schutz von Handelsvertretern, die – wie *B* – ausschließlich in Drittstaaten tätig werden. Und ebenso wenig ist es das Anliegen der Richtlinie, in den Mitgliedstaaten ansässige Prinzipale – wie *D* – dazu anzuhalten, den für den Binnenmarkt vorgegebenen Standard auch im Rahmen ihrer Geschäftsaktivitäten in Drittstaaten zu wahren.[33] Erst recht besteht in einem solchen Fall kein Anlass, den kollisionsrechtlichen *ordre public* (Art. 21 Rom I-VO) gegen das gemäß Art. 4 Rom I-VO ermittelte neuseeländische Sachrecht zu mobilisieren.

---

[31] *Beachte:* § 92c I HGB ist nicht etwa selbst Kollisionsnorm, sondern setzt die Anwendbarkeit deutschen (Sach-)Rechts voraus; vgl. nur *Hopt,* Handelsvertreterrecht, 5. Aufl. 2015, HGB § 92c Rn. 1; MüKoHGB/*von Hoyningen-Huene* HGB § 92c Rn. 6.

[32] ABl. EG 1986 Nr. L 382/17. Beachte hierzu *Emde/Valdini,* ZVertriebsR 2016, 353 und 2017, 3.

[33] *Beachte:* Mangels Rechtswahl kommt es im vorliegenden Fall nicht auf die nunmehr in Art. 3 IV Rom I-VO verankerte Rechtsprechung des *EuGH* an, wonach der Ausgleichsanspruch einem im Binnenmarkt tätigen Handelsvertreter nicht dadurch entzogen werden darf, dass das Heimatrecht des in einem Drittstaat ansässigen Prinzipals vereinbart wird. Siehe *EuGH* 9.11.2000 (*Ingmar GB Ltd./Eaton Leonard Technologies Inc.*), EU:C:2000:605, EuGHE 2000, I–9305.

Als Ergebnis ist somit festzuhalten: Nach dem maßgeblichen neuseeländischen Recht existiert die gepfändete und *G* überwiesene Forderung nicht; daher geht die Pfändung „ins Leere" und die gegen *D* erhobene Einziehungsklage ist unbegründet.

Frage 3

Zu untersuchen sind ein Vorgehen nach der EuVTVO (dazu I) sowie die Möglichkeit der Einleitung eines Europäischen Mahnverfahrens nach der EuMahnVO (dazu II).

I. Vorgehen nach der EuVTVO

Die Verordnung Nr. 805/2004 vom 21.4.2004 zur Einführung eines Europäischen Vollstreckungstitels für unbestrittene Forderungen (EuVTVO)[34] ist schon am 21.1.2005 in Kraft getreten. Der Fortschritt im Vergleich zur damals noch maßgeblichen Brüssel I-VO war aus Gläubigersicht zweierlei: zum einen verzichtet Art. 5 EuVTVO für die europaweite Vollstreckung eines „Europäischen Vollstreckungstitels" auf das Erfordernis einer Vollstreckbarerklärung, und zum anderen ist im Vollstreckungsstaat nur eine höchst eingeschränkte Prüfungsmöglichkeit nach Maßgabe von Art. 21 I EuVTVO möglich. Im Vergleich zur Brüssel Ia-VO, die ebenfalls kein Exequatur voraussetzt (siehe ihren Art. 39), verdient immerhin noch der zweite Aspekt Beachtung; denn die EuVTVO kennt kein Art. 46 ff. Brüssel Ia-VO entsprechendes Vollstreckungsversagungsverfahren, mit dem sich der Titelschuldner der Vollstreckung widersetzen könnte.

Im Ausgangsfall fällt das vom *High Court* erlassene Versäumnisurteil in den Anwendungsbereich der EuVTVO (vgl. Erwägungsgrund Nr. 24 sowie ihren Art. 2 III). Diese ist auch sachlich einschlägig, denn sie erfasst im Ursprungsmitgliedstaat ergangene Gerichtsentscheidungen (Art. 4 Nr. 1 EuVTVO), soweit sich diese auf „unbestrittene" Forderungen beziehen; dies trifft gerade bei einem Versäumnisurteil über eine bestimmte und fällige Geldsumme zu (Art. 3 I S. 2 lit. b bzw. c und Art. 4 Nr. 2 EuVTVO).

Die Bestätigung als Europäischer Vollstreckungstitel erfolgt gemäß Art. 6 I EuVTVO auf Antrag des Gläubigers durch das Ursprungsgericht i. S. v. Art. 4 Nr. 6 EuVTVO. Die Voraussetzungen der Bestätigung sind für Gerichtsentscheidungen in Art. 6 I EuVTVO geregelt. Im Ausgangsfall scheiterte die Bestätigung hinsichtlich des englischen Versäumnisurteils nicht an Art. 6 I lit. a–c EuVTVO. Allerdings ist zu beachten, dass *B* die Bürgschaft nicht zu einem Zweck übernommen hat, der seiner beruflichen oder gewerblichen Tätigkeit zugerechnet werden kann. *B* ist demnach Verbraucher i. S. v. Art. 6 I lit. d EuVTVO, und folglich käme die Bestätigung des gegen ihn ergangenen Versäumnisurteils nur in Betracht, wenn er seinen Wohnsitz im Ursprungsmitgliedstaat hätte. Die EuVTVO bietet also (anders als Art. 18 Brüssel Ia-VO) auch solchen Verbrauchern Schutz, die – wie *B* – in Drittstaaten ansässig sind.[35] *G* kann daher nicht nach Maßgabe der EuVTVO vorgehen.

II. Einleitung eines Europäischen Mahnverfahrens nach EuMahnVO

Anders als die Brüssel Ia-VO und die EuVTVO vereinheitlicht die Verordnung Nr. 1896/2006 vom 12.12.2006 zur Einführung eines Europäischen Mahnverfahrens

---

[34] ABl. EU 2004 Nr. L 143/15; abgedr. bei *Jayme/Hausmann* Nr. 184. Die deutschen Ausführungsbestimmungen finden sich in §§ 1079–1086 ZPO.
[35] Klarstellend etwa Rauscher/*Pabst* EG-VollstrTitelVO Art. 6 Rn. 41.

Fall 5. Grenzenlose Bürgenhaftung 59

(EuMahnVO)[36] das bislang den mitgliedstaatlichen Prozessrechtsordnungen überlassene Verfahren zur Erlangung des Vollstreckungstitels, also das Erkenntnisverfahren. Das in der EuMahnVO geregelte, weitgehend automatisierte Verfahren dient der schnellen und kostengünstigen Titulierung (Art. 7 ff.) und Durchsetzung unbestrittener Geldforderungen (Art. 18 ff.) mit Hilfe des sog. Europäischen Zahlungsbefehls.

Entgegen den ursprünglichen Plänen der Kommission, die den räumlich-persönlichen Geltungsbereich des Europäischen Mahnverfahrens auch auf den rein innerstaatlichen Rechtsverkehr erstrecken wollte, beschränkt sich die EuMahnVO mit Rücksicht auf die beschränkte Rechtssetzungskompetenz der EU (vgl. heute Art. 81 I AEUV) allerdings auf die Regelung „grenzüberschreitender Rechtssachen". Eine solche liegt nur vor, wenn bei Verfahrenseinleitung (Art. 3 III EuMahnVO) mindestens eine der Parteien ihren Wohnsitz (Art. 3 II EuMahnVO) oder gewöhnlichen Aufenthalt in einem anderen Mitgliedstaat als dem Sitzstaat des befassten Gerichts hat. Für die Rechtsverfolgung der *G* gegen *B* in London wäre das Europäische Mahnverfahren mithin von vornherein nicht eröffnet gewesen, weil *G* im Forumstaat und *B* in einem Drittstaat ansässig ist. Demgegenüber hätte Art. 3 I EuMahnVO zwar nicht entgegengestanden, wenn *G* das Europäische Mahnverfahren in Deutschland eingeleitet hätte. Auch dies wäre indes nicht erfolgversprechend gewesen, denn es fehlt an der internationalen Zuständigkeit deutscher Gerichte (genauer: des *AG Wedding*, § 1087 ZPO): Dies folgt hier aus Art. 6 II EuMahnVO, der drittstaatenansässigen Verbrauchern zuständigkeitsrechtlich denselben Schutz gewährt wie Art. 6 I lit. d EuVTVO. Gestützt auf die EuMahnVO hätte *G* folglich nicht erfolgreich gegen *B* vorgehen können.

---

[36] ABl. EU 2006 Nr. L 399/1; abgedr. bei *Jayme/Hausmann* Nr. 185. Deutsche Ausführungsbestimmungen: §§ 1087–1096 ZPO.

Fall 6. Rennfahrer Michael S.

Persönlichkeitsverletzung – Staatenimmunität – Luganer Übereinkommen – Gerichtsstand für Deliktsklagen – Streudelikt – Mosaikbeurteilung – Mittelpunkt der Interessen – autonomes Kollisionsrecht – Rückverweisung – internationale Handlungsvollstreckung – ordre public

Sachverhalt

Corinna S. (C) ist die Frau des deutschen Rennfahrers *Michael S.* (M), der vor einigen Jahren bei einem Skiunfall in den französischen Alpen schwer verunglückte. C ist Deutsche, die mit M und ihren Kindern seit etwa 20 Jahren in einem Anwesen am Genfer See in der Schweiz lebt. Beim Besuch ihres Ehemannes im Krankenhaus in Grenoble (Frankreich) wird C mit Hilfe eines Teleobjektivs unbemerkt aus größerer Entfernung aufgenommen. Fotos und Videos werden von der schweizerischen Rundfunkanstalt (R), einer Anstalt öffentlichen Rechts mit Sitz in Zürich, auf ihrer Internetseite „www.r.ch" im Rahmen einer Berichterstattung über die Folgen des von M erlittenen Skiunfalls sowie den Umgang der Medien mit diesem Thema veröffentlicht.

C sieht in der Veröffentlichung der sie zeigenden Bildnisse und Videos, die ohne ihre Einwilligung erfolgte, einen rechtswidrigen Eingriff in ihr Recht am eigenen Bild und fordert von R vor dem *LG Köln* Unterlassung der konkret benannten Internet-Bildberichterstattung sowie Schadensersatz. Hilfsweise macht sie einen auf das Gebiet der Bundesrepublik Deutschland begrenzten Schadensersatzanspruch geltend und beruft sich insoweit auf deutsches Recht, insbesondere auf § 823 BGB.

R hält dem entgegen, es fehle bereits an der Zuständigkeit deutscher Gerichte, jedenfalls sei aber schweizerisches Recht anzuwenden. R macht geltend, dass ihr öffentlich-rechtlicher Rundfunkauftrag eine Kontrolle durch deutsche Gerichte nicht zulasse. Die fragliche Internetseite richte sich nicht an ein deutsches Publikum, auch wenn sie in deutscher Sprache verfasst sei.

Frage 1: Darf das *LG Köln* zur Sache entscheiden?

Frage 2: Welchem Recht unterliegen die von C geltend gemachten Ansprüche?

Abwandlung:

Z ist ein Zeitungsverlag mit Sitz in Köln und zeigt die beanstandeten Fotos auf seiner Internetseite. C klagt gegen Z in Genf auf Schadensersatz. Das Genfer Gericht gibt der Klage unter Anwendung schweizerischen Rechts statt, erkennt auf Schadensersatz in Höhe von 100.000 CHF und verurteilt Z, das Urteil drei Tage nach dessen Zustellung in fett gedruckten Buchstaben auf seiner Website anzukündigen und die Entscheidung in derselben Aufmachung wie die beanstandete Bildberichterstattung zu veröffentlichen. Auf Antrag der C erklärt das *LG Köln* das rechtskräftige Urteil des Genfer Gerichts in Deutschland für vollstreckbar. Dagegen legt Z Beschwerde ein. Wie wird das *OLG Köln* über diesen Rechtsbehelf entscheiden?

Bearbeitervermerk:

1. Auf das Baseler Europäische Übereinkommen über Staatenimmunität vom 16.5.1972, abgedr. bei *Jayme/Hausmann* Nr. 142, wird hingewiesen.

2. Art. 139 Schweizerisches Bundesgesetz über das Internationale Privatrecht (IPRG):

[1] Ansprüche aus Verletzung der Persönlichkeit durch Medien, insbesondere durch Presse, Radio, Fernsehen oder durch andere Informationsmittel in der Öffentlichkeit unterstehen nach Wahl des Geschädigten:
   a. dem Recht des Staates, in dem der Geschädigte seinen gewöhnlichen Aufenthalt hat, sofern der Schädiger mit dem Eintritt des Erfolges in diesem Staat rechnen musste;
   b. dem Recht des Staates, in dem der Urheber der Verletzung seine Niederlassung oder seinen gewöhnlichen Aufenthalt hat, oder
   c. dem Recht des Staates, in dem der Erfolg der verletzenden Handlung eintritt, sofern der Schädiger mit dem Eintritt des Erfolges in diesem Staat rechnen musste. [...]

3. Art. 28a Schweizerisches Zivilgesetzbuch (ZGB):

[1] Der Kläger kann dem Gericht beantragen:
   1. eine drohende Verletzung zu verbieten;
   2. eine bestehende Verletzung zu beseitigen;
   3. die Widerrechtlichkeit einer Verletzung festzustellen, wenn sich diese weiterhin störend auswirkt.

[2] Er kann insbesondere verlangen, dass eine Berichtigung oder das Urteil Dritten mitgeteilt oder veröffentlicht wird.

[3] Vorbehalten bleiben die Klagen auf Schadenersatz und Genugtuung sowie auf Herausgabe eines Gewinns entsprechend den Bestimmungen über die Geschäftsführung ohne Auftrag.

4. Das Bundesdatenschutzgesetz und die Datenschutz-Grundverordnung sind nicht zu prüfen.

Lösung

Frage 1

I. Deutsche Gerichtsbarkeit

Es gilt zunächst zu klären, ob die deutsche Gerichtsbarkeit eröffnet oder der von Amts wegen zu prüfende[1] Grundsatz der Staatenimmunität entgegensteht. Dies bestimmt sich nach dem Baseler Europäischen Übereinkommen über Staatenimmunität (EuStImmÜ).[2] Das EuStImmÜ ist für die Bundesrepublik Deutschland am 16.8.1990 im Verhältnis zur Schweiz (und zu einigen anderen Vertragsstaaten) in Kraft getreten. Es enthält gemeinsame Regeln, die über die Reichweite der Immunität, die ein Staat vor den Gerichten einer anderen Vertragspartei genießt, bestimmen. Darüber hinaus führt es Fälle an, in denen eine Partei keine Immunität von der ausländischen Gerichtsbarkeit beanspruchen kann.

Fraglich ist, ob die *R* als Teil eines „Vertragsstaats" des EuStImmÜ Immunität genießt. Dafür könnte sprechen, dass *R* als Anstalt öffentlichen Rechts den öffent-

---
[1] *BVerfG* 13.12.1997, BVerfGE 46, 342 (359) = NJW 1978, 485.
[2] Vom 16.5.1972, für die Bundesrepublik Deutschland am 16.8.1990 in Kraft getreten; abgedr. bei *Jayme/Hausmann* Nr. 142.

lich-rechtlichen Rundfunkauftrag und somit die Aufgabe hat, einen Beitrag zur individuellen und öffentlichen Meinungsbildung zu leisten und so zu einem funktionierenden demokratischen Gemeinwesen beizutragen.

Gemäß Art. 27 I EuStImmÜ umfasst der Begriff „Vertragsstaat" jedoch nicht den Rechtsträger eines Vertragsstaats, der sich von diesem unterscheidet und die Fähigkeit hat, vor Gericht aufzutreten, selbst wenn er mit öffentlichen Aufgaben betraut ist. Diese Rechtsträger können gemäß Art. 27 II EuStImmÜ wie eine Privatperson verklagt werden, es sei denn, sie haben in Ausübung von Hoheitsgewalt gehandelt.

Daher gilt es zu klären, ob R am Wirtschafts- und Privatrechtsverkehr teilgenommen (*acta iure gestionis*) oder hoheitlich gehandelt hat (*acta iure imperii*). Art. 27 EuStImmÜ bietet keine Grundlage für eine autonome Auslegung des Begriffs des hoheitlichen Handelns, und eine Vorlage an den Internationalen Gerichtshof ist erst nach dem rechtskräftigen Abschluss des nationalen gerichtlichen Verfahrens vorgesehen (Art. 34 II EuStImmÜ). Da es an einer hinreichend bestimmbaren völkergewohnheitsrechtlichen Norm fehlt, ist die *lex fori* zur Qualifikation heranzuziehen.[3] Dies belegen auch die Hintergrundmaterialien des Übereinkommens.[4] Die deutsche Rechtsprechung und Lehre stellen insoweit nicht auf den mit der Handlung verfolgten Zweck ab, sondern auf die *Natur* der staatlichen Handlung oder des entstandenen Rechtsverhältnisses.[5]

Im vorliegenden Fall eines Unterlassungsanspruchs gegen eine Internet-Bildberichterstattung, welche die Klägerin in ihrem Persönlichkeitsrecht berührt, sind die Interessen der Sendeanstalt an freier Programmgestaltung gegen den Schutz der Persönlichkeit und Individualsphäre abzuwägen. Dies erfolgt auf der Ebene privatrechtlichen Miteinanders[6] und nicht in Ausübung der Hoheitsgewalt des beauftragenden Staates. Der geschützte Kernbereich hoheitlicher Tätigkeit wird nicht berührt. Da es vorliegend also, auch wenn R als Sendeanstalt öffentlichen Rechts den öffentlich-rechtlichen Rundfunkauftrag erfüllt, um privatrechtliches Handeln geht, ist die deutsche Gerichtsbarkeit gegeben.

II. Internationale Zuständigkeit

Die internationale Zuständigkeit deutscher Gerichte ergibt sich nicht aus der Brüssel Ia-VO,[7] weil R ihren Sitz in der Schweiz und somit nicht in einem EU-Mitgliedstaat hat. Obwohl Art. 6 I Brüssel Ia-VO auf nationales Zuständigkeitsrecht verweist, folgt aus Art. 73 I Brüssel Ia-VO, dass im nächsten Schritt das Luganer Übereinkommen zu prüfen ist.

---

[3] *BGH* 19.12.2017, IPRax 2018, 401 (Tz. 18) m. Anm. *Hess*, 351; *BGH* 8.3.2016, NJW 2016, 1659 (Tz. 15); *Kronke*, IPRax 1991, 141 (142). Skeptisch zur Maßgeblichkeit der *lex fori* für die Abgrenzung *Wagner*, RIW 2014, 260 (261 f.).
[4] Art. 27 II EuStImmÜ ist nicht autonom auszulegen, sondern weist die Entscheidung über das Bestehen der Gerichtsbarkeit dem Gericht des jeweiligen Gerichtsstaates zu; vgl. Denkschrift zum EuStImmÜ: BT-Drs. 11/4307, 30 (35).
[5] *BGH* 25.10.2016, NJW 2017, 827 (Tz. 10); *BGH* 8.3.2016, NJW 2016, 1659 (Tz. 14).
[6] *BGH* 25.10.2016, NJW 2017, 827 (Tz. 13).
[7] Verordnung (EU) Nr. 1215/2012 des Europäischen Parlaments und des Rates über die gerichtliche Zuständigkeit und die Anerkennung und Vollstreckung von Entscheidungen in Zivil- und Handelssachen vom 12.12.2012, abgedr. bei *Jayme/Hausmann* Nr. 160.

1. Anwendungsbereich des Luganer Übereinkommens

Die internationale Zuständigkeit deutscher Gerichte wird durch das Lugano-Übereinkommen (LugÜ)[8] geregelt, wenn die Unterlassungsklage in deren Anwendungsbereich fällt.

a) Räumlich-persönlicher Anwendungsbereich

Hat der Beklagte seinen Wohnsitz im Hoheitsgebiet eines durch das LugÜ gebundenen Staates, also in Island, Norwegen oder der Schweiz, so ist der räumlich-persönliche Anwendungsbereich des Übereinkommens gemäß dessen Art. 2 eröffnet; bei juristischen Personen ist auf deren Sitz abzustellen (Art. 60 LugÜ). R hat ihren Sitz in Zürich und damit in einem Vertragsstaat.

b) Sachlicher Anwendungsbereich

Das LugÜ ist gemäß seinem Art. 1 sachlich anwendbar, wenn es sich bei dem deliktischen Anspruch auf Unterlassung um eine Zivilsache handelt. Für die Einordnung, ob es sich um eine Zivilsache handelt, kommt es nicht auf die Rechtswegzuständigkeit in Deutschland an („ohne dass es auf die Art der Gerichtsbarkeit ankommt"). Um eine Abgrenzung zu öffentlich-rechtlichen Streitigkeiten vornehmen zu können, ist der Rechtsprechung des *EuGH* zur Brüssel Ia-VO folgend eine vertragsautonome Qualifikation des Begriffs „Zivilsache" vorzunehmen.[9]

Exkurs zur Auslegung des LugÜ:

Fraglich ist, ob und inwieweit die Rechtsprechung des *EuGH* bei der Auslegung des LugÜ zu berücksichtigen ist.[10] Zur Beantwortung dieser Frage ist es hilfreich, einen kurzen Blick auf die Entstehungsgeschichte des Übereinkommens zu werfen.

Ziel und Zweck des ersten Lugano-Übereinkommens von 1988 war es, die durch den Vorläufer der Brüssel Ia-VO, das EuGVÜ,[11] erzielten Vorteile, namentlich eine einheitliche Zuständigkeitsordnung und ein vereinfachtes Anerkennungs- und Vollstreckungsverfahren auf einen größeren europäischen Raum auszudehnen. Deshalb wurde das LugÜ als sog. Parallelübereinkommen zum EuGVÜ geschaffen. Mit Inkrafttreten der Brüssel I-VO,[12] die verschiedene inhaltliche Änderungen im Vergleich zum EuGVÜ (und folglich zum LugÜ) brachte, wurde eine Revision des LugÜ erforderlich. Im neuen LugÜ wurden die Regelungen der Brüssel I-VO im Wesentlichen übernommen, die Parallelität war zu diesem Zeitpunkt also weitgehend wiederhergestellt.[13]

Für die Auslegung des LugÜ bedurfte es einer eigenen Regelung; denn die Nicht-EU-Staaten konnten sich zwar einerseits nicht der Auslegungskompetenz des *EuGH* unterwerfen, wollten jedoch andererseits an der Parallelität der Rechtsakte – auch und gerade im Hinblick auf die sich ständig entwickelnde Auslegung – festhalten. Deshalb werden die Gerichte aller Vertrags-

---

[8] Luganer Übereinkommen über die gerichtliche Zuständigkeit und die Anerkennung und Vollstreckung von Entscheidungen in Zivil- und Handelssachen vom 30.10.2007; abgedr. bei *Jayme/Hausmann* Nr. 152.
[9] Eine Übersicht über die *EuGH*-Rechtsprechung findet sich etwa bei *Schlosser/Hess* EuGVVO Art. 1 Rn. 7 ff.
[10] In der Klausur genügt es, die Frage aufzuwerfen und mit dem Hinweis auf Art. 1 Protokoll Nr. 2 zu beantworten.
[11] Brüsseler EWG-Übereinkommen über die gerichtliche Zuständigkeit und die Vollstreckung gerichtlicher Entscheidungen in Zivil- und Handelssachen vom 27.9.1968.
[12] Verordnung (EG) Nr. 44/2001 über die gerichtliche Zuständigkeit und die Anerkennung und Vollstreckung von Entscheidungen in Zivil- und Handelssachen vom 22.12.2001.
[13] Zu den Unterschieden: *Kropholler/von Hein* EuGVO Einl. Rn. 94 ff. Eine Anpassung des Übereinkommens an die Neufassung der Brüssel I-VO durch die Brüssel Ia-VO, die innerhalb der EU seit dem 10.1.2015 gilt, ist bislang nicht erfolgt.

Fall 6. Rennfahrer Michael S.

staaten zur Berücksichtigung der *EuGH*-Rechtsprechung bei der Auslegung der parallelen Vorschriften angehalten (Protokoll Nr. 2[14]). Gemäß dessen Art. 1 ist den *EuGH*-Entscheidungen zum EuGVÜ und zur Brüssel I-VO gebührend Rechnung zu tragen, diese werden zur „*persuasive authority*".[15]

Zwar gibt es inzwischen ein Dutzend *EuGH*-Entscheidungen zur Abgrenzung des öffentlichen Rechts vom Privatrecht, doch eine griffige Aussage steht bislang aus. Festzuhalten bleibt indes, dass der *EuGH* den Begriff „Zivil- und Handelssache" weit auslegt und als öffentlich-rechtliche Streitigkeit nur qualifiziert, was nach den Rechtsordnungen (fast) aller Vertragsstaaten eindeutig so eingeordnet wird.[16] Bei der Berichterstattung über einen prominenten Rennfahrer und seine Ehefrau werden auch dann keine hoheitlichen Befugnisse ausgeübt, wenn sie durch einen öffentlich-rechtlichen Sender erfolgt, denn die Befugnisse des Senders weichen nicht von den im Verhältnis zwischen Privatpersonen geltenden Regeln ab. Ein Handeln *iure imperii* liegt daher nicht vor; folglich ist das Vorliegen einer Zivilsache zu bejahen.

c) Zeitlicher Anwendungsbereich

Das LugÜ ist in zeitlicher Hinsicht anwendbar, denn es ist am 1.1.2010 für die EU, Dänemark und Norwegen in Kraft getreten und es gilt seit dem 1.1.2011 auch für die Schweiz.

2. Entscheidungszuständigkeit

a) Allgemeiner Gerichtsstand

Der allgemeine Gerichtsstand des Art. 2 LugÜ ist im Sitzstaat der beklagten *R* in der Schweiz eröffnet. Eine allgemeine internationale Zuständigkeit deutscher Gerichte besteht demnach nicht.

b) Gerichtsstand für Deliktsklagen

Eine besondere („kann in einem anderen durch dieses Übereinkommen gebundenen Staat verklagt werden") internationale Zuständigkeit könnte auf Art. 5 III LugÜ gestützt werden. Bei Vorliegen einer unerlaubten Handlung kann danach eine Person, die ihren Wohnsitz im Hoheitsgebiet eines durch das LugÜ gebundenen Staates hat, in einem anderen Vertragsstaat vor dem Gericht des Ortes verklagt werden, an dem das schädigende Ereignis eingetreten ist oder einzutreten droht.

aa) Unerlaubte Handlung

Dafür muss die Veröffentlichung des Berichts mit Fotos und Videos eine unerlaubte Handlung im Sinne des Art. 5 III LugÜ darstellen. Der *EuGH* legt den Begriff der unerlaubten Handlung autonom und sehr weit aus. Erfasst sind alle Klagen „mit denen eine Schadenshaftung des Beklagten geltend gemacht wird und die nicht an einen Vertrag im Sinne von Art. 5 I anknüpfen."[17] Ziel dieser negativen Begriffsbestimmung ist es, keine Überschneidung zwischen dem Vertrags- und

---

[14] Protokoll Nr. 2 über die einheitliche Auslegung des Übereinkommens und den ständigen Ausschuss; abgedr. bei *Jayme/Hausmann* Nr. 152.
[15] *Schlosser/Hess* Einleitung Rn. 16.
[16] Vgl. etwa *EuGH* 9.3.2017 (*Pula Parking*) EU:C:2017:193 (Tz. 33), EuZW 2017, 686.
[17] *EuGH* 27.9.1988 (*Kalfelis*) EU:C:1988:459 (Tz. 18), NJW 1988, 3088; *EuGH* 28.1.2014 (*Kolassa*) EU:C:2015:37 (Tz. 44), NJW 2015, 1581; *EuGH* 13.3.2014 (*Brogsitter*) EU:

dem Deliktsgerichtsstand entstehen zu lassen; liegt eine Klage aus Vertrag vor, genießt diese den Vorrang. Eine vertragliche Beziehung zwischen R und C gibt es jedoch nicht.

C erhebt eine Unterlassungsklage wegen Verletzung ihrer Persönlichkeitsrechte durch die Berichterstattung auf der Website der R. Eine Verletzung des allgemeinen Persönlichkeitsrechts durch Medienveröffentlichungen stellt eine unerlaubte Handlung gemäß Art. 5 III LugÜ dar;[18] dies gilt auch für Veröffentlichungen im Internet.[19] Erfasst werden sowohl Schadensersatz- als auch Unterlassungsansprüche, nach dem Wortlaut des Art. 5 III LugÜ auch vorbeugende Unterlassungsklagen.

bb) Ort des schädigenden Ereignisses

Folglich kann C vor dem Gericht des Ortes, an dem das schädigende Ereignis eingetreten ist oder einzutreten droht, Klage gegen R erheben. Eine Definition für den Ort des schädigenden Ereignisses enthält das Übereinkommen nicht. In einer Vielzahl von Entscheidungen interpretiert der *EuGH* diesen vertragsautonom in dem Sinne, dass damit sowohl der Ort des ursächlichen Geschehens (Handlungsort) als auch der Ort, an dem der Schaden eingetreten ist (Erfolgsort) gemeint ist.[20] Der Grund für die zuständigkeitsrechtliche Maßgeblichkeit beider Deliktsorte (Ubiquitätsprinzip) liegt darin, dass je nach Fallgestaltung die Sach- und Beweisnähe und damit ein enger Zusammenhang der Streitigkeit mit der gerichtlichen Zuständigkeit am Handlungs- oder am Erfolgsort bestehen. Daher sei es, so der *EuGH* „nicht angebracht, sich nur für einen der erwähnten Anknüpfungspunkte zu entscheiden und den anderen auszuschließen."[21] Im Übrigen hätte die Entscheidung für den Handlungsort zur Folge, dass in der Vielzahl von Fällen, in denen der allgemeine Gerichtsstand und der Handlungsort zusammenfallen, Art. 5 seine praktische Wirksamkeit verlöre. Die Entscheidung für den Erfolgsort bedeutet dagegen bei einem Auseinanderfallen von Handlungsort und Wohnsitz den Verlust eines sachnahen Gerichtsstandes. Der Geschädigte kann bei Distanzdelikten also wählen, ob er am Wohnsitz des Beklagten (Art. 2) oder am Handlungs- oder am Erfolgsort klagt.

Der Handlungsort ist der Ort, an dem die unerlaubte Handlung ausgeführt wird; nicht erfasst sind Vorbereitungshandlungen,[22] hier das Fotografieren der C und das Verfassen des Berichts. Entscheidend für die Persönlichkeitsverletzung ist die auf Außenwirkung gerichtete Veröffentlichung. Handlungsort der Persönlichkeitsrechtsverletzung ist die Verhaltenszentrale, also die Niederlassung des Herausgebers der streitigen Veröffentlichung.[23] Dort werden die maßgeblichen redaktionellen und unternehmerischen Entscheidungen getroffen. Dies gilt auch für Internet-Delikte.[24] Vorliegend ist sowohl die Entscheidung über die Berichterstattung

---

C:2014:148 (Tz. 20), NJW 2014, 1648; *EuGH* 21.4.2016 (*Austro-Mechana*) EU:C:2016:286 (Tz. 32), GRUR 2016, 927.

[18] Vgl. *EuGH* 7.3.1995 (*Shevill*) EU:C:1995:61, NJW 1995, 1881.
[19] *EuGH* 25.10.2011 (*eDate Advertising*) EU:C:2011:685, NJW 2012, 137.
[20] *EuGH* 17.10.2017 (*Bolagsupplysningen*) EU:C:2017:766 (Tz. 29), NJW 2017, 3433.
[21] *EuGH* 30.11.1976 (*Mines de Potasse d'Alsace*), EU:C:1976:166 (Tz. 15, 19), NJW 1977, 493.
[22] Sehr weitgehend für das Abstellen auf Vorbereitungshandlungen aber *Mankowski*, FS Geimer, 2017, 429 (439 ff.).
[23] *EuGH* 7.3.1995, C-68/93 (*Shevill*) EU:C:1995:61 (Tz. 24).
[24] *EuGH* 25.10.2011 (*eDate Advertising*) EU:C:2011:685; *Thorn*, FS von Hoffmann, 2011, 746 (753).

als auch der Upload des rechtsverletzenden Inhalts am Sitz der *R* in Zürich erfolgt.

Komplizierter ist dagegen die Bestimmung des Erfolgsorts im Falle einer Persönlichkeitsverletzung, denn die Persönlichkeit eines Menschen ist – anders als dessen Körper – nicht an einem Ort greifbar. Entscheidend ist vielmehr, dass in die Beziehungen der verletzten Person zu anderen eingegriffen wird, also deren Sozialbezug beeinträchtigt wird. Im Fall der Sensationsreportage im Internet ist der Sozialbezug überall dort beeinträchtigt, wo Menschen den bebilderten Beitrag lesen. Es kommt zu einer Vielzahl von Erfolgsorten (sog. Streudelikt).

Mit der *Shevill*-Entscheidung[25] führte der *EuGH* die Mosaikbeurteilung ein: Ein Erfolgsort ist bei Persönlichkeitsrechtsverletzungen überall dort, wo das Ansehen des Opfers beeinträchtigt wurde; allerdings kann dort nur der in dem betreffenden Staat verursachte Schaden geltend gemacht werden. Mit Blick auf die Gefahren des *forum shopping* sprach sich der Gerichtshof also gegen eine umfassende Kognitionsbefugnis an jedem einzelnen Erfolgsort aus. Will der Kläger den gesamten Schaden geltend machen, muss er den anteiligen Schaden in allen Staaten, in denen Schäden verursacht wurden, einklagen (Mosaik).[26]

Die Eignung der für Printmedien entwickelten *Shevill*-Rechtsprechung für Internet-Delikte wurde in der Folgezeit kontrovers diskutiert.[27] Anders als bei Printmedien, die über ein räumlich begrenztes Vertriebssystem verfügen, zielt die Veröffentlichung im Internet auf weltweite Verbreitung. Es ist häufig nicht möglich, die Verbreitung in einem bestimmten Staat zu quantifizieren und den entsprechenden Schaden zu beziffern. Daher wählt der *EuGH* in *eDate Advertising* einen neuen Ansatz. Zusätzlich zu den beiden in *Shevill* eröffneten Klagemöglichkeiten – Geltendmachung des gesamten Schadens am Handlungsort und des anteiligen Schadens am jeweiligen Erfolgsort – wird eine dritte Möglichkeit aufgezeigt: an dem Ort, an dem das Opfer den „Mittelpunkt seiner Interessen" hat, kann es den gesamten Schaden einklagen. Mithin wird ein Haupterfolgsort geschaffen, an dem das Gericht die volle Kognitionsbefugnis hat. Diese Grundsätze gelten sowohl für Schadensersatz- als auch für Unterlassungsklagen.[28]

Wie der *EuGH* in der nachfolgenden Entscheidung *Bolagsupplysningen* deutlich macht, dienen diese Grundsätze nicht dazu, den Geschädigten besonders zu schützen. Vielmehr soll anhand des Kriteriums des Mittelpunkts der Interessen „der Ort bestimmt werden, an dem sich der Erfolg des durch einen Online-Inhalt verursachten Schadens verwirklicht hat [...]."[29] Vor allem aber schränkt der *EuGH* mit dieser Entscheidung die bisher geltende Mosaikbeurteilung erheblich ein: Eine neben dem Interessenmittelpunkt des Geschädigten bestehende weitere (auf das Gebiet dieses Staates begrenzte) Erfolgsortzuständigkeit gibt es fortan nur noch für Schadensersatzklagen. Klagen, mit denen die Richtigstellung oder Entfernung der in Rede stehenden Online-Inhalte begehrt werden, sind „einheitlich und untrennbar"[30] und können daher nur am allgemeinen Beklagtengerichtsstand oder am Gerichtsstand

---

[25] *EuGH* 7.3.1995 (*Shevill*), EU:C:1995:61 (Tz. 30–33).
[26] Es ist dem Kläger freilich unbenommen, den gesamten Schaden am Beklagten(wohn)sitz oder am Handlungsort geltend zu machen.
[27] Vgl. etwa *Spickhoff*, IPRax 2011, 131 f.
[28] *EuGH* 25.10.2011 (*eDate Advertising*) EU:C:2011:685 (Tz. 35); *BGH* 12.12.2013, NJW 2014, 2504 (Tz. 21).
[29] *EuGH* 17.10.2017 (*Bolagsupplysningen*) EU:C:2017:766 (Tz. 39), NJW 2017, 3433. Dazu: *Bach*, EuZW 2018, 68.
[30] *EuGH* 17.10.2017 (*Bolagsupplysningen*) EU:C:2017:766 (Tz. 48), NJW 2017, 3433.

des Interessenmittelpunkts erhoben werden; denn nur dort besteht die umfassende Kognitionsbefugnis des Gerichts. Auch wenn das Diktum des *EuGH* nicht ausdrücklich den Anspruch auf Unterlassung einbezieht, dürften die genannten Auslegungsgrundsätze in gleicher Weise für Unterlassungsklagen gelten.[31]

Zu klären ist also, ob C den „Mittelpunkt ihrer Interessen" in Deutschland hat und dort also am stärksten in ihrem örtlichen Sozialbezug eingegriffen wird. Zur näheren Konkretisierung führt der Gerichtshof aus: „Der Ort, an dem eine Person den Mittelpunkt ihrer Interessen hat, entspricht im Allgemeinen ihrem gewöhnlichen Aufenthalt."[32] Es kann sich jedoch auch um einen anderen Ort handeln, wenn zu diesem ein enger Bezug besteht.

C lebt mit M und den gemeinsamen Kindern seit vielen Jahren in der Schweiz und hat folglich ihren gewöhnlichen Aufenthalt dort. Um den Unterlassungsanspruch in Deutschland geltend zu machen, müsste die Vermutung, dass der Eingriff in die Sozialbezüge dort am stärksten wiegt, wo das Opfer lebt, widerlegt werden. Dafür könnte sprechen, dass M aus Deutschland stammt und dort allseits bekannt ist, weiterhin, dass M und C den Wohnsitz in der Schweiz möglicherweise aus steuerlichen Gründen gewählt haben. Dagegen spricht indes, dass ein international bekannter Profisportler wie M nicht nur in seinem Heimatland, sondern weltweit bekannt ist. Die Tatsache, dass in Deutschland zahlenmäßig mehr Fans als in der Schweiz leben, kann nicht dazu führen, dass der Lebens- und Interessenmittelpunkt auch nach 20 Jahren Familienleben im Ausland unverrückbar in Deutschland bleibt. Wie das Interesse der schweizerischen Rundfunkanstalt an M und C zeigt, ist ihr Bekanntheitsgrad auch an ihrem Aufenthaltsort hoch. Folglich besteht nach wie vor ein enger Bezug zu Deutschland, doch vermag dieser nicht den Erfolgsschwerpunkt zu verschieben. Eine Zuständigkeit deutscher Gerichte für den Unterlassungsanspruch besteht nicht.

cc) Hilfsantrag

Hilfsweise macht C einen Schadensersatzanspruch begrenzt auf das Gebiet der Bundesrepublik Deutschland geltend. In Deutschland sind M und C einer breiten Öffentlichkeit bekannt und hier war der Beitrag auch abrufbar. Dies begründet einen Erfolgsort, unabhängig davon, ob sich der Artikel gezielt an ein deutsches Publikum richtet. Die Zuständigkeit deutscher Gerichte folgt daher aus der in der *Shevill*-Entscheidung entwickelten und in *eDate Advertising* beibehaltenen „Mosaikbeurteilung", die nach *Bolagsupplysningen* weiterhin für Schadensersatzklagen gilt. Letzteres wird freilich im Schrifttum kritisiert: Um ein unerwünschtes *forum shopping* in Form des *libel tourism* zu verhindern, ist es sachgerecht, die Erfolgsortzuständigkeit für alle Ansprüche auf den Interessenmittelpunkt des Geschädigten zu begrenzen.[33] Folgt man dieser – bereits für die kollisionsrechtliche Lösung des Problems vorgeschlagenen[34] – Anknüpfung, so ist C der Weg zu den deutschen Gerichten versperrt. Nur wer mit der *EuGH*-Rechtsprechung und Teilen des Schrifttums[35] an der Mosaikbetrachtung festhält, kommt zu dem Ergebnis, dass deutsche Gerichte für

---

[31] *Hau*, GRUR 2018, 163 (164); so zuvor die Rechtsprechung: *EuGH* 25.10.2011 (*eDate Advertising*) EU:C:2011:685 (Tz. 31 ff.); *BGH* 25.10.2016, NJW 2017, 827 (Tz. 19);
[32] *EuGH* 25.10.2011 (*eDate Advertising*) EU:C:2011:685 (Tz. 49)
[33] *Hau*, GRUR 2018, 163 (165) m. zahlr. Nachw.; *Stadler*, JZ 2018, 94 (98).
[34] Vgl. die Vorauflage *Fuchs/Hau/Thorn*, Fälle zum Internationalen Privatrecht, Fall 5 (*Caroline von M.*), S. 51.
[35] Rauscher/*Leible* Brüssel Ia-VO Art. 7 Rn. 130; *Heiderhoff*, FS Coester-Waltjen, 2015, 413 (428); *Papadopoulos*, jurisPR-IWR 6/2017 Anm. 2

den auf das Gebiet der Bundesrepublik Deutschland begrenzten Schadensersatzanspruch gemäß Art. 5 III LugÜ zuständig sind.

III. Örtliche und sachliche Zuständigkeit

Fraglich ist dann, ob *C* die Klage vor dem *LG Köln* erheben kann. Art. 5 III LugÜ regelt nicht nur die internationale, sondern auch die örtliche Zuständigkeit („Gericht des Ortes"). Bei Internetaktivitäten, die auf ein ganzes Land gerichtet sind, hat der Kläger im Hinblick auf die örtliche Zuständigkeit ein Wahlrecht.[36] Aufgrund der bundesweiten Bekanntheit von *M* und *C* kann *C* in Köln klagen, ohne dass es insoweit darauf ankommt, dass beide ursprünglich aus dem Landgerichtsbezirk Köln stammen. Das *LG Köln* ist gemäß §§ 23, 71 GVG bei einem Streitwert von über 5.000 € auch sachlich zuständig.

Frage 2

I. Anknüpfung

1. *Lex loci delicti commissi*

Persönlichkeitsrechtsverletzungen sind gemäß Art. 1 II lit. g Rom II-VO vom Anwendungsbereich der Rom II-VO ausgenommen, da man sich im Gesetzgebungsverfahren nicht auf eine einheitliche Position einigen konnte. Damit enthält die Verordnung eine bewusste Regelungslücke, die durch das autonome Kollisionsrecht zu schließen ist.

Persönlichkeitsrechtsverletzungen sind dem Deliktsstatut zu unterstellen, da sie ihren materiell-rechtlichen Schwerpunkt im Recht der unerlaubten Handlung haben. Eine spezialgesetzliche Kollisionsnorm für Persönlichkeitsrechtsverletzungen kennt das deutsche Recht nicht.[37] Vielmehr sind die allgemeinen Kollisionsnormen zum internationalen Deliktsrecht anzuwenden, die aufgrund der Regelungslücke in der Rom II-VO noch nicht obsolet geworden sind.[38]

Nach der Grundnorm des Art. 40 I EGBGB gilt Folgendes: Ansprüche aus unerlaubter Handlung unterliegen gemäß Satz 1 grundsätzlich dem Recht des Staates, in dem der Ersatzpflichtige gehandelt hat (Handlungsort). Befinden sich der Handlungsort und der Erfolgsort, also der Ort der Rechtsgutsverletzung, in unterschiedlichen Staaten (Distanzdelikt), so kann der Verletzte gemäß Satz 2 die Anwendung des Erfolgsortsrechts verlangen (Optionsrecht des Verletzten).

2. Gemeinsamer gewöhnlicher Aufenthalt

Die Tatortregel kommt nach Art. 40 II EGBGB indes nicht zur Anwendung, wenn Schädiger und Geschädigter zur Zeit des haftungsbegründenden Geschehens ihren gewöhnlichen Aufenthalt in demselben Staat haben. Bei juristischen Personen tritt an die Stelle des gewöhnlichen Aufenthalts der Sitz der Hauptverwaltung (Art. 40 II S. 2 EGBGB). Es handelt sich um eine Sonderanknüpfung, welche die Anknüpfung nach Abs. 1 verdrängt. Der Vorrang des gemeinsamen Aufent-

---

[36] *Schlosser/Hess* EuGVVO Art. 7 Rn. 15 a. E.
[37] Anders das schweizerische Recht in Art. 139 IPRG. Der Verzicht auf Sonderregelungen wird begründet mit dem hohen Maß an Flexibilität, das die jetzige Regelung mit Art. 40 f. EGBGB biete (BT-Drs. 14/343, 10).
[38] Palandt/*Thorn* EGBGB Vorbemerkung Art. 38–40 Rn. 1.

haltsrechts soll gerade bei Streudelikten wie der Persönlichkeitsrechtsverletzung eine klare und sachgerechte Regel bieten, die dem Prinzip der engsten Verbindung entspricht.[39]

Sowohl R als auch C haben ihren Sitz bzw. gewöhnlichen Aufenthalt in der Schweiz, sodass schweizerisches Recht zur Anwendung kommt.

II. Renvoi

Gemäß Art. 4 I S. 1 EGBGB gilt der Grundsatz der Gesamtverweisung: Die Verweisung auf das ausländische Recht erstreckt sich auf das gesamte Privatrecht, einschließlich dessen IPR. Die Gesamtverweisung kann allerdings dem Sinn der Verweisung widersprechen, so im Falle einer Rechtswahl (Art. 4 II EGBGB), der Ausübung des Optionsrechts (Art. 40 I S. 2 EGBGB) oder der vertragsakzessorischen Anknüpfung (Art. 41 II Nr. 1 EGBGB).[40] Bei der Anknüpfung an den gemeinsamen gewöhnlichen Aufenthalt nach Art. 40 II EGBGB sind Rück- und Weiterverweisung jedoch zu befolgen: Schweizer Sachvorschriften sind also nur dann anzuwenden, wenn das IPR der Schweiz die Verweisung annimmt.

Mit Blick auf Art. 139 I IPRG ergibt sich Folgendes: Bei Persönlichkeitsverletzungen hat der Geschädigte ein Wahlrecht und kann nach lit. c das Recht des Staates, in dem der Erfolg der verletzenden Handlung eingetreten ist, bestimmen, sofern der Schädiger mit dem Eintritt des Erfolgs in diesem Staat rechnen musste. Letzteres ist zu bejahen, denn es ist davon auszugehen, dass die in deutscher Sprache abgefasste Bildberichterstattung auch im Heimatstaat von M und C Aufmerksamkeit findet. C hat sich mit der Wahl deutschen Rechts für eines der Erfolgsortrechte entschieden. Folglich spricht das schweizerische Recht eine Rückverweisung auf deutsches Recht aus. Gemäß Art. 4 I S. 2 EGBGB wird die Rückverweisung an dieser Stelle abgebrochen, und es sind die deutschen Sachvorschriften auf den von C geltend gemachten Schadensersatzanspruch anzuwenden.

Fallabwandlung

Gemäß Art. 38 LugÜ können Entscheidungen, die in einem durch das LugÜ gebundenen Staat ergangen und dort vollstreckbar sind, auf Antrag des Berechtigten in einem anderen Mitgliedstaat für vollstreckbar erklärt und vollstreckt werden. Gegen die Entscheidung über den Antrag auf Vollstreckbarerklärung ist Beschwerde zum OLG gemäß Art. 43 II (mit Anhang III) und III LugÜ i. V. m. §§ 11 ff., 55 I AVAG[41] eingelegt worden. Die Vollstreckbarerklärung darf gemäß Art. 45 LugÜ nur aus einem der in Art. 34 und 35 LugÜ genannten Gründe versagt werden. Fraglich ist, ob der Vollstreckung des Schweizer Urteils der *ordre public*-Vorbehalt entgegensteht (Art. 34 Nr. 1 LugÜ). Da es vorliegend nicht um die Anwendung ausländischen Rechts geht, sondern um die Anerkennung einer bereits erlassenen ausländischen Entscheidung, ist die „Angriffsintensität" des *ordre public* vermindert (Theorie vom *ordre public atténué*).[42] Ein *ordre public*-

---

[39] Vgl. unter Hinweis auf die Gesetzesmaterialien: Staudinger/*von Hoffmann* EGBGB Art. 40 Rn. 394.
[40] Palandt/*Thorn* EGBGB Art. 40 Rn. 2.
[41] Gesetz zur Ausführung zwischenstaatlicher Verträge und zur Durchführung von Verordnungen und Abkommen der Europäischen Gemeinschaft auf dem Gebiet der Anerkennung und Vollstreckung in Zivil- und Handelssachen (AVAG) vom 30.11.2015, abgdr. bei *Jayme/Hausmann* Nr. 152a.
[42] *Linke/Hau* IZVR Rn. 13.31.

Verstoß liegt nur dann vor, „wenn das Ergebnis der Anwendung des ausländischen Rechts zu den Grundgedanken der deutschen gesetzlichen Regelung und den in ihnen liegenden Gerechtigkeitsvorstellungen in so starkem Widerspruch stehen würde, daß es von uns für untragbar gehalten würde." Eine Versagung der Anerkennung kommt mithin nur dann in Betracht, „wenn die Entscheidung Haftungsfolgen enthielte, die schlechthin mit unseren Vorstellungen unvereinbar wären."[43]

Bei der Verurteilung der V zur Zahlung von Schadensersatz in Höhe von 100.000 CHF liegt ein *ordre public*-Verstoß nicht vor.[44] Fraglich ist, ob die Verurteilung zur Urteilsveröffentlichung gegen den *ordre public* verstößt. In der Schweiz ist diese Anordnung, die ihre Grundlage in Art. 28a II ZGB hat, üblich. In Deutschland wurde ein Verlag – soweit ersichtlich – in einem vergleichbaren Fall bisher nicht zu der Veröffentlichung des gesamten Urteilstextes verurteilt. Eine dem deutschen Recht in dieser Form nicht geläufige Rechtsfolge genügt jedoch nicht, um einen untragbaren Verstoß gegen deutsche Wertvorstellungen anzunehmen. Im Übrigen kennt das deutsche Recht nach der Veröffentlichung unwahrer Tatsachenbehauptungen die Verurteilung zum Abdruck eines Widerrufs sowie der Richtigstellung auf der Titelseite,[45] die Veröffentlichung der Gegendarstellung auf der Titelseite[46] und die Veröffentlichung einer strafbewehrten Unterlassungsverpflichtung nach rufschädigenden Meinungsäußerungen.[47] Ferner sehen § 12 III 1 UWG und § 7 UKlaG eine Veröffentlichungsbefugnis des Verletzten vor.

Ein *ordre public*-Verstoß könnte hier nur dann anzunehmen sein, wenn ein Verstoß gegen die Pressefreiheit (Art. 5 I S. 2 GG) vorliegt. So lehnte das *BVerfG* eine Pflicht zur Gegendarstellung bei bloßen Meinungsbekundungen (im Gegensatz zu Tatsachenbehauptungen) ab und stärkte mithin die Pressefreiheit.[48] In anderen Fällen der Verpflichtung zum Abdruck des Widerrufs blieb das betroffene Presseunternehmen hingegen erfolglos:[49] Die Verpflichtung zur Urteilsveröffentlichung stellt für das Unternehmen zwar eine erhebliche Belastung dar, die aber unter Abwägung mit dem gleichfalls verfassungsrechtlich geschützten Persönlichkeitsrecht (Art. 1 I, 2 I GG) hinzunehmen ist. Auch die Vorgabe der Schriftgröße durch das schweizerische Gericht führt nicht zu einem anderen Ergebnis. Zwar fordert der *BGH* nach Abwägung des Persönlichkeitsrechts und der Pressefreiheit für den Widerruf nicht die Schriftgröße der Erstmitteilung.[50] Angesichts des Spannungsverhältnisses beider Grundrechte steht die davon abweichende Entscheidung des Gen-

---

[43] BGH 22.6.1983, BGHZ 88, 17 (Tz. 22 und 24).
[44] So erkennt *OLG Hamburg* 25.7.1996, NJW 1996, 2870 auf 180.000 DM und *OLG Hamburg* 30.7.2009 – 7 U 4/08 bei der wiederholten Verletzung der Persönlichkeitsrechte von *Prinzessin Madeleine* auf 400.000 €. Bei dem Rechtsstreit *Kohl/Schwan* wurde ein Rekordschadensersatz von 1 Million € gewährt: *LG Köln* 27.4.2017 – 14 O 323/15. Die dagegen eingelegte Berufung hatte indes Erfolg, weil *Kohl* während des Berufungsverfahrens gestorben und der Anspruch auf Geldentschädigung wegen seiner Genugtuungsfunktion vor der rechtskräftigen Zuerkennung nicht vererblich ist: *OLG Köln* 29.5.2018 – 15 U 64/17 (Tz. 1006 ff.).
[45] BGH 15.11.1994, BGHZ 128, 1 (9).
[46] OLG Karlsruhe 9.9.2015 NJW-RR 2016, 565; *OLG Karlsruhe* 11.11.2005, NJW 2006, 621.
[47] BGH 25.11.1986, BGHZ 99, 133 (136).
[48] BVerfG 21.12.2016, 1 BvR 1081/15, AfP 2017, 229.
[49] BGH 15.11.1994, BGHZ 128, 1 (10); *BVerfG* 14.1.1998, BVerfGE 97, 125 (154): „Das Grundrecht der Pressefreiheit (Art. 5 Abs. 1 S. 2 GG) verlangt nicht, daß die Titelseite von Presseerzeugnissen von Gegendarstellungen oder Richtigstellungen freigehalten wird."
[50] BGH 15.11.1994, BGHZ 128, 1 (14).

fer Gerichts jedoch nicht in untragbarem Widerspruch zu deutschen Gerechtigkeitsvorstellungen.

Ein Versagungsgrund für die Vollstreckbarerklärung des schweizerischen Titels liegt folglich nicht vor.

Fall 7. Goodbye Sunshine

Anwendbarkeit der Rom II-VO – internationale Produkthaftung – Ort des Inverkehrbringens – Erwerbsort – deliktischer Gerichtsstand – Tatortbegriff – internationales Vertragsrecht – Rechtswahl bei Pauschalreisevertrag – Wirkungsbeschränkung bei Verbrauchervertrag – Beschränkung der Rechtswahl bei Personenbeförderungsverträgen – internationale Produkthaftung in bystander-Fällen – Arbeitsvertragsstatut – Seearbeitsvertrag

Sachverhalt

Das im US-Bundesstaat Delaware registrierte Kreuzfahrtunternehmen C Ltd., welches seine Hauptverwaltung in Kalifornien hat, ist Eigner der MS Sunshine. Das stolze Schiff fährt unter panamaischer Flagge und hat den Heimathafen San Franzisko. Es wurde im ersten Halbjahr 2014 von einer südkoreanischen Werft fertiggestellt. Das deutsche Unternehmen H AG konzipierte im Auftrag der Werft die Feuerlöschanlage und lieferte deren wesentliche Bestandteile.

Auf seiner Jungfernfahrt, die in die nördlichen Randmeere des Atlantik führt, befindet sich das Schiff Ende Juni auf der Fahrt von Narvik (Norwegen) nach Antwerpen (Belgien). Auf der Höhe der Reede von Vlissingen (Niederlande) bricht im Maschinenraum des Schiffes ein Feuer aus. Die unzureichende Löschanlage ist nicht in der Lage, den Brand zu löschen; dies gelingt erst am Folgetag der herbeigerufenen Feuerwehr. Der Maschinenraum ist fast völlig ausgebrannt, auch am Schiffskörper entstehen Schäden.

Da die südkoreanische Werft in der Zwischenzeit Insolvenz angemeldet hat, verlangt C von H Anfang 2018 Ersatz der entstandenen Schäden.

Frage 1: Welcher Rechtsordnung unterliegen die geltend gemachten Schadensersatzansprüche, wenn C die H in ihrem allgemeinen Gerichtsstand, also vor deutschen Gerichten, verklagt?

Frage 2: Könnte C ihre Klage auch vor den Gerichten anderer EU-Mitgliedstaaten erheben?

Frage 3: Würde dies die anwendbaren Kollisionsnormen beeinflussen?

Abwandlung:

Bei dem Feuer erleiden der Urlauber U sowie der Schiffskoch K Rauchvergiftungen, die stationär behandelt werden müssen. Sie verlangen Ersatz der Schäden von C und H.

U, der in Russland lebt, hatte während eines Urlaubs in Paris kurzentschlossen in der dortigen Agentur der C die Teilstrecke von Kopenhagen (Dänemark) nach Odessa (Ukraine) gebucht; der Reisevertrag enthält eine Rechtswahlklausel zugunsten des Rechts von Delaware.

K stammt von den Philippinen. Er war von der Niederlassung der C in Singapur eingestellt worden.

Welches Recht ist auf die Ansprüche von U und K anwendbar?

Lösung

Frage 1

C verklagt die H laut Sachverhalt in ihrem allgemeinen Gerichtsstand, also vor deutschen Gerichten (Art. 4 I Brüssel Ia-VO[1]). Das auf den Rechtsstreit anwendbare Recht bestimmt sich somit nach deutschem Internationalen Privatrecht.

I. Rom II-VO

Vorrangig zu prüfen sind unmittelbar anwendbare Kollisionsregeln des Europarechts, wie sich auch aus dem – freilich rein deklaratorischen – Art. 3 Nr. 1 EGBGB ergibt. Da zwischen C und H keinerlei vertragliche Verbindungen bestehen, könnte sich das anwendbare Recht nach der Rom II-VO[2] bestimmen. Hierzu müsste diese sachlich, räumlich und zeitlich anwendbar sein.

1. Anwendbarkeit der Rom II-VO

Der *sachliche* Anwendungsbereich[3] der Rom II-VO erfasst nach deren Art. 1 I sämtliche außervertraglichen Schuldverhältnisse in Zivil- und Handelssachen. Wie sich u. a. aus Art. 2 I Rom II-VO ergibt, zählen hierzu insbesondere auch unerlaubte Handlungen. Indem H eine mangelhafte Feuerlöschanlage für die MS Sunshine konzipierte, die nicht in der Lage war, den Brand zu löschen, wodurch an dem Schiff der C beträchtlicher Schaden entstand, beging sie eine unerlaubte Handlung im Sinne der Rom II-VO.

Fraglich ist allerdings, wie der Umstand zu bewerten ist, dass es sich bei den durch die fehlerhafte Feuerlöschanlage verursachten Schäden um sog. Weiterfresserschäden handelt. Solche Weiterfresserschäden könnten vertraglich oder deliktisch zu qualifizieren sein.[4] Im vorliegenden Fall ist ausschlaggebend, dass C Ansprüche gegen einen Zulieferer geltend macht, zu dem sie in keiner vertraglichen Beziehung steht.[5] Für diese Konstellation ist anerkannt, dass das Endprodukt für den Zulieferer eine andere Sache darstellt, sodass er für deren Verletzung aus Delikt haftbar gemacht werden kann.[6] Folglich sind die Schadensersatzansprüche der C deliktisch zu qualifizieren. Somit ist der sachliche Anwendungsbereich der Rom II-VO eröffnet.

Der *räumliche* Anwendungsbereich der Verordnung erfordert, dass das außervertragliche Schuldverhältnis eine Verbindung zum Recht verschiedener Staaten aufweist. Dies ist der Fall, da C ein US-amerikanisches und H ein deutsches Unternehmen ist.

---

[1] Verordnung (EU) Nr. 1215/2012 des Europäischen Parlaments und des Rates über die gerichtliche Zuständigkeit und die Anerkennung und Vollstreckung von Entscheidungen in Zivil- und Handelssachen vom 12.12.2012, ABl. EU 2012 Nr. L 351/1; abgedr. bei *Jayme/Hausmann* Nr. 160.

[2] Verordnung (EG) Nr. 864/2007 des Europäischen Parlaments und des Rates über das auf außervertragliche Schuldverhältnisse anzuwendende Recht vom 11.7.2007, ABl. EG 2007 Nr. L 199/40; abgedr. bei *Jayme/Hausmann* Nr. 101.

[3] Die Prüfung des sachlichen Anwendungsbereichs entspricht der Qualifikation der geltend gemachten Schadensersatzansprüche.

[4] Vgl. *von Hein*, RIW 2000, 820 (821 f.).

[5] *von Hein*, RIW 2000, 820 (822).

[6] *von Hein*, RIW 2000, 820 (822 m. w. N.).

Zeitlich findet die Verordnung gemäß Art. 31 Rom II-VO Anwendung auf schadensbegründende Ereignisse, die nach ihrem Inkrafttreten eintreten. Nach Art. 32 Rom II-VO gilt die Verordnung ab dem 11.1.2009. Die unterschiedliche Begrifflichkeit beruht auf einem Redaktionsversehen des Verordnungsgebers. Abzustellen ist auf den Zeitpunkt der Handlung.[7] Erforderlich hierfür ist eine willensgesteuerte Tätigkeit, die ein rechtlich geschütztes Interesse gefährdet und Außenwirkung besitzt.[8] In Fällen der Produkthaftung ist deshalb auf den Zeitpunkt des Inverkehrbringens abzustellen, da erst hierdurch die Gefahrenquelle in die Außenwelt gelangt.[9] Das Schiff wurde im ersten Halbjahr 2017 gebaut, sodass die Auslieferung des Schiffes durch die südkoreanische Werft und das damit verbundene Inverkehrbringen des fehlerhaften Teilprodukts nach dem 10.1.2009 stattfand. Damit ist auch der zeitliche Anwendungsbereich eröffnet und die Verordnung insgesamt anwendbar.

2. Völkerrechtliche Vereinbarungen

Nach Art. 28 I Rom II-VO bleiben solche völkerrechtlichen Vereinbarungen von der Anwendung der Rom II-VO unberührt, denen ein oder mehrere Mitgliedstaaten zum Zeitpunkt der Annahme der Verordnung angehören und die Kollisionsnormen für außervertragliche Schuldverhältnisse beinhalten. Vorliegend sind entsprechende Übereinkommen allerdings nicht ersichtlich. Insbesondere findet das Haager Produkthaftungsübereinkommen von 1973 keine Anwendung auf den vorstehenden Rechtsstreit, da es von Deutschland nicht ratifiziert worden ist.

3. Anknüpfung nach Art. 5 Rom II-VO

a) Anwendungsbereich

Voraussetzung für die Anwendbarkeit der als *lex specialis* gegenüber Art. 4 Rom II-VO vorrangig zu prüfenden Regelung des Art. 5 Rom II-VO ist nach dessen Abs. 1 S. 1, dass der Schaden durch ein Produkt verursacht worden ist. Für den Produktbegriff kann dabei auf Art. 2 der Produkthaftungs-RL 85/374/EWG bzw. § 2 ProdHaftG zurückgegriffen werden.[10] Demzufolge werden nur bewegliche Sachen erfasst. Die Vorschrift bezieht dabei auch solche beweglichen Sachen ein, die Teil einer anderen beweglichen Sache sind. Die Feuerlöschanlage ist als bewegliche Sache Teil des Schiffes und fällt damit unter den Produktbegriff. Da der Schaden auch von dieser Anlage verursacht worden ist, gelangt Art. 5 Rom II-VO zur Anwendung.

b) Rechtswahl nach Art. 14 Rom II-VO

Eine vorrangig zu prüfende Rechtswahl i. S. d. Art. 14 Rom II-VO wurde von den Parteien nicht getroffen.

c) Gemeinsamer gewöhnlicher Aufenthalt nach Art. 5 I S. 1, 4 II, 23 I Rom II-VO

Der Ort der Hauptverwaltung der *H*, der nach Art. 23 I Rom II-VO bei Gesellschaften, Vereinen und juristischen Personen dem Ort des gewöhnlichen Aufenthalts entspricht, befindet sich in Deutschland. Demgegenüber hat *C* ihre Hauptverwal-

---

[7] Palandt/*Thorn* Rom II-VO Art. 32 Rn. 1; *Bücken*, IPRax 2009, 125 (126).
[8] Palandt/*Thorn* Rom II-VO Art. 32 Rn. 2.
[9] Palandt/*Thorn* Rom II-VO Art. 32 Rn. 2.
[10] BeckOK BGB/*Spickhoff* Rom II-VO Art. 5 Rn. 3; MüKoBGB/*Junker* Rom II-VO Art. 5 Rn. 13; Palandt/*Thorn* Rom II-VO Art. 5 Rn. 3.

tung in Kalifornien. Damit haben Haftender und Geschädigter ihren gewöhnlichen Aufenthalt i. S. d. Art. 5 I S. 1, 4 II, 23 I Rom II-VO nicht in demselben Staat.

d) Art. 5 I S. 1 lit. a Rom II-VO

Für diesen Fall findet nach Art. 5 I S. 1 lit. a Rom II-VO subsidiär das Recht des Staates Anwendung, in dem die geschädigte Person beim Eintritt des Schadens ihren gewöhnlichen Aufenthalt hatte, sofern kumulativ das Produkt in diesem Staat auch in den Verkehr gebracht wurde. C als Geschädigte hatte zum Zeitpunkt des Schadenseintritts ihre Hauptverwaltung in Kalifornien. Fraglich ist, in welchem Staat die Feuerlöschanlage in Verkehr gebracht worden ist. Kennzeichnend für den Moment des Inverkehrbringens ist der Zeitpunkt, in dem das Produkt und mit ihm die potentielle Gefahrenquelle den Herrschaftsbereich des Herstellers verlässt.[11] Danach wurde die Feuerlöschanlage dort in Verkehr gebracht, wo sie C als Endabnehmerin überlassen wurde,[12] also in Südkorea. Da die kumulativen Anknüpfungsmomente nicht in dieselbe Rechtsordnung verweisen, bestimmt sich das anwendbare Recht nicht nach Abs. 1 S. 1 lit. a.

e) Art. 5 I S. 1 lit. b Rom II-VO

Nach der subsidiären gleichfalls kumulativen Anknüpfung des Art. 5 I S. 1 lit. b Rom II-VO gelangt das Recht des Erwerbsortes zur Anwendung, sofern das Produkt in diesem Staat in Verkehr gebracht wurde. Der Ort des Inverkehrbringens war Südkorea (vgl. oben). Fraglich ist, wo C das Schiff mitsamt der Feuerlöschanlage erworben hat. Der Erwerbsort wird als derjenige Ort definiert, an dem das mangelhafte Produkt dem Geschädigten zur Verfügung gestellt wird.[13] In Betracht kommen demnach Südkorea und die USA. Ein Abstellen auf Deutschland als Erwerbsort vor dem Hintergrund, dass die Feuerlöschanlage dort von der koreanischen Werft erworben wurde, scheidet aus, da der Erwerbsort mit Blick auf den jeweils Geschädigten zu bestimmen ist;[14] die koreanische Werft macht indes keine Schadensersatzansprüche gegen H geltend. Zu fragen ist deshalb, wo C das Schiff zur Verfügung gestellt worden ist. Der Sachverhalt enthält hierzu keine ausdrücklichen Hinweise. Legt man der Beurteilung jedoch eine lebensnahe Auslegung zugrunde, so ist anzunehmen, dass C das Schiff am Ort der Werft übernommen hat und folglich dieser Ort auch der Erwerbsort war. Gerade weil der Sachverhalt zu dieser Frage schweigt, kann zudem davon ausgegangen werden, dass die Parteien auch vertraglich nichts anderes vereinbart haben. Da der Erwerbsort mit dem Ort des Inverkehrbringens übereinstimmt, ist Art. 5 I S. 1 lit. b Rom II-VO erfüllt und südkoreanisches Recht anwendbar. Da das Inverkehrbringen der Feuerlöschanlage in Südkorea für C auch vorhersehbar war, gelangt Art. 5 I S. 2 Rom II-VO nicht zur Anwendung.

f) Offensichtlich engere Verbindung

Allerdings könnte sich aus der Gesamtheit der Umstände gemäß Art. 5 II Rom II-VO eine offensichtlich engere Verbindung mit einem anderen Staat ergeben. Eine akzessorische Anknüpfung der deliktischen Ansprüche gegen H an das Vertrags-

---

[11] *Thorn*, IPRax 2001, 561 (564).
[12] Vgl. BeckOK BGB/*Spickhoff* Rom II-VO Art. 5 Rn. 8, der auf den Ort der Abgabe an den Verbraucher abstellt.
[13] Palandt/*Thorn* Rom II-VO Art. 5 Rn. 9.
[14] *von Hein*, RIW 2000, 820 (827).

statut nach Art. 5 II S. 2 Rom II-VO kommt indes mangels Parteiidentität nicht in Betracht.[15] Da *H* an dem zwischen *C* und der südkoreanischen Werft geschlossenen Vertrag nicht beteiligt ist, würden seine kollisionsrechtlichen Interessen bei einer akzessorischen Anknüpfung außer Acht gelassen werden. Zudem verstieße eine solche Anknüpfung gegen das Verbot von Verträgen zu Lasten Dritter,[16] wie es auch in Art. 14 I S. 2 a. E. Rom II-VO zum Ausdruck kommt. Damit bleibt es bei der Anwendung südkoreanischen Rechts.

II. Ergebnis zu 1

Der Anspruch der *C* gegen *H* unterliegt südkoreanischem Recht. Nach Art. 24 Rom II-VO handelt es sich hierbei um eine Sachnormverweisung.

Frage 2

Die Zuständigkeit der Gerichte anderer EU-Mitgliedstaaten bestimmt sich nach Unionsrecht. Eine abweichende Zuständigkeit könnte sich vorliegend aus Art. 7 Nr. 2 Brüssel Ia-VO ergeben. Hierfür müsste die Brüssel Ia-VO zunächst sachlich, räumlich-persönlich und zeitlich anwendbar sein.

I. Anwendbarkeit der Brüssel Ia-VO

Sachlich findet die Brüssel Ia-VO nach ihrem Art. 1 I Anwendung auf Zivil- und Handelssachen. Eine Schadensersatzklage aus unerlaubter Handlung ist eine Zivilsache, sodass die Verordnung sachlich anwendbar ist. In *räumlich-persönlicher* Hinsicht ist nach dem Wortlaut der Art. 4 I, 5 I und 6 I Brüssel Ia-VO erforderlich, dass der Beklagte seinen Wohnsitz nach Art. 63 Brüssel Ia-VO in einem Mitgliedstaat hat. Art. 63 I Brüssel Ia-VO stellt bei Gesellschaften oder juristischen Personen verordnungsautonom alternativ auf den satzungsmäßigen Sitz, die Hauptverwaltung oder die Hauptniederlassung ab. Bei *H* handelt es sich um eine deutsche Aktiengesellschaft, sodass diese ihren Satzungssitz (§ 5 AktG) in Deutschland, einem Mitgliedstaat der EU, hat. Da die Klage Anfang 2018 erhoben wurde, ist die Verordnung nach Art. 66 I, 81 Unterabs. 1 Brüssel Ia-VO auch *zeitlich* anwendbar.

II. Allgemeine Zuständigkeit nach Art. 4 I Brüssel Ia-VO

Die internationale Zuständigkeit deutscher Gerichte ergibt sich aus Art. 4 I Brüssel Ia-VO, wonach der Beklagte vor den Gerichten des Staates, in dem er seinen Wohnsitz bzw. bei Gesellschaften und juristischen Personen nach Art. 63 Ia Brüssel I-VO seinen satzungsmäßigen Sitz, seine Hauptverwaltung oder seine Hauptniederlassung hat, zu verklagen ist (vgl. oben).

III. Besondere Zuständigkeit nach Art. 7 Nr. 2 Brüssel Ia-VO

Eine alternative Zuständigkeit könnte sich aus Art. 7 Nr. 2 Brüssel I-VO ergeben. Danach kann eine unerlaubte Handlung die Zuständigkeit des Gerichts des Ortes, an dem das schädigende Ereignis eingetreten ist, begründen. Auch Schädigungen durch fehlerhafte Produkte fallen unter den Begriff der unerlaubten Handlung.[17] Unter Zugrundelegung einer autonomen Auslegung versteht der *EuGH* unter dem Ort des schädigenden Ereignisses sowohl den Ort der schädigenden Handlung als

---

[15] Unklar insoweit *OLG Düsseldorf* 18.12.1998, NJW-RR 2000, 833.
[16] *Thorn*, IPRax 2001, 561 (562).
[17] Rauscher/*Leible* Brüssel Ia-VO Art. 7 Rn. 110.

auch den Ort, an dem der Primärschaden eingetreten ist.[18] Der Kläger hat bei Distanzdelikten insofern ein Wahlrecht.[19]

Handlungsort ist der Ort des schadensbegründenden Geschehens, also der Ort, an dem das schadensbegründende Geschehen seinen Ausgang nahm.[20] Der Erwerbsort scheidet hierfür aus, da ein Zulieferer dort, wo der Geschädigte das Endprodukt erwirbt, keinen Handlungsbeitrag leistet. In Betracht kommen der Ort des Inverkehrbringens sowie der Herstellersitz. Der Ort des Inverkehrbringens[21] erscheint als Handlungsort deshalb zweifelhaft, weil der Hersteller die Pflicht zur Verhinderung des Schadens bereits während des Herstellungsprozesses hat und schon zu diesem Zeitpunkt gewissen Verkehrspflichten unterliegt.[22] Allerdings erhält sein Verhalten erst durch das Inverkehrbringen Außenwirkung. Für den Herstellersitz spricht, dass hier die wesentlichen Grundlagen für das spätere Schadensereignis gesetzt wurden, da das schadensbegründende Geschehen schon im Zuge der Konzeption und Herstellung der wesentlichen Bestandteile seinen Ausgang nahm. Letztlich muss der Streit vorliegend nicht entschieden werden, da die Zuständigkeit drittstaatlicher (hier: südkoreanischer) Gerichte nicht durch die VO begründet werden kann und deutsche Gerichte bereits nach Art. 4 I Brüssel Ia-VO international zuständig sind, was einen Rückgriff auf Art. 7 Brüssel Ia-VO sperrt.

Eine alternative Zuständigkeit könnte jedoch durch einen außerhalb von Deutschland gelegenen *Erfolgsort* begründet sein. Erfolgsort ist der Ort, an dem die schädigenden Auswirkungen des haftungsauslösenden Ereignisses zu Lasten des Betroffenen eintreten.[23] Im Falle der Produkthaftung ist dies der Ort, an dem sich der Erstschaden beim gewöhnlichen Gebrauch des Erzeugnisses für seinen bestimmungsgemäßen Zweck konkret verwirklicht hat.[24] Vorliegend brach der Brand, der die Schäden am Maschinenraum und Schiffskörper zur Folge hatte, auf der Höhe der Reede von Vlissingen, also in niederländischen Hoheitsgewässern, aus. Ereignet sich ein Delikt an Bord eines Schiffes, aber innerhalb staatlicher Hoheitsgewässer, so liegt der Erfolgsort innerhalb dieses Staates.[25] Eines Rückgriffs auf die Flagge bzw. den Heimathafen als „fiktivem Erfolgsort" bedarf es nicht. Somit liegt der Erfolgsort i. S. d. Art. 7 Nr. 2 Brüssel Ia-VO in den Niederlanden.

IV. Ergebnis zu 2

Art. 7 Nr. 2 Brüssel Ia-VO führt zu einer alternativen Zuständigkeit niederländischer Gerichte. Folglich kann C ihre Klage auch vor niederländischen Gerichten erheben.

---

[18] *EuGH* 30.11.1976 (*Bier/Mines de Potasse d'Alsace*) EU:C:1976:166, EuGHE 1976, 1759 (Tz. 15, 19); *EuGH* 16.7.2009 (*Zuid-Chemie/Philippo's Mineralenfabriek*) EU:C:2009:475, EuZW 2009, 608 (Tz. 23).
[19] Rauscher/*Leible* Brüssel Ia-VO Art. 7 Rn. 119.
[20] Rauscher/*Leible* Brüssel Ia-VO Art. 7 Rn. 134.
[21] Für diesen Rauscher/*Leible* Brüssel I-VO Art. 7 Rn. 135.
[22] *EuGH* 16.1.2014 (*Andreas Kainz/Pantherwerke*) EU:C:2014:7, NJW 2014, 1116; *Thorn*, IPRax 2001, 561 (565).
[23] *EuGH* 7.3.1995 (*Shevill u. a./Press Alliance*) EU:C:1995:61, EuGHE 1995, I-415 (Tz. 43 f.).
[24] *EuGH* 16.7.2009 (*Zuid-Chemie/Philippo's Mineralenfabriek*), EU:C:2009:475, EuZW 2009, 608.
[25] BeckOK BGB/*Spickhoff* Rom II-VO Art. 4 Rn. 23.

Fall 7. Goodbye Sunshine 79

Frage 3

Dadurch, dass C ihre Klage auch vor niederländischen Gerichten erheben kann, könnte das anwendbare Recht beeinflusst werden. Denn die Niederlande sind Vertragsstaat des Haager Produkthaftungsübereinkommens vom 2.10.1973[26], das gemäß Art. 28 Rom II-VO Vorrang vor den Kollisionsregeln der VO genießt. Das niederländische Gericht würde das in der Sache anwendbare Recht somit anhand der abweichenden Kollisionsnormen des Übereinkommens ermitteln und gegebenenfalls zu einem anderen Anknüpfungsergebnis gelangen.[27] Dies eröffnet C die Möglichkeit zum *forum shopping*.

Abwandlung:

I. Ansprüche des U

1. Ansprüche gegen C

Vorliegend kommen sowohl vertragliche Ansprüche als auch deliktische Ansprüche in Betracht.

a) Vertragliche Ansprüche

aa) Anwendbarkeit der Rom I-VO

Das auf die vertraglichen Ansprüche des U anwendbare Recht könnte nach den Kollisionsregeln der Rom I-VO[28] zu bestimmen sein.[29] *Sachlich* verlangt Art. 1 I Rom I-VO, dass ein vertragliches Schuldverhältnis in Zivil- und Handelssachen gegeben ist. Zwischen U und C bestand ein vertragliches Schuldverhältnis in Form eines Reisevertrages. Schadensersatzansprüche aus diesem Vertrag stellen zudem eine Zivilsache dar. Für den *räumlichen* Anwendungsbereich ist erforderlich, dass das Schuldverhältnis eine Verbindung zum Recht verschiedener Staaten aufweist. C hat ihre Hauptverwaltung in Kalifornien und ist in Delaware registriert, während U in Russland lebt. Räumlich ist die Rom I-VO demnach gleichfalls anwendbar. Auch die *zeitliche* Anwendbarkeit der Rom I-VO nach Art. 28 Rom I-VO ist gegeben. Somit ist die Rom I-VO anwendbar.

bb) Rechtswahl

(1) Zulässigkeit und Wirksamkeit nach Art. 3 Rom I-VO

Der Reisevertrag zwischen U und C enthält eine Rechtswahlklausel zugunsten des Rechts von Delaware. Ein Binnenmarktsachverhalt nach Art. 3 IV Rom I-VO, der zu einer Rechtswahl mit lediglich materiellrechtlicher Wirkung führen würde und

---

[26] Übereinkommen vom 2.10.1973 über das auf die Produkthaftung anzuwendende Recht; deutscher Text in Staudinger/*von Hoffmann* (2001) EGBGB Art. 40 Rn. 80.

[27] Gemäß Art. 6 Haager Übereinkommen käme vorliegend wohl das Recht am Hauptgeschäftssitz der in Anspruch genommenen Person zur Anwendung, also deutsches Recht. Da das Übereinkommen aber nicht Prüfungsgegenstand ist und der Text nicht zur Verfügung stand, konnte diese Aussage vom Bearbeiter nicht getroffen werden.

[28] Verordnung (EG) Nr. 593/2008 des Europäischen Parlaments und des Rates über das auf vertragliche Schuldverhältnisse anwendbare Recht vom 17.6.2008, ABl. EG 2008 Nr. L 177/6; abgedr. bei *Jayme/Hausmann* Nr. 80.

[29] *Hinweis*: Die geänderten reisevertraglichen Regelungen zur Umsetzung der neuen PauschalreiseRL (EU) Nr. 2302/2015 vom 25.11.2015, ABl. EU 2015 Nr. L 326/1, insbesondere der zukünftig gemäß Art. 23 Rom I-VO vorrangige Art. 46c EGBGB n. F., sind auf den vorliegenden Vertrag zeitlich nicht anwendbar; vgl. Art. 229 § 42 EGBGB n. F.

die zwingenden Bestimmungen des Gemeinschaftsrechts unberührt ließe, liegt nicht vor, da zahlreiche Bezüge zu Drittstaaten bestehen: Beide Vertragsparteien haben ihren gewöhnlichen Aufenthalt in Drittstaaten (Russland bzw. Kalifornien); zudem führt die gebuchte Reise in die Ukraine. Somit hat die von C und U getroffene Rechtswahl grundsätzlich kollisionsrechtliche Wirkung. Die Frage der Wirksamkeit der Rechtswahlvereinbarung beurteilt sich gemäß Art. 3 IV, 10 I Rom I-VO nach dem gewählten Recht, da sie insofern akzessorisch zum Hauptvertrag angeknüpft wird und mithin Vorwirkung für die materielle Beurteilung der Rechtswahl entfaltet. Somit könnte kraft Rechtswahl das Recht von Delaware anwendbar sein (vgl. Art. 22 I Rom I-VO). Nach Art. 20 Rom I-VO handelte es sich dabei um eine Sachnormverweisung.

(2) Wirkungsbeschränkung gemäß Art. 6 II Rom I-VO

Indes könnten die Wirkungen der zwischen U und C getroffenen Rechtswahl über Art. 6 II Rom I-VO eingeschränkt sein. Voraussetzung ist, dass es sich um einen Verbrauchervertrag i. S. der Norm handelt. Dazu müsste deren sachlicher, persönlicher und räumlicher Anwendungsbereich eröffnet sein.

Sachlich ist die Vorschrift im Unterschied zur Vorgängernorm des Art. 5 EVÜ (Art. 29 EGBGB) grundsätzlich auf alle Vertragstypen anwendbar. Art. 6 IV Rom I-VO nimmt hiervon freilich bestimmte Vertragstypen aus. Vorliegend könnte lit. b einschlägig sein, da U mit C einen Vertrag über eine Beförderung von Kopenhagen nach Odessa durch die MS Sunshine schloss. Zu beachten ist indes die Unterausnahme für Pauschalreiseverträge im Sinne der Richtlinie 90/314/EWG des Rates vom 13.6.1990 über Pauschalreisen. Nach Art. 2 der Richtlinie ist eine Pauschalreise die im Voraus festgelegte Verbindung von Beförderung, Unterbringung oder einer anderen touristischen Dienstleistung, die zu einem Gesamtpreis verkauft wird, wenn diese Leistung länger als 24 Stunden dauert oder eine Übernachtung einschließt.[30] Genaue Einzelheiten über die Ausgestaltung des Reisevertrags enthält der Sachverhalt nicht. Da es sich bei der MS Sunshine allerdings um ein Kreuzfahrtschiff handelt, schließt der Vertrag sowohl die Beförderung als auch die Unterbringung des U ein. Die Überfahrt von Kopenhagen nach Odessa dauert darüber hinaus länger als 24 Stunden. Da es sich somit um einen Pauschalreisevertrag handelt, ist der sachliche Anwendungsbereich des Art. 6 Rom I-VO eröffnet.

In *persönlicher* Hinsicht setzt Art. 6 I Rom I-VO voraus, dass U Verbraucher ist und C in Ausübung einer gewerblichen Tätigkeit handelt. Beides ist zu bejahen.

Um den *räumlichen* Anwendungsbereich der Vorschrift zu eröffnen, müsste C nach Art. 6 I lit. a Rom I-VO darüber hinaus ihre gewerbliche Tätigkeit auch in dem Staat ausüben, in dem U seinen gewöhnlichen Aufenthalt hat, oder gemäß Art. 6 I lit. b Rom I-VO eine solche Tätigkeit auf irgendeine Weise auf diesen Staat oder auf mehrere Staaten, einschließlich dieses Staates, ausrichten.[31] Der gewöhnliche Aufenthaltsort des U befindet sich in Russland. Der Sachverhalt enthält indes keine Angaben darüber, dass C auch in Russland tätig ist oder ihre Tätigkeit auch auf den russischen Markt ausrichtet. Zudem ist der Vertragsschluss mit U allein aufgrund der gewerblichen Tätigkeit der C in Frankreich zustande gekommen; es würde also in jedem Fall an der erforderlichen Kausalität zwischen der gewerblichen Tätigkeit

---

[30] Künftig, d.h. für ab dem 1.7.2018 abgeschlossene Reiseverträge, ist die Definition der Pauschalreise in Art. 3 Nr. 2 der PauschalreiseRL (EU) Nr. 2302/2015 vom 25.11.2015, ABl. EU 2015 Nr. L 326/1, maßgeblich.

[31] Hierzu Fall 2 (*Urlaub mit Zwischenfällen*), S. 15.

Fall 7. Goodbye Sunshine

des Unternehmers im Aufenthaltsstaat des Verbrauchers und dem Vertragsschluss fehlen.[32] Die abweichende Entscheidung des *EuGH* zur Parallelregelung im internationalen Zuständigkeitsrecht, wonach Kausalität nicht erforderlich sei, sondern ein abstraktes „Ausrichten" des Unternehmers genüge,[33] ist nicht auf die Rom I-VO übertragbar, da deren Erwägungsgrund 25 ausdrücklich verlangt, dass der Vertragsschluss auf das Ausüben bzw. Ausrichten der unternehmerischen Tätigkeit im bzw. auf den Aufenthaltsstaat des Verbrauchers zurückzuführen ist.[34] Somit sind die Anwendungsvoraussetzungen des Art. 6 I Rom I-VO nicht erfüllt.

Mangels Verbrauchervertrags erfolgt keine Einschränkung der Wirkungen der Rechtswahl gemäß Art. 6 II Rom I-VO.

(3) Zulässigkeit gemäß Art. 5 II Unterabs. 2 Rom I-VO

Da der anderenfalls vorrangige Art. 6 II Rom I-VO vorliegend nicht anwendbar ist, stellt sich die Frage, ob die zwischen *U* und *C* getroffene Rechtswahl zugunsten des Rechts von Delaware nach Art. 5 II Unterabs. 2 Rom I-VO zulässig war.

Pauschalreiseverträge sind ausweislich Art. 6 IV lit. b Rom I-VO Beförderungsverträge i. S. der Verordnung. Für diesen Vertragstyp beschränkt Art. 5 II Unterabs. 2 Rom I-VO insofern die Rechtswahl, als nur bestimmte Rechtsordnungen gewählt werden können. Zum Kreis der nach lit. a–e wählbaren Rechtsordnungen zählen der gewöhnliche Aufenthaltsort der zu befördernden Person, der gewöhnliche Aufenthaltsort oder Hauptverwaltungssitz des Beförderers, der Abgangsort und der Bestimmungsort. Zwar ist *C* vorliegend in Delaware registriert, ihren Hauptverwaltungssitz hat sie jedoch in Kalifornien. Die im Reisevertrag erfolgte Wahl des Rechts von Delaware war somit unzulässig. Es liegt keine nach Art. 5 II Unterabs. 2 Rom I-VO wirksame Rechtswahl vor.

cc) Objektive Anknüpfung (Art. 5 II Rom I-VO)

Nach der Anknüpfungsleiter des Art. 5 II Rom I-VO unterliegt der Personenbeförderungsvertrag mangels Rechtswahl vorrangig dem Recht des Staates, in dem die zu befördernde Person ihren gewöhnlichen Aufenthalt hat, sofern sich in diesem Staat auch der Abgangsort oder der Bestimmungsort befindet (Satz 1). Da *U* vorliegend in Russland lebt, während sich der Abgangsort in Dänemark und der Bestimmungsort in der Ukraine befinden, sind die Voraussetzungen des Art. 5 II S. 1 Rom I-VO nicht erfüllt. Folglich findet Art. 5 II S. 2 Rom I-VO Anwendung. Hiernach ist das Recht des Staates anwendbar, in dem der Beförderer seinen gewöhnlichen Aufenthalt hat. Nach Art. 19 I Rom I-VO ist der Ort des gewöhnlichen Aufenthalts von juristischen Personen der Ort ihrer Hauptverwaltung. Diese befindet sich im Falle von *C* in Kalifornien. Allerdings wurde der Vertrag im Rahmen des Betriebs einer Agentur der *C* in Frankreich geschlossen. Für diesen Fall steht nach Art. 19 II Alt. 1 Rom I-VO der Ort des gewöhnlichen Aufenthalts dem Ort gleich, an dem sich die Agentur befindet. Dieser ist in Frankreich. Eine offensichtlich engere Verbindung i. S. d. Art. 5 III Rom I-VO zu einem anderen Staat ist nicht ersichtlich, sodass auf den Anspruch des *U* gegen *C* französisches Recht Anwendung findet. Nach Art. 20 Rom I-VO handelt es sich dabei um eine Sachnormverweisung.

---

[32] *BGH* 17.9.2008, IPRax 2009, 258 (Tz. 12).
[33] *EuGH* 17.10.2013 (*Emrek/Sabranovic*) EU:C:2013:666, NJW 2013, 3504.
[34] Hierzu Rauscher/*A. Staudinger* Brüssel Ia-VO Art. 17 Rn. 15d.

dd) Zwischenergebnis

Der vertragliche Anspruch des *U* gegen *C* unterliegt französischem Recht.

b) Deliktische Ansprüche

aa) Anwendbarkeit der Rom II-VO

Ein nach Art. 1 I Rom II-VO erforderliches außervertragliches Schuldverhältnis in Zivil- und Handelssachen ist gegeben, da *C* an Bord der MS Sunshine eine funktionsuntüchtige Feuerlöschanlage unterhielt, durch deren Versagen *U* in seiner körperlichen Unversehrtheit verletzt wurde. Da eine Schadensersatzklage aus Delikt zudem eine Zivilsache darstellt, ist der *sachliche* Anwendungsbereich der Rom II-VO eröffnet. Dadurch, dass *C* ein in Delaware registriertes Unternehmen ist und ihre Hauptverwaltung in Kalifornien hat, während *U* in Russland lebt, besitzt das außervertragliche Schuldverhältnis zudem eine Verbindung zum Recht verschiedener Staaten. *Zeitlich* findet die Verordnung gemäß Art. 31 Rom II-VO ebenso Anwendung, da das schadensbegründende Ereignis nach dem 10.1.2009 stattgefunden hat. Folglich ist die Rom II-VO anwendbar.

bb) Rechtswahl

Eine Rechtswahl nach Art. 14 Rom II-VO wurde zwischen *U* und *C* nicht getroffen.

cc) Objektive Anknüpfung

Da *U* in Russland lebt, *C* hingegen ihren Hauptverwaltungssitz in Kalifornien hat, mangelt es an einem gemeinsamen gewöhnlichen Aufenthalt, sodass Art. 4 II Rom II-VO nicht erfüllt ist. Der folglich anzuwendende Art. 4 I Rom II-VO stellt auf das Recht am Erfolgsort ab. Dieser befindet sich vorliegend in den Niederlanden (vgl. oben).

Allerdings könnte sich aus dem Bestehen einer vertraglichen Beziehung zwischen *U* und *C* eine offensichtlich engere Verbindung zu dem Recht eines anderen Staates ergeben (Art. 4 III Rom II-VO). Art. 4 III S. 2 Rom II-VO nimmt eine offensichtlich engere Verbindung insbesondere im Falle eines bereits bestehenden Rechtsverhältnisses zwischen den Parteien wie einem Vertrag an. Erforderlich ist eine zwischen Rechtsverhältnis und unerlaubter Handlung bestehende „enge Verbindung", also ein enger sachlicher Zusammenhang[35]. Da *U* den Schaden im Rahmen einer dem Reisevertrag unterliegenden Schifffahrt erlitt und die verletzte Verkehrssicherungspflicht gleichzeitig die Erfüllung dieses Vertrags betrifft, ist von einem solchen inneren Zusammenhang auszugehen. Folglich sind die deliktischen Schadensersatzansprüche zur Erzielung materieller Harmonie nach Art. 4 III Rom II-VO vertragsakzessorisch anzuknüpfen und unterliegen französischem Recht (Sachnormverweisung, Art. 24 Rom II-VO).[36]

---

[35] Vgl. BeckOK BGB/*Spickhoff* Rom II-VO Art. 4 Rn. 15.
[36] Somit setzt sich auch das französische Prinzip des „non-cumul" durch, wonach vertragliche Haftungsnormen gegenüber deliktischen Sperrwirkung entfalten; vgl. *Hübner/Constantinesco*, Einführung in das französische Recht, 4. Aufl. 2001, S. 181 m. w. N.

Fall 7. Goodbye Sunshine

2. Anspruch gegen H

Ein Vertrag zwischen *U* und *H* bestand nicht, sodass keine vertraglichen Ansprüche in Betracht kommen. *U* kann gegen *H* jedoch einen Schadensersatzanspruch aus unerlaubter Handlung geltend machen. Dieser Anspruch könnte der Rom II-VO unterliegen.

a) Anwendbarkeit der Rom II-VO

Der Anwendungsbereich der Rom II-VO ist in sachlicher, räumlicher und zeitlicher Hinsicht eröffnet.

b) Anknüpfung nach Art. 5 I Rom II-VO

Eine Schädigung durch ein Produkt liegt vor. Zudem gilt Art. 5 Rom II-VO auch für unbeteiligte Dritte, sog. *bystander*.[37] Damit ist die Sonderkollisionsnorm anwendbar. Mangels Rechtswahl (Art. 14 I Rom II-VO) und eines gemeinsamen gewöhnlichen Aufenthalts von *K* und *H* (Art. 5 I S. 1 am Anfang i. V. m. Art. 4 II Rom II-VO) bestimmt sich die Anknüpfung nach Art. 5 I lit. a–c Rom II-VO.

aa) Art. 5 I S. 1 lit. a–c Rom II-VO

Art. 5 I S. 1 lit. a Rom I-VO ist nicht erfüllt, da *U* seinen gewöhnlichen Aufenthalt in Russland hatte, während die Feuerlöschanlage in Südkorea in den Verkehr gebracht wurde. Eine Anwendung des Art. 5 I S. 1 lit. b Rom II-VO scheidet gleichfalls aus. Denn für *bystander* kommt eine Anknüpfung an den Erwerbsort, zu dem diese keinerlei Verbindung aufweisen, nicht in Betracht.[38] Auch die Anknüpfung nach Art. 5 I S. 1 lit. c scheitert, da der Verletzungserfolg in niederländischen Hoheitsgewässern eingetreten ist.

bb) Lückenfüllung

Da keine der Sprossen der in Art. 5 I S. 1 Rom II-VO enthaltenen Anknüpfungsleiter trägt, die subsidiäre Regelung des Art. 5 I S. 2 Rom II-VO ihrem Wortlaut nach aber voraussetzt, dass eine kumulative Verknüpfung besteht und die Anwendung der hierdurch bezeichneten Rechtsordnung letztlich nur an der fehlenden Voraussehbarkeit für den haftenden Hersteller scheitert, handelt es sich um eine Gesetzeslücke. Fraglich ist, wie diese zu schließen ist.

Eine Ansicht[39] wendet Art. 5 I S. 2 Rom II-VO analog an, sodass auf das Aufenthaltsrecht des haftenden Herstellers abzustellen wäre. Als Argument wird ein Erst-Recht-Schluss angeführt: Die kumulative Anknüpfung an den Ort des Inverkehrbringens schütze den Hersteller vor der Anwendung einer für ihn nicht vorhersehbaren und somit im Rahmen der Preisbildung nicht kalkulierbaren Rechtsordnung. Ist das Heimatrecht des Herstellers aber bereits dann maßgeblich, wenn das Produkt in einem der in Art. 5 I S. 1 lit. a–c Rom II-VO genannten Staaten in den Verkehr gebracht wurde, und er dies lediglich nicht vorhersehen konnte, dann müsse sein Heimatrecht erst recht zur Anwendung gelangen, wenn es schon an dem Erfordernis des Inverkehrbringens in einem der benannten Staaten mangelt. Demzufolge wäre deutsches Recht als Recht des Herstellersitzes anwendbar.

---

[37] BeckOK BGB/*Spickhoff* Rom II-VO Art. 5 Rn. 4.
[38] BeckOK BGB/*Spickhoff* Rom II-VO Art. 5 Rn. 9.
[39] *Leible/Lehmann*, RIW 2007, 721 (728); *Wagner* IPRax 2008, 1 (7).

Die Gegenansicht[40] wendet zur Lückenschließung Art. 4 I Rom II-VO an. Danach wäre das Recht am Erfolgsort anzuwenden. Hierfür spreche, dass die Fallgruppen des Art. 5 I S. 1 lit. a–c Rom II-VO eine Anknüpfung an den Ort des Inverkehrbringens vorsehen, was eine Konkretisierung der Tatortregel darstelle. Der Verletzungserfolg trat vorliegend an Bord der MS Sunshine ein. Zum Zeitpunkt des Brandes und der damit verbundenen Schäden befand sich die MS Sunshine in niederländischen Hoheitsgewässern, sodass niederländisches Recht zur Anwendung kommt. Allerdings vermag die letztgenannte Ansicht nicht zu überzeugen, da die besondere Anknüpfungsregel des Art. 5 Rom I-VO abschließenden Charakter hat und eine Lückenschließung innerhalb ihrer Systematik erfolgen muss.[41] Damit bleibt es bei der Anwendbarkeit deutschen Rechts.

Allerdings könnte die Ausweichklausel des Art. 5 II Rom II-VO eingreifen, sofern eine offensichtlich engere Verbindung zu einem anderen Staat besteht. Unbeteiligte Dritte wie *U* kommen mit dem fehlerhaften Produkt erst durch das Schadensereignis in Berührung. Da die Anknüpfungsleiter des Art. 5 Rom II-VO jedoch auf die Interessen des tatsächlichen Produktbenutzers ausgerichtet ist, unterliegt es größtenteils dem Zufall, ob das Ergebnis der Anknüpfung nach Art. 5 I Rom II-VO für den *bystander* angemessen ist.[42] Vorliegend hat *U* zum gewöhnlichen Aufenthaltsort der *H*, dessen Recht nach Art. 5 I S. 2 Rom II-VO zur Anwendung berufen wurde, keinerlei Beziehung. In einem solchen Fall ist über die Ausweichklausel des Art. 5 II Rom II-VO auf den Erfolgsort abzustellen, auch wenn dieser für den Schädiger nicht vorhersehbar war;[43] im Konfliktfall überwiegen die kollisionsrechtlichen Interessen des Geschädigten diejenigen des Schädigers. Der Erfolgsort befand sich vorliegend in den Niederlanden, sodass niederländisches Recht Anwendung findet (Sachnormverweisung, Art. 24 Rom II-VO).

II. Ansprüche des K

1. Ansprüche gegen C

a) Vertragliche Ansprüche

aa) Anwendbarkeit der Rom I-VO

Auch mit Blick auf den Schadensersatzanspruch des *K* ist die Rom I-VO sachlich, räumlich und zeitlich anwendbar. Vorliegend haben C und *K* einen Arbeitsvertrag geschlossen. *K* war an Bord der MS Sunshine als Koch tätig. Im Rahmen dieser Tätigkeit kam er mit dem Brand in Berührung und erlitt eine Rauchvergiftung. Die unzureichende Feuerlöschanlage befand sich in unmittelbarer Nähe zu seinem Arbeitsumfeld und stellte somit eine latente Gefahr für ihn dar. Die Gewährleistung eines sicheren Arbeitsumfeldes steht in enger sachlicher Beziehung zu dem Inhalt eines Arbeitsvertrages. Deshalb ist vertraglich zu qualifizieren.

bb) Anknüpfung nach Art. 8 Rom I-VO

C und *K* haben keine Rechtswahl nach Art. 3 Rom I-VO getroffen. Für die in der Folge erforderliche objektive Anknüpfung könnte Art. 8 Rom I-VO maßgeblich sein. Der hierfür erforderliche Individualarbeitsvertrag liegt vor, da *K* für C entgelt-

---

[40] BeckOK BGB/*Spickhoff* Rom II-VO Art. 5 Rn. 10.
[41] Palandt/*Thorn* Rom II-VO Art. 5 Rn. 11.
[42] Palandt/*Thorn* Rom II-VO Art. 5 Rn. 13.
[43] *Leible/Lehmann*, RIW 2007, 721 (728); Palandt/*Thorn* Rom II-VO Art. 5 Rn. 13.

Fall 7. Goodbye Sunshine

lich als Schiffskoch arbeitete und hinsichtlich dieser Tätigkeit deren Weisungen unterworfen war.[44]

Fraglich ist, welcher Rechtsordnung der Vertrag unterliegt. Eine Besonderheit besteht im vorliegenden Fall darin, dass K seine Tätigkeit an Bord eines Schiffes ausübt (Seearbeitsvertrag) und seine Arbeitsorte i. S. d. Art. 8 II Rom I-VO somit ständig wechseln. Hinsichtlich der Anknüpfung eines solchen Vertrages ist seit jeher umstritten, ob das Recht der ordnungsgemäß geführten Flagge[45] gemäß Abs. 2 – hier Panama – oder das Recht der einstellenden Niederlassung[46] nach Abs. 3 – hier Singapur – Anwendung findet oder ob sich die Anknüpfung vielmehr nach der Gesamtheit der Umstände i. S. d. Abs. 4[47] beurteilt.

Die letztgenannte Ansicht ist vorab abzulehnen, da sie die Systematik der Kollisionsnorm verkennt. Denn zur Anwendung der Ausweichklausel des Art. 8 IV Rom I-VO kann man dem Wortlaut nach nur gelangen, wenn zuvor eines der in Art. 8 II, III Rom I-VO genannten Anknüpfungsmomente erfüllt ist. Eine unmittelbare Anknüpfung nach der Ausweichklausel scheidet mithin aus.[48]

Für die Anknüpfung an die Flagge wird angeführt, dass diese einen speziellen Unterfall der Arbeitsortanknüpfung darstelle, weil das Schiff als gewöhnlicher Arbeitsort des Seemanns durch die Flaggenhoheit völkerrechtlich einem einzigen Staat zuzuordnen sei.[49] Zudem sei das Flaggenrecht klar und einfach festzustellen und vermittle Stetigkeit und Verbindungsfestigkeit.[50] Gegen die Anwendung des Flaggenrechts spricht aber zum einen, dass die Anschauung, nach der das Schiff als Teil des Territoriums des Flaggenstaates anzusehen ist, als überholt gelten muss, da sich Flaggenhoheit und Territorialhoheit wesentlich voneinander unterscheiden;[51] eine unmittelbare Anwendung des Art. 8 II Rom I-VO ist somit abzulehnen. Zum anderen zeigt die steigende Anzahl von Billigflaggen sowie die Einführung von Zweitregistern (vgl. hierzu § 21 IV S. 1 FlaggenrechtsG[52]), dass die Wahl der Flagge häufig aus steuerlichen bzw. allgemeinen Kostengründen erfolgt, weshalb die Vermutung einer durch die Flagge vermittelten engsten Verbindung in vielen Fällen nicht mehr zutrifft. Aus diesem Grund sehen sich auch die Befürworter des Flaggenrechts oftmals zu einer Korrektur des Anknüpfungsergebnisses – etwa über Art. 8 IV Rom I-VO – genötigt.[53] Gerade unter dem Art. 8 Rom I-VO zugrundeliegenden Gesichtspunkt des Arbeitnehmerschutzes scheint es daher überzeugender, mangels gewöhnlichen Arbeitsorts innerhalb einer staatlichen Rechtsordnung nach Art. 8 III Rom I-VO auf das Recht der einstellenden Niederlassung abzustellen.[54]

Da die Niederlassung als Anknüpfungsmoment nicht nur in Art. 8 III Rom I-VO,

---

[44] Rauscher/*von Hein* Rom I-VO Art. 8 Rn. 18.
[45] Staudinger/*Magnus* Rom I-VO Art. 8 Rn. 145 ff.; Rauscher/*von Hein* Rom I-VO Art. 8 Rn. 43; ebenso zu Art. 30 II EGBGB *Mankowski*, RabelsZ 53 (1989), 487–525.
[46] BAG 26.9.1996, IPRspr. 1996 Nr. 50b; Erman/*Hohloch* Rom I-VO Art. 8 Rn. 19; Palandt/*Thorn* EGBGB Art. 30 Rn. 12; *Deinert*, RdA 2009, 144 (147).
[47] So zu Art. 30 II Hs. 2 EGBGB *Puttfarken*, See-Arbeitsrecht – Neues im IPR, 1988, S. 10 ff.
[48] So bereits zum alten Recht *Mankowski*, Seerechtliche Vertragsverhältnisse im Internationalen Privatrecht, 1995, S. 470.
[49] Rauscher/*von Hein* Rom I-VO Art. 8 Rn. 43; *Mankowski*, Seerechtliche Vertragsverhältnisse im Internationalen Privatrecht, 1995, S. 494.
[50] *Mankowski*, RabelsZ 53 (1989), 487 (522).
[51] *Ehlers*, Recht des Seeverkehrs, 2017, Flaggenrechtsgesetz, Einl. Rn. 4.
[52] Gesetz über das Flaggenrecht der Seeschiffe und die Flaggenführung der Binnenschiffe (Flaggenrechtsgesetz) in der Fassung v. 26.10.1994, BGBl. I 3140.
[53] *Mankowski*, Seerechtliche Vertragsverhältnisse im Internationalen Privatrecht, 1995, S. 493; Rauscher/*von Hein* Rom I-VO Art. 8 Rn. 44.
[54] So auch Rauscher/*von Hein* Rom I-VO Art. 8 Rn. 12.

sondern – etwa über Art. 19 II Rom I-VO – auch sonst häufig Verwendung findet, sind die sich bei deren Ermittlung u. U. ergebenden Schwierigkeiten zudem keine Besonderheit des Seearbeitsrechts; die hierzu durch die Rechtsprechung entwickelten Kriterien ermöglichen in der Regel eine eindeutige Bestimmung.

Vorliegend wurde K von der Niederlassung der C in Singapur eingestellt. Mangels engerer Verbindung des Sachverhalts zu einer anderen Rechtsordnung gemäß Art. 8 IV Rom I-VO[55] kommt somit singapurisches Recht zur Anwendung (Sachnormverweisung, Art. 20 Rom I-VO).

b) Deliktische Ansprüche

Da K vorliegend ebenfalls vertragliche und deliktische Ansprüche zustehen, kommt auch eine Anknüpfung nach der Rom II-VO in Betracht. Diese ist sachlich, räumlich und zeitlich anwendbar. Eine vertragsakzessorische Anknüpfung ergibt sich wie im Falle des U auch hier aus Art. 4 III Rom II-VO und führt zur Anwendung singapurischen Rechts.

2. Anspruch gegen H

Die Rom II-VO ist wie im Falle des U sachlich, räumlich und zeitlich anwendbar. Da keine Rechtswahl nach Art. 14 I Rom II-VO getroffen wurde und K und H auch nicht denselben gewöhnlichen Aufenthalt gemäß Art. 4 II Rom II-VO haben, beurteilt sich das anwendbare Recht wiederum nach Art. 5 Rom II-VO.

Art. 5 I S. 1 lit. a Rom II-VO ist nicht erfüllt, weil K seinen gewöhnlichen Aufenthaltsort zum Zeitpunkt des Schadenseintritts nicht in Südkorea hatte.

Fraglich ist, ob die Anknüpfung an den Erwerbsort nach Art. 5 I S. 1 lit. b Rom II-VO greift oder für K wie für U ins Leere läuft, da die Vorschrift für Schäden eines *bystander*, der das Produkt nicht selbst erworben hat, nicht passt.[56] Zweifelhaft ist, ob K als *bystander* einzuordnen ist. Diesbezüglich könnte sich vorliegend eine Besonderheit aus dem Arbeitsverhältnis zwischen K und C ergeben. So soll die Anknüpfung an den Erwerbsort auch für Schadensersatzansprüche von Personen aus dem Obhutsbereich des Produkterwerbers gelten, wozu etwa der engste Familienkreis sowie vom Erwerber abhängige Arbeitnehmer gehören.[57] Solche Personen seien der Sphäre des Produkterwerbers eindeutig zuzuordnen und sollten der gleichen Rechtsordnung wie der Produkterwerber unterstellt sein, wenn sie durch das Produkt zu Schaden kommen. Da K ein von C abhängiger Arbeitnehmer ist, unterliegt sein Schadensersatzanspruch somit gleichfalls südkoreanischem Recht (vgl. Grundfall, Frage 1, I. 3.).

III. Ergebnis

Die vertraglichen und deliktischen Schadensersatzansprüche des U gegen C unterliegen französischem Recht. Der deliktische Schadensersatzanspruch gegen H ist hingegen nach niederländischem Recht zu beurteilen.

Die Schadensersatzansprüche des K gegen C unterliegen singapurischem Recht, diejenigen gegen H südkoreanischem Recht.

---

[55] Vgl. hinsichtlich der relevanten Anknüpfungsmerkmale Staudinger/*Magnus* Rom I-VO Art. 8 Rn. 132 ff., 150.
[56] BeckOK BGB/*Spickhoff* Rom II-VO Art. 5 Rn. 9.
[57] Staudinger/*von Hoffmann* EGBGB Art. 40 Rn. 98; Palandt/*Thorn* Rom II-VO Art. 5 Rn. 13.

Fall 8. Golfschuhe im Regen

UN-Kaufrecht – Zustandekommen des Kaufvertrags – Vertragsaufhebung und Rügeobliegenheit – Schadensersatz und Nachbesserung – Aufrechnung – Zinsanspruch – Brüssel Ia-VO – Gerichtsstandsvereinbarung – Gerichtsstand des Erfüllungsorts – Incoterms – rügelose Einlassung

Sachverhalt

Die *Vintage GmbH* (*V*) mit Sitz in Zweibrücken verkauft für 48.500 € insgesamt 985 Paar Golfschuhe in unterschiedlichen Farben an die *Antonio Equipamento de Golfe S. A.* (*A*), eine Gesellschaft portugiesischen Rechts mit Sitz in Porto (Portugal). Die schriftliche Bestellung der *A* enthält eine Gerichtsstandsklausel zugunsten des Handelsgerichts Porto. Die gleichfalls schriftliche Auftragsannahme der *V* bestimmt in den beigefügten AGB die Zuständigkeit des *Landgerichts Zweibrücken* für alle Streitigkeiten aus oder im Zusammenhang mit dem Vertrag. Am 28.2.2018 leistet *A* eine Anzahlung von 14.500 € an *V*; die Restzahlung soll laut Vertrag bis zum 18.4.2018 erfolgen. Wie vereinbart liefert *V* am 29.3.2018 „DAP Porto" (Delivered at Place, Incoterms 2010), indem er die Ware dem Käufer am Bestimmungsort auf dem ankommenden Beförderungsmittel entladebereit zur Verfügung stellt.

Am 12.4.2018 erhält *A* von drei Kunden Reklamationen, wonach die Schuhe bei Wassereinwirkung abfärben und ausbleichen. *A* bietet ihren Kunden die Rücknahme der Schuhe an. Unmittelbar darauf teilt *A* der *V* den Sachverhalt mit und erklärt, die Schuhe seien in diesem Zustand unbrauchbar. *A* fordert von *V*, geeignete Maßnahmen innerhalb von drei Wochen zu ergreifen, da die Golfsaison unmittelbar bevorstehe und ihre Abnehmer bereits Druck machten. Als *V* innerhalb dieser Frist keine Lösung des Problems anbieten kann, erklärt *A* am 5.5.2018, sie habe das Vertrauen in *V* verloren und trete vom Vertrag zurück. Gleichzeitig lässt *A* alle Schuhe imprägnieren und verkauft sie, ohne dass es in der Folge zu weiteren Beanstandungen kommt.

Nach mehreren erfolglosen Zahlungsaufforderungen erhebt *V* am 18.9.2018 vor dem *LG Zweibrücken* Klage auf Zahlung des Restkaufpreises in Höhe von 34.000 € nebst 9 % Zinsen über dem jeweiligen Basiszinssatz seit dem 19.4.2018. Die Klageschrift wird der *A* am 4.10.2018 ordnungsgemäß zugestellt.

In der Klageerwiderung vom 16.10.2018 beruft sich *A* auf die Unzuständigkeit des *LG Zweibrücken* und verteidigt sich hilfsweise damit, dass sie vom Vertrag zurückgetreten sei. Im Übrigen habe sie – was zutrifft – 9.000 € zur Imprägnierung der Schuhe aufwenden müssen; falls also ein Zahlungsanspruch der *V* bestehe, sei er um diesen Betrag zu kürzen.

Frage 1: Hat *V* einen Anspruch gegen *A* auf Zahlung von 34.000 € nebst Zinsen?

Frage 2: Ist das *LG Zweibrücken* für die Klage zuständig?

Frage 3: Ist die Klage zulässig, wenn die Schuhe wunschgemäß „DAP Porto Alegre" (Brasilien), wo *A* eine Zweigniederlassung hat, ausgeliefert worden sind?

Lösung

Frage 1

I. Anspruch auf Kaufpreiszahlung

Fraglich ist, ob *V* einen Anspruch auf Zahlung des restlichen Kaufpreises in Höhe von 34.000 € gegen *A* hat. Zunächst ist das diesbezüglich anwendbare Recht zu bestimmen.

1. Anwendbarkeit des UN-Kaufrechts

Wenn das UN-Kaufrecht (CISG)[1] anwendbar ist, genießt es Vorrang vor der Anwendung von Kollisionsrecht. Dies ergibt sich aus seiner Natur als materielles Einheitsrecht und wird durch Art. 25 und Erwägungsgrund 41 der Rom I-VO[2] bestätigt.

a) Sachlicher Anwendungsbereich

Das CISG ist gemäß seinem Art. 1 sachlich anwendbar, wenn ein Kaufvertrag über Waren geschlossen wurde und der Ausnahmetatbestand des Art. 2 nicht erfüllt ist. Wird die Lieferung von Waren gegen Geld vereinbart, liegt ein Kaufvertrag vor. Das Übereinkommen ist auch dann anwendbar, wenn die Golfschuhe eigens für *A* hergestellt worden sind, denn Art. 3 CISG stellt Werklieferungsverträge den Kaufverträgen gleich.

b) Räumlich-persönlicher Anwendungsbereich

Der räumlich-persönliche Anwendungsbereich ist gemäß Art. 1 I lit. a CISG eröffnet, wenn die Parteien ihre Niederlassungen in verschiedenen Vertragsstaaten haben. Deutschland, nicht aber Portugal, ist Vertragsstaat des CISG.

Alternativ ist das CISG nach dessen Art. 1 I lit. b dann anwendbar, wenn die Regeln des Internationalen Privatrechts zur Anwendung des Rechts eines Vertragsstaats führen. Folglich ist hier eine inzidente kollisionsrechtliche Prüfung vorzunehmen. Aus deutscher Sicht ist die Rom I-VO heranzuziehen und deren Anwendbarkeit zu prüfen. Die Verordnung ist gemäß Art. 1 *sachlich* anwendbar, da es sich bei vertraglichen Ansprüchen aus einem Handelskauf um ein vertragliches Schuldverhältnis in einer Zivil- und Handelssache handelt. Der *räumliche* Anwendungsbereich ist eröffnet, denn die Verordnung gilt in allen EU-Mitgliedstaaten mit Ausnahme Dänemarks.[3] In *zeitlicher* Hinsicht gilt die Rom I-VO für alle Verträge, die nach dem 17.12.2009 geschlossen worden sind. Mithin ist der Anwendungsbereich der Rom I-VO eröffnet.

Eine Rechtswahl gemäß Art. 3 Rom I-VO wurde zwischen den Parteien nicht getroffen. Daran ändert auch die möglicherweise geschlossene Gerichtsstandsvereinbarung nichts: Zwar ist die Prorogation gemäß Erwägungsgrund 12 Rom I-VO einer der zu berücksichtigenden Faktoren für die Feststellung einer Rechtswahl,

---

[1] Wiener Übereinkommen über Verträge über den internationalen Warenkauf vom 11.4.1980, abgedr. bei *Jayme/Hausmann* Nr. 77.
[2] Verordnung Nr. 593/2008 über das auf vertragliche Schuldverhältnisse anwendbare Recht („Rom I") vom 17.6.2008, abgedr. bei *Jayme/Hausmann* Nr. 80.
[3] Das Vereinigte Königreich machte nachträglich von seinem Recht zum *opt-in* Gebrauch: ABl. EU 2009 Nr. L 10/22.

Fall 8. Golfschuhe im Regen

doch besteht zwischen den Parteien gerade keine Einigkeit, welches Gericht zuständig sein soll. Demnach ist Art. 4 Rom I-VO heranzuziehen: Kaufverträge unterliegen gemäß Art. 4 I lit. a dem Recht des Staates, in dem der Verkäufer seinen gewöhnlichen Aufenthalt hat; die Verweisung ist Sachnormverweisung (Art. 20 Rom I-VO). V hat ihren Sitz in Zweibrücken (Art. 19 Rom I-VO). Vertragsstatut ist folglich deutsches Recht. Da Deutschland Vertragsstaat des CISG ist, kommt vorliegend das CISG als Bestandteil der deutschen Rechtsordnung gemäß dessen Art. 1 lit. b zur Anwendung.

c) Zeitliche Anwendbarkeit

Die *zeitliche* Anwendbarkeit des Übereinkommens ist unter Hinweis auf Art. 100 CISG zu bejahen.

Mithin ist das CISG anwendbar.

2. Entstehen des Kaufpreisanspruchs

V könnte gemäß Art. 53, 61 I lit. a, 62 CISG einen Anspruch auf Kaufpreiszahlung haben. Dann müsste ein wirksamer Kaufvertrag gemäß Art. 14 ff. CISG zustande gekommen sein. Dem Abschluss eines wirksamen Kaufvertrages könnten indes die kollidierenden Gerichtsstandsklauseln entgegenstehen.

Wie sich widersprechende Geschäftsbedingungen auf den Abschluss des Vertrages auswirken, ist in Rechtsprechung und Lehre umstritten; man unterscheidet hier die Theorie des letzten Wortes (*last shot rule*) und die Restgültigkeitstheorie (*knock out rule*).[4]

Die schriftliche Auftragsannahme durch V stellt eine modifizierende Annahme und damit gemäß Art. 19 I CISG zunächst ein Gegenangebot dar. Etwas anderes könnte sich ergeben, wenn es sich lediglich um eine unwesentliche Vertragsänderung handelt. Dem steht jedoch Art. 19 III CISG entgegen: Diese Vorschrift bestimmt, dass Absprachen, die sich auf die Beilegung von Streitigkeiten beziehen, die Bedingungen des Angebots „wesentlich" ändern. Folglich hat V ein Gegenangebot unterbreitet, das von A – spätestens mit Leistung der Anzahlung in Höhe von 14.500 € – konkludent angenommen wurde. Da der Vertrag nach dieser Theorie zu den von V gestellten Bedingungen zustande kam, spricht man vom *last shot*.

Um ein letztlich zufälliges Ergebnis, welche Partei *in concreto* mit der letzten Reaktion die Vertragsbedingungen gestaltet, zu vermeiden, geht die Restgültigkeitstheorie davon aus, dass sich widersprechende Vertragsbedingungen nicht Bestandteil des Vertrages werden und an ihre Stelle die gesetzliche Regelung tritt. Dabei wird nur der Teil des Vertrages, bei dem keine Einigkeit erzielt wurde, „ausgeknockt" und der Rest als wirksam erachtet;[5] der Vertrag kommt also unter Ausschluss der Gerichtsstandsklauseln zustande. Für die hier interessierende Frage, ob ein Kaufpreisanspruch entstanden ist, kommen beide Theorien zu dem gleichen positiven Ergebnis.

3. Untergang des Kaufpreisanspruchs

Der Kaufpreisanspruch könnte durch Vertragsaufhebung seitens A gemäß Art. 81 CISG untergegangen sein. Mit der Vertragsaufhebung sind beide Parteien von der

---

[4] Vgl. etwa die Darstellung bei *Schlechtriem/Schroeter* Rn. 282 ff.
[5] *BGH* 9.1.2002, NJW 2002, 1651; *Schlechtriem/Schroeter* Rn. 288; Staudinger/*Magnus* CISG Art. 19 Rn. 24.

Erfüllung ihrer vertraglichen Pflichten befreit. Voraussetzung dazu ist, dass *A* gemäß Art. 49 I lit. a, 45 I lit. a CISG wirksam die Vertragsaufhebung erklärt hat. Dies wiederum erfordert, dass der Verkäufer eine seiner Pflichten nicht erfüllt hat und dies eine wesentliche Vertragsverletzung i. S. v. Art. 25 CISG darstellt. Daneben setzt die Vertragsaufhebung – wie jeder Rechtsbehelf wegen Vertragswidrigkeit der Ware – voraus, dass der Käufer den Mangel fristgerecht angezeigt hat (Art. 39 I CISG).

a) Fristgerechte Rüge

Dem Käufer ist es verwehrt, sich auf die Vertragswidrigkeit der Ware zu berufen, wenn er den Mangel der Kaufsache nicht innerhalb einer angemessenen Frist nach dem Zeitpunkt, in dem er ihn festgestellt hat oder hätte feststellen müssen, anzeigt und dabei die Art der Vertragswidrigkeit genau bezeichnet (Art. 39 I CISG). Dabei ist zu trennen zwischen der Untersuchungs- und der Rügefrist. Gemäß Art. 38 CISG hat der Käufer die Ware zunächst zu untersuchen; erst im Anschluss daran läuft die Rügefrist des Art. 39 CISG.

Bei *erkennbaren* Mängeln beginnt die Rügefrist mit der Feststellung des Mangels, spätestens aber nach Ablauf der Untersuchungsfrist. Bei *verborgenen* Mängeln beginnt die Rügefrist, sobald der Käufer die Vertragswidrigkeit feststellt, etwa indem er ernst zu nehmende, glaubhafte Reklamationen erhält. Dies war hier am 12.4.2018 der Fall. Bei dauerhaften Gütern gilt für die Rügefrist ein Richtwert von (zwei Wochen bis zu) einem Monat.[6] *A* erhob die Rüge, unmittelbar nachdem sie die Beanstandungen von drei Kunden erhielt. Ob die Mängel bei einer nach Art. 38 CISG gebotenen Untersuchung entdeckt worden wären, lässt der Sachverhalt offen, doch da die Rüge ohnehin im Zeitraum von zwei Wochen nach der Lieferung und sofort, nachdem *A* die Vertragswidrigkeit feststellte, erhoben wurde, ist sie in jedem Fall fristgerecht.

Fraglich ist weiter, ob die Art der Vertragswidrigkeit ausreichend genau bezeichnet wurde. Allgemein gehaltene Beanstandungen oder allgemeine Äußerungen der Unzufriedenheit genügen für die Rüge nach Art. 39 CISG nicht; vielmehr hat der Käufer spätestens nach Eingang der ersten Kundenreklamation eine fachmännische Untersuchung zu veranlassen, um zu ermitteln, ob es sich um einen Serien- bzw. Produktionsmangel oder nur um einzelne Ausreißer handelt.[7] Den Verkäufer trifft dagegen keine Pflicht, um eine Konkretisierung der Mängelrüge zu bitten.[8] Daher ist zweifelhaft, ob *A* mit ihrer Schilderung des Sachverhalts die Anforderungen einer Art. 39 CISG entsprechenden Mängelrüge erfüllt. Dies kann jedoch dahingestellt bleiben, wenn es ohnehin an einer wesentlichen Vertragsverletzung fehlt.

b) Wesentliche Vertragsverletzung

Der Käufer kann erwarten, dass der Verkäufer eine Ware liefert, die in Menge, Qualität und Art den Anforderungen des Vertrags entspricht (vgl. Art. 35 I CISG). Eine Vertragsverletzung in Form der Lieferung mangelhafter Ware liegt vor, da die Schuhe nicht zu dem bestimmten Zweck eingesetzt werden konnten, ohne Schaden zu nehmen. Die Aufhebung des Vertrags nach Art. 49 I CISG setzt indes eine *wesentliche* Vertragsverletzung voraus. Eine solche liegt gemäß der Legaldefinition

---

[6] MüKoBGB/*Gruber* CISG Art. 39 Rn. 41; Staudinger/*Magnus* CISG Art. 39 Rn. 41, 49 m. w. N.
[7] *OLG München* 26.10.2016, IHR 2017, 148.
[8] *OLG München* 10.1.2017, IHR 2017, 150.

Fall 8. Golfschuhe im Regen 91

des Art. 25 CISG vor, wenn der anderen Partei im Wesentlichen entgeht, was sie nach dem Vertrag hätte erwarten dürfen. Der *BGH* setzt dafür folgende Maßstäbe an:[9]
Die Lieferung vertragswidriger Ware kann eine wesentliche Vertragsverletzung darstellen, wenn dabei die berechtigten Vertragserwartungen einer Partei so sehr beeinträchtigt werden, dass deren Interesse an der Erfüllung des Vertrags im Wesentlichen entfällt. Zu beachten ist, dass die Vertragsaufhebung, anders als Minderung oder Schadensersatz, dem Käufer nur als *ultima ratio* zur Verfügung steht, das CISG also vom Vorrang der Vertragserhaltung ausgeht. Bei der Entscheidung über die Vertragswidrigkeit ist nicht auf die Schwere der Mängel abzustellen, sondern zu fragen, ob das Erfüllungsinteresse des Käufers entfallen ist.
Im vorliegenden Fall sind die gelieferten Golfschuhe, die bei Feuchtigkeit und Regen abfärben und ausbleichen, mit einem Sachmangel behaftet und daher nicht vertragsgemäß i. S. v. Art. 35 I CISG. Für eine wesentliche Vertragsverletzung spricht, dass *A* zu Beginn der Golfsaison unter erheblichem Termindruck steht, *V* innerhalb des zur Verfügung stehenden Zeitraums keine Abhilfe schaffen kann und daher *A*'s Vertrauen in die Kompetenz von *V* erschüttert ist. Allerdings sind Vertragsverletzungen in aller Regel nicht wesentlich, wenn sie behebbar sind.[10] Es ist weiter zu berücksichtigen, dass *A* keine Anstalten macht, die Schuhe an *V* zurückzugeben, sondern mit der Imprägnierung einen Weg findet, den Fehler zu beheben und die Golfschuhe wie ursprünglich geplant zu vermarkten. Folglich ist ihr Interesse nicht auf Rückabwicklung, sondern auf den Einsatz der Ware zu dem vertraglich vorausgesetzten Verwendungszweck gerichtet. Kann die Ware trotz ihrer Mängel im gewöhnlichen Geschäftsverkehr abgesetzt werden, so liegt keine wesentliche Vertragsverletzung vor und eine Rückabwicklung kommt nicht in Betracht.
Ein Aufhebungsgrund nach Art. 45 I lit. a, 49 I lit. a CISG besteht folglich nicht; daher hat *V* gegen *A* einen Anspruch auf Kaufpreiszahlung,

II. Gegenrechte des *A*

Der Anspruch der *V* könnte in dem Umfang erloschen sein, in dem *A* mit dem Gegenanspruch auf Zahlung von 9.000 € die Aufrechnung erklärt.

1. Bestehen eines Gegenanspruchs gemäß Art. 45 I lit. b, II, 74 CISG

A könnte gemäß Art. 45 I lit. b, II, 74 CISG einen Anspruch auf Erstattung der erforderlichen und angemessenen Aufwendungen, die ihr für die Imprägnierung der Schuhe entstanden sind, haben.

a) Verhältnis zur Aufhebungserklärung

Gemäß Art. 45 II CISG können Aufhebung und Schadensersatz nebeneinander geltend gemacht werden.

b) Verschuldensunabhängigkeit

Es ist nicht erforderlich, dass *V* ein Verschulden trifft; denn bei dem Anspruch auf Schadensersatz gemäß Art. 45 I lit. b, II, 74 CISG handelt es sich um einen verschuldensunabhängigen Anspruch. Erstattungsfähig sind alle durch die Vertragsver-

---

[9] Vgl. hierzu und im Folgenden: *BGH* 24.9.2014, NJW 2015, 867, vor allem Tz. 23 f., 26 f. und 30 f.
[10] *Piltz*, NJW 2017, 2449 (2454).

letzung ausgelösten Verluste, soweit sie bei Vertragsschluss objektiv vorhersehbar waren.

c) Vertragsverletzung

Die von V gelieferten Schuhe waren mangelhaft i. S. v. Art. 35 I CISG (vgl. oben I. 3. b).

d) Recht des V zur Nacherfüllung

Bei Nicht- oder Schlechterfüllung des Vertrags ist der Verkäufer gemäß Art. 48 CISG berechtigt, den Mangel auf eigene Kosten zu beheben. Der Schadensersatzanspruch des Käufers umfasst dann nicht seine Aufwendungen für eine Selbstvornahme (Art. 48 I 2 CISG).[11]

Im vorliegenden Fall hat A die V aufgefordert, den Fehler durch Nachbesserung zu beheben (Art. 46 III CISG). Möchte der Verkäufer die Nachbesserung vornehmen, hat er den Käufer davon in Kenntnis zu setzen. Eine derartige Obliegenheit ergibt sich zwar nicht aus Art. 48 I CISG, doch wird sie dem Grundsatz von Treu und Glauben (Art. 7 I CISG) entnommen.[12] V ist allerdings innerhalb der gesetzten Frist nicht in der Lage, die Nachbesserung vorzunehmen. Ein Recht auf Nacherfüllung besteht gemäß Art. 48 I 1 CISG nicht, wenn diese zu unzumutbaren Verzögerungen oder Unannehmlichkeiten für den Käufer führen würde. Diese können u. a. darin begründet sein, dass der A Schadensersatzklagen ihrer Abnehmer drohen. Auch ein Vertrauensverlust kann die Unzumutbarkeit begründen.[13] Schließlich führt bei einem Saisonprodukt wie den Golfschuhen eine weitere Verzögerung dazu, dass die Ware danach weniger gut verkäuflich ist. Eine Nacherfüllung durch V nach der von A gesetzten Frist ist daher unzumutbar. Folglich steht der Selbstvornahme durch A kein Nachbesserungsrecht der V entgegen.

e) Schaden

Die von A getätigten Aufwendungen in Höhe von 9.000 € stellen einen Schaden dar, der gemäß Art. 74 S. 2 CISG vorhersehbar war und gemäß Art, 45 I lit. b, II, 74 CISG geltend gemacht werden kann.

2. Aufrechnung

Es ist zu klären, ob A mit diesem Anspruch aufrechnen kann.

a) Anwendbares Recht

Dazu ist das auf die Aufrechnung anwendbare Recht zu bestimmen. Im ersten Schritt ist zu klären, ob die Aufrechnung vom UN-Kaufrecht erfasst ist. Eine ausdrückliche Regelung der Aufrechnung enthält das UN-Kaufrecht nicht. Somit liegt eine Lücke vor. Dabei wird zwischen sog. *internen* und *externen* Lücken unterschieden. Weist das UN-Kaufrecht innerhalb seines Anwendungsbereichs Lücken auf, so sind zur Ausfüllung dieser internen Lücken gemäß Art. 7 II Alt. 1 CISG vorrangig die „allgemeinen Grundsätze, die diesem Übereinkommen zugrunde liegen," heranzuziehen; gibt es derartige Grundsätze nicht, so ist ein Rückgriff

---

[11] MüKoBGB/*Huber* CISG Art. 48 Rn. 22.
[12] *BGH* 24.9.2014, NJW 2015, 867 (870 Tz. 25).
[13] MüKoBGB/*Huber* CISG Art. 48 Rn. 7.

auf das kollisionsrechtlich ermittelte nationale Recht erforderlich. Ebenso ist bei externen Lücken das auf die jeweilige Frage anwendbare Recht unter Rückgriff auf das IPR zu ermitteln. Anwendbar wäre dann nach Art. 17 Rom I-VO deutsches Recht.

Es gilt zu klären, ob die Frage der Aufrechnung in den Regelungsbereich des UN-Kaufrechts fällt; dabei gilt es zwischen konventionsfremden und konventionsinternen Forderungen zu unterscheiden.

Das UN-Kaufrecht trifft keine Regelung für konventionsfremde Forderungen, also für Ansprüche, die sich nicht ausschließlich aus einem dem CISG unterliegenden Vertragsverhältnis ergeben;[14] insoweit liegt eine externe Lücke vor. Etwas anderes könnte dagegen gelten, wenn sich zwei Forderungen aus demselben – dem UN-Kaufrecht unterliegenden – Vertragsverhältnis gegenüberstehen (konventionsinterne Forderungen). Diese Frage ist in Lehre und Rechtsprechung umstritten:

In der Lehre wird vielfach vertreten, es handele sich um eine externe Lücke, die nach dem vom IPR bestimmten nationalen Recht zu beurteilen sei. Allgemeine Grundsätze zur Regelung der Aufrechnung gibt es nach dieser Ansicht nicht; jedenfalls bleibe neben anderen Fragen ungeklärt, ob die Aufrechnung *ex tunc* oder *ex nunc* wirke. Zudem führt diese Ansicht zu einem gespaltenen Aufrechnungsstatut, wenn zwischen den Parteien, etwa bei laufender Geschäftsbeziehung, diverse Forderungen bestehen.[15]

Nach der Rechtsprechung des *BGH* liegt hingegen eine interne Lücke vor: Art. 7 II CISG bestimme, dass die vom UN-Kaufrecht erfassten Gegenstände, die nicht ausdrücklich dort geregelt sind, zuvörderst nach den allgemeinen Grundsätzen des Übereinkommens zu regeln seien. In einer „Zusammenschau" verschiedener Vorschriften zählt der *BGH* die Zug-um-Zug-Leistung (Art. 58 I 2, 81 II CISG) sowie das Erlöschen gegenseitiger Geldforderungen aus einem einheitlichen Kaufvertrag (Art. 88 III, 84 II CISG) zu diesen allgemeinen Grundsätzen.[16] Es sei offensichtlich, dass eine Aufrechnungserklärung erforderlich sei. Folge der Aufrechnung nach konventionsautonomen Grundsätzen sei, dass die sich gegenüberstehenden, gegenseitigen Forderungen durch Verrechnung erlöschen, soweit sie summenmäßig übereinstimmen und die Aufrechnung erklärt ist.[17] Diese allgemeinen Grundsätze gelten allerdings nur für Forderungen aus dem jeweiligen Kaufvertrag, denn nur für diesen gelte das UN-Kaufrecht (Art. 4 S. 1 CISG).

Können diese allgemeinen Grundsätze aus dem UN-Kaufrecht abgeleitet werden, so bietet es sich an, von der aufwändigen Ermittlung des Aufrechnungsstatuts abzusehen. Im vorliegenden Fall macht *V* einen Kaufpreisanspruch (Art. 53 CISG) geltend, gegen den *A* mit den aus den Lieferverhältnissen entspringenden Schadensersatzansprüchen (Art. 45 I lit. b, 74 CISG) aufrechnet. Die Kaufpreisforderung und die Gegenforderung resultieren mithin aus demselben Vertragsverhältnis.

b) Aufrechnungserklärung

Die Erklärung der Aufrechnung durch *A* ist erfolgt.

---

[14] *BGH* 24.9.2014, NJW 2015, 867 (871 Tz. 53).
[15] MüKoBGB/*Huber* CISG Art. 4 Rn. 39; *Schlechtriem/Schroeter* Rn. 19; *Förster*, NJW 2015, 830 (832 f.); a. A.: Staudinger/*Magnus* CISG Art. 4 Rn. 47.
[16] *BGH* 24.9.2014, NJW 2015, 867 (871 Tz. 57).
[17] *BGH* 24.9.2014, NJW 2015, 867 (871 Tz. 59).

3. Ergebnis

Aufgrund der Aufrechnung durch *A* ist der Anspruch der *V* in Höhe von 9.000 € erloschen. Dem *V* steht ein Anspruch auf Kaufpreiszahlung in Höhe von 25.000 € zu.

II. Anspruch auf Zahlung der Zinsen

1. Zinsanspruch

Fraglich ist, ob *V* einen Anspruch auf Zahlung von Zinsen aus 25.000 € hat. Ein Zinsanspruch ist gemäß Art. 78 CISG gegeben, wenn es eine Partei versäumt, den Kaufpreis zu bezahlen. Die Zinspflicht besteht also mit Fälligkeit des Anspruchs, ohne dass weitere Voraussetzungen vorliegen müssen. Nach der zwischen *V* und *A* getroffenen Vereinbarung trat Fälligkeit am 18.4.2018 ein. Die Kaufpreiszahlung ist ab dem nächsten Tag zu verzinsen.

2. Zinshöhe

Fraglich ist, in welcher Höhe der Zinsanspruch besteht. Art. 78 CISG trifft insoweit keine Regelung. Grund dafür ist, dass sich die an der Ausarbeitung des UN-Kaufrechts beteiligten Staaten nicht auf einen bestimmten Zinssatz einigen konnten.[18] Anders als bei der Aufrechnung (s. oben II. 2. a) können daher bei der Zinshöhe keine allgemeinen Grundsätze festgestellt und herangezogen werden. Daher ist mit der überwiegenden Meinung[19] gemäß Art. 7 II Alt. 2 CISG „nach dem Recht zu entscheiden, das nach den Regeln des Internationalen Privatrechts anzuwenden ist". Gemäß Art. 12 I lit. c Rom I-VO sind die Folgen der Nichterfüllung dem Vertragsstatut zu unterstellen; dazu gehört auch die Bestimmung gesetzlicher oder vertraglicher Zinsen.[20] Mangels Rechtswahl ist gemäß Art. 4 I lit. a Rom I-VO deutsches Recht auf den Vertrag anzuwenden. Folglich unterliegt die Zinshöhe dem deutschen Recht. Ist, wie hier, kein Verbraucher an dem Rechtsgeschäft beteiligt, so ist die Geldschuld während des Verzugs gemäß § 288 II BGB mit neun Prozentpunkten über dem jeweiligen Basiszinssatz[21] zu verzinsen.

III. Ergebnis

Die Klage der *V* gegen *A* ist in Höhe von 25.000 € zuzüglich Zinsen in Höhe von neun Prozentpunkten über dem jeweiligen Basiszinssatz seit dem 19.4.2018 begründet.

Frage 2

Die Bejahung der Zuständigkeit des *LG Zweibrücken* setzt voraus, dass deutsche Gerichte für die Klage der *V* international zuständig sind. Eine solche Zuständigkeit könnte sich vorrangig aus Unionsrecht ergeben.

---

[18] *Schlechtriem/Schroeter* Rn. 744 ff. (746).
[19] *Schlechtriem/Schroeter* Rn. 753 sowie Rn. 750 („interne Lücke"); Staudinger/*Magnus* CISG Art. 78 Rn. 12, 14; *Piltz*, NJW 2017, 2449 (2454). Anders aber: Schlechtriem/Schwenzer/*Bacher* CISG Art. 78 Rn. 36 (Darstellung des Streitstands Rn. 26 ff.).
[20] Palandt/*Thorn* Rom I-VO Art. 12 Rn. 7.
[21] Der Basiszinssatz beträgt derzeit −0,88 % (Stand: 1.7.2018).

Fall 8. Golfschuhe im Regen 95

I. Anwendbarkeit der Brüssel Ia-VO

a) Verhältnis zum Haager Gerichtsstandsübereinkommen

Es gilt zunächst zu klären, ob das Haager Übereinkommen über Gerichtsstandsvereinbarungen[22] (HGÜ), das am 1.10.2015 in Kraft getreten ist, anwendbar ist. Das Übereinkommen regelt u. a. die internationale Entscheidungszuständigkeit in Zivil- und Handelssachen kraft einer ausschließlichen Gerichtsstandsvereinbarung (Art. 1 I HGÜ) zwischen Parteien, die nicht Verbraucher sind (Art. 2 HGÜ). Allerdings lässt das HGÜ gemäß seinem Art. 26 VI die Anwendung der Brüssel Ia-VO[23] unberührt.

b) Anwendungsbereich der Brüssel Ia-VO

Voraussetzung ist, dass der sachliche, der räumlich-persönliche und der zeitliche Anwendungsbereich der Verordnung eröffnet sind. *Sachlich* findet die Brüssel Ia-VO nach ihrem Art. 1 I Anwendung auf „Zivil- und Handelssachen". Der vorliegende Streit um einen Zahlungsanspruch aus einem Handelskauf ist eine Handelssache. Der *räumlich-persönliche* Anwendungsbereich ist eröffnet, wenn der Beklagte seinen Wohnsitz (Art. 6 I Brüssel Ia-VO) in einem Mitgliedstaat hat. Um den Sitz einer Gesellschaft oder juristischen Person festzulegen, bestimmt Art. 63 Brüssel Ia-VO drei alternative Kriterien (satzungsmäßiger Sitz, Hauptverwaltung oder Hauptniederlassung). A hat ihren Sitz in Porto und mithin in einem Mitgliedstaat. Die Klageerhebung erfolgte nach dem 10.1.2015 (Art. 66 I Brüssel Ia-VO); mithin ist auch der *zeitliche* Anwendungsbereich der Verordnung eröffnet.

II. Entscheidungszuständigkeit

1. Gerichtsstandsvereinbarung

Zu klären ist, ob die Parteien gemäß Art. 25 Brüssel Ia-VO eine wirksame Gerichtsstandsvereinbarung zugunsten des angerufenen Gerichts getroffen haben. Art. 25 Brüssel Ia-VO legt besondere Formvoraussetzungen für die Prorogation fest: Gemäß Art. 25 I lit. a Alt. 1 Brüssel Ia-VO hat die Vereinbarung schriftlich zu erfolgen; dies bedeutet nicht notwendig, dass eine einheitliche Vertragsurkunde vorliegt, auch ein Briefwechsel und ein Verweis auf AGB sind erfasst.[24]

Aufgrund der kollidierenden AGB ist jedoch fraglich, ob tatsächlich eine „Vereinbarung" zwischen den Parteien besteht. Zweifelhaft ist, ob diese Frage der autonomen Auslegung von Art. 25 Brüssel Ia-VO oder aber der *lex fori prorogati* (Art. 25 I S. 1 a. E. Brüssel Ia-VO) – unter Rückgriff auf das CISG[25] – unterliegt. Dies hängt davon ab, was unter dem Begriff „materiell nichtig" (Art. 25 I S. 1 a. E. Brüssel Ia-VO) zu verstehen ist. Der Umfang des Verweises auf die *lex fori prorogati* ist umstritten.[26]

---

[22] Vom 30.6.2005, abgedr. bei *Jayme/Hausmann* Nr. 151.
[23] Verordnung (EU) Nr. 1215/2012 über die gerichtliche Zuständigkeit und die Anerkennung und Vollstreckung von Entscheidungen in Zivil- und Handelssachen vom 12.12.2012, abgedr. bei *Jayme/Hausmann* Nr. 160.
[24] *Schlosser/Hess* EuGVVO Art. 25 Rn. 19.
[25] Dazu: *BGH* 25.3.2015, NJW 2015, 2584 (2589); weiterführend: *Magnus*, ZEuP 2017, 140 (156 f.).
[26] Einerseits: *Freitag*, FS Magnus, 2014, 419 (428), der zwischen Wirksamkeitsvoraussetzungen (nach Unionsrecht zu beurteilen) und Wirksamkeitshindernissen (Geltung nationalen Rechts) trennt; andererseits: *Schlosser/Hess* EuGVVO Art. 25 Rn. 3.

Die Frage nach der Willensübereinstimmung untersteht nach der *EuGH*-Rechtsprechung zur Vorgängervorschrift Art. 23 Brüssel I-VO[27], die einen derartigen Zusatz nicht enthielt, der Verordnung selbst. Danach ist es erforderlich und ausreichend, dass die Parteien Einigkeit über die Gerichtsstandsvereinbarung erzielen.[28] Es gibt keinen Hinweis darauf, dass die neue Regelung in Art. 25 I S. 1 a. E. Brüssel Ia-VO hinter diese moderate Vereinheitlichung zurückfallen möchte.[29] Der letzte Halbsatz ist also restriktiv auszulegen und erfasst nur Gründe wie den Einfluss von Willensmängeln, Geschäftsfähigkeit und Stellvertretung; nicht aber die materielle Willenseinigung, die als Voraussetzung der Einigung eine sinnhafte Einheit mit den Formerfordernissen bildet.[30] Anders gesagt: Die in Art. 25 Brüssel Ia-VO genannten Formerfordernisse setzen einen materiellen Konsens voraus. Die Entscheidung, ob es zu einem Vertragsschluss durch übereinstimmende Willenserklärungen gekommen ist, ist also Art. 25 Brüssel Ia-VO zu entnehmen;[31] es kommt insoweit nicht zu einem Rückgriff auf das Recht eines Mitgliedstaats, einschließlich des CISG. Darüber hinaus gehört die Frage, ob eine Gerichtsstandsklausel Vertragsinhalt geworden ist, zum Anwendungsbereich von Art. 25 I Brüssel Ia-VO, sodass auch eine darüber hinausgehende AGB-rechtliche Einbeziehungskontrolle nicht in Betracht kommt.[32]

Im vorliegenden Fall kollidieren die AGB in der Frage des Gerichtsstands, eine Vereinbarung wurde zu diesem Punkt gerade nicht getroffen. Folglich fehlt es an einer wirksamen Gerichtsstandsvereinbarung.

2. Beklagten(wohn)sitz

Die Zuständigkeit deutscher Gerichte kann nicht auf Art. 4 I Brüssel Ia-VO gestützt werden, weil *A* ihren Sitz in Portugal hat.

3. Gerichtsstand des Erfüllungsorts

Bei vertraglichen Ansprüchen kommt weiterhin die Zuständigkeit des Gerichts am Erfüllungsort gemäß Art. 7 Nr. 1 Brüssel Ia-VO in Betracht.

a) Vertrag

Der Begriff „Vertrag" i. S. v. Art. 7 Nr. 1 Brüssel Ia-VO ist autonom und weit auszulegen: Es genügt, dass eine „freiwillig eingegangene Verpflichtung" einer Person gegenüber einer anderen vorliegt.[33] Der Kaufvertrag ist ein Vertrag in diesem Sinne. Der Vertragsgerichtsstand ist auch dann gegeben, wenn Rücktrittsfolgen gesetzlich angeordnet werden; denn es handelt sich auch bei Sekundäransprüchen um Ansprüche aus Vertrag.

---

[27] Verordnung Nr. 44/2001 über die gerichtliche Zuständigkeit und die Anerkennung und Vollstreckung von Entscheidungen in Zivil- und Handelssachen vom 22.12.2001, die durch die jetzige Brüssel Ia-VO seit dem 10.1.2015 ersetzt worden ist.
[28] *EuGH* 9.10.2003 (*Erich Gasser*), EU:C:2003:657, EuZW 2004, 188.
[29] *Magnus*, FS Martiny, 2014, 785 (791 f.).
[30] *Linke/Hau* IZVR Rn. 6.13 f.
[31] *Magnus*, FS Martiny, 2014, 785 (791 f.); *ders.*, ZEuP 2017, 140 (156); *Freitag*, FS Magnus, 2014, 419 (428 f.). Anders aber: Rauscher/*Mankowski* Brüssel Ia-VO Art. 25 Rn. 44.
[32] *Linke/Hau* IZVR Rn. 6.15 a. E.
[33] *EuGH* 17.9.2002 (*Tacconi*), EU:C:2002:499 (Tz. 22), NJW 2002, 3159.

b) Maßgebliche Verpflichtung

Das durch den Lieferort bestimmte Forum wird gemäß Art. 7 Nr. 1 lit. b Brüssel Ia-VO für *sämtliche* Verpflichtungen aus dem Vertragsverhältnis, einschließlich Zahlungs- und Nebenleistungspflichten, und für sämtliche Klagearten eröffnet. Der Verzicht auf eine an den jeweils streitgegenständlichen (Hauptleistungs-)Pflichten orientierte Verdoppelung der Gerichtsstände ist sachgerecht: Auch im Mittelpunkt des Streits über ausbleibende Zahlungen steht regelmäßig die Frage nach der vertragsgerechten Erbringung der Sachleistung; der Gesichtspunkt der Beweisnähe greift also unabhängig davon, ob etwa der Verkäufer Erfüllung fordert oder der Käufer Rückzahlung infolge Wandelung oder Minderung. Damit geht keine übermäßige Privilegierung des Erbringers der Sachleistung einher; denn den Ausschlag gibt nicht dessen gewöhnlicher Aufenthalt, sondern dessen Leistung, die je nach Sachlage im Sitzstaat einer der Parteien, aber eben auch in einem weiteren Mitgliedstaat lokalisiert werden kann.

c) Erfüllungsort

Art. 7 Nr. 1 lit. b Brüssel Ia-VO bestimmt den Erfüllungsort für Kaufverträge über bewegliche Sachen prozessrechtlich autonom als den „Ort in einem Mitgliedstaat, an dem sie nach dem Vertrag geliefert worden sind oder hätten geliefert werden müssen", also den Lieferort.[34] Vorrangig zu beachten ist jedoch eine Abrede der Parteien (vgl. den Wortlaut von Art. 7 Nr. 1 lit. b: „sofern nichts anderes vereinbart worden ist"). Liegt eine Erfüllungsortvereinbarung vor, so ist diese grundsätzlich gerichtsstandsbegründend.[35] Dass eine solche vertragliche Abrede auch über Incoterms erfolgen kann, hat der *EuGH* ausdrücklich anerkannt.[36] Der Vertrag zwischen *A* und *V* enthält eine „DAP"-Klausel: Danach sind die Golfschuhe nach Porto zu liefern und bereitzustellen; dies ist auch geschehen. Transportiert der Verkäufer die Ware zum Käufer (sog. Bringschuld), ist auf diesen bestimmungsgemäßen Zielort abzustellen.

In casu liegt der Erfüllungsort für den Kaufvertrag gemäß Art. 7 Nr. 1 lit. b Brüssel Ia-VO in Porto. Die internationale Zuständigkeit deutscher Gerichte ist danach nicht begründet.

d) Rügelose Einlassung

Fraglich ist, ob die Entscheidungszuständigkeit im Hinblick auf Art. 26 I Brüssel Ia-VO bejaht werden kann. Eine rügelose Einlassung könnte daran scheitern, dass *A* die Zuständigkeit des Zweibrücker Gerichts in der Klageerwiderung gerügt hat. Die Rüge der örtlichen Unzuständigkeit umfasst im Zweifel die Rüge der internationalen Unzuständigkeit.[37] Allerdings hat sich *A* gleichzeitig hilfsweise zur Sache eingelassen. Bereits 1981 hatte der *EuGH* entschieden,[38] dass das an die Zuständigkeitsrüge anschließende hilfsweise Verhandeln zur Hauptsache unschädlich ist. Es genügt, dass der Beklagte die Zuständigkeitsrüge gleichzeitig und nur hilfsweise mit seiner Ein-

---

[34] Art. 7 Nr. 1 Brüssel Ia–VO findet im Übrigen auch dann Anwendung, wenn die Lieferung an mehrere Orte in einem Mitgliedstaat erfolgt: *EuGH* 3.5.2007 (*Color Drack*), EU:C:2007:262.
[35] *Schlosser/Hess* EuGVVO Art. 7 Rn. 11.
[36] *EuGH* 9.6.2011 (*Electrosteel*), EU:C:2011:375, NJW 2011, 3018.
[37] *BGH* 1.6.2005, IPRax 2006, 594 m. Anm. *Leible/Sommer*, 568.
[38] *EuGH* 24.6.1981 (*Elefanten Schuh*), EU:C:1981:148 (Tz. 14), NJW 1982, 507; siehe auch *BGH* 16.10.2008, NJW 2009, 148 (149).

lassung auf das Verfahren erhebt.[39] Die Verteidigungsrechte des Beklagten wären in unzulässiger Weise beschnitten, wenn allein die Unzuständigkeitsrüge erlaubt wäre; denn bei Nichtdurchgreifen der Rüge bestünde für den Beklagten die Gefahr, später mit seinem Vorbringen präkludiert zu sein. Ist – wie hier – die Zuständigkeit wirksam gerügt worden, so wirkt eine nur hilfsweise Einlassung zur Sache nicht zuständigkeitsbegründend (Art. 26 I S. 2 Var. 1 Brüssel Ia-VO).

Folglich sind deutsche Gerichte zur Entscheidung über die Kaufpreisklage nicht zuständig.

Frage 3

I. Internationale Zuständigkeit

Besonderheiten[40] ergeben sich hinsichtlich Art. 7 Nr. 1 Brüssel Ia-VO: Die Ware wurde auf Wunsch des Käufers unmittelbar nach Porto Alegre geliefert. Brasilien ist kein Mitgliedstaat i. S. v. Art. 1 III Brüssel I-VO. Befindet sich der nach Maßgabe von Art. 7 Nr. 1 lit. b Brüssel Ia–VO ermittelte Erfüllungsort in einem Drittstaat, so ist kraft lit. c auf lit. a zurückzugreifen. Es mag rechtspolitisch bedenklich sein, dem Kläger dadurch eine „zweite Chance" auf einen Vertragsgerichtsstand (außerhalb des Beklagtenwohnsitzes) zu eröffnen,[41] doch ist dem Willen des Verordnungsgebers Folge zu leisten.

Art. 7 Nr. 1 lit. a Brüssel I-VO übernimmt den Wortlaut seiner Vorgängervorschriften (Art. 5 Nr. 1 Hs. 1 EuGVÜ und Art. 5 Nr. 1 lit. a Brüssel I-VO) und ist daher auf Grundlage der *Tessili/de Bloos*-Rechtsprechung des *EuGH* auszulegen. Nach der *de Bloos*-Rechtsprechung ist die zu erfüllende „maßgebliche Verpflichtung" diejenige, die den Gegenstand der Klage bildet.[42] Maßgeblich ist die primäre Hauptleistungspflicht. Hier ist es die Verpflichtung der A zur Kaufpreiszahlung.

Zu klären ist weiterhin, nach welcher Rechtsordnung der Erfüllungsort für die streitige Verpflichtung zu bestimmen ist. Der *EuGH* nimmt im Rahmen des Art. 7 Nr. 1 lit. a Brüssel Ia-VO keine autonome Begriffsbestimmung des Erfüllungsorts vor, sondern stellt seit der *Tessili*-Entscheidung auf das Recht ab, „das nach den Kollisionsnormen des mit dem Rechtsstreit befassten Gerichts für die streitige Verpflichtung maßgebend ist."[43] Dies gilt auch dann, wenn – wie hier – internationales Einheitsrecht zur Anwendung kommt.[44]

Art. 57 CISG nennt drei Zahlungsorte. Besteht eine Parteivereinbarung über den Zahlungsort, so ist der Kaufpreis dort zu erbringen. Fehlt eine Vereinbarung und liegt ein Zug-um-Zug-Austauschverhältnis vor, ist gemäß Art. 57 I lit. b CISG am Ort der Übergabe zu zahlen. Ansonsten ist gemäß Art. 57 I lit. a CISG der Ort der Niederlassung des Verkäufers maßgeblich. Diese Auffangregel kommt insbesondere im Falle einer Vorleistungspflicht des Verkäufers zur Anwendung, also dann, wenn

---

[39] *EuGH* 13.7.2017 (*Bayerische Motoren Werke AG*), EU:C:2017:550 (Tz. 34 ff), IPRax 2018, 198 m. Anm. *Koechel*, 165.
[40] *Hinweis*: Das HGÜ kommt auch in dieser Alternative nicht zur Anwendung, da Brasilien kein Vertragsstaat des Übereinkommens ist.
[41] Kritisch: Rauscher/*Leible* Brüssel Ia-VO Art. 7 Rn. 50, der für eine verordnungsautonome Bestimmung des Erfüllungsorts plädiert.
[42] *EuGH* 6.10.1976 (*De Bloos/Bouyer*), EU:C:1976:134 (Tz. 13/14), NJW 1977, 490.
[43] *EuGH* 6.10.1976 (*Tessili/Dunlop*), EU:C:1976:133 (Leitsatz), NJW 1977, 491; bestätigt durch *EuGH* 28.9.1999 (*Groupe Concorde*), EU:C:1999:456, NJW 2000, 719, und *EuGH* 5.10.1999 (*Leathertex*), EU:C:1999:483, NJW 2000, 721.
[44] *EuGH* 29.6.1994 (*Custom Made Commercial*), EU:C:1994:86, NJW 1995, 183.

Fall 8. Golfschuhe im Regen

der Käufer – wie hier – zur Zahlung erst nach Erhalt der Ware verpflichtet ist. Da *V* ihren Sitz in Deutschland hat, liegt der Erfüllungsort der Zahlungsverpflichtung in Deutschland. Die internationale Zuständigkeit deutscher Gerichte ist gegeben.

II. Örtliche und sachliche Zuständigkeit

Ausweislich seines Wortlauts eröffnet Art. 7 Nr. 1 Brüssel Ia-VO sowohl die internationale als auch die örtliche Zuständigkeit („Gericht des Ortes") am Erfüllungsort. Örtlich zuständig ist also das Gericht in Zweibrücken. Die sachliche Zuständigkeit des *LG* ergibt sich – streitwertabhängig – aus § 1 ZPO, §§ 23, 71 GVG. Folglich kann *V* vor dem *LG Zweibrücken* auf Zahlung des Kaufpreises klagen.

Fall 9. Der Kampf ums Forum

Zustellung von US-Klagen nach Deutschland – Rechtsschutz gegen Zustellungsverfügung – Vollstreckbarerklärung – anerkennungsrechtlicher ordre public – punitive damages – Anerkennungszuständigkeit – Gerichtsstandsvereinbarungen in AGB – rügelose Einlassung – American rule of costs – Gerichtsstand für Kostenerstattungsklage – Anknüpfung der Haftung für abredewidrige Klagerhebung

Sachverhalt

Die Passauer *RALOP GmbH (R)* fertigt in Niederbayern Spezialpulsmesser für Ausdauersportler, die sie deutschlandweit vertreibt. Anlässlich einer Fachmesse am Rande des München-Marathons kam es im Oktober 2018 zum Abschluss eines Kaufvertrags über einen Posten Pulsmesser mit der Bostoner *SCISA Ltd. (S)*, die Sportartikelfilialen in den USA betreibt. Weil der vertretungsberechtigte Einkäufer der S kaum Deutsch sprach, wurden die Verhandlungen in Englisch geführt. Das von R gestellte und von beiden Seiten unterzeichnete Vertragsformular war in Deutsch gefasst und verwies auf die Geltung der umseitig abgedruckten, ebenfalls deutschsprachigen Allgemeinen Verkaufsbedingungen (AVB), die u. a. die Geltung deutschen Rechts sowie die ausschließliche Zuständigkeit des *LG Passau* für alle aus dem Geschäft erwachsenden oder mit diesem in Zusammenhang stehenden Streitigkeiten vorsahen. Vorsichtshalber wies der Geschäftsführer der R eigens auf die Maßgeblichkeit der von ihm als „customary in our industry" (also: branchenüblich) bezeichneten AVB hin, ohne diese jedoch im Einzelnen zu erläutern. Der Einkäufer erwiderte, das gehe schon in Ordnung, sofern im Vertrag vermerkt werde, dass „US sales law" gelten soll; dies geschah dann auch.

In der Folge kam es zum Streit, weil S der R die Lieferung minderwertiger Ware in betrügerischer Absicht vorhielt. Nunmehr droht S mit einer Klage gegen R beim US-Bundesgericht in Boston *(US District Court for the District of Massachusetts)*, um 20.000 $ Kaufpreiserstattung, 10.000 $ entgangenen Gewinn sowie 50.000 $ *punitive damages* zu erlangen. Laut Auskunft eines US-Anwalts, den R konsultiert hat, ist zumindest nicht ausgeschlossen, dass sich das Bundesgericht für zuständig erklären und zugunsten S erkennen könnte.

Frage 1: Bietet sich R ein Weg, die Mitwirkung deutscher Rechtshilfebehörden bei der Zustellung der US-Klageschrift nach Deutschland zu verhindern, und wie wären die Erfolgsaussichten dieses Unterfangens zu beurteilen?

Frage 2: Muss R befürchten, dass im Falle eines Obsiegens der S im US-Prozess eine Vollstreckung des Urteils in Deutschland droht?

Frage 3: Weil R nicht ausschließen will, früher oder später auch auf dem US-Markt tätig zu werden, und deshalb dort keinesfalls verurteilt werden möchte, stellt sie sich dem US-Prozess und dringt mit ihrer Zuständigkeitsrüge durch. Gleichwohl kann R in diesem Prozess wegen der sog. *American rule of costs* von S keine Erstattung der ihr in erheblicher Höhe entstandenen Rechtsverteidigungskosten erlangen. Daher erwägt R eine dahingehende Regressklage beim *LG Passau*. Wie wären die Erfolgsaussichten dieser

Klage zu beurteilen, wenn man unterstellt, dass die Klageerhebung durch S in den USA nach keiner der in Betracht kommenden Rechtsordnungen als unerlaubte Handlung zu qualifizieren ist?

Lösung

Frage 1

Das statthafte Vorgehen der R (dazu I) hat Aussicht auf Erfolg, wenn es zulässig (dazu II) und begründet (dazu III) ist.

I. Statthaftes Vorgehen

In Betracht kommt der Versuch, die Mitwirkung deutscher Behörden bei der Zustellung der US-Klageschrift nach Deutschland durch einen Antrag gemäß § 23 I S. 1 EGGVG zu verhindern.[1] Die Zustellung gerichtlicher Schriftstücke richtet sich im deutsch-amerikanischen Rechtsverkehr nach dem Haager Übereinkommen über die Zustellung gerichtlicher und außergerichtlicher Schriftstücke im Ausland vom 15.11.1965 (HZÜ).[2] Laut Art. 5 I HZÜ ist die Zustellung von einer Zentralen Behörde des ersuchten Staates – hier: vom Präsidenten des *OLG München*[3] – zu bewirken oder zu veranlassen. Dies geschieht durch eine Zustellungsverfügung. Dabei handelt es sich um einen Justizverwaltungsakt,[4] dessen Rechtmäßigkeit ab Erlass einer gerichtlichen Überprüfung nach § 23 I S. 1 EGGVG unterzogen werden kann.[5]

II. Zulässigkeit

Der Antrag ist nach § 25 I S. 1 EGGVG beim *OLG München* zu stellen. Als Zustellungsadressatin wäre R antragsbefugt im Sinne von § 24 I EGGVG, wenn sie geltend macht, durch die Zustellung einer Klageschrift, welche die Verurteilung zu *punitive damages* verlangt, drohe eine Verletzung in ihren Grundrechten. Zu denken

---

[1] Beachte dazu und zu weiteren Verteidigungsstrategien gegen US-amerikanische Zivilklagen in Deutschland etwa *Fölsing*, IHR 2016, 17; *Tepper/Christophery*, RIW 2016, 790. Zu den Besonderheiten eines Vorgehens gemäß § 23 I S. 1 EGGVG gegen eine Zustellung aus dem EU-Ausland vgl. *KG* 13.8.2015, IPRspr 2015, 636.
[2] Abgedr. bei *Jayme/Hausmann* Nr. 211. Das HZÜ ist für Deutschland im Verhältnis zu den USA am 26.6.1979 in Kraft getreten (BGBl. 1979 II 779; BGBl. 1980 II 907). Unanwendbar ist hingegen die Verordnung Nr. 1393/2007 vom 13.11.2007 über die Zustellung gerichtlicher und außergerichtlicher Schriftstücke in Zivil- oder Handelssachen in den Mitgliedstaaten (EuZVO 2007; abgedr. bei *Jayme/Hausmann* Nr. 224), da diese ausweislich ihres Art. 1 I nur für Zustellungen im Rechtsverkehr zwischen den Mitgliedstaaten gilt.
[3] Vgl. § 1 des Ausführungsgesetzes zum HZÜ, abgedr. bei *Jayme/Hausmann* Nr. 212a, sowie die Auflistung der Zentralen Behörden in BGBl. 1995 II 758, ergänzt durch BGBl. 1999 II 714.
[4] Statt vieler: Zöller/*Lückemann* EGGVG § 23 Rn. 15.
[5] Überwiegend verneint wird die Möglichkeit, bereits den Erlass der Zustellungsverfügung zu verhindern, da dies auf eine in § 23 EGGVG nicht vorgesehene vorbeugende Unterlassungsklage hinausliefe; näher etwa *Stadler*, IPRax 1992, 147 (149). Auf die Möglichkeit, im Falle eines zu erwartenden Zustellungshilfeersuchens bei der Zentralen Behörde eine sog. Schutzschrift zu hinterlegen, verweist hingegen *Hess*, AG 2006, 809 (815). Ist die Zustellung bereits erfolgt, bleibt an Rechtsschutz gegen die Übermittlung des Zustellungszeugnisses (vgl. Art. 6 HZÜ) durch die deutsche Zentrale Behörde an die ersuchende ausländische Stelle zu denken; dazu *Schütze*, RIW 2005, 579 (582).

Fall 9. Der Kampf ums Forum 103

wäre dabei an Art. 12 I bzw. Art. 14 I GG,[6] zudem an Art. 2 I i. V. m. Art. 20 GG. Ob eine Rechtsverletzung in der Tat vorliegt, ist sodann erst eine Frage der Begründetheit.

III. Begründetheit

Der Antrag ist – mit der in § 28 I EGGVG vorgesehenen Folge – begründet, wenn erstens die angegriffene Maßnahme rechtswidrig und zweitens die Antragstellerin dadurch tatsächlich in ihren Rechten verletzt ist. Hier ist bereits Ersteres zweifelhaft: Die Zustellungsverfügung hinsichtlich der von S beim US-Bundesgericht in Boston eingereichten Klageschrift wäre rechtswidrig, wenn die Zustellung nicht erfolgen dürfte. Nach Art. 13 I HZÜ kann die Erledigung eines Zustellungsantrages nur abgelehnt werden, wenn der ersuchte Staat (hier: Deutschland) diese für geeignet hält, seine Hoheitsrechte oder seine Sicherheit zu gefährden. Zu klären bleibt, ob dies schon deshalb der Fall ist, weil S mit ihrer Klage auch *punitive damages*[7] erlangen will (dazu 1) oder weil die Entstehung hoher Anwaltskosten droht, welche R auch im Falle ihres Obsiegens zu tragen hätte (dazu 2).

1. *Punitive damages*

Bei der Prüfung von Art. 13 HZÜ ist zunächst zu beachten, dass es zumindest grundsätzlich keine Rolle spielt, inwieweit das Klagebegehren, also der Inhalt der Klageschrift, mit unserem *ordre public* vereinbar ist: Die spezielle Vorbehaltsklausel des Art. 13 HZÜ ist im Interesse von Rechtssicherheit und Entscheidungseinklang eng auszulegen[8] und geht dem innerstaatlichen *ordre public* (Art. 6 EGBGB) vor.[9] Wollte man Art. 13 HZÜ zu einer Überprüfung des Klagebegehrens anhand der wesentlichen Grundsätze des im ersuchten Staat geltenden Rechts heranziehen, so widerspräche dies dem Ziel des HZÜ, den internationalen Rechtshilfeverkehr zu erleichtern.[10]

Das *BVerfG* hat diese enge Auslegung des Art. 13 I HZÜ bestätigt, zugleich aber klargestellt, dass die Vorbehaltsklausel eingreifen kann, wenn das mit der zuzustellenden ausländischen Klageschrift verfolgte Ziel offensichtlich gegen unverzichtbare Grundsätze eines freiheitlichen Rechtsstaates verstieße.[11] Art. 13 HZÜ umfasst demnach einen gewissen individualrechtlichen Schutzgehalt: Nicht zuletzt die in der EMRK[12] zum Ausdruck kommenden Prinzipien, die den unverzichtbaren Kern jedes rechtsstaatlichen Handelns bilden, dürfen selbst dem bedeutsamen Ziel eines geordneten internationalen Zivilrechtsverkehrs nicht geopfert werden; der Rechtsstaat muss diese Grundsätze ebenso wie seine eigene Souveränität gegen ausländische Eingriffe verteidigen können. Fraglich ist dann aber, ob die Zustellung einer Klageschrift, die u. a. auf die Verurteilung zu *punitive damages* in Höhe von 50.000 $

---

[6] Insoweit ablehnend aber *BVerfG* 9.1.2013, GRUR 2013, 534 (535 Tz. 18).
[7] Beachte zu *punitive damages* im US-Recht aus neuerer Zeit etwa *Hay*, US-amerikanisches Recht, 6. Aufl. 2015, Rn. 153; *von Hein*, ZGR 2016, 414, dort vor allem im Zusammenhang mit der Sanktionierung unternehmerischer Menschenrechtsverletzungen.
[8] Statt mancher: *Huck*, NJOZ 2015, 993 (995).
[9] Klarstellend etwa Palandt/*Thorn* EGBGB Art. 6 Rn. 11.
[10] *BVerfG* 7.12.1994, BVerfGE 91, 335 (340); *BVerfG* 9.1.2013, GRUR 2013, 534 (535); vgl. auch *Hopt/Kulms/von Hein*, Rechtshilfe und Rechtsstaat, 2006, 125. Bedenklich weitgehend *KG* 13.8.2015, IPRspr 2015, 636: An Art. 13 I HZÜ scheitere die Zustellung der Klage eines ehemaligen Strafgefangenen gegen eine inländische Behörde, gerichtet auf Arbeitsentgelt für seine Tätigkeit im deutschen Strafvollzug.
[11] *BVerfG* 24.1.2007, WM 2007, 375 f. Bestätigend – jeweils zu US-Sammelklagen – *BVerfG* 14.6.2007, WM 2007, 1392; *BVerfG* 4.9.2008, WM 2008, 2033.
[12] Konvention zum Schutze der Menschenrechte und Grundfreiheiten vom 4.11.1950; Text der Neufassung v. 22.10.2010: BGBl. 2010 II 1198.

gerichtet ist, offensichtlich gegen unverzichtbare Grundsätze eines freiheitlichen Rechtsstaats verstößt. Laut *BVerfG* ist ein solcher Verstoß bei offensichtlicher Rechtsmissbräuchlichkeit des ausländischen Verfahrens denkbar, namentlich dann, wenn Schadensersatz in existenzgefährdender Höhe gefordert wird,[13] wenn die Forderung ersichtlich maßlos überhöht ist, wenn der Beklagte mit dem angegriffenen Verhalten evident nichts zu tun hat oder wenn erheblicher publizistischer Druck aufgebaut wird, um ihn zu einem ungerechtfertigten Vergleich zu drängen.[14] Dahingehende Anhaltspunkte enthält der Sachverhalt indes nicht.

Diese vom *BVerfG* für die Rechtsmissbräuchlichkeit aufgestellten Kriterien mögen zwar im Einzelfall zu einem überzeugenden Ergebnis führen, bergen allerdings die Gefahr, dass die Kontrollkompetenz der Rechtshilfestellen im ersuchten Staat doch im Sinne einer *révision au fond* missbraucht und damit der Zweck des HZÜ konterkariert wird.[15] Näher liegt es, den Wortlaut des Art. 13 I HZÜ ernst zu nehmen und zu fragen, ob sich bereits die „Erledigung eines Zustellungsantrages" als inakzeptabel erweist: Nur wenn unmittelbar durch die Erledigung vollendete Tatsachen geschaffen werden, unverzichtbare Grundsätze eines freiheitlichen Rechtsstaates also schon durch die Zustellung verletzt werden, ist der Zustellungsantrag abzulehnen. Ob eine Klageforderung überhöht ist oder in rechtsmissbräuchlicher Absicht verfolgt wird, ist primär durch das erkennende ausländische Gericht zu klären, hilfsweise durch den deutschen Anerkennungsrichter nach Maßgabe von § 328 I Nr. 4 ZPO, wenn sich im Inland die Frage nach der Anerkennungsfähigkeit des im ausländischen Verfahren ergangenen Urteils stellt, nicht jedoch schon durch die inländische Rechtshilfebehörde im Hinblick auf die erst zuzustellende Klageschrift.[16] Auch nach diesem formaleren Ansatz erscheint die Zustellungsverfügung im vorliegenden Fall rechtmäßig; denn allein durch die Zustellung der Klageschrift, mit welcher *punitive damages* begehrt werden, steht noch nicht fest, dass es auch zu einer entsprechenden Verurteilung kommen wird. Es werden also noch keine vollendeten Tatsachen geschaffen, die ohne Weiteres zu einer Verletzung unverzichtbarer Grundsätze eines freiheitlichen Rechtsstaates führen. Die Zustellung einer auf Strafschadensersatz gerichteten Schadensersatzklage verstößt daher nicht von vornherein gegen unverzichtbare Grundsätze eines freiheitlichen Rechtsstaates und vermag eine Rechtsmissbräuchlichkeit nicht ohne Weiteres zu begründen.[17]

2. Fehlende Ersatzfähigkeit von Anwaltskosten in beträchtlicher Höhe

Nach der sog. *American rule of costs* bekommt der Beklagte im US-Zivilprozess seine Anwaltskosten grundsätzlich selbst im Falle eines Obsiegens nicht ersetzt.[18]

---

[13] *BVerfG* 24.1.2007, WM 2007, 375 f.
[14] *BVerfG* 9.1.2013, GRUR 2013, 534; *BVerfG* 3.11.2015, JZ 2016, 796 m. Anm. *Stürner*.
[15] Dazu und zum Folgenden *Hau*, ZZPInt 6 (2001), 249 (252). Ähnlich *von Hein*, RIW 2007, 249; *Rogler*, IPRax 2009, 223; *Stadler*, JZ 2007, 1047.
[16] Wie hier *Schack*, AG 2006, 823 (829 f.). Vgl. auch *Hopt/Kulms/von Hein*, Rechtshilfe und Rechtsstaat, 2006, 143 f.
[17] Ebenso im Ergebnis *BVerfG* 9.1.2013, GRUR 2013, 534. Auch sonstige Eigenheiten des US-Prozessrechts (vgl. einführend etwa *Bruns*, AnwBl 2016, 194) sollen nicht ohne Weiteres den zustellungsrechtlichen *ordre public*-Vorbehalt auslösen: Das gilt für die weitgehende Möglichkeit paralleler Prozesse (hierzu *BVerfG* 9.1.2013, GRUR 2013, 534 Tz. 16), Sammelklagen bzw. *class actions* (hierzu *BVerfG* 3.11.2015, JZ 2016, 796 m. Anm. *Stürner*) sowie den Ausforschungsbeweis mittels der sog. *pre-trial discovery* (vgl. wiederum *BVerfG* 3.11.2015, JZ 2016, 796 m. Anm. *Stürner*).
[18] Beachte zu Regel und Ausnahmen etwa *Schack*, FS Schlosser, 2005, 839 (841); *Pfeiffer*, FS Lindacher, 2007, 77 (78 f.).

Fall 9. Der Kampf ums Forum

Auch dies ist nach der Rechtsprechung des *BVerfG* im Kontext des Art. 13 HGÜ regelmäßig unschädlich, und zwar ungeachtet der Tatsache, dass vor US-amerikanischen Gerichten sehr hohe Anwaltskosten anfallen können.[19] Die *American rule* beruht zwar auf rechtspolitischen Erwägungen, die von den entsprechenden deutschen Regelungen (siehe insbesondere § 91 ZPO) abweichen, und kann zu einem erhöhten Vergleichsdruck führen. Sie verstößt aber für sich genommen nicht gegen unverzichtbare rechtsstaatliche Grundsätze, sondern ist eine Folge der unternehmerischen Entscheidung für eine grenzüberschreitende Teilnahme am Wirtschaftsleben.[20]

IV. Ergebnis

Ein Antrag der R nach § 23 I S. 1 EGGVG erscheint nach alledem nicht erfolgversprechend.[21]

Frage 2

Ob die Vollstreckung eines etwaigen US-Urteils in Deutschland droht, hängt zunächst davon ab, nach welchen Vorschriften sich die Vollstreckbarerklärung richtet (dazu I) und welche Anerkennungshindernisse dabei in Betracht kommen (dazu II–IV).

I. Vollstreckbarerklärung

Entscheidungen aus anderen EU-Staaten sind nach Maßgabe von Art. 39 Brüssel Ia-VO[22] ohne Weiteres – also *ipso iure* – europaweit zu vollstrecken. Diese Regelung kommt einem US-amerikanischen Vollstreckungstitel nicht zugute. Zurückzugreifen ist vielmehr – weil keine vorrangigen völkerrechtlichen Bestimmungen im Verhältnis zu den USA gelten – auf die autonomen deutschen Regeln. Das sind in allgemeinen Zivil- und Handelssachen die §§ 722, 723 ZPO, wonach die Vollstreckung des ausländischen Titels eine Vollstreckbarerklärung voraussetzt: Gemäß § 722 I ZPO findet die Zwangsvollstreckung aus dem Urteil eines ausländischen Gerichts in Deutschland erst statt, wenn die Zulässigkeit durch ein deutsches Vollstreckungsurteil ausgesprochen ist. Dieses sog. Exequatur wird in einem kontradiktorischen Klageverfahren erteilt. Klagebefugt ist, wer als Titelgläubiger (oder dessen Rechtsnachfolger) Rechte aus der ausländischen Entscheidung ableitet; richtiger Gegner ist, gegen wen als Titelschuldner (oder dessen Rechtsnachfolger) daraus Rechte abgeleitet werden. Gegenstand des Exequaturverfahrens ist nicht der dem ausländischen Titel zugrunde liegende materiell-rechtliche Anspruch, sondern der Anspruch des Titelgläubigers auf den rechtsgestaltenden Ausspruch der Vollstreckbarkeit.[23] Das Verfahren und die Rechtsmittelmöglichkeiten richten sich nach den allgemeinen Regeln. Die besondere Zuständigkeitsvorschrift in § 722 II ZPO bezieht sich richti-

---

[19] *BVerfG* 9.1.2013, GRUR 2013, 534 (535 Tz. 15).
[20] Eingehend *BVerfG* 14.6.2007, NJW 2007, 3709 (3710 f.); siehe auch *BVerfG* 9.1.2013, GRUR 2013, 534 (535 Tz. 15).
[21] Eine wiederum andere Frage wäre, ob ein Unterbinden der Zustellungshilfe, selbst wenn dies in Betracht käme, aus Sicht einer in den USA verklagten Partei bzw. rechtspolitisch sinnvoll wäre. Mit guten Gründen verneinend *von Hein*, RIW 2007, 249 (255); *Schack*, AG 2006, 823 (831 f.); *Stürner*, JZ 2006, 60 (64 ff.); optimistischer *Hess*, AG 2006, 809 (815 f.).
[22] Verordnung (EU) Nr. 1215/2012 vom 12.12.2012 über die gerichtliche Zuständigkeit und die Anerkennung und Vollstreckung von Entscheidungen in Zivil- und Handelssachen; abgedr. bei *Jayme/Hausmann* Nr. 160.
[23] *BGH* 17.7.2008, NJW-RR 2009, 279 f.

gerweise nur auf die örtliche Zuständigkeit; demgegenüber genügt es für die internationale Zuständigkeit, dass der Titelgläubiger die Vollstreckbarerklärung im Inland begehrt.[24]

Der Erlass eines Vollstreckungsurteils muss nach § 723 II S. 2 ZPO abgelehnt werden, wenn die Anerkennung des ausländischen Urteils nach § 328 ZPO ausgeschlossen ist. Im vorliegenden Fall ist anhand dieser Vorschrift eine Prognose vorzunehmen, ob das Urteil des US-Bundesgerichts in Deutschland anerkennungsfähig wäre, wenn dieses der Klage der S stattgibt.

II. *Ordre public*, § 328 I Nr. 4 ZPO

Denkbar erscheint, dass die Anerkennungsfähigkeit am *ordre public*-Vorbehalt des § 328 I Nr. 4 ZPO scheitert. Vorbehalte gegen die Anerkennung können freilich von vornherein nicht schon daraus abgeleitet werden, dass das ausländische Urteil möglicherweise inhaltlich unzutreffend wäre. Unerheblich ist daher, ob R aufgrund des ihr vorgeworfenen Verhaltens nach deutschem Recht haftbar wäre. Dies folgt aus dem Verbot einer *révision au fond*, das in § 723 I ZPO für die Vollstreckbarerklärung ausländischer Urteile ausdrücklich erwähnt wird („ohne Prüfung der Gesetzmäßigkeit der Entscheidung"). Dahinter steht der Gedanke, dass der *ordre public* lediglich als „Notbremse" die Anerkennung und Vollstreckbarerklärung solcher Entscheidungen verhindern soll, die mit den inländischen Vorstellungen schlechthin unvereinbar sind. Eine eingehende Überprüfung der ausländischen Entscheidung hinsichtlich ihrer sachlichen „Richtigkeit" würde hingegen der Rechtssicherheit zuwiderlaufen, den internationalen Entscheidungseinklang gefährden, Prozessökonomie verhindern und eine Geringschätzung der ausländischen Rechtspflege zum Ausdruck bringen.

Zu erwägen ist aber, ob die Anerkennung speziell im Falle einer Verurteilung zu *punitive damages* ausgeschlossen wäre. Solche kommen nach US-amerikanischen Vorstellungen unter bestimmten Voraussetzungen in Betracht, wenn dem Schädiger ein besonders verwerfliches Verhalten vorgeworfen wird. Kollisionsrechtlich hat der deutsche Gesetzgeber seit 1999 in Art. 40 III Nr. 1 und 2 EGBGB festgeschrieben, dass ein deutsches Gericht bei der Anwendung ausländischen Rechts keine Beträge zusprechen darf, die wesentlich weiter gehen als zur angemessenen Entschädigung erforderlich bzw. die offensichtlich anderen Zwecken als der angemessenen Entschädigung des Verletzten dienen. Im Anwendungsbereich der Rom II-VO[25] kann, wie ihr Erwägungsgrund Nr. 32 eigens hervorhebt, in solchen Fällen der kollisionsrechtliche *ordre public* (Art. 26 Rom II-VO) mobilisiert werden.[26] Dabei hatten sowohl der deutsche als auch der europäische Gesetzgeber gerade US-amerikanische *punitive damages* vor Augen.[27] Zu beachten ist jedoch, dass die genannten Vor-

---

24 Näher *Hau*, ZVglRWiss 116 (2017), 23 (35 ff.).
25 Verordnung Nr. 864/2007 vom 11.7.2007 über das auf vertragliche Schuldverhältnisse anzuwendende Recht; abgedr. bei *Jayme/Hausmann* Nr. 101.
26 Zusätzlich unterstrichen werden diese europäischen Vorbehalte gegen *punitive damages* durch die Empfehlung 2013/396/EU zum kollektiven Rechtsschutz (ABl. EU 2013 Nr. L 201/60); vgl. dort Nr. 31: „Der Schadensersatz, der bei einem Massenschadensereignis geschädigten natürlichen oder juristischen Personen zuerkannt wird, sollte den Betrag nicht übersteigen, der im Wege einer Individualklage hätte erwirkt werden können. Insbesondere sollte ein Strafschadensersatz verboten werden, der einen überhöhten Ausgleich des von der Klagepartei erlittenen Schadens zur Folge hätte."
27 Vgl. BT-Drs. 14/343, 12, und zur Vorgeschichte von Art. 26 Rom II-VO *Wagner*, IPRax 2008, 1 (16 f.).

schriften nach ihrer Systematik auf das Kollisionsrecht beschränkt sind: Dadurch, dass ein deutsches Gericht lediglich die Anwendung bestimmter Aspekte einer an sich kollisionsrechtlich berufenen ausländischen Rechtsordnung ablehnt, wird der internationale Entscheidungseinklang in deutlich geringerem Maße belastet, als wenn einer im Ausland bereits erlassenen ausländischen Entscheidung die Verbindlichkeit im Inland abgesprochen wird. Kollisionsrechtliche Wertungen dürfen daher zumindest nicht unbesehen auf den anerkennungsrechtlichen *ordre public* übertragen werden.[28]

Gleichwohl entsprach es schon vor 1999 der herrschenden Meinung, dass die Anerkennung ausländischer Entscheidungen in Deutschland zu versagen ist, soweit *punitive damages* zugesprochen werden:[29] Ein solcher Strafschadensersatz sei dem deutschen Zivilrecht nicht nur unbekannt, sondern wesensfremd.[30] Dies gilt zumindest dann, wenn damit nicht – vergleichbar insbesondere dem deutschen Schmerzensgeldanspruch (§ 253 II BGB) – dem Opfer Genugtuung verschafft, sondern Bestrafung und Abschreckung des Täters erzielt werden soll: Jedenfalls soweit *punitive damages* über die Kompensation materieller und immaterieller Schäden hinaus pauschal, also völlig ungeachtet der Bedürfnisse oder der Verluste des Geschädigten gerade diesem zugesprochen werden, widersprechen sie nach deutschen Vorstellungen dem staatlichen Bestrafungsmonopol und sind deshalb nach autonomem deutschen Recht wegen § 328 I Nr. 4 ZPO nicht anerkennungsfähig.[31] Dass dies hier der Fall wäre, hätte *R* im Rahmen der Vollstreckbarerklärung darzulegen.

Hingegen bestehen hinsichtlich einer drohenden Verurteilung zu Kaufpreisrückzahlung und entgangenem Gewinn von vornherein keine Anhaltspunkte dafür, dass einem US-Urteil unter dem Gesichtspunkt des *ordre public* die Anerkennung zu versagen wäre. Möglich wäre daher, auch wenn § 328 I Nr. 4 ZPO hinsichtlich der *punitive damages* durchgreifen sollte, eine nur teilweise Vollstreckbarerklärung und deren Ablehnung im Übrigen.

III. Verbürgung der Gegenseitigkeit, § 328 I Nr. 5 ZPO

Die Anerkennung ist gemäß § 328 I Nr. 5 ZPO auch dann zu versagen, wenn die Gegenseitigkeit nicht verbürgt ist, wenn also deutsche Entscheidungen im Urteilsstaat nicht anerkannt und vollstreckt werden. Hat ein US-Bundesgericht entschieden, kommt es für die Verbürgung der Gegenseitigkeit auf die Vorschriften desjenigen Einzelstaats an, in dem das konkrete Bundesgericht seinen Sitz hat (hier: Massachusetts). Dies folgt daraus, dass in den USA einheitliche, von allen Bundesgerichten zu beachtende Regeln hinsichtlich der Anforderungen an die Anerkennung auslän-

---

[28] *Kropholler/von Hein*, FS Stoll, 2001, 553 (572); *Stürner*, FS 50 Jahre BGH, 2000, Bd. III, 677 (679 f.); *Linke/Hau* IZVR Rn. 13.31. Ebenso allgemein die Lehre vom *ordre public atténué*, wonach die anerkennungsrechtliche Vorbehaltsklausel weniger eingriffsintensiv ist als die kollisionsrechtliche; dazu etwa *Geimer* IZPR Rn. 113. Speziell zu Art. 40 III EGBGB bzw. Art. 26 Rom II-VO einschränkend jedoch *Junker* IZPR § 1 Rn. 21; *Schack* IZVR Rn. 960; offenlassend *OLG Düsseldorf* 4.4.2011, IPRax 2013, 349 (351).
[29] Grundlegend *BGH* 4.6.1992, BGHZ 118, 312 = JuS 1993, 423 (*Hohloch*). Ebenso *obiter* auch *BVerfG* 7.12.1994, BVerfGE 91, 335 (345) = JuS 1995, 454 (*Hohloch*). Vgl. zum Streitstand seither etwa *von Hein*, ZGR 2016, 414 (436); *Schack* IZVR Rn. 960 („heillos umstritten"); *Thole* in Hess, Die Anerkennung im Internationalen Zivilprozessrecht – Europäisches Vollstreckungsrecht, 2014, 25 (48 f.).
[30] Vgl. zum zunehmenden Bedeutungsgewinn präventiver und pönaler Elemente auch im deutschen Haftungsrecht allerdings etwa *Fuchs*, FS von Hoffmann, 2011, 766 m. w. N.
[31] Im Rahmen des HGÜ (dazu sogleich) verspricht man sich von dessen Art. 11 eine akzeptable Definition derjenigen Fälle, in denen die Anerkennung verweigert werden darf.

discher Urteile fehlen, diese Frage vielmehr in die Regelungskompetenz der Einzelstaaten fällt; die US-Bundesgerichte greifen daher auf die Vorschriften in ihrem jeweiligen Sitzbundesstaat zurück, wenn sich die Frage nach der Anerkennungsfähigkeit einer ausländischen Entscheidung stellt.[32] Im Hinblick auf Urteile, die in Massachusetts erlassen werden, begegnet aus deutscher Sicht die Verbürgung der Gegenseitigkeit keinen Bedenken.[33] Dies gilt nach zutreffender Auffassung[34] ungeachtet der sog. *American rule of costs,* die u. a. dazu führt, dass ein Titelgläubiger, der ein deutsches Urteil in den USA für vollstreckbar erklären lässt, seine dafür aufgewendeten Rechtsverfolgungskosten grundsätzlich selbst zu tragen hat.

IV. Anerkennungszuständigkeit, § 328 I Nr. 1 ZPO

1. Überblick

Ein weiterer Anerkennungsversagungsgrund ergibt sich nach dem autonomen deutschen Recht gemäß § 328 I Nr. 1 ZPO dann, wenn die Gerichte des Urteilsstaats nicht international zuständig waren, die in Rede stehende Entscheidung zu erlassen. Das Vorliegen dieser sog. Anerkennungszuständigkeit wird aufgrund einer spiegelbildlichen Anwendung der deutschen Grundsätze beurteilt: Zu klären ist, ob die US-Gerichte internationale Zuständigkeit beanspruchen können, wenn man dies nach den Regeln bestimmt, die für deutsche Gerichte gelten.[35] Gefordert ist also eine spiegelbildliche Anwendung der ZPO-Gerichtsstände, die nach dem sog. Grundsatz der Doppelfunktionalität nicht nur die örtliche, sondern zugleich die internationale Zuständigkeit regeln.[36]

Im vorliegenden Fall wäre an eine Gerichtspflichtigkeit der *R* nach Maßgabe von § 29 ZPO (Vertragsgerichtsstand) oder § 32 ZPO (Deliktsgerichtsstand) in den USA zu denken. Dabei käme es nach zutreffender Auffassung jeweils nur darauf an, ob der aus deutscher Sicht zuständigkeitsbegründende Umstand irgendwo im Territorium der USA – nicht notwendig in dem Sitzbundesstaat des entscheidenden US-Bundesgerichts (hier: Massachusetts) – verwirklicht ist.[37]

Eine solche Prüfung ist freilich entbehrlich, wenn bereits kraft der im Kaufvertrag vorgesehenen Gerichtsstandsklausel feststeht, dass ausschließlich deutsche Gerichte, nicht hingegen US-Gerichte zur Entscheidung über die von *S* geltend gemachten Ansprüche berufen sind (dazu 2); denn dann muss eine Anerkennung des US-Urteils an § 328 I Nr. 1 ZPO scheitern, und zwar ohne Rücksicht darauf, ob überhaupt irgendein nach allgemeinen Regeln zuständigkeitsrelevanter Umstand in die USA weist. In diesem Fall käme eine Anerkennung in Deutschland also nur noch in Betracht, wenn sich *R* gleichwohl rügelos auf das US-Verfahren einließe (dazu 3).

---

[32] Näher *Böhm,* Amerikanisches Zivilprozessrecht, 2005, Rn. 18 ff.
[33] Für einen Überblick mit Staatenverzeichnis vgl. MüKoZPO/*Gottwald* ZPO § 328 Rn. 135 f. *Beachte:* Mangels Angaben im Sachverhalt wäre dieses Ergebnis angesichts der negativen Formulierung des § 328 I Nr. 5 ZPO in der Klausur im Zweifel zu unterstellen.
[34] Treffend *OLG Koblenz* 16.10.2003, RIW 2004, 302 (bestätigend: *BGH* 20.10.2005, IPRspr. 2005, Nr. 161); kritisch *Schütze* IZPR Rn. 339.
[35] Vgl. dazu, statt mancher, etwa *Adolphsen* EuZVR Kap. 5 Rn. 84; *Junker* IZPR § 32 Rn. 28 ff.; *Linke/Hau* IZVR Rn. 13.9 ff.
[36] Siehe nur *Geimer* IZPR Rn. 946 ff. Zur Streitfrage, inwieweit im Rahmen des Spiegelbildprinzips auch Gerichtsstände der Brüssel Ia-VO maßgeblich sein können, vgl. *Linke/Hau* IZVR Rn. 13.10.
[37] Siehe speziell zu US-Bundesgerichten *BGH* 29.4.1999, BGHZ 141, 286 (291 ff.). Ausführlich *von Hoffmann/Hau,* RIW 1998, 344 ff.; kritisch *Schütze* IZPR Rn. 331.

2. Gerichtsstandsvereinbarung

a) Rechtsquelle

Das Haager Übereinkommen über Gerichtsstandsvereinbarungen vom 30.6.2005 (HGÜ)[38] gilt für die EU[39] und wurde auch von den USA gezeichnet, aber noch nicht ratifiziert. Weil auch keine sonstige vorrangige Sonderregel zur Beurteilung von Gerichtsstandsvereinbarungen im deutsch-europäischen bzw. deutsch-amerikanischen Rechtsverkehr eingreift, bietet es sich an, die Wirksamkeit der von *S* und *R* womöglich getroffenen Vereinbarung anhand von Art. 25 Brüssel Ia-VO zu prüfen. Der Anwendungsbereich dieser Vorschrift erfasst internationale Gerichtsstandsvereinbarungen zugunsten mitgliedstaatlicher Gerichte,[40] und zwar ohne Rücksicht darauf, wo die Parteien ansässig sind; das folgt sowohl aus Art. 25 I S. 1 („unabhängig von ihrem Wohnsitz") als auch aus Art. 6 I Brüssel Ia-VO. Ausgeklammert bleiben reine Binnensachverhalte,[41] wovon hier aber keine Rede sein kann. Diskutiert wird hingegen, ob Art. 25 Brüssel Ia-VO Gerichtsstandsvereinbarungen nur dann betrifft, wenn der Fall Berührungspunkte zu mehreren Mitgliedstaaten aufweist, oder ob auch solche Sachverhalte erfasst werden, die sich auf einen Mitgliedstaat sowie mindestens einen Drittstaat beziehen. Die letztgenannte Auffassung erscheint vorzugswürdig, entspricht der Rechtsprechung des *EuGH*[42] und sichert Art. 25 Brüssel Ia-VO im Ergebnis einen weiten Anwendungsbereich.[43] Daher erfasst die Vorschrift den hier interessierenden Fall, dass eine in den USA und eine in Deutschland ansässige Partei die Zuständigkeit eines deutschen Gerichts vereinbaren. Ausgeschlossen ist somit ein Rückgriff auf das autonome deutsche Recht (also §§ 38, 40 ZPO).

b) Wirksamkeit der Gerichtsstandsvereinbarung

Art. 25 Brüssel Ia-VO statuiert besondere Voraussetzungen für die internationale Prorogation und/oder Derogation und damit mittelbar auch für die Einbeziehung entsprechender AGB-Bestimmungen. Abs. 1 S. 3 der Vorschrift sieht verschiedene Modi für den Vereinbarungsschluss vor. Diese Tatbestandsmerkmale sind verordnungsautonom auszulegen, wobei die Voraussetzung einer „Vereinbarung" mit den aufgestellten Formerfordernissen eine sinnhafte Einheit bildet: Einerseits lässt die Formwahrung tatsächliche Willenseinigung vermuten, andererseits bestimmt der Formzweck, die Willenseinigung zu gewährleisten, maßgeblich die Interpretation der Formvorgaben.[44]

---

[38] Abgedr. bei *Jayme/Hausmann* Nr. 151. Einführend etwa *Antomo*, NJW 2015, 2919; *Eichel*, GPR 2014, 159; *Huber*, IPRax 2016, 197; *Reuter/Wegen*, ZVglRWiss 116 (2017), 383. Die aktuelle Statustabelle mit einem Verzeichnis der Vertragsstaaten ist abrufbar auf der Homepage der Haager Konferenz unter www.hcch.net.
[39] Beschluss zur Ratifikation: 2014/887/EU, ABl. EU 2014 Nr. L 353/5.
[40] Nicht relevant ist hier die Streitfrage, inwieweit Art. 25 Brüssel Ia-VO auch Maßstab für die Derogation eines europäischen Gerichtsstands zugunsten drittstaatlicher Gerichte ist; vgl. dazu etwa *Linke/Hau* IZVR Rn. 6.8.
[41] Näher etwa Rauscher/*Mankowski* Brüssel Ia-VO Art. 25 Rn. 21 ff.
[42] *EuGH* 9.11.2000 (*Coreck Maritime/Handelsveem*), EU:C:2000:606, EuGHE 2000, I-9337; *EuGH* 13.7.2000 (*Group Josi*), EU:C:2000:399, EuGHE 2000, I-5925.
[43] Wie hier etwa *Nagel/Gottwald* IZPR § 3 Rn. 186 ff.; Rauscher/*Mankowski* Brüssel Ia-VO Art. 25 Rn. 4 ff.; *Schlosser/Hess* EuGVVO Art. 25 Rn. 6.
[44] Näher zur insoweit inhaltsgleichen Brüssel I-VO *Lindacher*, FS Schlosser, 2005, 491 ff.

Hier kommt eine schriftliche Vereinbarung i. S. v. Art. 25 I S. 3 lit. a Var. 1 Brüssel Ia-VO in Betracht.[45] Eine solche liegt vor, wenn beide Parteien ihre Willenserklärungen schriftlich abgegeben haben, wobei eine beiderseits unterzeichnete Urkunde i. S. v. § 126 II BGB nicht erforderlich,[46] aber hinreichend ist. Besonderheiten gelten indes, wenn die Gerichtsstandsvereinbarung – wie hier – nicht ausgehandelt, sondern in den AGB einer der Parteien vorgesehen ist: Weil Art. 25 I S. 3 Brüssel Ia-VO nur solchen Gerichtsstandsklauseln Geltung verschaffen soll, die tatsächlich Gegenstand einer Willenseinigung waren, setzt die Vorschrift gerade der Gerichtsstandswahl mittels AGB Grenzen. Zwar folgt daraus, dass die Gerichtsstandsregelung vom tatsächlichen Willen beider Seiten gedeckt sein muss, nicht notwendig, dass eine Individualabrede zu fordern ist. Hingegen kann die bloße Einbeziehungsvereinbarung bezüglich eines Bedingungswerks, das u. a. eine Gerichtsstandsklausel enthält, selbst im Unternehmensverkehr nicht genügen: Die entsprechende Klausel entfaltet ihre Wirkung nicht schon durch allgemeine Akzeptanz des fraglichen Klauselwerks, sondern nur bei Billigung bzw. zumindest zurechenbarem Schein der Billigung gerade der Gerichtsstandsklausel. Dies verlangt neben einem unzweideutigen Hinweis auf die Gesamt-AGB[47] zumindest die Möglichkeit zumutbarer Kenntnisnahme, also das rechtzeitige Zugänglichmachen des AGB-Textes.[48]

Diesen Anforderungen genügt die Art und Weise, wie der Geschäftsführer der R im vorliegenden Fall auf die Einbeziehung der AGB hingewirkt hat. Die Bezugnahme auf die eigenen AGB mit dem Hinweis zu verbinden, dass dieselben eine Gerichtsstandsklausel enthalten, ist zwar der sicherste Weg, aber keineswegs unabdingbar geboten, wenn der Vertreter der Gegenseite – wie hier – erkennbar keinen Wert auf nähere Informationen legt. Nichts anderes folgt dann aus dem Umstand, dass der Vertreter der S die deutschsprachigen AVB nicht verstanden hat: Unterzeichnet ein unternehmerisch tätiger Vertragspartner des Verwenders eine in einer anderen Sprache als der Verhandlungssprache abgefasste Vertragsurkunde mit AGB-Einbeziehungshinweis, so akzeptiert er eine von der Verhandlungssprache abweichende gesonderte Vertragssprache und übernimmt damit nach der Verkehrsauffassung prinzipiell die Obliegenheit, eigenverantwortlich für das Verständnis des unterzeichneten Textes zu sorgen (sog. „Sprachrisiko").[49]

c) Zusätzliche AGB-rechtliche Einbeziehungs- und Inhaltskontrolle?

Im Anwendungsbereich von Art. 25 I Brüssel Ia-VO bestimmt sich die Frage, ob eine vorformulierte Gerichtsstandsklausel Vertragsinhalt geworden ist, ausschließlich nach den vereinheitlichten Regeln. Eine zusätzliche AGB-rechtliche Einbeziehungskontrolle nach §§ 305 II, III, 305c I BGB kommt auch dann nicht in

---

[45] Ausführlich zum Folgenden etwa *Hau* in Wolf/Lindacher/Pfeiffer, AGB-Recht, 6. Aufl. 2013, Klauseln Rn. G 156 ff.

[46] Vgl. *BGH* 25.1.2017, RIW 2017, 229, dort zur Parallelfrage im LugÜ 2007; dazu *Pfeiffer*, IWRZ 2017, 133.

[47] *EuGH* 14.12.1976 (*Colzani/Rüwa*), EU:C:1976:177, EuGHE 1976, 1831: Bei Fehlen eines besonderen Hinweises genügt es nicht, dass die Gerichtsstandsklausel Bestandteil der auf der Vertragsurkundenrückseite abgedruckten AGB ist. Im Anschluss daran *EuGH* 7.7.2016 (*Höszig*), EU:C:2016:525, ZIP 2016, 1700; Rauscher/*Mankowski* Brüssel Ia-VO Art. 25 Rn. 92. Beachte auch *EuGH* 8.3.2018 (*Saey Home & Garden*), EU:C:2018:173, RIW 2018, 206, dort dazu, dass ein erst in der Rechnung enthaltener Hinweis verspätet ist.

[48] *EuGH* 7.7.2016 (*Höszig*), EU:C:2016:525, ZIP 2016, 1700 spricht in Tz. 40 davon, dass die Bedingungen der anderen Vertragspartei „tatsächlich zugegangen" sein müssen.

[49] So auch *OLG Köln* 24.4.2013, IHR 2015, 60; Rauscher/*Mankowski* Brüssel Ia-VO Art. 25 Rn. 141 m. w. N.

Fall 9. Der Kampf ums Forum

Betracht, wenn deutsches Recht Vertragsstatut ist.⁵⁰ Das nationale Recht entscheidet nur über sonstige (im vorliegenden Fall unproblematische) Wirksamkeitsfragen wie Geschäftsfähigkeit, Fehlen von Willensmängeln und wirksame Stellvertretung.⁵¹

Streitig ist, ob Art. 25 I Brüssel Ia-VO noch Raum für eine ergänzende AGB-Inhaltskontrolle nach § 307 BGB (oder vergleichbaren ausländischen Vorschriften) lässt. Im internationalen Handelsverkehr, in dem ein gesteigertes Interesse an Rechtssicherheit besteht, werden entsprechende Klauseln überwiegend entweder als nach § 307 BGB unbedenklich angesehen, oder es wird von vornherein die Möglichkeit einer neben Art. 25 Brüssel Ia-VO tretenden Inhaltskontrolle nach nationalem Recht verneint.⁵² Nach beiden Ansichten ergeben sich keine ernsthaften Bedenken gegen die Wirksamkeit der hier in Rede stehenden Gerichtsstandsvereinbarung.

d) Reichweite der Gerichtsstandsvereinbarung

Gemäß Art. 25 I S. 1 Brüssel Ia-VO begründet eine Gerichtsstandsvereinbarung die Zuständigkeit der berufenen Gerichte bzw. des berufenen Gerichts, im Ausgangsfall also des *LG Passau*. Diese Zuständigkeit ist hier schon ausweislich des Klauselwortlauts ausschließlich, ohne dass es auf die dahingehende Vermutung in Art. 25 I S. 2 Brüssel Ia-VO ankäme. Ob dabei auch etwaige konkurrierende deliktische Ansprüche erfasst sein sollen, ist eine bisweilen schwierige Auslegungsfrage,⁵³ die im vorliegenden Fall aber schon wegen der betont weiten Formulierung der Klausel („für alle aus dem Geschäft erwachsenden oder mit diesem in Zusammenhang stehenden Streitigkeiten") zu bejahen wäre.

e) Zwischenergebnis

Nach alldem steht schon die Gerichtsstandsklausel einer Klage durch *S* in den USA entgegen; ein dort ergehendes Urteil kann wegen §§ 723 II S. 2, 328 I Nr. 1 ZPO in Deutschland nicht anerkannt und für vollstreckbar erklärt werden.

3. Rügelose Einlassung

Dass die Gerichtsstandsklausel, wie gesehen, vor einer Anerkennung des US-Urteils in Deutschland schützt, gilt allerdings nur, wenn *R* die Anerkennungszuständigkeit der US-Gerichte nicht nachträglich doch noch begründet. Zu warnen wäre daher vor einer Einlassung auf den US-Prozess, ohne dabei die Unzuständigkeit des dortigen Gerichts rechtzeitig zu rügen; denn in diesem Fall könnte die Anerkennungszuständigkeit im Sinne von § 328 I Nr. 1 ZPO auf eine spiegelbildliche Anwendung von § 39 ZPO gestützt werden.⁵⁴ Allerdings wird man für die Zwecke des § 328 I Nr. 1 ZPO eine besondere Rüge für entbehrlich halten, wenn das ausländische Gericht nach seinen autonomen Vorschriften auch ohne die rügelose Ein-

---

⁵⁰ MüKoZPO/*Gottwald* Brüssel Ia-VO Art. 25 Rn. 78; *Schack* IZVR Rn. 536; Reithmann/Martiny/*Hausmann* IntVertragsR Rn. 8.37.
⁵¹ Siehe *LG Kleve* 27.10.2015, BeckRS 2016, 06654; Rauscher/*Mankowski* Brüssel Ia-VO Art. 25 Rn. 146 ff.
⁵² Rauscher/*Mankowski* Brüssel Ia-VO Art. 25 Rn. 62; dort auch der Hinweis auf mögliche (enge) Ausnahmen hiervon, für deren Eingreifen vorliegend jedoch nichts ersichtlich ist.
⁵³ Dazu ausführlich Rauscher/*Mankowski* Brüssel Ia-VO Art. 25 Rn. 208 f. m. w. N.
⁵⁴ Zur hier nicht relevanten Frage, ob die Anerkennungszuständigkeit auch anhand von Art. 26 Brüssel Ia-VO beurteilt werden kann, vgl. Fall Nr. 4.

lassung international zuständig und die Zuständigkeitsrüge des Beklagten im ausländischen Verfahren mithin eine sinnlose Förmelei wäre.[55]

V. Ergebnis

Eine Vollstreckbarerklärung des US-Urteils in Deutschland scheitert, soweit *punitive damages* zugesprochen werden, bereits an § 328 I Nr. 4 ZPO, im Übrigen insgesamt an § 328 I Nr. 1 ZPO.

Frage 3

Die Klage hat Erfolg, wenn sie zulässig (dazu I) und begründet ist (dazu II).

I. Zulässigkeit der Regressklage

Zu untersuchen ist zunächst die internationale Zuständigkeit des *LG Passau* (dazu 1). Der Zulässigkeit der Klage könnte überdies die Rechtskraft der US-amerikanischen Entscheidung entgegenstehen (dazu 2).

1. Internationale Entscheidungszuständigkeit

Da S als Beklagte ihren Sitz in einem Drittstaat hat und keiner der in Art. 6 I Brüssel Ia-VO genannten Ausnahmefälle vorliegt, kann sich die internationale Entscheidungszuständigkeit deutscher Gerichte nicht aus den in Art. 4 ff. Brüssel Ia-VO vorgesehenen gesetzlichen Gerichtsständen ergeben. Bevor jedoch eine doppelfunktionale Anwendung der ZPO-Gerichtsstände erwogen wird, ist zu klären, ob die internationale (zugleich aber auch die sachliche und örtliche) Zuständigkeit des *LG Passau* ohne Weiteres schon aus der Gerichtsstandsklausel folgt. Die Wirksamkeit dieser Vereinbarung bestimmt sich – wie dargelegt – nach Art. 25 Brüssel Ia-VO und ist zu bejahen. Dann stellt sich nur noch die Auslegungsfrage, ob die Gerichtsstandsvereinbarung auch die hier in Rede stehende Regressklage erfasst. Auch dies dürfte zu bejahen sein: Die Aufnahme einer derart weit formulierten Klausel in den Vertrag soll erkennbar sicherstellen, dass sämtliche Streitigkeiten im prorogierten Forum ausgetragen werden, und zwar einschließlich eines etwaigen Streits um die Folgen einer abredewidrig anderenorts erhobenen Klage.[56]

2. Entgegenstehende Rechtskraft?

Die Regressklage hätte keine Aussicht auf Erfolg, stünde ihr die rechtskräftige und in Deutschland anzuerkennende Entscheidung des US-Gerichts entgegen, dass S keine Kostenerstattung schuldet. Der Sachverhalt lässt offen, ob im US-Prozess ein Antrag der R, ihr einen Kostenerstattungsanspruch gegen S zuzusprechen, überhaupt nicht gestellt oder ein solcher zwar gestellt, aber rechtskräftig abgelehnt worden ist. Allerdings wäre weder im ersten noch im zweiten Fall von einer Rechtskraftsperre auszugehen:[57] Im ersten, weil es dann bereits an einer rechtskraftfähigen

---

[55] Grundlegend *BGH* 3.12.1992, BGHZ 120, 334 = IPRax 1994, 204 m. zust. Anm. *Basedow*, 183 und *Geimer*, 187 = ZZP 107 (1994), 67 m. Anm. *Schack*, 75.
[56] Näher zu solchen Auslegungsfragen *Antomo*, Schadensersatz wegen der Verletzung einer internationalen Gerichtsstandsvereinbarung?, 2017, S. 365 ff.; *Peiffer*, Schutz gegen Klagen im *forum derogatum*, 2013, S. 468.
[57] Zum gleichen Ergebnis gelangen in vergleichbaren Fällen, jeweils speziell zum deutsch-amerikanischen Rechtsverkehr, auch *Schlosser*, FS Lindacher, 2007, 111 (119 ff.); *Sandrock*, RIW 2004, 809 (812). Ausführlich *Antomo* (Fn. 56), S. 370 ff.

Fall 9. Der Kampf ums Forum

Entscheidung über den fraglichen Anspruch fehlte, im zweiten, weil das insoweit den Antrag der R abweisende Urteil von einem Gericht erlassen worden wäre, das aus deutscher Sicht wegen der Gerichtsstandsvereinbarung gerade nicht zur Entscheidung berufen war, sodass die Anerkennung zu versagen wäre (§ 328 I Nr. 1 ZPO).

3. Zwischenergebnis

Die Regressklage ist zulässig.

II. Begründetheit der Regressklage

1. Anwendbares Recht

Da einerseits laut Sachverhalt deliktische Ansprüche nicht zu prüfen sind,[58] andererseits ein prozessualer Kostenerstattungsanspruch gemäß §§ 91 ff. ZPO von vornherein nur im Hinblick auf einen im Inland ausgetragenen Prozess in Betracht kommt,[59] kann R Ersatz ihrer Rechtsverfolgungskosten allenfalls aufgrund eines materiell-rechtlichen Kostenerstattungsanspruchs wegen der Verletzung der Gerichtsstandsvereinbarung verlangen. Dann stellt sich zunächst die kollisionsrechtliche Frage, nach welchem Recht sich ein solcher Anspruch beurteilt. Zu denken wäre dabei einerseits an das Statut des Hauptvertrags (wobei dann wiederum zu fragen wäre, wie sich die interpretationsbedürftige Individualvereinbarung über die Maßgeblichkeit des „US sales law" zu der AVB-Rechtswahlklausel zugunsten des deutschen Rechts verhält), zum anderen an das deutsche Recht als der *lex fori prorogati*. Soweit dieses Anknüpfungsproblem im Schrifttum erörtert wird, favorisiert man überzeugend die letztgenannte Möglichkeit:[60] Da sich die prozessualen Wirkungen der Prorogation deutscher Gerichte nach der deutschen *lex fori* richten, sei es nur konsequent, einen aus der Verletzung der Vereinbarung eventuell erwachsenden Schadensersatzanspruch denselben Regeln zu unterstellen; diese Anknüpfung entspräche auch am ehesten dem Rechtsgedanken des Art. 12 I lit. c Rom I-VO[61]. Zumindest für Fälle wie den vorliegenden gelangt zu demselben Ergebnis, wer nicht ohne Weiteres auf das Recht des prorogierten Forums, sondern auf das speziell für die Gerichtsstandsvereinbarung geltende Recht abstellt.[62]

2. Deutsches Recht

Im somit eröffneten Anwendungsbereich des deutschen Rechts stellen sich zwei Fragen: zum einen, ob eine ausschließliche Gerichtsstandsvereinbarung überhaupt eine Verpflichtung, nicht abredewidrig anderenorts zu klagen, begründen und deren Verletzung sodann Schadensersatzansprüche auslösen kann, zum anderen, wenn man dies im Grundsatz bejaht, ob im konkreten Fall von einer dahingehenden Verpflichtung auszugehen ist.

---

[58] Vgl. zur Möglichkeit einer Haftung gemäß § 826 BGB wegen *forum shopping*, freilich bedenklich weitgehend, *Paulus*, FS Georgiades, 2005, 511 ff. Zutreffend deutlich zurückhaltender etwa *Ries*, Der Schadensersatzanspruch wegen der Missachtung einer internationalen Gerichtsstandsvereinbarung, 2018, S. 38 ff.
[59] Klarstellend etwa *Sandrock*, RIW 2004, 809 (811 f.).
[60] MüKoBGB/*Martiny* Rom I-VO Art. 1 Rn. 64; Staudinger/*Magnus* Rom I-VO Art. 1 Rn. 75; *Ries* (Fn. 58), S. 172 ff.
[61] Verordnung Nr. 539/2008 vom 17.6.2008 über das auf vertragliche Schuldverhältnisse anzuwendende Recht; abgedr. bei *Jayme/Hausmann* Nr. 80.
[62] Dazu *Antomo* (Fn. 56), S. 382 ff.

Die erste Frage sollte man, entgegen einer früher verbreitet vertretenen Auffassung,[63] bejahen:[64] Die Vorstellung, dass Gerichtsstandsvereinbarungen als prozessualen Verfügungsverträgen keinerlei Verpflichtungswirkung zukommen kann, erscheint allzu begrifflich; aus der strittigen dogmatischen Qualifikation von Gerichtsstandsvereinbarungen als prozessuale Verträge bzw. als materielle Verträge über prozessuale Beziehungen lässt sich kein zwingendes Argument ableiten. Das Misstrauen, das die Gegenauffassung einer Verpflichtungswirkung entgegenbringt, rührt offensichtlich von der Überlegung, dann auch einklagbare Unterlassungspflichten gegen eine Klageerhebung im Ausland bejahen zu müssen.[65] Freilich greift diese Erwägung nicht durch, denn solche Prozessführungsverbote sind dogmatisch durchaus denkbar und scheitern erst daran, dass sie sich unter Umständen als völkerrechtlich unzulässige Einmischung in die ausländische Justizhoheit erweisen.[66]

Kommt also eine Verpflichtung, nicht abredewidrig anderenorts zu klagen, in Betracht, vermag ihre schuldhafte Verletzung nach allgemeinen Regeln (§ 280 I BGB) Schadensersatzansprüche auszulösen. Die entscheidende weitere Frage lautet dann, ob man diese Wirkung grundsätzlich ohne Weiteres jeder Gerichtsstandsvereinbarung entnehmen kann,[67] oder ob es dafür einer besonderen Hervorhebung in der Vereinbarung bzw. Klausel bedarf, die klarstellt, dass die abredewidrige Klageerhebung mit einem Kostenerstattungsanspruch sanktioniert wird.[68] Ersteres liegt bei Gerichtsstandsvereinbarungen, die gerade den internationalen Rechtsverkehr regeln, wohl näher, da dort die Absicherung durch materiell-rechtliche Sanktionen vom regelmäßigen Parteiwillen umfasst sein dürfte. Schließt man sich dem an, wäre die Regressklage der R aussichtsreich. Zu demselben Ergebnis gelangt im vorliegenden Fall aber auch, wer eine Verpflichtungswirkung unterstellen will, sofern sich der US-amerikanische Vertragspartner bei Vertragsschluss nicht erkennbar vorbehalten wollte, die Wirksamkeit der Gerichtsstandsvereinbarung einer Überprüfung durch seine heimischen Gerichte zu unterziehen.[69]

3. Ergebnis

Nach hier vertretener Ansicht wäre die zulässige Regressklage auch begründet, verspräche also Erfolg.

---

[63] Vgl. aus neuerer Zeit *Nagel/Gottwald* IZPR § 3 Rn. 230; *Mankowski*, IPRax 2009, 23 (26 f.).

[64] Wie hier etwa *Schlosser*, FS Lindacher, 2007, 111 (112 ff.); *Antomo* (Fn. 56), S. 399 ff.; *Ries* (Fn. 58), S. 83 ff.

[65] Deutlich wird die Verquickung beider Fragen etwa bei *Kropholler* in Handbuch IZVR Bd. I, Kap. III Rn. 168; *Schack* IZVR Rn. 861 ff. Sachgerecht differenzierend hingegen *Geimer* IZPR Rn. 1116 ff. (Unterlassung) und 1127 (Schadensersatz).

[66] Nachdrücklich zur Unvereinbarkeit von *antisuit injunctions* mit dem Brüssel I-Zuständigkeitssystem im europäischen Rechtsverkehr *EuGH* 27.4.2004 (*Turner/Grovit*), EU:C:2004:228, EuGHE 2004, I-3565; beachte sodann *EuGH* 10.2.2009 (*Allianz SpA/West Tankers Inc.*), EU:C:2009:69, NJW 2009, 1655, dort zur Unstatthaftigkeit von *antisuit injunctions* zur Durchsetzung von Schiedsvereinbarungen. Beachte aus dem Schrifttum, statt vieler, nur *Junker* IZPR § 23 Rn. 27 ff.; *Linke/Hau* IZVR Rn. 7.31 ff.; *Schack* IZVR Rn. 860 ff.

[67] So etwa *Schlosser*, FS Lindacher, 2007, 111 (117 ff.).

[68] Pointiert schon *Wagner*, Prozessverträge, 1998, S. 257 f. Zur Möglichkeit, Gerichtsstandsvereinbarungen durch einen eigens vorgesehenen Kostenerstattungsanspruch abzusichern, vgl. *Pfeiffer*, FS Lindacher, 2007, 77 ff.; *Mankowski*, IPRax 2009, 23 (32 ff.).

[69] So *Sandrock*, RIW 2004, 809 (815 f.).

Fall 10. Versilbertes Tafelsilber

Internationales Sachenrecht – lex rei sitae – Erwerb vom Nichtberechtigten – Gesetzesumgehung – Statutenwechsel – abgeschlossener Tatbestand – internationaler Versendungskauf – offener Tatbestand – Rechtswahl – Ausweichklausel – Lösungsrecht – Fortgeltung im Inland unbekannter Rechtsinstitute

Sachverhalt

An Weihnachten 2007 wird bei einem Einbruch in den südenglischen Landsitz von Lord *E* u. a. ein wertvoller silberner Tafelaufsatz aus dem frühen 18. Jahrhundert gestohlen. Ein Jahr später taucht der Aufsatz bei dem Antiquitätenhändler *A* in Genf (Schweiz) wieder auf. In dessen Ladenlokal entdeckt ihn Anfang 2009 der gutgläubige *G*, der schon lange nach einem entsprechenden Prunkstück für das Speisezimmer seines Palazzo am Lago di Como (Italien) sucht. Er erwirbt den Tafelaufsatz für umgerechnet 15.000 € und nimmt ihn sofort mit nach Italien. Hier verbringt der Tafelaufsatz die nächsten Jahre, bis Anfang 2014 der deutsche Industrielle *T*, der ebenfalls nichts von der kriminellen Herkunft der Antiquität weiß, auf ihn aufmerksam wird. Da *T* zuletzt 25.000 € bietet, lenkt *G* schließlich ein und erklärt sich während eines Besuchs des *T* in Italien zum Verkauf bereit. Auf Wunsch des *T* sendet *G* den Aufsatz durch eine internationale Spedition über die Schweiz an den Wohnsitz des *T* in Köln; den Kaufpreis erhält *G* vereinbarungsgemäß nach Ankunft des Stücks beim Käufer.

Im Mai 2017 entdeckt Lord *E* das lange vermisste Familienerbstück in der Kölner Villa des *T*. Die Freude über seinen nicht mehr erwarteten Fund wird jedoch durch das Verhalten des *T* getrübt, der jegliche gütliche Einigung ablehnt. Daraufhin reicht Lord *E* vor dem *LG Köln* gegen *T* Klage auf Herausgabe des Tafelaufsatzes ein. *T* lehnt die Herausgabe ab; hilfsweise verlangt er von Lord *E* die Erstattung des von ihm an *G* gezahlten Kaufpreises.

Frage 1: Ist das *LG Köln* für die Klage zuständig?

Frage 2: Ist die Klage von Lord *E* begründet?

Bearbeitervermerk:

1. *Schweizerisches IPRG*

Art. 100. (1) Erwerb und Verlust dinglicher Rechte an beweglichen Sachen unterstehen dem Recht des Staates, in dem die Sache im Zeitpunkt des Vorgangs, aus dem der Erwerb oder der Verlust hergeleitet wird, liegt.
(2) Inhalt und Ausübung dinglicher Rechte an beweglichen Sachen unterstehen dem Recht am Ort der gelegenen Sache.
Art. 101. Rechtsgeschäftlicher Erwerb und Verlust dinglicher Rechte an Sachen im Transit unterstehen dem Recht des Bestimmungsstaates.

2. *Schweizerisches ZGB*

Art. 714. (1) Zur Übertragung des Fahrniseigentums bedarf es des Überganges des Besitzes auf den Erwerber.

(2) Wer in gutem Glauben eine bewegliche Sache zu Eigentum übertragen erhält, wird, auch wenn der Veräußerer zur Eigentumsübertragung nicht befugt ist, deren Eigentümer, sobald er nach den Besitzesregeln im Besitze der Sache geschützt ist.

Art. 933. Wer eine bewegliche Sache in gutem Glauben zu Eigentum oder zu einem beschränkten dinglichen Recht übertragen erhält, ist in seinem Erwerbe auch dann zu schützen, wenn sie dem Veräußerer ohne jede Ermächtigung zur Übertragung anvertraut worden war.

Art. 934. (1) Der Besitzer, dem eine bewegliche Sache gestohlen wird oder verloren geht oder sonst wider seinen Willen abhanden kommt, kann sie während fünf Jahren jedem Empfänger abfordern.

(2) Ist die Sache öffentlich versteigert oder auf einem Markt oder durch einen Kaufmann, der mit Waren der gleichen Art handelt, übertragen worden, so kann sie dem ersten und jedem späteren gutgläubigen Empfänger nur gegen Vergütung des von ihm bezahlten Preises abgefordert werden. (...)

3. Italienisches IPRG

Art. 51. [Besitz und dingliche Rechte] (1) Der Besitz, das Eigentum und die übrigen dinglichen Rechte an beweglichen und unbeweglichen Sachen unterliegen dem Recht des Staates, in dem die Sachen belegen sind.

(2) Diesem Recht unterliegen auch der Erwerb und der Verlust mit Ausnahme der Erbfolge und der Fälle, in denen sich die Zuordnung eines dinglichen Rechts aus einer familienrechtlichen Beziehung oder aus einem Vertrag ergibt.

Art. 52. [Dingliche Rechte an Sachen auf dem Transport] (1) Dingliche Rechte an Sachen im Transit unterliegen dem Recht des Bestimmungsortes.

4. Italienischer codice civile[1]

Art. 1152. [Zurückbehaltungsrecht zugunsten des gutgläubigen Besitzers] (1) Der gutgläubige Besitzer kann die Sache solange zurückbehalten, bis ihm die geschuldeten Entschädigungen entrichtet werden, vorausgesetzt, dass er diese im Laufe des Verfahrens über den Herausgabeanspruch verlangt und einen allgemeinen Beweis des Bestandes der Ausbesserungen und Verbesserungen erbracht hat. (...)

Art. 1153. [Wirkung des Besitzerwerbs] (1) Derjenige, dem bewegliche Sachen von dem Nichteigentümer veräußert werden, erwirbt daran durch den Besitz das Eigentum, sofern er zur Zeit der Übergabe in gutem Glauben ist und ein zur Übertragung des Eigentums geeigneter Rechtstitel vorliegt. (...)

5. Im *englischen Recht* galt bis 1995 die market-overt-Regel, wonach ein gutgläubiger Erwerb an abhanden gekommenen Sachen nur auf einem offenen Markt oder in einem Ladenlokal in der City of London möglich war. Seither ist ein solcher Erwerb völlig ausgeschlossen.

6. Im Übrigen ist davon auszugehen, dass die Normen der betroffenen ausländischen Rechtsordnungen dem deutschen Recht entsprechen. Sonderregeln des Internationalen Kulturgüterschutzes sind nicht zu beachten.

---

[1] Deutsche Übersetzung aus: *Max-Planck-Institut für ausländisches und internationales Privatrecht* (Hrsg.), Italienisches Zivilgesetzbuch (1942), 2. Aufl. 1968.

Lösung

Frage 1

I. Internationale Zuständigkeit

Fraglich ist, ob deutsche Gerichte für die Klage des E international zuständig sind. Eine solche Zuständigkeit könnte sich vorrangig aus der Verordnung (EU) Nr. 1215/2012 über die gerichtliche Zuständigkeit und die Anerkennung und Vollstreckung von Entscheidungen in Zivil- und Handelssachen vom 12.12.2012 (Brüssel Ia-VO)[2] ergeben, die nach Art. 288 Unterabs. 2 AEUV unmittelbare Geltung für die Mitgliedstaaten der Gemeinschaft, also auch für Deutschland, entfaltet.[3]

1. Anwendbarkeit der Brüssel Ia-VO

Voraussetzung ist, dass der sachliche, der räumlich-persönliche sowie der zeitliche Anwendungsbereich der Verordnung eröffnet sind.

Sachlich stellt eine Klage zwischen Privatpersonen, gerichtet auf Herausgabe einer beweglichen Sache, eine Zivilsache gemäß Art. 1 I Brüssel Ia-VO dar; der Ausnahmekatalog des Abs. 2 greift nicht. – *Räumlich-persönlich* ist die Verordnung grundsätzlich anwendbar, wenn der Beklagte seinen Wohnsitz in einem Mitgliedstaat hat; dies ergibt sich aus dem Wortlaut der Art. 4 I, 5 I und 6 I Brüssel Ia-VO. Abzustellen ist somit auf den Beklagten T. Zur Bestimmung des Wohnsitzes wendet das angerufene Gericht nach Art. 62 I Brüssel Ia-VO sein eigenes Recht an.[4] Folglich ist der Wohnsitz des T nach deutschem Recht als *lex fori* zu bestimmen, d. h. nach den §§ 7 ff. BGB. Nach § 7 I BGB hat T seinen Wohnsitz in Deutschland, einem Mitgliedstaat der Europäischen Union; die Verordnung ist somit räumlich-persönlich anwendbar. – *Zeitlich* findet die Verordnung Anwendung, da diese zum Zeitpunkt der Klageerhebung bereits galt (Art. 66 I, 81 Unterabs. 2 Brüssel Ia-VO).[5]

2. Allgemeiner Gerichtsstand

Nach Art. 4 I Brüssel Ia-VO können Personen mit Wohnsitz im Hoheitsgebiet eines Mitgliedstaats ohne Rücksicht auf ihre Staatsangehörigkeit vor den Gerichten dieses Staates verklagt werden. Dieser Beklagtengerichtsstand befindet sich vorliegend in Deutschland; vorrangige ausschließliche Zuständigkeiten sind nicht erkennbar. Somit sind deutsche Gerichte für die Klage des E international zuständig.

II. Örtliche und sachliche Zuständigkeit

Die örtliche Zuständigkeit des *LG Köln* folgt aus §§ 12, 13 ZPO, die sachliche Zuständigkeit unter Zugrundelegung des Streitwerts in Höhe von 25.000 € aus §§ 23 Nr. 1, 71 I GVG.

Frage 2

Fraglich ist, ob E von T die Herausgabe des Tafelaufsatzes verlangen kann.

---

[2] ABl. EU 2012 Nr. L 351/1; abgedr. bei *Jayme/Hausmann* Nr. 160.
[3] Zur Sonderstellung Dänemarks *Rauscher* IPR § 1 Rn. 122.
[4] Die Verordnung kennt keinen einheitlichen materiellrechtlichen Begriff des Wohnsitzes, sondern enthält in Art. 62 lediglich eine einheitliche Kollisionsnorm; hierzu Rauscher/*Mankowski* Brüssel Ia-VO Art. 62 Rn. 1 ff.
[5] Die Verordnung trat zum 10.1.2015 in Kraft.

I. Qualifikation

Bevor das auf den Anspruch anwendbare Sachrecht ermittelt werden kann, muss dieser zunächst qualifiziert, also unter einen Anknüpfungsgegenstand subsumiert werden. Nach h. M.[6] erfolgt die Qualifikation nach der *lex fori*, hier also nach deutschem Recht. *E* stützt den Herausgabeanspruch auf sein von ihm behauptetes Eigentum an dem Tafelaufsatz; somit handelt es sich um einen sachenrechtlichen Anspruch.

II. Anknüpfung an die *lex rei sitae*

Fraglich ist, wie dieser sachenrechtliche Anspruch anzuknüpfen ist. Vorrangig anwendbare internationale Übereinkommen bestehen nicht. Im autonomen deutschen Kollisionsrecht ist das Gebiet des Internationalen Sachenrechts seit der IPR-Reform vom 1.6.1999[7] in den Art. 43–46 EGBGB geregelt. Nach Art. 43 I EGBGB sind sachenrechtliche Fragen an den Lageort der Sache anzuknüpfen. Der *lex-rei-sitae*-Grundsatz hatte sich schon vor der Neukodifizierung in Rechtsprechung und Lehre durchgesetzt,[8] weshalb insoweit keine Änderung der Kollisionsregeln eingetreten ist. Da sich der Tafelaufsatz derzeit in Deutschland befindet, ist auf einen möglichen dinglichen Herausgabeanspruch somit deutsches Recht anzuwenden; hierbei handelt es sich im Umkehrschluss aus Art. 4 I S. 1 EGBGB um eine Sachnormverweisung.

III. Herausgabeanspruch nach § 985 BGB

Als Anspruchsgrundlage kommt § 985 BGB in Betracht. Voraussetzung für einen Herausgabeanspruch ist hiernach, dass *E* Eigentümer des Tafelaufsatzes und *T* dessen derzeitiger Besitzer ist, ohne gegenüber *E* zum Besitz berechtigt zu sein (§ 986 BGB).

1. Eigentum des *E*

Zu prüfen ist zunächst die Eigentümerstellung des *E*.[9]

a) Ursprüngliches Eigentum des *E*

Laut Sachverhalt befand sich der Tafelaufsatz ursprünglich im Eigentum des *E*. Daran hat sich auch infolge des Diebstahls in England nichts geändert.

b) Gutgläubiger Erwerb durch *G*

E könnte seine Eigentümerstellung aber infolge eines gutgläubigen Erwerbs des Aufsatzes durch *G* eingebüßt haben. Bei dem fraglichen Erwerbsvorgang handelt es sich um ein Platzgeschäft, welches in Genf nicht nur abgeschlossen, sondern dort auch unmittelbar anschließend abgewickelt wurde.

---

[6] *Rauscher* IPR § 4 Rn. 469 ff. – *Beachte:* Die Qualifikation nach der *lex causae* würde zu keinem abweichenden Ergebnis gelangen, da auf den Herausgabeanspruch deutsches Recht anwendbar ist; dazu sogleich unter II.

[7] Gesetz zum Internationalen Privatrecht für außervertragliche Schuldverhältnisse und für Sachen vom 21.5.1999, BGBl. I 1026.

[8] Vgl. Staudinger/*Mansel* (2015) EGBGB Art. 43 Rn. 66 m. w. N. Für Immobilien kam dem Grundsatz sogar gewohnheitsrechtlicher Rang zu; *BGH* 28.9.1994, IPRspr 1994 Nr. 125 (S. 275).

[9] *Beachte:* Im IPR ist die Prüfung sachenrechtlicher Fragen wie im materiellen Recht historisch aufzubauen.

aa) Fraglich ist, welche Rechtsordnung auf diesen Erwerbsvorgang anwendbar ist. Nach h. M.[10] findet auch auf den Erwerb vom Nichtberechtigten die allgemeine *lex-rei-sitae*-Regel des Art. 43 I EGBGB Anwendung. Anzuknüpfen ist danach an den *Lageort* der Sache im Zeitpunkt des Erwerbs, hier also an das Schweizer Recht. Die so ermittelte Rechtsordnung soll insbesondere auch die Frage beantworten, ob eine Sache ihrem Alteigentümer abhanden gekommen ist oder nicht.

Dagegen will eine Mindermeinung[11] über die Ausweichklausel des Art. 46 EGBGB an das Recht des *Diebstahlsortes* – hier England – anknüpfen (sog. *lex furti*). Begründet wird diese Ansicht wie folgt: Die herkömmliche Anknüpfung ermögliche es dem Dieb bzw. dem Hehler, die gestohlene Sache bewusst in einen Staat zu verbringen, dessen Rechtsordnung einen gutgläubigen Erwerb hieran im Gegensatz zum alten Lageort zulässt; hierdurch werde die Rechtsstellung des Alteigentümers unangemessen beeinträchtigt. Es handele sich um eine Gesetzesumgehung durch Statutenwechsel,[12] welcher durch Wahl eines nicht veränderbaren Anknüpfungsmoments – hier des Diebstahlsortes – zu begegnen sei. Folge der Ansicht wäre die Anwendung englischen Rechts, welches einen gutgläubigen Erwerb an abhanden gekommenen Sachen nicht zulässt.[13]

Jedoch stellt die Mindermeinung einseitig auf die Interessen des Alteigentümers ab und vernachlässigt dabei sowohl die Interessen des gutgläubigen Erwerbers wie auch diejenigen des Rechtsverkehrs allgemein. Der Erwerber ist regelmäßig nicht in der Lage zu überprüfen, unter welchen Umständen die Sache an ihren derzeitigen Lageort gelangt ist; insbesondere dürfte deren Ursprungsland kaum jemals erkennbar sein. Somit ist die Anwendung des Rechts des Diebstahlsortes für den Erwerber unvorhersehbar. Hierdurch werden zudem Verkehrsinteressen berührt, da durch Geltung einer für die Beteiligten nicht vorhersehbaren Rechtsordnung die Sicherheit und Leichtigkeit des Warenverkehrs beeinträchtigt würde. Schließlich liegt auch die gesetzliche Voraussetzung für das Eingreifen der Ausweichklausel, nämlich eine wesentlich engere Verbindung des Sachverhalts zum Ort des Abhandenkommens als zum Lageort im Zeitpunkt des Erwerbvorgangs, nicht vor.[14] Folglich ist die Mindermeinung abzulehnen und mit der h. A. nach Art. 43 I EGBGB an das Recht des Lageortes im Erwerbszeitpunkt anzuknüpfen.

bb) Der Tafelaufsatz befand sich zum Zeitpunkt der Verfügung in der Schweiz, sodass die deutschen Kollisionsnormen auf das Schweizer Recht verweisen. Hierbei handelt es sich gemäß Art. 4 I S. 1 EGBGB um eine Gesamtverweisung, da durch die Anknüpfung an die *lex rei sitae* keine weitergehenden rechtspolitischen Ziele verfolgt werden, welche einen unmittelbaren Zugriff auf die ausländischen Sachnormen (unbedingte Verweisung) geboten erscheinen ließen.[15] Das Schweizer Kollisionsrecht nimmt die Verweisung in Art. 100 I IPRG an, der für den Erwerb dinglicher Rechte an beweglichen Sachen ebenfalls an die *lex rei sitae* anknüpft.

---

[10] So etwa MüKoBGB/*Wendehorst* EGBGB Art. 43 Rn. 117a; Staudinger/*Mansel* (2015) EGBGB Art. 43 Rn. 818 ff; *Rauscher* IPR § 11 Rn. 1593.
[11] Staudinger/*Mansel* EGBGB Art. 46 Rn. 63; *Byrne-Sutton*, Le trafic international des biens culturels sous l'angle de leur revendication par l'État d'origine, 1988, S. 146 ff.
[12] Hierzu *Raape/Sturm*, Internationales Privatrecht I, 6. Aufl. 1977, S. 325 ff.; *von Hoffmann/Thorn* IPR § 6 Rn. 127.
[13] Zur bis 1995 geltenden *market-overt*-Regel s. *Thorn*, Der Mobiliarerwerb vom Nichtberechtigten, 1996, S. 180 ff. (188 ff.).
[14] S. *von Hoffmann/Thorn* IPR § 12 Rn. 22.
[15] *Rauscher* IPR Rn. 358 ff. spricht vom qualifizierten Sinn der Verweisung.

cc) Fraglich ist, ob G nach Schweizer Sachenrecht gutgläubig Eigentum am Tafelaufsatz erworben hat. Zwar ermöglichen Art. 714 II, 933 ZGB grundsätzlich einen Erwerb vom Nichtberechtigten, soweit bestimmte Voraussetzungen – u. a. wirksames Erwerbsgeschäft, Besitzerlangung, guter Glaube des Erwerbers – erfüllt sind. Nach der Besitzregel des Art. 934 I ZGB, auf die Art. 714 II ZGB verweist, ist ein sofortiger gutgläubiger Erwerb an gestohlenen Sachen jedoch ausgeschlossen; der Herausgabeanspruch des Alteigentümers unterliegt freilich einer Verwirkungsfrist von fünf Jahren ab dem Zeitpunkt des Diebstahls.

Da der Tafelaufsatz eine gestohlene Sache ist, bei deren Erwerb durch G noch keine fünf Jahre seit dem Diebstahl vergangen waren, scheidet ein gutgläubiger Erwerb durch diesen aus. E blieb somit Eigentümer.

c) Verbringen der Sache nach Italien

Fraglich ist, ob sich hieran etwas änderte, als G die Sache nach Italien verbrachte. Die Gesamtverweisung (Art. 4 I S. 1 EGBGB) auf italienisches Recht wird von diesem gemäß Art. 51 IPRG angenommen. Nach italienischem Recht (Art. 1153 codice civile) ist auch im Falle gestohlener Sachen ein sofortiger Eigentumserwerb vom Nichtberechtigten möglich. Bei dem Erwerbsvorgang zwischen A und G handelte es sich indes aus der Sicht des italienischen Rechts, welches insoweit dem deutschen Recht entspricht, um einen bereits *abgeschlossenen Tatbestand*. Eine nach dem Recht des Lageortes gescheiterte Übereignung wird aber nicht dadurch wirksam, dass die Sache später in ein Rechtsgebiet gelangt, dessen Rechtsordnung unter entsprechenden Umständen einen Erwerb vom Nichtberechtigten zugelassen hätte (schlichter Statutenwechsel).[16] Der alte Tatbestand hat seine Kraft verbraucht, ein neuer hat sich nicht ereignet.[17] Somit blieb E auch nach dem Verbringen des Tafelaufsatzes nach Italien dessen Eigentümer.

d) Gutgläubiger Erwerb durch T

Dieses Eigentum könnte er jedoch infolge der Veräußerung der Sache durch G an T verloren haben. Im Unterschied zu dem Erwerbsvorgang zwischen A und G liegt diesmal ein gestreckter Erwerb vor: Der Kaufvertrag zwischen G und T wurde zwar in Italien geschlossen, der Kaufgegenstand anschließend aber auf Bitte des T durch G von Italien über die Schweiz nach Deutschland versandt. Es handelt sich somit um einen *internationalen Versendungskauf*.

Fraglich ist, welche Rechtsordnung über die Frage des Eigentumserwerbs durch T entscheidet.

aa) Die Anknüpfung internationaler Verkehrsgeschäfte ist seit langer Zeit umstritten. Die nach wie vor h. M. wendet auch insoweit die nunmehr in Art. 43 I EGBGB kodifizierte *lex-rei-sitae*-Regel an. Danach kommt es zu einer sukzessiven Anwendung der am Absende- sowie am Bestimmungsort geltenden Rechtsordnungen. Das Recht eines bloßen Durchgangslandes soll hingegen unberücksichtigt bleiben, soweit dort keine inlandsbezogenen Vorgänge – etwa Maßnahmen der Zwangsvollstreckung oder lageortbezogene Rechtsgeschäfte – stattgefunden haben.[18]

---

[16] Staudinger/*Mansel* (2015) EGBGB Art. 43 Rn. 1237; *von Hoffmann/Thorn* IPR § 12 Rn. 33.

[17] So bereits *Zitelmann*, Internationales Privatrecht II, 1912, S. 340 f.

[18] *von Hoffmann/Thorn* IPR § 12 Rn. 37; Staudinger/*Mansel* EGBGB Art. 43 Rn. 1320 f. m. w. N. Für die ausnahmslose Beachtlichkeit der Rechtsordnungen von Transitländern hingegen MüKoBGB/*Wendehorst* EGBGB Art. 46 Rn. 39 mit Fn. 77.

Fall 10. Versilbertes Tafelsilber

Vorliegend wäre auf den gutgläubigen Erwerb durch *T* somit zunächst italienisches Recht als Recht des *Absendeortes* anwendbar. Dieses nimmt die Gesamtverweisung (Art. 4 I S. 1 EGBGB) durch das deutsche Kollisionsrecht an (Art. 51 II IPRG).[19]
Nach italienischem Sachrecht ist ein gutgläubiger Erwerb an abhanden gekommenen Gegenständen grundsätzlich möglich (Art. 1153 codice civile). Voraussetzung hierfür ist jedoch u. a. die Übergabe der Sache an den Erwerber.[20] Diese wurde vorliegend in Italien nicht vollzogen, sodass der Erwerbsvorgang nicht abgeschlossen war. Ein gutgläubiger Erwerb des Tafelaufsatzes ist in Italien daher nicht erfolgt.
Schweizer Recht als das Recht eines bloßen *Durchgangslandes* wäre nur dann anwendbar, wenn hier ein inlandsbezogener Vorgang im Hinblick auf den Tafelaufsatz stattgefunden hätte. Dies ist vorliegend nicht der Fall.[21] Somit kommt auch nicht zum Tragen, dass die fünfjährige Ausschlussfrist nach Art. 934 I ZGB mittlerweile abgelaufen ist, wodurch *E* in der Schweiz das Recht zur Fahrnisklage verwirkt hätte und der gutgläubige Erwerber der Sache nach Art. 714 I ZGB zu deren Eigentümer geworden wäre.
Sukzessive zum italienischen Recht des Absendeortes kommt deutsches Recht als Recht des *Bestimmungsortes* zur Anwendung; hierbei handelt es sich um eine Sachnormverweisung (Umkehrschluss aus Art. 4 I S. 1 EGBGB).
Wie bereits beschrieben, war der Übereignungstatbestand nach italienischem Recht noch nicht abgeschlossen, da es in Italien nicht zu der hiernach erforderlichen Übergabe der Sache gekommen war. Ein solcher *offener Tatbestand*, bei welchem unter der Geltung des alten Statuts noch nicht sämtliche Voraussetzungen der dinglichen Rechtsänderung erfüllt worden sind, beurteilt sich in seiner Gesamtheit nach dem neuen Statut.[22] Im Ausland erfolgte Vorgänge sind dabei unter Umständen nach Art. 43 III EGBGB zu berücksichtigen.[23] Jedoch ist im deutschen Recht gemäß § 935 I BGB ein gutgläubiger Erwerb an abhanden gekommenen Sachen ausgeschlossen.
Somit hätte *T* bei einer Anknüpfung des Erwerbsvorgangs nach der h. M. nicht gutgläubig Eigentum an dem Tafelaufsatz erworben; *E* wäre nach wie vor dessen Eigentümer.

bb) Eine Mindermeinung[24] schließt die Parteiautonomie im Internationalen Sachenrecht nicht völlig aus, sondern lässt eine *beschränkte Rechtswahl* zu: Wählbar sind hiernach das Recht des Abgangs- oder des Bestimmungslandes sowie das Vertragsstatut. Davon haben die Parteien hier jedoch keinen Gebrauch gemacht.
Für diesen Fall knüpft die genannte Mindermeinung das internationale Verkehrsgeschäft unter Berufung auf den mutmaßlichen Parteiwillen auch in sachenrechtlicher Hinsicht *akzessorisch an das Vertragsstatut* an, eine Lösung, die nach der IPR-Reform von 1999 unter Umständen auf die Ausweichklausel des Art. 46 EGBGB gestützt werden könnte. Somit wäre das anwendbare Recht aufgrund der Rom I-

---

[19] Art. 52 IPRG knüpft für Sachen auf dem Transit an das Recht des Bestimmungsortes an, lässt die Anknüpfung an das Recht des Absendeortes jedoch unberührt; vgl. *Maglio/Thorn*, ZvglRW 96 (1997), 347 (371).
[20] Zur *consegna* vgl. *Thorn*, Der Mobiliarerwerb vom Nichtberechtigten, 1996, S. 104 f.
[21] *Beachte:* Dasselbe Ergebnis wäre erzielt worden, wenn man – wohl zu Unrecht – eine Verweisung auf die Schweizer *lex rei sitae* bejaht hätte, da für diesen Fall Art. 101 IPRG auf das Recht des Bestimmungslandes – hier Deutschland – zurückverweist.
[22] BGH 10.6.2009, NJW 2009, 2824 (2825); OLG Hamm 14.8.1985, IPRspr 1985, Nr. 143; *Rauscher* IPR § 11 Rn. 1566; Palandt/*Thorn* EGBGB Art. 43 Rn. 11.
[23] Hierzu *von Hoffmann/Thorn* IPR § 12 Rn. 29.
[24] Staudinger/*Stoll* Internationales Sachenrecht (1996) Rn. 285, 292 ff., 304 ff.

VO[25] zu ermitteln.[26] Eine Rechtswahl wurde für den Kaufvertrag nicht getroffen. Nach Art. 4 I lit. a Rom I-VO unterliegt der Vertrag in der Folge dem Recht des Staates, in dem der Verkäufer – hier G – im Zeitpunkt des Vertragsabschlusses seinen gewöhnlichen Aufenthalt hat. Da eine Näherbeziehung zu einer anderen Rechtsordnung i. S. v. Art. 4 III Rom I-VO nicht erkennbar ist, spricht Art. 4 I lit. a Rom I-VO somit eine Sachnormverweisung (Art. 20 Rom I-VO) auf das italienische Recht aus.

Wie gesehen, lässt Art. 1153 codice civile einen sofortigen gutgläubigen Erwerb auch im Falle gestohlener Sachen zu. Dass die nach italienischem Recht erforderliche Besitzübergabe an T erst in Deutschland stattgefunden hat, spielt hier keine Rolle, weil der Erwerbsvorgang nach dieser Ansicht insgesamt italienischem Recht unterliegt, also auch hinsichtlich der Tatbestandsmerkmale, die sich im Ausland ereignet haben. Da auch die sonstigen Voraussetzungen des italienischen Rechts – wirksames Erwerbsgeschäft, guter Glaube des Erwerbers – erfüllt sind, hätte T hiernach wirksam den Tafelaufsatz vom Nichtberechtigten G erworben, E sein Eigentum im Gegenzug verloren.

cc) Gegen die Mindermeinung spricht zunächst der Gesetzeswortlaut: Das EGBGB enthält auch nach der IPR-Reform von 1999 keine Regelung zur *Rechtswahl* im Internationalen Sachenrecht, was insbesondere im Vergleich mit anderen Rechtsgebieten (etwa Art. 10 II, III; 14 III;, 42 EGBGB) den Schluss nahelegt, dass eine Rechtswahlmöglichkeit gerade nicht eröffnet werden soll. Die Begründung zum Regierungsentwurf erscheint freilich mehrdeutig: Einerseits wird eine Rechtswahl gerade für internationale Verkehrsgeschäfte aus Gründen des Verkehrsschutzes abgelehnt, andererseits aber die Ausweichklausel des Art. 46 EGBGB als mögliche Grundlage für eine „ausnahmsweise" zulässige Rechtswahl der Parteien mit Wirkung inter partes angesehen.[27] Der Möglichkeit einer Rechtswahl stehen jedoch insbesondere der Schutz des Rechtsverkehrs sowie von Drittgläubigern, der sachenrechtliche numerus clausus des deutschen Rechts sowie der Gedanke des internationalen Entscheidungseinklangs entgegen.[28] Da die Parteien im vorliegenden Fall keine Rechtswahl getroffen haben, kann indes dahingestellt bleiben, ob im Internationalen Sachenrecht eine beschränkte Rechtswahlmöglichkeit eröffnet werden sollte.

Entscheidend ist, dass die bei Fehlen einer Rechtswahl vorgeschlagene *akzessorische Anknüpfung an das Vertragsstatut* wegen der unbeschränkten Rechtswahlmöglichkeit im Internationalen Vertragsrecht zu einer Öffnung des Internationalen Sachenrechts auch für nicht berührte Rechtsordnungen führen würde, wie sie selbst von den Vertretern der Mindermeinung nicht gewünscht wird.[29] Das Verkehrsinteresse, das gegen die Zulassung der Rechtswahl spricht, begrenzt auch die Anwendung der Ausweichklausel des Art. 46 EGBGB. Die hiernach erforderliche wesentlich engere

---

[25] Verordnung (EG) Nr. 593/2008 des Europäischen Parlaments und des Rates über das auf vertragliche Schuldverhältnisse anzuwendende Recht vom 17.6.2008, ABl. EG 2008 Nr. L 177/6; abgedr. bei *Jayme/Hausmann* Nr. 80.
[26] *Beachte:* Das UN-Kaufrecht ist vorliegend weder sachlich anwendbar (vgl. Art. 2 lit. a CISG) noch enthält es Regelungen zum Eigentumserwerb (Art. 4 S. 2 lit. b CISG), welche eine kollisionsrechtliche Ermittlung der anwendbaren Rechtsordnung überflüssig machten.
[27] BT-Drs. 14/343, 16 bzw. 19.
[28] Staudinger/*Mansel* Internationales Sachenrecht (2015) EGBGB Art. 43 Rn. 14; *von Hoffmann/Thorn* IPR § 12 Rn. 10 f., 37 f.; *Junker*, RIW 2000, 241 (251 ff.). Im Ergebnis ebenso MüKoBGB/*Wendehorst* EGBGB Art. 46 Rn. 39 m. w. N.
[29] So etwa Staudinger/*Stoll* Internationales Sachenrecht Rn. 292, im Hinblick auf die Rechtswahl durch die Parteien.

Fall 10. Versilbertes Tafelsilber

Verbindung des Sachverhalts zu einer anderen Rechtsordnung erscheint nur dann möglich, wenn am Lageort keine Verbindungen zu Dritten bestehen.[30]
Eine generelle akzessorische Anknüpfung an das Vertragsstatut ist daher abzulehnen: Weder besteht zum Vertragsstatut regelmäßig eine wesentlich engere Beziehung als zum Recht des Lageortes, noch ist eine solche pauschalierende Betrachtung geeignet, die im Einzelfall am Lageort angesiedelten Dritt- bzw. Verkehrsinteressen angemessen zu berücksichtigen.[31] Darüber hinaus scheitert jedoch im vorliegenden Sachverhalt auch eine auf den konkreten Einzelfall bezogene Anwendung der Ausweichklausel des Art. 46 EGBGB daran, dass der Übereignungstatbestand zum italienischen Vertragsstatut keine wesentlich engere Beziehung aufweist als zum deutschen Recht des Bestimmungsortes. Somit ist die akzessorische Anknüpfung an das Vertragsstatut zu verwerfen; es bleibt mit der h. M. bei der sukzessiven Geltung der Rechtsordnungen am Absende- sowie am Bestimmungsort der Sache. Danach ist E mangels eines gutgläubigen Erwerbs durch T nach wie vor Eigentümer des Tafelaufsatzes.

2. Besitz des T

Als weitere Voraussetzung des Anspruchs aus § 985 BGB müsste T derzeitiger Besitzer des Tafelaufsatzes sein, ohne ein Recht zum Besitz zu haben (§ 986 BGB). Auch die Frage des Besitzes ist sachenrechtlich zu qualifizieren und unterliegt der Anknüpfung an die *lex rei sitae*.[32] Nach dem danach anwendbaren deutschen Recht ist T als Inhaber der tatsächlichen Sachgewalt gemäß § 854 I BGB Besitzer des Tafelaufsatzes. Ein Recht zum Besitz im Sinne von § 986 BGB besteht nicht; insbesondere ließe das von T geltend gemachte Zurückbehaltungsrecht im Falle seines Bestehens den Herausgabeanspruch selbst unberührt, wie die in § 1000 BGB umschriebenen Rechtsfolgen verdeutlichen, und schränkte lediglich dessen Vollstreckbarkeit ein.[33]

3. Zurückbehaltungsrecht des T

Fraglich ist, ob T dem Herausgabeanspruch des E – wie von ihm vorgetragen – ein Lösungsrecht in Höhe von 25.000 € mit der Folge entgegenhalten kann, dass nur eine Verurteilung Zug um Zug erfolgt. Voraussetzung hierfür ist, dass ein solcher Lösungsanspruch wirksam entstanden und anschließend auf T übergegangen ist.

a) Qualifikation

Das Lösungsrecht stellt eine dingliche Rechtsposition dar, welche den gutgläubigen Erwerber absichern soll: Er erlangt zwar kein Eigentum an der Sache, ist jedoch auch nicht zu deren entschädigungsloser Herausgabe verpflichtet. Wegen dieser materiellrechtlichen Funktion (Verkehrsschutz) ist das Lösungsrecht nicht prozessrechtlich,

---

[30] *von Hoffmann/Thorn* IPR § 12 Rn. 12.
[31] *Beachte:* In den betroffenen Drittinteressen liegt auch der Unterschied zur Ausweichklausel des Art. 4 III Rom I-VO, wo eine Typenbildung zur Schaffung von Rechtssicherheit gerade erwünscht ist.
[32] Staudinger/*Mansel* EGBGB Art. 43 Rn. 596.
[33] So die h. L., vgl. insbesondere Staudinger/*Gursky* (2013) BGB § 986 Rn. 28, mit ausführlicher Begründung und w. N.; wer mit der st. Rspr. (etwa *BGH* 14.7.1995, JZ 1996, 151 [153] m. abl. Anm. *Medicus* = LM BGB § 100 Nr. 4 [unter II. 6] m. abl. Anm. *Wieling*) im Zurückbehaltungsrecht ein Recht zum Besitz sieht, muss die in der Folge unter 3. diskutierten Punkte bereits an dieser Stelle prüfen.

sondern sachenrechtlich zu qualifizieren und unterliegt somit der Anknüpfung an die *lex rei sitae*.³⁴

b) Entstehung des Lösungsrechts

Auf die Frage, ob ein Lösungsrecht wirksam entstanden ist, ist die Sachenrechtsordnung anwendbar, welcher die Veräußerung der Sache an den gutgläubigen Erwerber unterliegt – im Falle des Erwerbs des Tafelaufsatzes durch G also Schweizer Recht; dieses nimmt die Gesamtverweisung durch das deutsche Kollisionsrecht in Art. 100 IPRG an.

Voraussetzung für das Entstehen eines Lösungsrechts ist – neben den bereits in Art. 714, 933 ZGB genannten allgemeinen Bedingungen – gemäß Art. 934 II ZGB, dass der gutgläubige Erwerb der gestohlenen Sache unter qualifizierten Umständen erfolgt ist. Vorliegend ergeben sich aus dem Sachverhalt keine Anhaltspunkte, die Zweifel an der Wirksamkeit des Kaufvertrags³⁵ als zugrundeliegendem Erwerbsgeschäft oder der dinglichen Einigung aufkommen ließen. Die gleichfalls geforderte Besitzübergabe fand statt. Laut Sachverhalt war G gutgläubig. Als qualifizierter Erwerbstatbestand kommt vorliegend die Übertragung durch einen Kaufmann, der mit Waren der gleichen Art handelt, gemäß Art. 934 II Alt. 3 ZGB in Betracht. Veräußerer war hier ein Genfer Antiquitätenhändler, zu dessen üblichem Handelsgut silberne Tafelaufsätze zu rechnen sind. Da alle Voraussetzungen erfüllt sind, hatte G somit ursprünglich ein Lösungsrecht erworben, d. h., er musste E den Tafelaufsatz nur gegen Vergütung des von ihm an A gezahlten Preises – hier umgerechnet 15.000 € – herausgeben.

c) Verbringen der Sache nach Italien

Fraglich ist, ob dieses Lösungsrecht auch noch nach dem Verbringen des Tafelaufsatzes nach Italien im Jahre 2009 fortbestand. Die insoweit anwendbaren Regeln des italienischen Rechts entsprechen laut Bearbeitervermerk dem deutschen Kollisionsrecht.

aa) Regelmäßig übernimmt im Falle eines Statutenwechsels das neue Statut die nach dem alten Statut begründete Rechtslage unverändert, also mit der sachenrechtlichen Prägung, die ihr das bisherige Statut verliehen hat. Insbesondere werden Rechte an einer Sache, die nach den Vorschriften des alten Statuts wirksam entstanden sind, vom neuen Statut grundsätzlich anerkannt. Diese Anerkennung gründet auf dem Prinzip des Vertrauensschutzes, welches den Schutz wohlerworbener Rechte gebietet.³⁶ Probleme können jedoch dann entstehen, wenn es um die Übernahme eines in der neuen *lex rei sitae* unbekannten Rechtsinstituts geht, da hier unter Umständen der sachenrechtliche Typenzwang betroffen ist.

Das Lösungsrecht des G ist als materiellrechtliche Position im Grundsatz international „transportfähig". Es wurde, wie gesehen, wirksam nach Schweizer Recht begründet. Jedoch kennt das italienische Recht als neue *lex rei sitae* selbst kein Lösungsrecht des gutgläubigen Erwerbers. Fraglich ist daher, wie und unter welchen

---

[34] MüKoBGB/*Wendehorst* EGBGB Art. 43 Rn. 60 m. w. N.
[35] *Beachte:* Vom Klausurbearbeiter wird nicht erwartet, solche Voraussetzungen zu prüfen, die sich nicht unmittelbar aus den abgedruckten Normen ergeben; dies gilt insbesondere für das Erfordernis eines wirksamen Verpflichtungsgeschäfts, welches auf dem im Schweizer Recht geltenden Kausalitätsprinzip beruht.
[36] Vgl. MüKoBGB/*Wendehorst* EGBGB Art. 43 Rn. 120.

Fall 10. Versilbertes Tafelsilber

Voraussetzungen die Übernahme dieses im neuen Statut unbekannten Rechtsinstituts erfolgen soll.

Nach Art. 43 II EGBGB, der laut Bearbeitervermerk eine Entsprechung im italienischen Kollisionsrecht hat, scheidet eine Übernahme der nach dem alten Statut begründeten dinglichen Rechtslage jedenfalls dann aus, wenn dies zu der Sachenrechtsordnung des neuen Belegenheitsstaates in einem solchen Widerspruch stünde, dass deren Kohärenz und Funktionsfähigkeit gefährdet wäre.[37] Vorliegend kennt das italienische Sachenrecht zwar kein Lösungsrecht des gutgläubigen Erwerbers. In Art. 1152 codice civile räumt es dem gutgläubigen Besitzer einer Sache jedoch ein Zurückbehaltungsrecht wegen Entschädigung für Verwendungen auf die Sache ein. Dieses Zurückbehaltungsrecht erstreckt sich zwar nicht auf den einem Dritten gezahlten Kaufpreis, ähnelt aber innerhalb seines Anwendungsbereichs dem Lösungsrecht. Es zeigt, dass auch das italienische Recht – freilich unter anderen Voraussetzungen – die Herausgabe an den Eigentümer von einer Kostenerstattung abhängig macht. Beide Institute sind strukturell miteinander verwandt, weshalb das Lösungsrecht als mit der italienischen Sachenrechtsordnung vereinbar anzusehen ist.

bb) Seit langem umstritten ist indes, welche Rechtsordnung für den Inhalt des in Frage stehenden dinglichen Rechts maßgeblich ist. Hier stehen sich traditionell zwei Ansichten gegenüber:

Nach der *Hinnahmetheorie,* welche dem Schutz wohlerworbener Rechte absoluten Vorrang einräumt, sollen im Ausland begründete dingliche Rechte unverändert weitergelten, auch wenn sie von den inländischen Sachenrechtstypen abweichen oder der inländischen Rechtsordnung sogar völlig unbekannt sind.[38] Somit bliebe es hinsichtlich des Inhalts des dinglichen Rechts bei der durch das Altstatut erfahrenen sachenrechtlichen Prägung. Vorliegend bedeutet dies, dass das italienische Recht das Lösungsrecht so zu akzeptieren hat, wie es nach Schweizer Recht ausgeformt ist.

Nach der früher herrschenden *Transpositionslehre,*[39] welche dem sachenrechtlichen Typenzwang zum Schutz des inländischen Rechtsverkehrs höhere Bedeutung beimisst, soll das dem neuen Statut unbekannte Rechtsinstitut hingegen in ein funktionsäquivalentes Institut des inländischen Rechts übergeleitet werden. Die Wirkungen des nach dem Altstatut wirksam begründeten dinglichen Rechts richten sich somit nach dem neuen Statut. Freilich soll auch den Anhängern der Transpositionslehre zufolge nicht in jedem Fall eine Überleitung des im Ausland wirksam begründeten dinglichen Rechts in den entsprechenden inländischen Sachenrechtstyp erforderlich sein. Gerade für das Lösungsrecht wurde auch schon vor der IPR-Reform überwiegend die Ansicht vertreten, dass dieses nach Grenzübertritt als solches bestehen bleibt, eine Überleitung in ein der inländischen Rechtsordnung bekanntes Institut – etwa in ein Zurückbehaltungsrecht – also nicht erforderlich ist.[40]

Zudem hat Art. 43 II EGBGB den Meinungsstreit zwischen Hinnahmetheorie und Transpositionslehre auch im Übrigen weitgehend entschärft. Hiernach können Rechte, welche nach dem alten Sachenrechtsstatut wirksam begründet worden sind, im Falle eines Lageortswechsels „nicht im Widerspruch" zur neuen *lex rei sitae* „ausgeübt werden". Somit wird der von der Hinnahmetheorie geforderte Schutz

---

[37] Staudinger/*Mansel* EGBGB Art. 43 Rn. 1243.
[38] Staudinger/*Mansel* EGBGB Art. 43 Rn. 1264.
[39] Firsching/von Hoffmann, IPR, 5. Aufl. 1997, § 12 Rn. 33; *Kropholler,* IPR, 3. Aufl. 1997, 482 f.; *Kreuzer,* RabelsZ 65 (2001), 383 (445). Dazu auch MüKoBGB/*Wendehorst* EGBGB Art. 43 Rn. 148 ff. m. w. N.
[40] *Kropholler,* IPR, 3. Aufl. 1997, 483; *Firsching/von Hoffmann,* IPR, 5. Aufl. 1997, § 12 Rn. 28.

wohlerworbener Rechte durch den Schutz des inländischen Rechtsverkehrs beschränkt. Das nach dem alten Statut wirksam begründete dingliche Recht wird mit den Wirkungen eines entsprechenden dinglichen Rechts des neuen Statuts ausgestattet;[41] eine Umwandlung in ein Institut des neuen Lageortsrechts ist im Unterschied zur klassischen Transpositionslehre indes nicht mehr erforderlich.[42]

G konnte somit dem Herausgabeverlangen des E auch nach Verbringen des Tafelaufsatzes nach Italien seinen Anspruch auf Rückerstattung des Kaufpreises entgegenhalten.

d) Erwerb des Lösungsrechts durch T

Fraglich ist, ob das Lösungsrecht des G auf den gutgläubigen T übergegangen ist.

aa) Allein das Verbringen des Tafelaufsatzes nach Deutschland im Jahre 2014 ist nicht geeignet, das Bestehen des Lösungsrechts zu beeinträchtigen, da Art. 43 II EGBGB – wie gesehen – im Ausland wohlerworbene Recht im Falle eines Statutenwechsels im Grundsatz schützt, es sei denn, diese stehen in Widerspruch zum Recht des neuen Lageorts.

Zwar kennt auch das deutsche Recht kein Lösungsrecht als solches; ebenso wie das italienische Recht sieht es aber in § 1000 BGB ein Zurückbehaltungsrecht des Besitzers wegen erbrachter Verwendungen auf die Sache vor. Dieses erfasst zwar wiederum nicht den Kaufpreis, ist dem Lösungsrecht aber strukturell verwandt, weshalb Letzteres mit dem deutschen Sachenrecht vereinbar ist. Eine Überleitung in ein Institut des deutschen Sachenrechts ist generell nicht mehr erforderlich.

bb) Das Fortbestehen des Lösungsrechts könnte jedoch von der Weiterveräußerung der Sache durch G an T betroffen sein. Nach h. A.[43] hängt das Schicksal des Lösungsrechts bei Weiterveräußerung der Sache, auf welche sich dieses bezieht, von der Rechtsordnung ab, welche die Weiterveräußerung beherrscht. Diese Rechtsordnung soll entscheiden, ob das Lösungsrecht untergeht, weitergegeben oder in ein neues Lösungsrecht übergeleitet wird. Da weder das italienische noch das deutsche Sachenrecht ein Lösungsrecht zu gewähren imstande sind, ginge danach das Lösungsrecht bei Weiterveräußerung des Tafelaufsatzes durch G an T unter.

Demgegenüber lässt die Gegenansicht[44] das Lösungsrecht bei Weiterveräußerung der davon betroffenen Sache im Inland als wohlerworbenes Recht fortbestehen, weil es – einer Reallast ähnlich – auf der Sache liege. Voraussetzung ist danach lediglich, dass das Lösungsrecht nach dem auf seine Entstehung anwendbaren Recht an einen gutgläubigen Nacherwerber weitergegeben werden kann. Da Art. 934 II ZGB ausdrücklich vorsieht, dass nicht nur dem ersten, sondern auch jedem späteren gutgläubigen Empfänger ein solches Lösungsrecht zusteht, wäre diese Voraussetzung vorliegend erfüllt; T hätte ein Lösungsrecht am Tafelaufsatz erworben, welches er dem Herausgabeverlangen des E entgegenhalten könnte.

---

[41] BT-Drs. 14/343, 16.
[42] *von Hoffmann/Thorn* IPR § 12 Rn. 31; *Pfeiffer,* IPRax 2000, 270 (273); *Stoll,* IPRax 2000, 259 (262); a. A.: *Junker,* RIW 2000, 241 (254); diffus: *Kropholler* IPR, 561, der an dem Begriff der „Transposition" festhält, diesen aber inhaltlich abwandelt.
[43] *BGH* 8.4.1987, BGHZ 100, 321 (326 ff.) = IPRax 1987, 374 m. Anm. *Stoll,* 357 = *Schack,* Rechtsprechung, Nr. 26 = IPRspr 1987, Nr. 40; Palandt/*Thorn* EGBGB Art. 43 Rn. 5; Staudinger/*Mansel* (2015) EGBGB Art. 43 Rn. 860, 862; unklar MüKoBGB/*Wendehorst* EGBGB Art. 43 Rn. 60, 80.
[44] *Siehr,* ZvglRW 83 (1984), 100 (113 f.); IPG 1982, Nr. 15 (*Hamburg*), 166 ff.; *Geyrhalter,* Das Lösungsrecht des gutgläubigen Erwerbers, 1996, S. 146.

Der zuletzt genannten Auffassung ist indes entgegenzuhalten, dass der Vergleich des Lösungsrechts mit einer Reallast gerade nicht zutrifft, wenn das Lösungsrecht selbst nach der Rechtsordnung, welche es gewährt, nur einem gutgläubigen Nacherwerber weitervermittelt werden kann.[45] Dies bedeutet nämlich, dass der Besitzer selbst keine übertragbare Rechtsposition mehr hat, wenn der Diebstahl dem Erwerber bekannt ist. Einer Reallast sind solche Einschränkungen der Übertragbarkeit wesensfremd. Da auch nach Art. 934 II ZGB nur der gutgläubige Nacherwerber geschützt ist, spricht dies gegen einen Erhalt des Lösungsrechts bei Weiterveräußerung der betroffenen Sache unter einem neuen Statut. Hinzu tritt folgende Erwägung: Nach Schweizer Recht ist das Lösungsrecht in seinem Umfang von dem vom jeweiligen Erwerber gezahlten Preis abhängig – vorliegend also von dem von T entrichteten Preis in Höhe von 25.000 €. Dies lässt den Schluss zu, dass der Erwerber nicht das Lösungsrecht des Vorbesitzers erhält, sondern ein eigenes, hiervon unabhängiges Lösungsrecht erwirbt. Ein solches neues Lösungsrecht bedarf aber zu seiner Entstehung einer gesetzlichen Grundlage, die allein dem anwendbaren Sachenrechtsstatut entnommen werden kann. Daher ist der h. A. zu folgen. T hat kein Lösungsrecht an dem Tafelaufsatz erworben.

Somit hat T keinen Anspruch auf Erstattung des Kaufpreises, welchen er dem E entgegenhalten könnte; er ist ohne Weiteres zur Herausgabe des Tafelaufsatzes nach § 985 BGB verpflichtet. Die Klage des E ist also in vollem Umfang begründet.

---

[45] So etwa: Staudinger/*Mansel* EGBGB Art. 43 Rn. 869.

Fall 11. Schwimmende Ware[1]

UN-Kaufrecht – Anwendungsbereich – Vertragserfüllung – Eigentumsübergang als externe Regelungslücke – Sachenrechtsstatut bei Veräußerung schwimmender Ware – Gefahrübergang – Deliktsstatut – Drittschadensliquidation – Lieferort – Übereignung im Falle von Traditionspapieren – Wertpapiersachstatut – Wertpapierrechtsstatut – internationale Zuständigkeit – Schiedseinrede – Zulässigkeit von antisuit injunctions

Sachverhalt

V, ein vietnamesisches Unternehmen, stellt Unterhaltungselektronik her, die es u. a. in Mitgliedstaaten der EU exportiert. Häufig erfolgt der Verkauf erst, wenn die Ware bereits eingeschifft und auf dem Weg nach Europa ist. So auch dieses Mal: Nachdem V mit der deutschen Reederei F einen Transportvertrag abgeschlossen hat, die Ware in Ho-Chi-Minh-Stadt an Bord der MS St. Pauli, die für die F unter griechischer Flagge fährt, verladen wurde und das Schiff sich am 30.11.2016 auf den Weg zu seinen europäischen Zielhäfen Rotterdam und Hamburg gemacht hat, verkauft V 500 Fernsehgeräte aus der Ladung an die K GmbH, einen deutschen Discounter für Weiße und Braune Ware. Die Geräte, die sich alle in einem 40 Fuß-Container befinden und über dessen ID dem Vertrag eindeutig zuzuordnen sind, sollen in Rotterdam ausgeladen und von dort auf dem Flussweg weitertransportiert werden. Darüber hinaus findet sich im Kaufvertrag eine Klausel, wonach dieser deutschem Recht unterliegt.

Wenige Tage nach Abschluss des Kaufvertrags kommt es auf der MS St. Pauli zu einem Feuer. Da die von dem deutschen Unternehmen H AG konzipierte und auf einer vietnamesischen Werft in das Schiff eingebaute Löschanlage aufgrund eines Konstruktionsfehlers nicht sofort in der Lage ist, den Brand zu löschen, werden Teile der Ladung, darunter auch die von K gekauften Fernsehgeräte, beschädigt. Als ein Beauftragter der K die Ware nach deren Ankunft in Rotterdam in Augenschein nimmt, erweist sich diese als unverkäuflich, weshalb K deren Entgegennahme ablehnt.

Frage: Welche Ansprüche hat K gegen V und H?

Abwandlung:

Ändert sich etwas an dem Ergebnis, wenn K noch vor der Beschädigung der Ware im Wege des Dokumenteninkassos in Deutschland das von der V auf sie indossierte Orderkonnossement über die 500 Fernsehgeräte erhalten hat?

Bearbeitervermerk:

1. Nach griechischem Recht geht das Eigentum an Mobilien durch dingliche Einigung und Übergabe der Sache an den Erwerber über.

---

[1] Der Entwurf zur Musterlösung stammt von Rechtsanwalt *Dr. Max Finkelmeier.*

2. Nach niederländischem Recht ist für den Eigentumsübergang neben dinglicher Einigung und Übergabe auch ein wirksamer Kaufvertrag erforderlich.

3. Im Übrigen ist davon auszugehen, dass das ausländische Recht dem deutschen entspricht.

4. Nach § 650 HGB ist das Konnossement Traditionspapier, d. h. die Übergabe des Papiers hat dieselben Wirkungen wie die Übergabe des verbrieften Guts.

Zusatzfragen:

Nehmen Sie an, der Kaufvertrag zwischen V und K enthält folgende Klausel:

„Alle Streitigkeiten aus dem Vertrag werden nach der Schiedsgerichtsordnung der Internationalen Handelskammer Paris (ICC) entschieden.

Schiedsort ist London."

Im März 2017 verklagt K die V vor dem *LG Köln* auf Schadensersatz. K beabsichtigt, aus dem zu erwartenden Urteil später in Forderungen der V gegen weitere deutsche Kunden, u. a. einen in Köln ansässigen Händler, zu vollstrecken. Wie wird das Gericht entscheiden?

Nach Zustellung der Klageschrift beantragt V vor dem *High Court* in London den Erlass einer *antisuit injunction,* mit der K angewiesen werden soll, die Klage vor dem *LG Köln* zurückzunehmen. Wird der *High Court* dem Antrag stattgeben?

Lösung

Grundfall

I. Ansprüche K gegen V

In Betracht kommen allein vertragliche Ansprüche.

1. Anwendbarkeit des CISG

Vorrangig zu prüfen sind völkerrechtliche Übereinkommen (Art. 3 Nr. 2 EGBGB), hier das UN-Kaufrecht (CISG)[2]. Dieses bleibt, soweit es Kollisionsnormen enthält, auch von der Rom I-VO unberührt (Art. 25 I Rom I-VO).

a) Sachlicher Anwendungsbereich

Der Vertrag über 500 Fernsehgeräte stellt einen Kaufvertrag über bewegliche Waren i. S. d. Art. 1 CISG dar. Ausnahmetatbestände des Art. 2 CISG sind nicht einschlägig, insbesondere kauft V die Ware nicht für den persönlichen Gebrauch (Art. 2 lit. a CISG). Der sachliche Anwendungsbereich des Übereinkommens ist somit eröffnet.

---

[2] Wiener UN-Übereinkommen über Verträge über den internationalen Warenkauf vom 11.4.1980; abgedr. bei *Jayme/Hausmann* Nr. 77.

b) Räumlicher Anwendungsbereich

aa) Vertragsparteien mit Niederlassungen in unterschiedlichen Vertragsstaaten

Gemäß Art. 1 I lit. a CISG ist das Übereinkommen zum einen räumlich anwendbar, wenn die Vertragsparteien ihre Niederlassungen in verschiedenen Vertragsstaaten haben. Die Niederlassung der *K* befindet sich in Deutschland, die Niederlassung der *V* in Vietnam. Vietnam wurde erst mit Wirkung zum 1.1.2017 Vertragsstaat, sodass eine räumliche Anwendbarkeit des CISG nach Art. 1 I lit. a CISG fraglich erscheint. Einschlägig sind insoweit die Regeln zum intertemporalen Anwendungsbereich des Übereinkommens in Art. 100 CISG, die zwischen Teil II und Teil III des CISG differenzieren. Sowohl das Angebot zum Vertragsschluss (Abs. 1) als auch der Vertragsschluss selbst (Abs. 2) erfolgten bei lebensnaher Auslegung des Sachverhalts bereits im Dezember 2016, also vor Inkrafttreten des Übereinkommens für Vietnam. Folglich scheidet eine räumliche Anwendbarkeit des CISG nach Art. 1 I lit. a CISG insgesamt aus.

bb) Recht eines Vertragsstaates als Vertragsstatut

Gemäß Art. 1 I lit. b CISG ist das Übereinkommen zum anderen dann räumlich anwendbar, wenn die Regeln des Internationalen Privatrechts des Forums zur Anwendung des Rechts eines Vertragsstaats führen. Als einschlägige Kollisionsnormen kommen hier die Regelungen der Rom I-VO[3] in Betracht.

(1) Anwendbarkeit der Rom I-VO

Dazu müsste der Anwendungsbereich der Rom I-VO eröffnet sein. Im Streit sind Ansprüche aus einem zwischen *K* und *V* geschlossenen Kaufvertrag, also einem vertraglichen Schuldverhältnis in einer Handelssache i. S. v. Art. 1 I Rom I-VO. Da auch keiner der Ausnahmetatbestände des Art. 1 II Rom I-VO erfüllt ist, ist die Rom I-VO sachlich anwendbar. Weiterhin weist der Sachverhalt – etwa aufgrund der Niederlassungen der Vertragsparteien in Vietnam bzw. Deutschland – die von Art. 1 I Rom I-VO geforderte Verbindung zum Recht verschiedener Staaten auf. Da die Rom I-VO nach ihrem Art. 28 auch intertemporal Anwendung findet, ist diese für die Bestimmung des Vertragsstatuts einschlägig.

(2) Rechtswahl

Vorliegend haben die Parteien eine gemäß Art. 3 Rom I-VO wirksame Rechtswahl zugunsten des deutschen Rechts getroffen. Da Deutschland Vertragsstaat des CISG ist, ist dieses gemäß seinem Art. 1 I lit. b räumlich anwendbar.

c) Kein Ausschluss des CISG

Fraglich ist, ob die seitens der Parteien getroffene Wahl deutschen Rechts der Anwendbarkeit des CISG entgegensteht. Gemäß Art. 6 CISG ist das Übereinkommen grundsätzlich abdingbar. Allerdings ist das Einheitsrecht Bestandteil des nationalen Sachrechts sämtlicher Vertragsstaaten.[4] Deshalb schließt die Vereinbarung einer Rechtsordnung wie der deutschen, in der das Einheitsrecht gilt, die Anwen-

---

[3] Verordnung (EG) Nr. 593/2008 des Europäischen Parlaments und des Rates über das auf vertragliche Schuldverhältnisse anzuwendende Recht vom 17.6.2008, ABl. EG 2008 Nr. L 177/6; abgedr. bei *Jayme/Hausmann* Nr. 80.

[4] Vgl. Staudinger/*Magnus* CISG Art. 6 Rn. 1.

dung des UN-Kaufrechts mit ein, sofern sich nicht ein anderer Parteiwille ergibt.[5] Ein solcher ist hier nicht ersichtlich. Mangels Abbedingung durch die Parteien bleibt das CISG somit anwendbar.

2. Anspruch *K* gegen *V* auf Erfüllung des Kaufvertrags aus Art. 30 CISG

K könnte gegen *V* einen Anspruch auf Erfüllung des Kaufvertrags aus Art. 30 CISG haben.

a) Wirksamer Kaufvertrag

Ein wirksamer Kaufvertrag über die 500 Fernseher liegt laut Sachverhalt vor (Art. 14 ff. CISG). Der Erfüllungsanspruch des *K* ist somit entstanden.

b) Kein Erlöschen durch Erfüllung

Der Anspruch könnte jedoch durch Erfüllung erloschen sein.

Gemäß Art. 30 CISG hat der Verkäufer zur Erfüllung des Kaufvertrags die Ware zu liefern, die sie betreffenden Dokumente zu übergeben und das Eigentum an der Ware zu übertragen. Vorliegend erscheint insbesondere die Eigentumsübertragung zweifelhaft.

Fraglich ist, nach welchen Regeln sich die Übertragung des Eigentums von *K* an *V* beurteilt. Die Wirkungen des Kaufvertrags auf das Eigentum an der verkauften Ware sind im CISG nicht geregelt; es handelt sich um eine externe Regelungslücke (Art. 4 S. 2 lit. b CISG).[6] Daher ist die anwendbare Rechtsordnung mit Hilfe des deutschen Kollisionsrechts zu bestimmen.

Gemäß Art. 43 I EGBGB unterliegen die Rechte an einer Sache dem Recht des Staates, in dem sich die Sache befindet *(lex rei sitae)*. Maßgeblich ist der Zeitpunkt, in dem der sachenrechtliche Tatbestand verwirklicht wurde. Im vorliegenden Fall kann ein eventueller Eigentumsübergang von *V* an *K* erst stattgefunden haben, als sich das Schiff bereits auf See befand. Unabhängig davon, ob das Schiff zum fraglichen Zeitpunkt innerhalb oder außerhalb staatlicher Hoheitsgewässer war, erscheint das Abstellen auf den jeweiligen Aufenthaltsort des Schiffes in einer solchen Konstellation *(res in transitu)* als nicht sachgerecht, da der Lageort der Sache zum Zeitpunkt der Verfügung häufig unklar und jedenfalls zufällig ist.[7]

Umstritten ist, woran stattdessen anzuknüpfen ist. Nach einer Ansicht[8] ist in solchen Fällen auf die Flagge des Schiffes abzustellen, hier also griechisches Recht. Das Flaggenstatut sei für alle Beteiligten einfach erkennbar und somit auch beweisbar. Methodisch wird überwiegend die Ausweichklausel des Art. 46 EGBGB herangezogen, obgleich diese an sich eine über die Näherbeziehung zu verdrängende Regelanknüpfung nach Art. 43 I EGBGB voraussetzt, an der es – soweit sich das Schiff auf hoher See befindet – gerade fehlt. Die Gesamtverweisung (Art. 4 I S. 1 EGBGB) auf griechisches Recht würde von diesem laut Bearbeitervermerk angenommen.

---

[5] *BGH* 4.12.1985, BGHZ 96, 313 (319); *OLG Hamm* 9.6.1995, NJW-RR 1996, 179.
[6] Zur Füllung interner Regelungslücken nach Art. 7 II CISG Fall 8 (*Golfschuhe im Regen*), S. 87.
[7] BeckOK BGB/*Spickhoff* EGBGB Art. 46 Rn. 7; a. A.: MüKoBGB/*Wendehorst* EGBGB Art. 43 Rn. 110.
[8] MüKoBGB/*Wendehorst* EGBGB Art. 43 Rn. 110; BeckOK BGB/*Spickhoff* EGBGB Art. 43 Rn. 4.

Fall 11. Schwimmende Ware

Nach der Gegenansicht ist auf das Recht des Bestimmungsstaates abzustellen, hier also niederländisches Recht.[9] Da die Verbindung zum Absendestaat endgültig abgebrochen sei und mangels lageortbezogenen Rechtsgeschäfts keine sachlichen Bezüge zu etwaigen Transitrechtsordnungen bestünden, entfalte das Recht des Bestimmungslandes Vorwirkung.[10] Für eine Anknüpfung an den Bestimmungsort spreche zudem, dass so bei Ablieferung ein weiterer Statutenwechsel vermieden wird.[11]

Der kollisionsrechtliche Streit muss freilich nicht entschieden werden, wenn beide in Betracht kommenden Rechtsordnungen zum selben Ergebnis gelangen. Laut Bearbeitervermerk bedarf es sowohl nach griechischem als auch nach niederländischem Recht zur Eigentumsübertragung der Übergabe der Kaufsache. Diese hat hier noch nicht stattgefunden, sodass ein Eigentumsübergang vor Ankunft der Ware in Rotterdam nicht erfolgt ist.

Der Anspruch der *K* gegen *V* auf Lieferung der 500 Fernseher ist somit nicht durch Erfüllung erloschen. Dieser hat sich freilich durch die Lieferung (vertragswidriger) Ware in einen Ersatzlieferungsanspruch nach Art. 46 II CISG verwandelt,[12] der weiteren Voraussetzungen unterliegt.

3. Anspruch *K* gegen *V* auf Ersatzlieferung aus Art. 46 II CISG

K könnte gegen *V* einen Anspruch auf Ersatzlieferung mangelfreier Fernsehgeräte aus Art. 46 II CISG haben.

a) Vertragswidrigkeit der Ware

Dazu müsste die Ware zunächst vertragswidrig sein. Die Fernsehgeräte wurden auf dem Transport beschädigt, sodass sie in ihrer Qualität nicht mehr den vertraglichen Anforderungen entsprechen (Art. 35 I CISG).

b) Bei Gefahrübergang

Nach Art. 36 CISG muss die Vertragswidrigkeit bereits bei Gefahrübergang bestanden haben. Der Gefahrübergang richtet sich im Fall des Verkaufs von Waren auf dem Transport grundsätzlich nach Art. 68 CISG. Voraussetzung ist indes, dass es sich um einen Spezieskauf handelt.[13] Laut Sachverhalt waren die 500 Fernsehgeräte mittels der Container ID genau bestimmbar, ein Spezieskauf ist also gegeben. Nach Art. 68 S. 1 CISG geht die Gefahr für diesen Fall regelmäßig mit Abschluss des Kaufvertrags über. Vorliegend trat die Beschädigung der Fernsehgeräte erst nach Abschluss des Kaufvertrags, also nach Gefahrübergang auf *K* ein. Somit hat *K* gegen *V* keinen Anspruch auf Ersatzlieferung mangelfreier Fernsehgeräte aus Art. 46 II CISG.

4. Schadensersatzanspruch *K* gegen *V* aus Art. 45 I lit. b i. V. m. Art. 74–77 CISG

Mangels Vertragswidrigkeit der Ware im Zeitpunkt des Gefahrübergangs scheidet auch ein Schadensersatzanspruch der *K* gegen *V* aus.

---

[9] von *Hoffmann/Thorn* IPR § 12 Rn. 39; *Looschelders* EGBGB Art. 46 Rn. 18.
[10] Zum eng verwandten Fall des internationalen Versendungskaufs Fall 10 (*Versilbertes Tafelsilber*), S. 115.
[11] So für den Fall der *res in transitu* MüKoBGB/*Wendehorst* EGBGB Art. 46 Rn. 43.
[12] Hierzu Schlechtriem/Schwenzer/*Müller-Chen* CISG Art. 46 Rn. 17 f.
[13] Schlechtriem/Schwenzer/*Hachem* CISG Art. 68 Rn. 22.

II. Ansprüche K gegen H

K könnte gegen H deliktische Ansprüche aus Produkthaftung haben.

1. Anwendbares Recht

Fraglich ist, welches Recht auf einen solchen Anspruch anwendbar ist.

a) Anwendbarkeit der Rom II-VO

Dies könnte sich nach der Rom II-VO[14] beurteilen. Die in Rede stehenden Ansprüche entspringen einem außervertraglichen Schuldverhältnis in einer Zivil- und Handelssache. Der *sachliche* Anwendungsbereich nach Art. 1 I Rom II-VO ist mithin eröffnet. Da auch die geforderte Verbindung zum Recht verschiedener Staaten vorliegt – die Parteien haben zwar beide ihren gewöhnlichen Aufenthalt in Deutschland, die für eine Haftung maßgeblichen Vorgänge ereigneten sich aber auf einem unter griechischer Flagge fahrenden Schiff auf dem Weg von Vietnam in die Niederlande – und das schadensbegründende Ereignis nach dem 10.1.2009 eingetreten ist (Art. 31, 32 Rom II-VO),[15] ist die Rom II-VO im Ergebnis anwendbar.

b) Deliktsstatut

Da die möglichen Schadensersatzansprüche der K auf einen Produktfehler der von der H konzipierten Feuerlöschanlage gestützt werden, ist die vorrangig zu prüfende Sonderkollisionsnorm des Art. 5 Rom II-VO einschlägig.[16] Mangels Rechtswahl durch die Parteien (Art. 14 Rom II-VO) gelangt nach Art. 5 I S. 1 am Anfang i. V. m. Art. 4 II Rom II-VO das Recht des gemeinsamen gewöhnlichen Aufenthalts von Haftendem und Geschädigtem zur Anwendung. Da K und H ihre Hauptverwaltungen (Art. 23 I S. 1 Rom II-VO) in Deutschland haben, liegt eine Sachnormverweisung (Art. 24 Rom II-VO) auf deutsches Recht vor. Eine offensichtlich engere Verbindung zu einer anderen Rechtsordnung i. S. v. Art. 5 II Rom II-VO ist nicht erkennbar.

2. Anspruch K gegen H aus § 823 I BGB

In Betracht kommt ein Anspruch der K gegen H wegen Eigentumsverletzung aus § 823 I BGB. Voraussetzung hierfür ist, dass K Eigentümerin der beschädigten Fernsehgeräte war. Hierbei handelt es sich um eine dingliche Vorfrage. Da diese auf der Ebene des deutschen Sachrechts auftritt, ist der Meinungsstreit zwischen selbständiger und unselbständiger Vorfragenanknüpfung unerheblich;[17] die Anknüpfung erfolgt in jedem Fall nach deutschem Internationalen Privatrecht. Wie bereits oben diskutiert, ist strittig, ob vorliegend das griechische Recht der Flagge oder das niederländische Recht des Bestimmungshafens zur Anwendung gelangt. Nach beiden Ansichten hat indes noch keine Eigentumsübertragung auf K stattgefunden. Mangels Eigentums scheidet ein Anspruch der K gegen H aus § 823 I BGB aus.

---

[14] Verordnung (EG) Nr. 864/2007 des Europäischen Parlaments und des Rates über das auf außervertragliche Schuldverhältnisse anzuwendende Recht vom 11.7.2007, ABl. EG 2007 Nr. L 199/40; abgedr. bei *Jayme/Hausmann* Nr. 101.
[15] Zum zeitlichen Anwendungsbereich der Rom II-VO auch Fall 7 (*Goodbye Sunshine*), S. 73.
[16] Hierzu bereits Fall 7 (*Goodbye Sunshine*), S. 82 ff.
[17] Hierzu *Rauscher* IPR § 4 Rn. 495 ff.

3. Anspruch K gegen H aus § 1 ProdHaftG

Aus dem gleichen Grund scheitert auch ein Anspruch der K aus § 1 ProdHaftG. Zwar spricht die Norm in ihrem Wortlaut allgemein von der Beschädigung der Sache, setzt aber ebenfalls die Verletzung des Eigentums oder eines beschränkten dinglichen Rechts voraus.[18]

III. Anspruch K gegen V auf Herausgabe des stellvertretenden commodum i. V. m. den Grundsätzen der Drittschadensliquidation[19]

Ergebnis der vorherigen Prüfungen ist, dass K von V einerseits nach den insoweit einschlägigen Regeln des CISG aufgrund des Gefahrübergangs keine Ersatzlieferung verlangen kann und in der Folge verpflichtet ist, V den vollen Kaufpreis zu bezahlen, obwohl sie ihrerseits nur beschädigte Ware erhält. Andererseits hat K gegen H mangels Übergangs des Eigentums keinen deliktischen Schadensersatzanspruch nach dem insoweit anwendbaren deutschen Recht. V wiederum hätte wohl einen deliktischen Ersatzanspruch, hat aber ihrerseits keinen Schaden erlitten. Es handelt sich somit um einen typischen Fall zufälliger Schadensverlagerung, der im internen deutschen Recht über die Grundsätze der Drittschadensliquidation bzw. des normativen Schadens i. V. m. dem Anspruch aus § 285 I BGB auf Herausgabe des *stellvertretenden commodum* gelöst würde. Fraglich ist, wie dieses Problem im vorliegenden internationalen Sachverhalt zu bewältigen ist.

1. Anspruch K gegen V auf Herausgabe des stellvertretenden commodum

K könnte gegen V einen Anspruch auf Herausgabe des *stellvertretenden commodum* haben. Da sich ein solcher Anspruch aus dem zwischen beiden Parteien abgeschlossenen Kaufvertrag ergeben müsste, ist auch insoweit das CISG einschlägig. Eine ausdrückliche Regelung der Frage – etwa in Parallele zu § 285 I BGB – findet sich im CISG nicht. Die im deutschen Schrifttum mittlerweile h. M. bejaht indes einen solchen Anspruch in Analogie zum Rechtsgedanken des Art. 84 II lit. b CISG.[20]

2. Schadensersatzanspruch V gegen H

Weitere Voraussetzung ist indes, dass sich im Vermögen der V ein *stellvertretendes commodum* für die Ware befindet. In Betracht kommt insoweit allein ein deliktischer Schadensersatzanspruch gegen H.

Fraglich ist, welchem Recht dieser unterliegt. Einschlägige Kollisionsnorm für den Anspruch aus Produkthaftung ist erneut Art. 5 Rom II-VO. Mangels Rechtswahl (Art. 14 Rom II-VO) und gemeinsamen gewöhnlichen Aufenthalts von Haftendem und Geschädigtem (Art. 5 I S. 1 am Anfang i. V. m. Art. 4 II Rom II-VO) ist nach Art. 5 I S. 1 lit. a Rom II-VO auf den gewöhnlichen Aufenthalt des Geschädigten abzustellen, sofern das Produkt in diesem Staat auch in Verkehr gebracht wurde. Die Geschädigte V hat ihre Hauptverwaltung (Art. 23 I S. 1 Rom II-VO) in Vietnam. Da die Löschanlage von der H auf einer vietnamesischen Werft installiert und das Schiff hier anschließend nach lebensnaher Sachverhaltsinterpretation auch durch Übergabe an seine Eignerin in Verkehr gebracht wurde, verweisen die beiden kumu-

---

[18] MüKoBGB/*Wagner* ProdHaftG § 1 Rn. 5.
[19] Da die Frage erst nach Ablehnung deliktischer Ansprüche der K gegen H relevant wird, empfiehlt sich eine Aufspaltung der Anspruchsprüfung K gegen V.
[20] Schlechtriem/Schwenzer/*Schwenzer* CISG Art. 79 Rn. 50; Staudinger/*Magnus* CISG Art. 79 Rn. 54; MüKoHGB/*Mankowski* CISG Art. 79 Rn. 11.

lativen Anknüpfungsmomente übereinstimmend auf vietnamesisches Recht (Sachnormverweisung, Art. 24 Rom II-VO).

Fraglich ist, ob V danach einen Schadensersatzanspruch gegen H hat. Problematisch ist allein der Schaden, da die V selbst keine Vermögenseinbuße erleidet, steht ihr doch der ungeminderte Kaufpreisanspruch gegen die K zu. Laut Bearbeitervermerk entspricht das vietnamesische Recht dem deutschen. Danach ist vorliegend ein Schadensersatzanspruch der V zu bejahen, wobei die dogmatische Begründung variiert: Entweder man nimmt mit einem Teil des Schrifttums eine Drittschadensliquidation wegen obligatorischer Gefahrentlastung an und ermöglicht V somit den Schaden der K geltend zu machen oder man bejaht unter Anwendung der Regeln zur Vorteilsausgleichung einen eigenen normativen Schaden der V.[21]

Diesen Anspruch muss V in der Folge als *stellvertretendes commodum* an die K abtreten.

IV. Ergebnis

K hat gegen V aufgrund des Gefahrübergangs weder einen Anspruch auf Ersatzlieferung noch einen solchen auf Schadensersatz. Mangels Eigentumserwerbs hat K zudem keinen deliktischen Schadensersatzanspruch gegen H. K kann jedoch von V die Abtretung von dessen Schadensersatzanspruch gegen H als *stellvertretendes commodum* verlangen.

Abwandlung

I. Anspruch K gegen V auf Erfüllung des Kaufvertrags aus Art. 30 CISG

K könnte gegen V wiederum einen Anspruch auf Erfüllung des Kaufvertrags aus Art. 30 CISG haben.

1. Wirksamer Kaufvertrag

Ein wirksamer Kaufvertrag über die 500 Fernsehgeräte liegt vor (s. o.).

2. Kein Erlöschen durch Erfüllung

Der Anspruch könnte indes durch Erfüllung erloschen sein. Gemäß Art. 30 CISG hat der Verkäufer zur Erfüllung des Kaufvertrags die Ware zu liefern, die sie betreffenden Dokumente zu übergeben und das Eigentum an der Ware zu übertragen.

a) Lieferung der Ware

Zunächst müsste V die Ware bereits an K geliefert haben. Eine ausdrückliche vertragliche Abrede, welche den Lieferort konkretisiert, ist nicht ersichtlich. Somit ist der Lieferort nach Art. 31 CISG zu bestimmen.[22]

Einschlägig könnte vorliegend Art. 31 lit. a CISG sein. Danach hat der Verkäufer, sofern der Kaufvertrag eine Beförderung der Ware erfordert, diese dem ersten Beförderer zur Übermittlung an den Käufer zu übergeben. Lit. a ist jedoch beim Verkauf von Ware, die sich bei Vertragsabschluss bereits auf dem Transport befindet, nicht anwendbar,[23] da die Vorschrift voraussetzt, dass die Ware erst aufgrund

---

[21] Hierzu *Büdenbender*, NJW 2000, 986 ff. m. w. N.
[22] Staudinger/*Magnus* CISG Art. 31 Rn. 1.
[23] Schlechtriem/Schwenzer/*Widmer* CISG Art. 31 Rn. 16.

Fall 11. Schwimmende Ware

des Kaufvertrags, also zwangsläufig nach dessen Abschluss, auf den Transport gebracht wird.[24] Nur in diesem Fall kann die Aushändigung an den Beförderer der Lieferakt sein. Hier wurden die Fernsehgeräte bereits vor Abschluss des Kaufvertrags an den Beförderer *F* übergeben. Ein solcher bereits vollzogener Übergabeakt kann nicht nachträglich zum Lieferakt erhoben werden.

Fraglich ist, ob der vorliegende Fall unter Art. 31 lit. b CISG zu subsumieren ist mit der Folge, dass *V* die Ware an dem Ort, an dem sie sich bei Vertragsschluss befand, zur Verfügung zu stellen hätte. Nach herrschender Auffassung ist Art. 31 lit. b CISG auch auf den Verkauf „schwimmender Ware" anwendbar.[25] Lieferort ist für diesen Fall das Schiff. Die Gegenansicht verneint zwar die Anwendbarkeit von Art. 31 lit. b CISG.[26] Auch nach dieser Auffassung ist die Lieferpflicht jedoch jedenfalls dann erfüllt, wenn der Verkäufer den Käufer in die Lage versetzt, die Ware später am Bestimmungsort zu übernehmen,[27] etwa durch Übergabe von Dokumenten, die den Empfänger zur späteren Entgegennahme der Ware legitimieren.[28] *V* hat folglich nach beiden Auffassungen ihre Lieferpflicht erfüllt.

b) Übergabe der die Ware betreffenden Dokumente

Weiterhin müssten die zur Abholung der Ware berechtigenden Transportpapiere übergeben worden sein. In der Abwandlung hat *V* das auf sie indossierte Orderkonnossement bereits an *K* übergeben.

c) Eigentumsübertragung

Gemäß Art. 30 CISG müsste *V* der *K* zur Erfüllung schließlich auch das Eigentum an den 500 Fernsehgeräten verschafft haben. Dies könnte hier mittels Übereignung des Orderkonnossements von *V* an *K* erfolgt sein.

Bei Wertpapieren ist im Hinblick auf das anwendbare Recht zwischen dem Wertpapier als beweglicher Sache und dem darin verbrieften Recht zu unterscheiden. Über das Recht am Wertpapier selbst entscheidet das Wertpapiersachstatut, also nach Art. 43 I EGBGB das Recht des jeweiligen Lageorts des Wertpapiers *(lex cartae sitae)*.[29] Das Orderkonnossement befindet sich vorliegend bereits in Deutschland, sodass sich das Eigentum an diesem nach deutschem Recht beurteilt. Das Konnossement wurde in der Abwandlung nach deutschem Recht wirksam gemäß § 929 I S. 1 BGB übereignet.

Ob mit dem Eigentum am Papier auch das verbriefte Recht übergeht, entscheidet dagegen das Wertpapierrechtsstatut. Dieses wird wie das verbriefte Recht angeknüpft.[30] Wenn, wie hier, dingliche Rechte in einem Orderkonnossement verbrieft sind, kommt es folglich auf den Lageort der Ware, die *lex rei sitae*, an. Erneut kann insoweit dahinstehen, ob niederländisches oder griechisches Recht zur Anwendung gelangt, da laut Bearbeitervermerk davon auszugehen ist, dass beide Rechtsordnungen dem deutschen Recht entsprechen. Hiernach hat das Konnossement Traditionswirkung, d.h. die Übergabe des Konnossements ersetzt die Übergabe der Sache

---

[24] Honsell/*Karollus* CISG Art. 31 Rn. 13.
[25] Staudinger/*Magnus* CISG Art. 31 Rn. 28.
[26] Schlechtriem/Schwenzer/*Widmer* CISG Art. 31 Rn. 47.
[27] Schlechtreim/Schwenzer/*Widmer* CISG Art. 31 Rn. 79.
[28] MüKoBGB/*Gruber* CISG Art. 31 Rn. 12.
[29] Staudinger/*Mansel* EGBGB Art. 43 Rn. 372; MüKoBGB/*Wendehorst* EGBGB Art. 43 Rn. 194.
[30] Staudinger/*Mansel* EGBGB Anh. zu Art. 43 Rn. 24, 72.

(§ 650 HGB).³¹ Bei Orderkonnossementen folgt das Recht aus dem Papier demnach dem Recht am Papier.³² Im Ergebnis ist *K* mithin Eigentümerin der 500 Fernsehgeräte geworden.

3. Zwischenergebnis

V hat der *K* die Fernsehgeräte geliefert, die diese betreffenden Dokumente übergeben und das Eigentum hieran übertragen. Da sie somit alle vertraglichen Pflichten aus Art. 30 CISG erfüllt hat, ist der diesbezügliche Anspruch der *K* erloschen. Weitere Ansprüche der *K* gegen V, etwa auf Schadensersatz, bestehen nicht.

II. Ansprüche K gegen H

K könnten gegen die *H* wiederum deliktische Schadensersatzansprüche zustehen.

1. Anwendbares Recht

Die Rom II-VO ist anwendbar. Nach Art. 5 I S. 1 am Anfang i. V. m. Art. 4 II Rom II-VO unterliegen die deliktischen Ansprüche der *K* gegen *H* deutschem Recht (s. Grundfall II. 1. b).

2. Anspruch *K* gegen *H* aus § 823 I BGB

In der Abwandlung war *K* zum Zeitpunkt des schädigenden Ereignisses bereits Eigentümerin der Fernsehgeräte. Somit liegt die für den Anspruch aus § 823 I BGB erforderliche Rechtsgutsverletzung vor. Da auch alle weiteren Voraussetzungen der Norm erfüllt sind – der Sachverhalt spricht von einem Konstruktionsfehler – hat *K* gegen *H* einen Schadensersatzanspruch aus § 823 I BGB.

3. Anspruch *K* gegen *H* aus § 1 ProdHaftG

Entsprechendes gilt für den Anspruch aus § 1 ProdHaftG.

III. Ergebnis

Zwar ist der kaufvertragliche Leistungsanspruch der *K* gegen *V* durch Erfüllung erloschen. *K* kann aber von *H* aus Delikt (§ 823 I BGB, § 1 ProdHaftG) den Ersatz ihrer Schäden verlangen.

Zusatzfragen

I. Zuständigkeit des LG Köln

Das *LG Köln* müsste zur Entscheidung in der Hauptsache befugt sein.

1. Anwendbarkeit der Brüssel I-VO

Die Brüssel Ia-VO ist nach ihrem Art. 6 I vorliegend nicht anwendbar, da die Beklagte *V* keinen Wohnsitz im Hoheitsgebiet eines Mitgliedstaats hat. Demnach bestimmt sich die Zuständigkeit der Gerichte eines jeden Mitgliedstaats nach dem autonomen Verfahrensrecht der *lex fori*.

---

[31] Daneben ist zwar weiterhin die dingliche Einigung im Hinblick auf die Übereignung der Sache erforderlich, diese dürfte aber im Regelfall mit der Übereignung des Konnossements zusammenfallen.
[32] *K. Schmidt*, Handelsrecht, 6. Aufl. 2014, S. 822.

2. Zuständigkeit nach autonomem deutschen Verfahrensrecht

Fraglich ist, ob das *LG Köln* nach autonomem deutschen Verfahrensrecht für den vorliegenden Rechtsstreit zuständig ist.

a) Internationale Zuständigkeit

Zunächst müssten deutsche Gerichte international zuständig sein. Zwar fehlen im autonomen deutschen Verfahrensrecht weitgehend ausdrückliche Regelungen zur internationalen Zuständigkeit, nach allgemeiner Ansicht ist die internationale Zuständigkeit aber in diesen Fällen in der örtlichen stillschweigend mitgeregelt: Die Regeln über die örtliche Zuständigkeit sind doppelfunktional.[33]

Vorliegend könnte sich die internationale Zuständigkeit aus § 23 ZPO ergeben. Die Vorschrift findet, obgleich sie von „Wohnsitz" spricht, auch gegenüber juristischen Personen Anwendung.[34] Gegenstand des vor dem *LG Köln* anhängig gemachten Verfahrens sind vermögensrechtliche Ansprüche gegen eine Person, die im Inland keinen Wohnsitz hat. Darüber hinaus hat *V* als Beklagte auch Vermögen im Inland, da Forderungen nach § 23 S. 2 ZPO als am Wohnsitz des Schuldners belegen gelten. § 23 ZPO ist mithin grundsätzlich anwendbar.

Als sogenannter exorbitanter Gerichtsstand, der nur einen geringen Bezug zum deutschen Hoheitsgebiet fordert, stößt § 23 ZPO freilich auf verbreitete Kritik. Der Beklagtenschutz erfordere eine teleologische Reduktion der Norm mittels eines über den Wortlaut hinaus zu fordernden hinreichenden Inlandsbezugs.[35] Da *K* als Klägerin ihren Geschäftssitz im Inland hat, ist dieser Bezug hier gegeben,[36] sodass § 23 ZPO selbst bei teleologischer Reduktion der Norm anwendbar ist.

Deutsche Gerichte sind folglich international zuständig.

b) Örtliche Zuständigkeit

Das *LG Köln* ist nach § 23 ZPO zudem örtlich zuständig, da die *V* laut Sachverhalt auch Forderungen gegen einen Kölner Kunden hat.

c) Sachliche Zuständigkeit

Gemäß § 1 ZPO i. V. m. § 71 I GVG ist in 1. Instanz grundsätzlich das Landgericht zuständig, wenn die Rechtsstreitigkeit nicht den Amtsgerichten zugewiesen ist. Eine solche Zuweisung ist nach § 23 GVG nicht ersichtlich. Somit ist das *LG Köln* auch sachlich zuständig.

3. Schiedseinrede

Das *LG Köln* könnte die Klage jedoch gemäß § 1032 I ZPO durch Prozessurteil als unzulässig abzuweisen haben, wenn zwischen *K* und *V* eine wirksame Schiedsvereinbarung besteht und *V* sich rechtzeitig auf diese beruft. § 1032 I ZPO gilt gemäß § 1025 II ZPO unabhängig davon, ob der Ort des Schiedsverfahrens im In- oder Ausland liegt und welchem Recht die Schiedsvereinbarung unterworfen ist.[37]

---

[33] St. Rspr.; vgl. nur *BGH* 14.6.1965, BGHZ 44, 46 (47).
[34] *BAG* 26.2.1985, NJW 1985, 2910 (2911).
[35] *BGH* 2.7.1991, BGHZ 115, 90 (94 f.); Thomas/Putzo/*Hüßtege* ZPO § 23 Rn. 2.
[36] *BGH* 22.10.1996, NJW 1997, 324 (325).
[37] Zöller/*Geimer* ZPO § 1032 Rn. 1.

a) Angelegenheit, die Gegenstand einer Schiedsvereinbarung ist

Zunächst müsste nach § 1032 I ZPO die Angelegenheit, in der Klage erhoben wurde, Gegenstand einer Schiedsvereinbarung sein. Da nach der betreffenden Vertragsklausel „alle Streitigkeiten aus dem Vertrag" von der Schiedsvereinbarung erfasst sind und sich die Klage der *K* auf vertragliche Gewährleistungsansprüche gründet, ist die vor dem *LG Köln* anhängig gemachte Angelegenheit Gegenstand dieser Schiedsvereinbarung.

b) Keine Nichtigkeit, Unwirksamkeit oder Undurchführbarkeit der Schiedsvereinbarung

Gründe dafür, dass die Schiedsvereinbarung zwischen *K* und *V* gemäß § 1032 I ZPO nichtig ist, sind nicht ersichtlich. Beide Parteien sind subjektiv schiedsfähig. Darüber hinaus sind handelsrechtliche Streitigkeiten auch objektiv schiedsfähig und können somit Gegenstand von Schiedsvereinbarungen sein. Zudem liegen keine Anhaltspunkte für eine formelle oder materielle Unwirksamkeit der Schiedsvereinbarung vor.

c) Erklärung der Rüge durch *V*

Indes müsste sich *V* vor Gericht ausdrücklich auf die Schiedsvereinbarung berufen, wobei die Einrede der Schiedsvereinbarung nur bis zum Beginn der mündlichen Verhandlung zur Hauptsache erhoben werden kann (§ 1032 I ZPO).

4. Ergebnis

Sofern sich *V* rechtzeitig auf die Schiedsvereinbarung beruft, wird das *LG Köln* die Klage des *K* gemäß § 1032 I ZPO als unzulässig abweisen.

II. Zulässigkeit der *antisuit injunction*

Fraglich ist, ob der *High Court* eine *antisuit injunction* erlassen darf. Die *antisuit injunction* ist eine auf Antrag ergehende, strafbewehrte gerichtliche Anordnung an den Antragsgegner, eine Klage vor einem ausländischen Gericht nicht zu erheben oder weiter zu betreiben.[38] Ob eine solche Anordnung rechtmäßig ist, ist umstritten, da das parallel befasste Gericht als Folge der *antisuit injunction* praktisch nicht mehr in der Lage ist, über seine eigene Zuständigkeit zu entscheiden.

Der *EuGH* hat entschieden, dass *antisuit injunctions* zur Absicherung von Gerichtsstandsklauseln nicht mit dem EuGVÜ vereinbar sind.[39] Insbesondere verstießen sie gegen den im Übereinkommen etablierten Grundsatz, dass das angerufene Gericht nach dem bei ihm geltenden Recht bestimmt, ob es für die bei ihm anhängig gemachte Streitsache zuständig ist. Dass sich die *antisuit injunction* nur gegen den Kläger wendet und nicht an das Gericht selbst, mache keinen Unterschied.

Diese Rechtsprechung hat der *EuGH* später auf die Brüssel I-VO übertragen und auf Schiedsklauseln unterstützende *antisuit injunctions* ausgeweitet.[40] Gemäß ihrem Art. 1 II lit. d sei die Brüssel I-VO zwar nicht auf die Schiedsgerichtsbarkeit

---

[38] *Dutta/Heinze*, ZEuP 2005, 428 (432).
[39] *EuGH* 9.12.2003 (*Gasser*) EU:C:2003:657, EuGHE 2003, I–14693; 27.4.2004 (*Turner/Grovit*) EU:C:2004:228, EuGHE 2004, I–3565.
[40] *EuGH* 10.2.2009 (*West Tankers*) EU:C:2009:69, RIW 2009, 236 = IPRax 2009, 336 m. Anm. *Illmer*, 312.

anwendbar. Jedoch sollten ihre Grundsätze auch dann Wirkung entfalten, wenn ein grundsätzlich außerhalb des Anwendungsbereichs der Verordnung liegendes Verfahren Auswirkungen habe, welche Verfahren beträfen, die der Verordnung unterliegen.[41] Da die Vorfrage der Schiedsgerichtsbarkeit in einem der Verordnung unterliegenden Verfahren erhoben worden sei, dürfe auf dieses Verfahren nicht mittels einer *antisuit injunction* eingewirkt werden.[42] Zudem widerspreche eine solche *antisuit injunction* auch dem Vertrauen, das die Mitgliedstaaten gegenseitig ihren Rechtssystemen und Rechtspflegeorganen entgegenbrächten und auf dem das Zuständigkeitssystem der Brüssel I-VO fuße.[43]

Diese Grundsätze gelten auch unter der Brüssel Ia-VO fort; insbesondere folgt aus dem neuen Erwägungsgrund 12 Abs. 4 nichts anderes. Zum einen erwähnt dieser *antisuit injunctions* nicht ausdrücklich, zum anderen ist er im Zusammenhang mit den vorhergehenden Absätzen zu lesen, die Entscheidungen mitgliedstaatlicher Gerichte zur Sache der Brüssel Ia-VO unterstellen.[44]

Zwar ist die Brüssel Ia-VO im vorliegenden Fall räumlich-persönlich nicht anwendbar, die der *EuGH*-Entscheidung in *West Tankers* zugrundeliegenden Leitgedanken lassen sich indes übertragen: Das *LG Köln* muss nach Maßgabe der ZPO prüfen können, ob die Schiedsvereinbarung wirksam ist oder nicht, und in der Lage sein, über seine Zuständigkeit selbst zu entscheiden. Es ist mit dem Gemeinschaftsrecht nicht vereinbar, wenn statt des *LG Köln* ein englisches Gericht diese Entscheidung übernimmt. Das gegenseitige Vertrauen der Mitgliedstaaten in ihre Rechtssysteme und Rechtspflegeorgane geht über den Geltungsbereich der Brüssel Ia-VO hinaus und hat seinen Niederschlag auch in anderen Verordnungen auf dem Gebiet der justiziellen Zusammenarbeit gefunden. Dieses Vertrauen würde durch die Zulassung von *antisuit injunctions* erschüttert werden. Die einzige Möglichkeit der V, das Verfahren vor staatlichen Gerichten zu unterbinden, besteht somit darin, sich vor dem *LG Köln* auf die wirksame Schiedsvereinbarung zu berufen.

---

[41] *EuGH* 10.2.2009 (*West Tankers*) EU:C:2009:69, RIW 2009, 236 (Tz. 24). S. auch *Illmer*, IPRax 2009, 312 (315: effet utile).
[42] *EuGH* 10.2.2009 (*West Tankers*) EU:C:2009:69, RIW 2009, 236 (Tz. 26 f.).
[43] *EuGH* 10.2.2009 (*West Tankers*) EU:C:2009:69, RIW 2009, 236 (Tz. 30); krit. hierzu *Illmer*, IPRax 2009, 312 (315).
[44] Hierzu Rauscher/*Mankowski* Brüssel Ia-VO Art. 1 Rn. 127 ff.

Fall 12. Urlaubsflirt und Heiratsschwindel

Internationale Zuständigkeit nach autonomem Recht – Gerichtsstand des Erfüllungsorts – Kognitionsbefugnis im Deliktsgerichtsstand – Deliktsstatut – Auflockerung mittels akzessorischer Anknüpfung – Statut des Verlöbnisbruchs – Unterhaltsstatut – internationale und örtliche Zuständigkeit in Unterhaltssachen – internationale Zuständigkeit in Erwachsenenschutzsachen – Betreuungsstatut

Sachverhalt

Die schwedische Staatsangehörige *Frieda* (F) lebt in Bonn, wo sie ein Reisebüro betreibt. Ihren Urlaub verbrachte sie im Sommer 2017 auf Jamaika und begegnete in der Ferienanlage dem dort seit Jahren als Animateur tätigen Brasilianer *Manuel* (M). F glaubte, den Mann ihres Lebens gefunden zu haben. M bestärkte F in dieser Vorstellung und deutete an, sie in Bonn heiraten und dort mit ihr leben zu wollen. Zu Ostern 2018 kam es während eines Kurzbesuchs der F auf Jamaika spontan zu einer Verlobungsfeier. Aus diesem Anlass sandte F unmittelbar nach ihrer Heimkehr dem M einen Ring als Geschenk. Zu der schon für Pfingsten 2018 in Bonn geplanten Hochzeit kam es indes nicht, da M aus fadenscheinigen Gründen kurzfristig absagte. Auch im Übrigen kühlte sein Interesse an der Beziehung merklich ab. Telefonisch zur Rede gestellt, räumte M ein, eine Ehe mit F niemals erwogen, vielmehr von vornherein auf ihre Großzügigkeit spekuliert zu haben; den Verlobungsring hatte er längst an einen Unbekannten veräußert. Die empörte F hat mehrmals vergeblich Wertersatz für den Ring gefordert und nun, weil M jeden weiteren Kontakt verweigert, Zahlungsklage beim *AG Bonn* erhoben.

Frage 1: Sind die Erfolgsaussichten der Klage positiv zu beurteilen, wenn sich M in keiner Form auf den Prozess einlässt?

Wie sich bald zeigen sollte, bereitet der F nicht nur das Ausbleiben der ersehnten Hochzeit Kummer: Zuletzt hatte sie sich zu Ostern 2018 kurz mit M getroffen, und nach diesem Besuch stellte sie fest, dass sie von ihm schwanger war. Infolge der Verzweiflung über ihre Situation erleidet F im August 2018 einen schweren Nervenzusammenbruch und muss seither stationär in Bonn behandelt werden. Auch die Schwangerschaft erwies sich von Anfang an als äußerst schwierig und endet schließlich im November 2018 mit einer Fehlgeburt.

Frage 2: Steht F während ihrer schwangerschaftsbedingten Arbeitsunfähigkeit ein Unterhaltsanspruch gegen M zu und könnte F diesen Anspruch wohnortnah gerichtlich geltend machen, auch wenn M sich nicht rügelos auf das Verfahren einlässt? Dabei sollen Ansprüche gegen M aus unerlaubter Handlung oder Verlöbnis außer Betracht bleiben.

Frage 3: Wären deutsche Gerichte, sofern dies der Zustand der F erfordert, zuständig, einen Betreuer für F zu bestellen, und nach welchem Recht würde sich eine solche Bestellung gegebenenfalls richten?

Bearbeitervermerk: Soweit ausländische Vorschriften entscheidungserheblich sind, ist zu unterstellen, dass sie denjenigen des deutschen Rechts entsprechen.

Lösung

Frage 1

I. Zulässigkeit

Zu untersuchen sind die internationale Entscheidungszuständigkeit des *AG Bonn* (dazu 1) sowie sonstige Zulässigkeitsvoraussetzungen (dazu 2).

1. Internationale Entscheidungszuständigkeit

Das angerufene *AG Bonn* hat von Amts wegen, also unabhängig von einer dahingehenden Rüge des dem Verfahren fernbleibenden *M*, zu klären, ob die internationale Entscheidungszuständigkeit deutscher Gerichte besteht.

a) Grundsatz

Auf die Regeln des autonomen deutschen Zuständigkeitsrechts ist, wie § 97 I FamFG vorsorglich hervorhebt, nur vorbehaltlich vorrangiger europa- oder völkerrechtlicher Bestimmungen zurückzugreifen. Der räumlich-persönliche Anwendungsbereich der Brüssel Ia-VO[1] ist nicht eröffnet: Der Beklagte *M* hat seinen Wohnsitz weder in Deutschland (Art. 4) noch in einem anderen Mitgliedstaat (Art. 5), und es liegt auch keiner der in Art. 6 I aufgezählten Fälle vor, in denen die Zuständigkeitsvorschriften der Brüssel Ia-VO unabhängig von der Verortung des Beklagten anzuwenden sind. Weil sich *M* nicht auf das deutsche Verfahren eingelassen hat, kann zudem offenbleiben, ob Art. 26 Brüssel Ia-VO im Falle eines drittstaatenansässigen Beklagten anwendbar ist.[2]

Da zudem im Verhältnis zu Jamaika kein internationales Übereinkommen einschlägig ist, kann auf die deutschen Kompetenzregeln zurückgegriffen werden. Dabei ist zu beachten, dass es sich bei Ansprüchen zwischen miteinander verlobten oder ehemals verlobten Personen im Zusammenhang mit der Beendigung des Verlöbnisses um sonstige Familiensachen handelt (§§ 1, 111 Nr. 10, 266 I Nr. 1 FamFG), und dasselbe gilt auch für etwaige konkurrierende deliktische Anspruchsgrundlagen.[3] Das somit einschlägige FamFG sieht in §§ 98 ff. einige ausdrückliche Regelungen zur internationalen Zuständigkeit vor. Mangels einer spezielleren Vorschrift kommt hier der in § 105 FamFG verankerte *Grundsatz der Doppelfunktionalität* zur Anwendung: Genügen die Beziehungen des in Rede stehenden Sachverhalts zum Inland, um die örtliche Zuständigkeit irgendeines inländischen Gerichts zu begründen, soll zugleich die internationale Zuständigkeit deutscher Gerichte eröffnet sein; ein örtlicher Gerichtsstand indiziert demnach die internationale Zuständigkeit. Maßgeblich sind daher im vorliegenden Fall ausweislich § 267 II FamFG die ZPO-Zuständigkeitsvorschriften, allerdings mit der Besonderheit, dass anstelle des Wohnsitzes auf den gewöhnlichen Aufenthalt abzustellen ist.

---

[1] Verordnung (EU) Nr. 1215/2012 vom 12.12.2012 über die gerichtliche Zuständigkeit und die Anerkennung und Vollstreckung von Entscheidungen in Zivil- und Handelssachen; abgedr. bei *Jayme/Hausmann* Nr. 160.
[2] Gegen die Anwendung auf solche Beklagte offenbar *EuGH* 17.3.2016 (*Taser International/ Gate 4 Business*), EU:C:2016:176, EuZW 2016, 558. Anders aber etwa noch *von Hein*, RIW 2013, 97 (101).
[3] Klarstellend etwa Prütting/Helms/*Heiter* FamFG § 266 Rn. 37.

Fall 12. Urlaubsflirt und Heiratsschwindel 145

b) §§ 105, 267 II FamFG, §§ 12, 13 ZPO

Überträgt man den Grundsatz der Doppelfunktionalität auf den vorliegenden Fall, lässt sich die internationale Zuständigkeit deutscher Gerichte für eine gegen *M* erhobene Klage nicht aus dem allgemeinen Gerichtsstand (§§ 12, 13 ZPO) ableiten, weil der Beklagte seinen gewöhnlichen Aufenthalt nicht im Inland hat.

c) §§ 105, 267 II FamFG, § 29 I ZPO

Zu erwägen ist eine Gerichtspflichtigkeit des *M* in Deutschland infolge doppelfunktionaler Anwendung von § 29 I ZPO. Dies setzt voraus, dass erstens eine Streitigkeit aus einem Vertragsverhältnis in Rede steht und zweitens die streitige Verpflichtung im Inland zu erfüllen ist. Dabei differenziert die herrschende Meinung wie folgt:[4] Ob ein Vertragsverhältnis vorliegt, soll nach allgemeinen Regeln als zuständigkeitsbegründendes Merkmal *lege fori* – also ohne Weiteres anhand der Vorschriften des deutschen Rechts – qualifiziert werden.[5] Demgegenüber erweise sich die Ermittlung des konkreten Erfüllungsorts als derart mit dem materiellen Recht verknüpft, dass dieser der *lex causae* – also dem kollisionsrechtlich zu ermittelnden Vertragsstatut – entnommen werden soll.[6]

Fraglich ist hier bereits das Vorliegen einer vertragsrechtlichen Streitigkeit. Die heute überwiegende Meinung verneint in solchen Fällen die Anwendbarkeit von § 29 ZPO:[7] Zwar könne das Verlöbnis als (quasi-familienrechtlicher) Vertrag gedeutet werden,[8] doch erfasse § 29 ZPO ausschließlich Verpflichtungen, die aus einer einklagbaren Vereinbarung folgen. Letzteres trifft für das Verlöbnis ausweislich § 1297 I BGB gerade nicht zu. Gegen diese Argumentation lässt sich einwenden, dass die Parteien eben nicht um eine etwaige Verpflichtung zur Eheschließung, sondern um die Verpflichtung zur Rückgabe der Geschenke infolge Scheiterns bzw. Unwirksamkeit des Verlöbnisses streiten.[9] So wird für das deutsche Recht eine dahingehende Verpflichtung in § 1301 BGB begründet, die vermögensrechtlicher Natur und als solche zweifellos einklagbar ist.[10] Zu beachten ist aber, dass es sich dabei nach allgemeiner Ansicht um einen Sonderfall der Leistungskondiktion (und zwar der *condictio ob rem* bzw. *condictio causa data causa non secuta*),[11] mithin um einen

---

[4] *Kropholler* in Handbuch IZVR Bd. I, Rn. 352 und 355; Wieczorek/Schütze/*Smid*/*Hartmann* ZPO § 29 Rn. 98; *Nagel/Gottwald* IZPR § 3 Rn. 439 ff.

[5] Auch insoweit für Maßgeblichkeit der *lex causae* aber *Geimer* IZPR Rn. 1481 f. Dagegen *Schack* IZVR Rn. 299 ff.

[6] Gegen die Identität des prozessualen und des materiell-rechtlichen Erfüllungsortbegriffs, folglich auch insoweit für Maßgeblichkeit der *lex fori* aber *Schack* IZVR Rn. 301 ff. Die Maßgeblichkeit der *lex fori* unterstellt, allerdings ohne Problembewusstsein, auch *OLG München* 29.4.2015, IPRax 2016, 267 (270).

[7] Grundlegend *BGH* 28.2.1996, BGHZ 132, 105 (109 f.) = JuS 1996, 850 (*Hohloch*). Ebenso etwa Musielak/Voit/*Heinrich* ZPO § 29 Rn. 8; *Nagel/Gottwald* IZPR § 3 Rn. 440; Thomas/Putzo/*Hüßtege* ZPO § 29 Rn. 3; Zöller/*Schultzky* ZPO § 29 Rn. 10.

[8] Näher zum Streitstand *Gernhuber/Coester-Waltjen*, Familienrecht, 6. Aufl. 2010, § 8 I; *Rauscher* Familienrecht, 2. Aufl 2007, Rn. 104 ff.

[9] In diesem Sinne auch die Kritik an *BGH* 28.2.1996, BGHZ 132, 105, bei *Geimer*, LM § 29 ZPO Nr. 8, und *Mankowski*, IPRax 1997, 173 (175).

[10] *Beachte:* Dieser Anspruch besteht auch ohne wirksames Verlöbnis, sofern die schenkende Partei auf die Wirksamkeit vertraute; vgl. nur *BGH* 9.4.1969, FamRZ 1969, 474. Zu denken ist ferner an §§ 530 f. BGB und § 1298 BGB; diese sind freilich an deutlich engere Voraussetzungen als § 1301 BGB geknüpft.

[11] Vgl. nur *Gernhuber/Coester-Waltjen*, Familienrecht, 6. Aufl. 2010, § 8 VI. Anders *Rauscher*, Familienrecht, 2. Aufl. 2007, Rn. 132.

gesetzlichen Anspruch handelt. Die Eröffnung der Klagemöglichkeit am Erfüllungsort und die damit einhergehende kompetenzrechtliche Privilegierung sollen nach herrschender Meinung jedoch den Gläubigern originär vertraglicher Ansprüche vorbehalten sein. Ausschlaggebend für die Unanwendbarkeit von § 29 ZPO ist also weniger die fehlende Klagbarkeit des Verlöbnisses als vielmehr die gesetzliche Rechtsnatur der vermögensrechtlichen Ansprüche, die an das Scheitern des Verlöbnisses anknüpfen.[12]

d) §§ 105, 267 II FamFG, § 32 ZPO

Die internationale Zuständigkeit deutscher Gerichte könnte schließlich infolge doppelfunktionaler Anwendung des Deliktsgerichtsstands (§ 32 ZPO) eröffnet sein.[13]

(1) Dazu müsste eine unerlaubte Handlung vorliegen und diese im Inland begangen worden sein;[14] beides ist nicht etwa nach Maßgabe der *lex causae*, sondern der *lex fori* zu beurteilen.[15] Hier erweist sich das Verhalten des *M* ohne Weiteres als betrügerisch und lässt sich damit als unerlaubte Handlung im Sinne dieser Vorschrift qualifizieren. Fraglich ist indes, was unter dem Begehungsort zu verstehen ist. Die ganz herrschende Meinung wendet das *Ubiquitätsprinzip* an. Danach ist die unerlaubte Handlung dort begangen, wo die tatbestandsmäßige Ausführungshandlung vorgenommen oder das geschützte Rechtsgut verletzt wurde. Fallen bei einem sog. Distanzdelikt der Handlungs- und der Erfolgsort auseinander, so genügt es für die internationale Zuständigkeit nach § 32 ZPO, wenn sich einer von beiden in Deutschland befindet. Ein inländischer Handlungsort scheidet hier aus, da sämtliche Täuschungshandlungen auf Jamaika begangen wurden. Als Erfolgsort begreift die wohl herrschende Meinung in Betrugsfällen denjenigen Staat, in dem die selbstschädigende Vermögensverfügung vorgenommen wurde,[16] während nach anderer Ansicht auf die Vermögenszentrale des Opfers abzustellen ist.[17] Da *F* den fraglichen Ring von ihrem Wohnsitz aus übersandte, gelangen beide Ansichten unabhängig davon, ob man auf die in Deutschland erfolgte Vermögensverfügung der Geschädigten oder auf ihre

---

[12] So denn auch die Hilfsbegründung des *BGH* 28.2.1996, BGHZ 132, 105 (110). Demgegenüber mit beachtlichen Gründen für die Anwendbarkeit von § 29 ZPO auf Fälle der Rückabwicklung gescheiterter Leistungsbeziehungen allgemein etwa *Spickhoff*, ZZP 109 (1996), 493 (509 f.), und speziell zu Schenkungsfällen *Mankowski*, IPRax 1997, 173 (177).

[13] Sonstige Zuständigkeitsgründe sind nicht ersichtlich. Insbesondere bestehen keine Anhaltspunkte für das Vorhandensein von Beklagtenvermögen in Deutschland und damit für eine doppelfunktionale Anwendung von § 23 ZPO.

[14] *Beachte:* Das Vorliegen einer unerlaubten Handlung ist sowohl für die Begründetheit der Klage als auch – unter dem Gesichtspunkt der Zuständigkeit – schon für ihre Zulässigkeit bedeutsam. Nach h. M. ist die Klage bereits zulässig, wenn sich eine solche „doppelrelevante" Tatsache schlüssig aus dem Vortrag des Klägers ergibt; ob er diese auch beweisen kann, soll hingegen erst eine Frage der Begründetheit sein. Eine Übertragbarkeit der zur örtlichen Zuständigkeit entwickelten Lehre von den „doppelrelevanten" Tatsachen auf die internationale Zuständigkeit erweist sich jedoch als problematisch in Säumnissituationen, wenn also der Beklagte dem Verfahren fernbleibt; vgl. dazu etwa *Linke/Hau* IZVR Rn. 4.70 ff. Auf diesen Problemkreis ist in der Fallbearbeitung allerdings nur ausnahmsweise einzugehen, so vor allem dann, wenn im Bearbeitungsvermerk darauf hingewiesen wird, dass das Vorliegen einer unerlaubten Handlung nicht feststeht, sondern sich ausschließlich aus den Angaben des Klägers ergibt.

[15] Siehe nur *Nagel/Gottwald* IZPR § 3 Rn. 449.

[16] *RG* 15.5.1891, RGZ 27, 418 (420); *BGH* 25.11.1993, BGHZ 124, 237 (245) = JuS 1994, 801 (*Hohloch*).

[17] So Staudinger/*von Hoffmann* EGBGB Vorbem. zu Art. 40 Rn. 105.

Fall 12. Urlaubsflirt und Heiratsschwindel 147

hiesige Vermögenszentrale abstellt, zu übereinstimmenden Ergebnissen.[18] Die internationale Zuständigkeit deutscher Gerichte ergibt sich in doppelfunktionaler Anwendung von § 32 ZPO also aus dem inländischen Erfolgsort.

(2) Damit ist freilich noch nicht geklärt, wie weit die *Kognitionsbefugnis* der deutschen Gerichte reicht. Zu berücksichtigen ist nämlich, dass im vorliegenden Fall, wie schon erwähnt, nicht nur deliktische, sondern auch bereicherungs- und spezifisch verlöbnisrechtliche Anspruchsgrundlagen in Betracht kommen. Dabei erscheinen aus Sicht der Klägerin insbesondere solche Ansprüche von Interesse, die – wie § 1301 BGB für das deutsche Recht – unabhängig von einem Fehlverhalten der Gegenseite schlicht an das Ausbleiben der Eheschließung anknüpfen. Fraglich ist jedoch, ob die Kompetenz der im Deliktsgerichtsstand angerufenen deutschen Gerichte genügt, um solche nach dem anwendbaren Recht möglicherweise konkurrierenden Anspruchsgrundlagen zu erörtern und der Klage gegebenenfalls gestützt auf diese stattzugeben. Für die internationale Zuständigkeit fehlt eine gesetzliche Regelung zur Reichweite der Kognitionsbefugnis. Immerhin bestimmt § 17 II S. 1 GVG hinsichtlich der *Rechtswegzuständigkeit*, dass das Gericht des zulässigen Rechtswegs den Rechtsstreit „unter allen in Betracht kommenden rechtlichen Gesichtspunkten" zu entscheiden hat. Entsprechendes soll nach verbreiteter Auffassung in Fällen der Konkurrenz verschiedener Anspruchsgrundlagen auch für die *örtliche Zuständigkeit* gelten; zugunsten eines solchen Gerichtsstands des Sachzusammenhangs wird auf die Vermeidung eines „Zuständigkeitssplittings" und damit auf die Prozessökonomie verwiesen.[19] Hingegen wollen der *BGH* und die wohl noch überwiegende Lehre diesen Gedanken zumindest nicht allgemein auf die *internationale Zuständigkeit* nach deutschem Recht übertragen:[20] Wenngleich aufgrund des Prinzips der Doppelfunktionalität in der Sache ein weitgehender Gleichlauf von örtlicher und internationaler Zuständigkeit besteht, bleibt letztere doch eine selbständige Zulässigkeitsvoraussetzung, die spezifischen Wertungen unterliegt. Dazu zählt namentlich der Schutz des Beklagten vor einer exorbitanten Gerichtspflichtigkeit außerhalb seines Wohnsitzes. Dieser Gedanke ist für den grenzüberschreitenden Rechtsverkehr weitaus bedeutsamer als im rein innerstaatlichen Bereich. Besondere Gerichtsstände wie § 32 ZPO bringen dabei eine Kompromisslösung zwischen Kläger- und Beklagteninteressen zum Ausdruck: Der Kläger darf sich die besondere Sach- und Beweisnähe des Forums hinsichtlich der mit dem Gerichtsstand korrespondierenden Anspruchsgrundlagen zunutze machen. Wenn er hingegen eine Beurteilung der Auseinandersetzung unter allen denkbaren rechtlichen Gesichtspunkten erreichen will

---

[18] Die Fragwürdigkeit der h. M. wird jedoch ersichtlich, wenn man den Fall etwa dahingehend abwandelt, dass die angesichts ihrer Verlobung überglückliche *F* noch auf der Rückreise während eines Zwischenstopps auf dem Londoner Flughafen *Heathrow* den Ring in einem Juweliergeschäft ersteht und an *M* schickt. Soll dann die Anwendbarkeit von § 32 ZPO verneint, diese hingegen bejaht werden, wenn der Zwischenstopp erst in Frankfurt erfolgt?

[19] Vgl. *BGH* 10.12.2002, NJW 2003, 828 (829 f.); Zöller/*Schultzky* ZPO § 12 Rn. 20 f.; Stein/Jonas/*Roth* ZPO § 1 Rn. 10 und § 32 Rn. 16. Anders etwa Musielak/Voit/*Heinrich* ZPO § 12 Rn. 9 ff.; alle m. w. N.

[20] Nachdrücklich *BGH* 10.12.2002, NJW 2003, 828 (830). Zuvor schon *BGH* 28.2.1996, BGHZ 132, 105 (111 ff.); insoweit zustimmend *Mankowski*, IPRax 1997, 173 (177 f.); Zöller/*Schultzky* ZPO § 13 Rn. 21. Krit. hingegen *Gottwald*, JZ 1997, 92 f.; alle m. w. N. zum Streitstand. Zu § 32 ZPO wie der *BGH* etwa *Schack* IZVR Rn. 389 ff.; dagegen *Roth*, JZ 2009, 194 (197). Zu beachten ist jedoch, dass der nunmehr in Art. 7 Nr. 1 Brüssel Ia-VO vorgesehene europäische Vertragsgerichtsstand auch für solche deliktischen Schädigungen gilt, die zugleich Vertragsverletzungen darstellen; so zur insoweit inhaltsgleichen Brüssel I-VO *EuGH* 13.3.2014 (*Brogsitter*), EU:C:2014:148, NJW 2014, 1648; hierzu eingehend etwa *Wendenburg/Schneider*, NJW 2014, 1633.

und sich der Beklagte nicht auf das Verfahren in dem besonderen Gerichtsstand einlässt, muss der Kläger in Übereinstimmung mit dem Prinzip *actor sequitur forum rei* im Wohnsitzstaat des Beklagten vorgehen. Demgemäß wird im vorliegenden Fall die internationale Zuständigkeit deutscher Gerichte in doppelfunktionaler Anwendung von § 32 ZPO nur für Ansprüche gegen *M* aus unerlaubter Handlung eröffnet.

2. Weitere Zulässigkeitsvoraussetzungen

Das angerufene *AG Bonn* ist örtlich (§ 267 II FamFG, § 32 ZPO) und sachlich (§ 23a I S. 1 Nr. 1 GVG) zuständig. Zu beachten ist ferner, dass die Klageschrift dem im Ausland wohnhaften *M* im Wege der internationalen Rechtshilfe zugestellt werden muss, um die Rechtshängigkeit der Klage zu begründen. Im Verhältnis zu Jamaika sind insoweit die Vorschriften des Deutsch-britischen Abkommens über den Rechtsverkehr vom 20.3.1928 anwendbar.[21]

II. Begründetheit

1. Anwendbares Deliktsrecht

Seit Inkrafttreten der Rom II-VO[22] ist das Deliktsstatut vorrangig nach dieser Verordnung zu ermitteln (klarstellend Art. 3 Nr. 1 lit. a EGBGB). Die verbleibenden deutschen Kollisionsregeln zum internationalen Deliktsrecht (Art. 40–42 EGBGB) gelangen nur in hier nicht einschlägigen Sonderfällen zur Anwendung. In zeitlicher Hinsicht ist die Rom II-VO einschlägig, weil erst nach ihrem Inkrafttreten am 11.1.2009 (vgl. Art. 31, 32 S. 1 Rom II-VO) das Verlöbnis geschlossen und der streitgegenständliche Betrug vollendet wurde. Auch ihr sachlicher Anwendungsbereich ist eröffnet: Der in Art. 1 II lit. a Rom II-VO vorgesehene Ausschlussgrund greift nicht ein, denn im Falle deliktischer Ansprüche wegen Verlöbnisbruchs geht es gerade nicht um ein Familien- oder ein dementsprechendes sonstiges Rechtsverhältnis (vgl. Erwägungsgrund Nr. 10).[23]

a) Grundsatz: Erfolgsortrecht

Abweichend von Art. 40 I S. 1 EGBGB, wonach bei Distanzdelikten grundsätzlich das Handlungsortrecht berufen ist, kommt es im Anwendungsbereich der Rom II-VO gemäß ihrem Art. 4 I zunächst darauf an, in welchem Staat der Schaden eintritt. Die Frage, wie sich dieser Erfolgsort ermitteln lässt, stellt sich ähnlich wie soeben im Zusammenhang mit § 32 ZPO. Ebenso wie dort erscheint es angemessen, auf den Staat abzustellen, in dem sich die Vermögenszentrale des Opfers befindet.[24] Berufen wäre damit deutsches Deliktsrecht.

---

[21] RGBl. 1928 II 623; BGBl. 1966 II 835; abgedr. bei *Jayme/Hausmann* Nr. 228. Näher *Nagel/Gottwald* IZPR § 8 Rn. 161 ff. und § 9 Rn. 150 ff.
[22] Verordnung Nr. 864/2007 vom 11.7.2007 über das auf vertragliche Schuldverhältnisse anzuwendende Recht; abgedr. bei *Jayme/Hausmann* Nr. 101.
[23] Vgl. dazu, dass Art. 1 II lit. a Rom II-VO Verlöbnisse nicht meint, übereinstimmend BeckOK BGB/*Spickhoff* (Stand: 1.11.2017) Rom II-VO Art. 1 Rn. 13; Palandt/*Thorn* Rom II-VO Art. 1 Rn. 10.
[24] So ausdrücklich Palandt/*Thorn* Rom II-VO Art. 4 Rn. 9; ähnlich BeckOK BGB/*Spickhoff* (Stand: 1.11.2017) Rom II-VO Art. 4 Rn. 7.

b) Auflockerung

Zu klären bleibt, ob sich ein anderes Ergebnis aus Art. 4 III S. 1 und 2 Rom II-VO ergibt. Dies setzt voraus, dass zwischen den Parteien ein besonderes Rechtsverhältnis besteht und daraus eine offensichtlich engere Verbindung des Sachverhalts zu einem anderen als dem nach Art. 4 I Rom II-VO ermittelten (hier: deutschen) Recht folgt. Damit wird die Möglichkeit einer akzessorischen Anknüpfung deliktischer Ansprüche an eine vertragliche oder familienrechtliche Sonderbeziehung eröffnet.

(1) Zu erwägen ist, ob zu diesem Zweck ein von *F* und *M* möglicherweise wirksam eingegangenes Verlöbnis hinreichend tragfähig erscheint. Zum autonomen deutschen IPR hat der *BGH* die Möglichkeit einer verlöbnisakzessorischen Anknüpfung deliktischer Ansprüche ausdrücklich abgelehnt:[25] Es sei im Einzelfall oft schwer feststellbar, wann und für welche Dauer sich die Partner als miteinander verlobt betrachten, zumal das Verlöbnis in manchen Rechtsordnungen als Rechtsinstitut nicht (mehr) existiere. Das Verlöbnis sei, etwa verglichen mit einem schuldrechtlichen Vertrag, kein hinreichend stabiles und durch äußere Merkmale gekennzeichnetes Rechtsverhältnis; zudem unterscheide sich der Unrechtsgehalt von Verlöbnisbruch und betrügerischem Handeln zu stark. Dieser Rechtsprechung sollte nicht gefolgt und sie sollte vor allem nicht auf Art. 4 III Rom II-VO übertragen werden. So erscheint das Kriterium der äußeren Stabilität des Rechtsverhältnisses bereits rechtstatsächlich zweifelhaft: Zwar werden Verlöbnisse – ebenso wie gewöhnliche schuldrechtliche Verträge[26] – in aller Regel nicht förmlich vereinbart, doch pflegen sie immerhin eher als sonstige Verträge im Beisein möglicher Zeugen geschlossen, zumindest aber verlautbart zu werden. Überdies überzeugt der Hinweis auf den unterschiedlichen Unrechtsgehalt von Verlöbnisbruch und unerlaubter Handlung nicht, wenn – wie hier – bereits das Eingehen der Verlobung in betrügerischer Absicht erfolgte.

(2) Erwägt man demnach mit einer im Schrifttum verbreiteten Ansicht eine verlöbnisakzessorische Anknüpfung deliktischer Ansprüche nach Art. 4 III Rom II-VO,[27] so ist das für die Konsequenzen des Verlöbnisbruchs maßgebliche Recht zu ermitteln. Dazu äußert sich die Rom II-VO nicht. Für den Fall, dass die Parteien weder über eine gemeinsame Staatsangehörigkeit noch über einen gemeinsamen Aufenthaltsstaat verfügen, stehen sich nach autonomem deutschen IPR heute im Wesentlichen zwei Auffassungen gegenüber.[28]

Insbesondere der *BGH* möchte an das Heimatrecht des jeweils in Anspruch genommenen Verlobten anknüpfen;[29] demnach gelangte man hier zur Anwendung des brasi-

---

[25] *BGH* 28.2.1996, BGHZ 132, 105 (116 ff.); insoweit zustimmend *Gottwald*, JZ 1997, 92 (93). Dem *BGH* folgen auch MüKoBGB/*Coester* EGBGB Vor Art. 13 Rn. 3; *Kegel/Schurig* IPR Rn. 795.

[26] Man denke nur an den Taxibeförderungsvertrag als den Prototyp vertragsakzessorischer Anknüpfung deliktischer Ansprüche.

[27] Siehe etwa BeckOK BGB/*Spickhoff* (Stand: 1.11.2017) Rom II-VO Art. 4 Rn. 16; Palandt/*Thorn* Rom II-VO Art. 4 Rn. 12; Prütting/Wegen/Weinreich/*Schaub* Rom II-VO Art. 4 Rn. 11; offenlassend aber MüKoBGB/*Junker* Rom II-VO Art. 4 Rn. 53. Beachte jedoch, dass die wohl h. M. eine familienstatut-akzessorische Anknüpfung deliktischer Ansprüche für die Haftung bei Straßenverkehrsunfällen ablehnt, weil es bei der Teilnahme am Straßenverkehr typischerweise an der Prägung durch die familienrechtlichen Beziehungen fehle. Siehe hierzu nur MüKoBGB/*Junker* Rom II-VO Art. 4 Rn. 53; dagegen wiederum Palandt/*Thorn* Rom II-VO Art. 4 Rn. 12.

[28] Übersicht über den facettenreichen Meinungsstand bei *Andrae* IntFamR § 9 Rn. 21 ff.

[29] So *BGH* 28.2.1996, BGHZ 132, 105 (116); bestätigend *BGH* 13.4.2005, NJW-RR 2005, 1089 (1090), dazu *Lorenz/Unberath*, IPRax 2005, 516 (520 f.). Ebenso etwa *Rauscher* IPR Rn. 734.

lianischen Heimatrechts des M. Dies erscheint nicht überzeugend: Dagegen spricht zunächst – im vorliegenden Fall besonders augenfällig – die mangelnde sachliche Nähe zum Heimatrecht eines Verlobten. Ebenso schwer wiegt der Einwand, dass das Verlöbnis als einheitliches Rechtsverhältnis ohne ersichtlichen Grund unterschiedliche Rechtsfolgen auslösen soll, je nachdem, welche Partei Ansprüche geltend macht – und dies, obwohl sich die Parteien nicht selten gegenseitig des Verlöbnisbruchs bezichtigen.

Demgegenüber vorzugswürdig vertritt die wohl herrschende Lehre eine analoge Anwendung eherechtlicher Anknüpfungsregeln, ermittelt also in entsprechender Anwendung von Art. 14 I Nr. 3 EGBGB diejenige Rechtsordnung, mit der die Verlobten am engsten verbunden sind.[30] Als solche dürfte im vorliegenden Fall, in dem grundsätzlich jamaikanisches, brasilianisches, schwedisches und deutsches Recht zur Auswahl stehen, Letztere anzusehen sein. Zwar ergibt sich kein klares Bild, wenn man die Staatsangehörigkeiten und Aufenthaltsstaaten der Parteien getrennt betrachtet. Stellt man indes auf gemeinsame Berührungspunkte ab, so wird man dem Staat, in dem nach übereinstimmend geäußertem Willen die in Aussicht gestellte Ehe geschlossen und geführt werden sollte, den Vorzug gegenüber dem Staat geben, in dem sich die Parteien nur zweimal – wenngleich einmal anlässlich der Verlobung – getroffen haben. Da somit eine offensichtlich engere Verbindung zu einer anderen Rechtsordnung i. S. v. Art. 4 III Rom II-VO nicht ermittelt werden kann, bleibt es, selbst wenn man grundsätzlich eine verlöbnisakzessorische Anknüpfung deliktischer Ansprüche in Betracht zieht, bei der Maßgeblichkeit des gemäß Art. 4 I Rom II-VO berufenen deutschen Deliktsrechts.[31]

2. Deutsches Deliktsrecht

Auf der Grundlage des deutschen Deliktsrechts bestehen angesichts der Äußerungen des M, die das Gericht bei entsprechendem Vortrag der F seiner Entscheidung zugrunde zu legen hätte (vgl. § 331 I ZPO), keine Zweifel an dessen Haftung wegen Betrugs (§ 823 II BGB i. V. m. § 263 StGB bzw. § 826 BGB). Rechtsfolge ist ein Anspruch auf Schadensersatz; dieser beläuft sich auf den Wert des von F hingegebenen und von M weiterveräußerten Ringes (§§ 249 I, 251 I Var. 1 BGB). Die Klage ist somit begründet.

Frage 2

I. Unterhaltsanspruch

1. Anwendbares Recht

Die EuUntVO[32] sieht keine eigenen Kollisionsnormen vor, sondern verweist insoweit in Art. 15 auf das HUntP 2007[33]. Die kraft dieses Zusammenspiels maßgeb-

---

[30] So Staudinger/*Mankowski* EGBGB Anh. Art. 13 Rn. 32 (ausführlich zum Meinungsstand siehe dort Rn. 22 ff.); *Kropholler* IPR, 341; *von Hoffmann/Thorn* IPR § 8 Rn. 17; *Junker* IPR § 18 Rn. 4.
[31] *Beachte*: Wer entgegen dem *BGH* die Möglichkeit einer verlöbnisakzessorischen Anknüpfung deliktischer Ansprüche bejaht, sodann aber mit dem *BGH* die Rechtsfolgen des Verlöbnisbruchs dem brasilianischen Heimatrecht des Verpflichteten entnehmen möchte, muss konsequent die Vorfrage nach der formellen und materiellen Wirksamkeit des Verlöbnisses aufwerfen.
[32] Verordnung Nr. 4/2009 vom 18.12.2008 über die Zuständigkeit, das anwendbare Recht, die Anerkennung und Vollstreckung von Entscheidungen und die Zusammenarbeit in Unterhaltssachen; abgedr. bei *Jayme/Hausmann* Nr. 161.
[33] Haager Protokoll vom 23.11.2007 über das auf Unterhaltsverpflichtungen anzuwendende Recht; abgedr. bei *Jayme/Hausmann* Nr. 42.

lichen Anknüpfungen sind gemäß Art. 2 HUntP 2007 universell anwendbar und gehen in ihrem Anwendungsbereich den nationalen Regeln vor (für Deutschland klarstellend Art. 3 Nr. 1 EGBGB). Die EuUntVO erfasst laut Art. 1 I Unterhaltspflichten, die auf einem familien-, verwandtschafts- oder eherechtlichen Verhältnis oder auf Schwägerschaft beruhen. Diese Termini sind autonom zu bestimmen;[34] nichts anderes folgt daraus, dass Erwägungsgrund Nr. 11 nur für den Begriff „Unterhaltspflicht" das Gebot autonomer Auslegung eigens betont. Dabei ist im Grundsatz davon auszugehen, dass sowohl „Unterhalt" als auch „familienrechtliches Verhältnis" tendenziell in einem weiten Sinne zu verstehen sind.[35] Einzubeziehen sind daher auch Unterhaltsansprüche der werdenden Mutter gegen den nichtehelichen Erzeuger.[36] Daraus folgt, dass der Vorrang des vereinheitlichten Kollisionsrechts auch im Verhältnis zu Art. 19 II EGBGB greift, der also keineswegs als *lex specialis* gegenüber dem HUntP 2007 zu verstehen ist.[37]

Der somit maßgebliche Art. 3 I HUntP 2007 knüpft an den gewöhnlichen Aufenthalt der unterhaltsberechtigten Person an. Ein Sonderfall gemäß Art. 4 oder 5 HUntP 2007 oder eine Rechtswahl (Art. 7 f.) liegt nicht vor, und auch für eine kollisionsrechtlich wirkende Einrede nach Art. 6 HUntP 2007 bestehen keine Anhaltspunkte. Berufen ist daher, weil die möglicherweise unterhaltsberechtigte *F* in Bonn lebt, das deutsche Unterhaltsrecht.

2. Deutsches Unterhaltsrecht

Im somit eröffneten Anwendungsbereich des deutschen Unterhaltsrechts bestimmt sich der Umfang des Anspruchs der *F* gegen *M* nach § 1615l I–III BGB.

II. Internationale Zuständigkeit

1. Konventionsrecht

Im Verhältnis zu Jamaika ist kein internationaler Vertrag einschlägig. Das HErwSÜ[38] gilt nicht für Unterhaltspflichten (Art. 4 I lit. a HErwSÜ), und die unterhaltsrechtlichen Übereinkommen der Haager Konferenz enthalten zwar Vorgaben zur internationalen Anerkennungszuständigkeit, nicht aber zur hier interessierenden internationalen Entscheidungszuständigkeit. Dies gilt sowohl für das Haager Übereinkommen vom 2.10.1973 über die Anerkennung und Vollstreckung von Unterhaltsentscheidungen[39] als auch für die Nachfolgeregelung, also das Haager Übereinkommen vom 23.11.2007 über die internationale Geltendmachung der Unterhaltsansprüche von Kindern und anderen Familienangehörigen.[40]

---

[34] Insoweit anders *Hilbig,* GPR 2011, 310 (312).
[35] Statt mancher: BT-Drs. 17/4887, 33; Rauscher/*Andrae* EG-UntVO Art. 1 Rn. 9 ff., 22; MüKoFamFG/*Lipp* EG-UntVO Art. 1 Rn. 9 und 14 ff.
[36] Rauscher/*Andrae* EG-UntVO Art. 1 Rn. 16; MüKoFamFG/*Lipp* EG-UntVO Art. 1 Rn. 20. Beachte zur Einbeziehung von Ansprüchen gemäß § 1615l BGB in das Haager Übereinkommen über das auf Unterhaltspflichten anzuwendende Recht vom 2.10.1973 schon *BGH* 10.11.2010, FamRZ 2011, 97 (98) m. insoweit zust. Anm. *Eichel,* 100.
[37] Palandt/*Thorn* EGBGB Art. 19 Rn. 9; MüKoBGB/*Helms* EGBGB Art. 19 Rn. 80.
[38] Haager Übereinkommen vom 13.1.2000 über den internationalen Schutz von Erwachsenen; abgedr. bei *Jayme/Hausmann* Nr. 20.
[39] Abgedr. bei *Jayme/Hausmann* Nr. 181.
[40] Abgedr. bei *Jayme/Hausmann* Nr. 182.

2. Europarecht

Was das EU-Recht angeht, gelten weder die Brüssel Ia-VO noch die Brüssel IIa-VO[41] für unterhaltsrechtliche Verfahren (vgl. Art. 1 II lit. e Brüssel Ia-VO und Art. 1 III lit. e Brüssel IIa-VO). Maßgeblich ist vielmehr die EuUntVO, deren Zuständigkeitsregeln – anders als die der Brüssel Ia-VO – unabhängig davon anzuwenden sind, ob der Beklagte (bzw. Antragsgegner) in einem Mitgliedstaat oder einem Drittstaat ansässig ist.[42]

Im vorliegenden Fall ergibt sich die internationale Zuständigkeit der deutschen Gerichte für ein von *F* gegen *M* anzustrengendes Unterhaltsverfahren gemäß Art. 3 lit. b EuUntVO – ungeachtet ihrer ausländischen Staatsangehörigkeit – schon daraus, dass sie ihren gewöhnlichen Aufenthalt in Bonn hat: *F* ist, wie Art. 2 I Nr. 10 EuUntVO verdeutlicht, als „berechtigte Person" im Sinne dieser Vorschrift zu verstehen, obwohl das Gerichtsverfahren überhaupt erst klären soll, ob ihr ein Unterhaltsanspruch gegen *M* zusteht. Weil zugunsten der *F* also ein Aufenthaltsgerichtsstand eröffnet ist, kommt es nicht darauf an, ob sich *M* nach Maßgabe von Art. 5 EuUntVO rügelos auf das Verfahren einlässt.

III. Örtliche Zuständigkeit

Die Fragestellung bezieht sich gleichermaßen auf die örtliche Zuständigkeit. Auch diese gibt, zumindest dem Wortlaut nach, Art. 3 lit. b EuUntVO vor, und zwar wiederum zugunsten des Aufenthaltsorts der berechtigten Person, hier also Bonn. Etwas anderes könnte sich allerdings aus § 28 I S. 1 AUG[43] ergeben:[44] Zuständig wäre danach nicht etwa das *AG Bonn*, sondern das Amtsgericht am Sitz des dortigen *OLG*, also das *AG Köln*.[45] Der deutsche Gesetzgeber meint, zu einer solchen Zuständigkeitskonzentration berechtigt zu sein, weil es sich dabei um eine den Mitgliedstaaten freistehende „gerichtsorganisatorische Maßnahme" handele.[46] Die Zuständigkeitskonzentration erscheint zwar insoweit sinnvoll, als sie richterliche Fachkompetenz bündelt. In einem Flächenstaat hat sie allerdings auch handfeste Nachteile, wenn das *OLG* in einiger Entfernung von dem Amtsgericht des gemäß Art. 3 EuUntVO an sich maßgeblichen Aufenthaltsorts sitzt. Zudem ist § 28 AUG nicht mit dem Wortlaut von Art. 3 EuUntVO vereinbar. Der mit der Problematik befasste *EuGH* hat eine klare Stellungnahme vermieden:[47] Art. 3 lit. b EuUntVO stehe einer mitgliedstaatlichen Zuständigkeitskonzentration nicht entgegen, wenn die fragliche Regelung zur Verwirklichung des Ziels einer ordnungsgemäßen Rechtspflege beitrage und die Interessen der Unterhaltsberechtigten schütze, indem sie zugleich eine effektive Durchsetzung von Unterhaltsansprüchen begünstigt. Dies zu prüfen ist

---

[41] Verordnung Nr. 2201/2003 vom 27.11.2003 über die Zuständigkeit und die Anerkennung und Vollstreckung von Entscheidungen in Ehesachen und in Verfahren betreffend die elterliche Verantwortung; abgedr. bei *Jayme/Hausmann* Nr. 162.
[42] Zutreffend etwa *OLG Koblenz* 18.6.2014, FamRZ 2015, 268 = NZFam 2015, 143 m. Anm. *Althammer*. Besonderheiten gelten nur insoweit, als diskutiert wird, ob das LugÜ 2007 anzuwenden ist, wenn der Antragsgegner seinen Wohnsitz in Island, Norwegen oder der Schweiz hat; vgl. zum Streitstand etwa Prütting/Helms/*Hau* EuUntVO Art. 3 Rn. 24.
[43] Gesetz zur Geltendmachung von Unterhaltsansprüchen im Verkehr mit ausländischen Staaten (Auslandsunterhaltsgesetz); abgedr. bei *Jayme/Hausmann* Nr. 161a.
[44] Näher zum Folgenden *Hau*, ZVglRWiss 115 (2016), 672 (682 f.).
[45] Nordrhein-Westfalen hat keine weitere Spezialzuweisung gemäß § 28 II AUG vorgeschrieben.
[46] Vgl. BT-Drs. 17/4887, 42.
[47] *EuGH* 18.12.2014 (*Sanders/Verhaegen und Huber/Huber*), EU:C:2014:2461, FamRZ 2015, 639 m. Anm. *Mayer*.

Fall 12. Urlaubsflirt und Heiratsschwindel 153

laut *EuGH* Sache der vorlegenden Gerichte. Der deutsche Gesetzgeber konnte sich dadurch zwar in seinem Anliegen bestätigt sehen; angesichts der Garantie des gesetzlichen Richters erscheint es aber bedenklich, dass die Beurteilung, inwieweit die Zuständigkeitskonzentration greift, dem jeweils angerufenen Gericht überlassen bleiben soll. Um dem abzuhelfen, wurde anlässlich einer Änderung des AUG erklärtermaßen an der Zuständigkeitskonzentration festgehalten und in den Gesetzgebungsmaterialien ausgeführt, dass dies im Interesse einer klaren und bestimmten Rechtswegzuweisung fortan als eine eindeutige Bestimmung des gesetzlichen Richters in generell-abstrakter Weise zu begreifen sei.[48] Geht man davon aus,[49] könnte *F* das Verfahren im vorliegenden Fall nicht in Bonn, sondern in Köln einleiten.

Frage 3

I. Internationale Zuständigkeit

Seit Inkrafttreten des FamFG findet sich dort in § 104 I eine autonome Zuständigkeitsregelung für Betreuungssachen i. S. v. § 271 FamFG. Da *F* zwar Ausländerin ist, aber in Deutschland lebt, wäre im vorliegenden Fall § 104 I S. 1 Nr. 2 FamFG einschlägig.

Allerdings ist, wie § 97 I FamFG vorsorglich hervorhebt, der Vorrang europa- bzw. völkerrechtlicher Bestimmungen zu beachten. Die Brüssel IIa-VO sieht zwar Zuständigkeitsregeln für Fürsorgemaßnahmen vor, dies jedoch nur im Hinblick auf Kinder.[50] In Betracht kommt aber eine vorrangige Anwendung des HErwSÜ. Dieses betrifft Erwachsene, die aufgrund einer Beeinträchtigung oder der Unzulänglichkeit ihrer persönlichen Fähigkeiten nicht in der Lage sind, ihre Interessen zu schützen (Art. 1 I HErwSÜ). Dabei wird ersichtlich nicht vorausgesetzt, dass die betroffene Person dauerhaft beeinträchtigt ist.[51] Zur Bestimmung der vom HErwSÜ erfassten Maßnahmen dienen ein – nicht abschließender – Positivkatalog (Art. 3 HErwSÜ) sowie ein Negativkatalog (Art. 4 I HErwSÜ). Die im vorliegenden Fall erwogene Betreuung nach deutschem Recht (vgl. §§ 1896 ff. BGB) wird anerkanntermaßen jedenfalls als „entsprechende Einrichtung" im Sinne von Art. 3 lit. c HErwSÜ erfasst.[52]

Das HErwSÜ ist für Deutschland, zeitgleich mit dem deutschen Ausführungsgesetz,[53] zum 1.1.2009 in Kraft getreten.[54] Schweden, also der Heimatstaat der *F,* hat das HErwSÜ bislang weder gezeichnet noch ratifiziert. Der räumlich-persönliche Anwendungsbereich des HErwSÜ reicht indes deutlich weiter, als die bislang geringe Zahl von Vertragsstaaten vermuten lässt.[55] Zunächst betont Art. 1 I HErwSÜ, dass nur „internationale Sachverhalte" erfasst werden, was hier aber schon deshalb

---

[48] BT-Drs. 18/5918, 24.
[49] Ausdrücklich für Maßgeblichkeit von § 28 n. F. AUG in Anwendung des vom *EuGH* befürworteten Tests *OLG Brandenburg* 28.7.2016, FamRZ 2017, 135. Demgegenüber meint *AG Köln* 7.3.2017, FamRZ 2017, 1511, sich gestützt auf die *EuGH*-Entscheidung über § 28 AUG hinwegsetzen und die Sache an das grenznähere *AG Aachen* verweisen zu können.
[50] Zur derzeitigen Diskussion über einen EU-Rechtsakt im Bereich des internationalen Erwachsenenschutzes vgl. *Mansel/Thorn/Wagner*, IPRax 2018, 121 (130 f.).
[51] Klarstellend Staudinger/*von Hein* EGBGB Vor Art. 24 Rn. 24.
[52] Näher *Helms,* FamRZ 2008, 1995 f.; MüKoBGB/*Lipp* ErwSÜ Art. 1–4 Rn. 21; *Wagner,* IPRax 2007, 11 (12).
[53] Abgedr. bei *Jayme/Hausmann* Nr. 20a.
[54] Eine aktuelle Statustabelle mit einem Verzeichnis der Mitgliedsstaaten ist abrufbar auf der Homepage der Haager Konferenz: www.hcch.net.
[55] Näher zum Folgenden Prütting/Helms/*Hau* FamFG § 104 Rn. 12 ff., 16 ff.

der Fall ist, weil es sich bei der betroffenen Person um eine Ausländerin handelt. Demgegenüber fordert Art. 1 HErwSÜ nicht, dass der Sachverhalt grenzüberschreitende Bezüge gerade zu weiteren Vertragsstaaten aufweist. Daher bestimmt jede Vorschrift des HErwSÜ selbst ihren räumlichen Anwendungsbereich.[56] Geht man davon aus, so gilt: Weil das HErwSÜ gemäß seinem Art. 5 I eine (Haupt-)Zuständigkeit in demjenigen Vertragsstaat eröffnet, in dem sich der Erwachsene gewöhnlich aufhält, und Deutschland zu den Vertragsstaaten zählt, geht die daraus abzuleitende internationale Zuständigkeit deutscher Gerichte derjenigen aus § 104 I S. 1 Nr. 2 FamFG vor.[57]

II. Anwendbares Recht

Ist – wie hier – eine internationale Zuständigkeit nach dem HErwSÜ eröffnet, so gilt im Grundsatz das Gleichlaufprinzip: Gemäß Art. 13 I HErwSÜ wenden die zuständigen Behörden (was auch die Gerichte meint) „ihr eigenes Recht", also die *lex fori* an. Dass mit „Recht", wie Art. 19 HErwSÜ eigens hervorhebt, die Sachvorschriften unter Ausschluss des Kollisionsrechts gemeint sind, versteht sich in diesem Fall von selbst. Kraft der in Art. 13 II HErwSÜ vorgesehenen Ausweichklausel kann ein anderes Recht anzuwenden oder wenigstens zu berücksichtigen sein, wobei gemäß Art. 18 HErwSÜ auch das Recht von Nichtvertragsstaaten, also etwa das schwedische Heimatrecht der *F,* relevant werden kann. Anhaltspunkte dafür, auf Art. 13 II HErwSÜ zurückzugreifen, bietet der Sachverhalt aber nicht. Es bleibt also bei der Maßgeblichkeit des deutschen Sachrechts. Wegen des Vorrangs des Konventionsrechts (vgl. Art. 3 Nr. 2 EGBGB) kommt die zum gleichen Ergebnis führende autonome deutsche Kollisionsnorm, nämlich Art. 24 I S. 2 EGBGB, nicht zur Anwendung.[58]

---

[56] Richtig etwa *Ludwig,* DNotZ 2009, 251 (260).
[57] Klarstellend etwa MüKoBGB/*Lipp* ErwSÜ Vorb. zu Art. 5 ff. Rn. 8. – *Beachte:* Weil das HErwSÜ nur die internationale, nicht die örtliche Zuständigkeit regelt, bleibt es insoweit beim nationalen Recht, hier also § 272 I Nr. 2 FamFG (die in §§ 6 und 7 des Ausführungsgesetzes vorgesehene Zuständigkeitskonzentration wird im vorliegenden Fall nicht relevant). Die sachliche und funktionelle Zuständigkeit ergibt sich aus §§ 23a I Nr. 2, II Nr. 1, 23c GVG. Zuständig ist damit das Betreuungsgericht beim *AG Bonn.*
[58] Richtig etwa Staudinger/*von Hein* EGBGB Vor Art. 24 Rn. 143.

Fall 13. Trennung im Dreiländereck

Internationale Zuständigkeit in Ehesachen nach Brüssel IIa-VO und FamFG – wesenseigene Unzuständigkeit – Anknüpfung der Trennung von Tisch und Bett – Erstfrage – Handschuhehe – Handeln unter falschem Recht – Beachtung innereuropäischer Parallelverfahren

Sachverhalt

Die Ehe von *Adam (A)* und *Eva (E)* wurde vor dem Standesbeamten in Rom geschlossen. Dabei trat eine Freundin für E auf, weil sich diese krankheitsbedingt in einem deutschen Sanatorium befand, wo sie eine Art. 111 des italienischen Codice civile genügende Vollmachtsurkunde ausgestellt hatte. Beide Ehegatten sind schweizerischer, A zudem deutscher Staatsangehörigkeit. Nach der Heirat lebten sie zunächst gemeinsam im österreichischen Bregenz am Bodensee. Als die Ehe in eine Krise geriet, ließ sich E im benachbarten Lindau (Deutschland) nieder, wo sie eine Wohnung und Arbeit fand. A lebt und arbeitet seither im ebenfalls nur wenige Kilometer entfernten Thal (Schweiz). Am 1.8.2018 beantragt E beim *Amtsgericht (Familiengericht) Lindau*, die Trennung der Ehe auszusprechen.

Frage 1: Sind deutsche Gerichte international zuständig und nach welchem Recht ist zu entscheiden, wenn sich E bei Antragstellung erst seit fünf Monaten gewöhnlich im Inland aufhält?

Frage 2: E hat am 1.8.2018, nachdem sie schon über ein Jahr in Lindau ansässig war, dort die Scheidung beantragt; die Antragsschrift wurde dem A noch im August 2018 ordnungsgemäß in Thal zugestellt. Wie wird das Familiengericht entscheiden, wenn sich herausstellt, dass A bereits im Juli 2018 beim *Bezirksgericht Bregenz* beantragt hatte, die Trennung der Ehe auszusprechen, dieser Antrag der E aber erst Anfang September 2018 ordnungsgemäß zugestellt wurde?

Bearbeitervermerk:

1. Das *italienische* Recht kennt – anders als das *schweizerische* und *österreichische* – die sog. Handschuhehe: Liegen wichtige Gründe dafür vor, dass sich einer der Verlobten außerhalb Italiens aufhält, so kann die Eheschließung mittels Vollmacht erfolgen, wobei unter anderem gefordert ist, dass in der Vollmacht die Person angegeben ist, mit der die Ehe eingegangen werden soll (näher: Art. 111 Codice civile).

2. Der gerichtliche Ausspruch einer Trennung der Ehe unter Aufrechterhaltung des Ehebandes ist im *italienischen* (Art. 150 ff. Codice civile) und im *schweizerischen* (Art. 117, 118 ZGB), nicht aber im *österreichischen* Recht vorgesehen.

3. Auszug aus dem *schweizerischen* IPRG

Art. 59 – Zuständigkeit

Für Klagen auf Scheidung oder Trennung sind zuständig:

a. die schweizerischen Gerichte am Wohnsitz des Beklagten;
b. die schweizerischen Gerichte am Wohnsitz des Klägers, wenn dieser sich seit einem Jahr in der Schweiz aufhält oder wenn er Schweizer Bürger ist.

Art. 60 – Heimatzuständigkeit

Haben die Ehegatten keinen Wohnsitz in der Schweiz und ist einer von ihnen Schweizer Bürger, so sind die Gerichte am Heimatort für Klagen auf Scheidung oder Trennung der Ehe zuständig, wenn es unmöglich oder unzumutbar ist, die Klage am Wohnsitz eines der Ehegatten zu erheben.

Art. 61 – Anwendbares Recht

Scheidung und Trennung unterstehen schweizerischem Recht.

4. Im Übrigen ist zu unterstellen, dass ausländische Sach- oder Kollisionsnormen inhaltlich denjenigen des deutschen Rechts entsprechen.

Lösung

Frage 1

I. Internationale Zuständigkeit

1. Brüssel IIa–VO

In Ehesachen bestimmt sich die Entscheidungszuständigkeit deutscher Gerichte vorrangig nach der Brüssel IIa-VO.[1] Für den von E gestellten Antrag ist der sachliche Anwendungsbereich der Verordnung eröffnet; denn gemäß Art. 1 I lit. a Var. 2 Brüssel IIa-VO werden ausdrücklich auch zivilgerichtliche Verfahren erfasst, welche nicht die Scheidung, sondern lediglich die Trennung ohne Auflösung des Ehebandes betreffen.

Ob ein inländischer Gerichtsstand besteht, beurteilt sich sodann nach dem Katalog des Art. 3 Brüssel IIa-VO.[2] Im vorliegenden Fall ist keiner der dort vorgesehenen Zuständigkeitsgründe in Deutschland verwirklicht. Der noch am ehesten erwägenswerte Art. 3 I lit. a 5. Spiegelstrich Brüssel IIa-VO kommt schon deshalb nicht in Betracht, weil sich E im maßgeblichen Zeitpunkt der Antragstellung laut Sachverhalt

---

[1] Verordnung Nr. 2201/2003 vom 27.11.2003 über die Zuständigkeit und die Anerkennung und Vollstreckung von Entscheidungen in Ehesachen und in Verfahren betreffend die elterliche Verantwortung (weitere gängige Abkürzungen: EuEheVO, EheVO II oder EheGVVO); abgedr. bei *Jayme/Hausmann* Nr. 162. Die Brüssel IIa-VO hat die Verordnung Nr. 1347/2000 vom 29.5.2000 über die Zuständigkeit und die Anerkennung und Vollstreckung von Entscheidungen in Ehesachen und in Verfahren betreffend die elterliche Verantwortung für die gemeinsamen Kinder der Ehegatten (Brüssel II-VO) abgelöst, die wiederum das – nie in Kraft getretene – Brüssel II-Übereinkommen vom 28.5.1998 ersetzt hatte. Zum Fortgang der nunmehr anstehenden Reform der Brüssel IIa-VO vgl. *Mansel/Thorn/Wagner*, IPRax 2018, 121 (127).

[2] *Beachte:* Es bereitet erhebliche Schwierigkeiten, den räumlich-persönlichen Anwendungsbereich der Brüssel IIa-VO abschließend zu definieren. Für die Falllösung bietet es sich daher an, zunächst zu klären, ob die Brüssel IIa-VO einen Gerichtsstand im Forum eröffnet. Lässt sich dies bejahen, ist auf nationale Zuständigkeitsgründe wie § 98 I FamFG nicht mehr einzugehen (vgl. den Wortlaut von Art. 7 I Brüssel IIa-VO). Wird hingegen die Zuständigkeit nach der Brüssel IIa-VO verneint, während der sodann zu prüfende § 98 FamFG einen Gerichtsstand bietet, so ist abschließend zu untersuchen, ob die Brüssel IIa-VO den Rückgriff auf das nationale Recht im konkreten Fall zulässt oder sperrt.

Fall 13. Trennung im Dreiländereck 157

erst seit fünf Monaten gewöhnlich im Inland aufhält. Irrelevant ist nach dem unmissverständlichen Wortlaut der Vorschrift, ob die Jahresfrist bis zur letzten mündlichen Verhandlung verstrichen sein wird.[3] Wer meint, darüber unter Hinweis auf die Verfahrensökonomie hinwegsehen zu können,[4] verkennt, dass es der Vorschrift auch und gerade um den Schutz des Antragsgegners vor zu weitreichender Gerichtspflichtigkeit geht.

2. § 98 I Nr. 1 FamFG

Möglicherweise kann die internationale Zuständigkeit deutscher Gerichte aber schon mit der (auch) deutschen Staatsangehörigkeit des *A* begründet werden. Die deutsche Regelung der internationalen Zuständigkeit für Ehesachen findet sich in § 98 I FamFG.

a) Tatbestandsvoraussetzungen

Wenn in § 98 I FamFG von „Ehesachen" die Rede ist, so ist zunächst und vor allem an die in § 121 FamFG genannten Auflösungs- und Feststellungsbegehren gedacht. Allerdings gilt § 98 FamFG nach allgemeiner Ansicht zumindest entsprechend, sofern statt einer Eheauflösung eine bloße Trennung unter Aufrechterhaltung des Ehebandes nach ausländischem Eherecht in Rede steht.[5]

Demgemäß sind vorliegend die Voraussetzungen des § 98 I Nr. 1 Var. 1 FamFG erfüllt: Das deutsche Recht knüpft die Entscheidungszuständigkeit an die deutsche Staatsangehörigkeit eines Beteiligten, wobei die Rolle im Verfahren (Antragsteller oder -gegner) irrelevant ist. Zudem soll es nach vorherrschender Auffassung ohne Belang sein, wenn ein deutscher Beteiligter – wie hier *A* – zugleich über eine ausländische Staatsangehörigkeit verfügt; insbesondere hat das deutsche Gericht nicht der Frage nachzugehen, ob sich in einem solchen Fall die in- oder die ausländische Staatsangehörigkeit als die effektivere erweist.[6] Wenngleich dies nicht aus der nur kollisionsrechtlichen Regelung des Art. 5 I S. 2 EGBGB folgt, erscheint das Ergebnis berechtigt, und zwar in erster Linie wegen des Interesses an Zuständigkeitsklarheit, kaum aber wegen der Sinnhaftigkeit einer Inländerprivilegierung, die keinerlei Rücksicht auf die tatsächlichen Lebensumstände des fraglichen Beteiligten nimmt. Nach alledem lässt sich die internationale Zuständigkeit deutscher Gerichte auf § 98 I Nr. 1 Var. 1 FamFG stützen.

b) Verdrängender Vorrang der Brüssel IIa-VO?

Zu klären bleibt jedoch, ob die Brüssel IIa-VO einem solchen Rückgriff auf autonomes deutsches Zuständigkeitsrecht entgegensteht (vgl. § 97 FamFG, der diesen Vorrang des EU-Rechts nicht etwa begründet, sondern nur klarstellen soll[7]).

---

[3] Richtig etwa Althammer/*Großerichter* Brüssel IIa-VO Art. 3 Rn. 28, 24 f.; Thomas/Putzo/*Hüßtege* EuEheVO Art. 3 Rn. 8. Näher zum Diskussionsstand Staudinger/*Spellenberg* Brüssel IIa-VO Art. 3 Rn. 153 ff.
[4] Deutlich etwa *Andrae/Schreiber*, IPRax 2010, 79 (82).
[5] Siehe etwa MüKoFamFG/*Rauscher* FamFG § 98 Rn. 17; Staudinger/*Spellenberg* FamFG § 98 Rn. 18; Prütting/Helms/*Hau* FamFG § 98 Rn. 32.
[6] MüKoFamFG/*Rauscher* FamFG § 98 Rn. 47; Prütting/Helms/*Hau* FamFG Vor §§ 98–106 Rn. 28; *Schack* IZVR Rn. 427; Zöller/*Geimer* FamFG § 98 Rn. 76. Die ganz h.M. macht dabei auch keine Einschränkungen bei ineffektiven deutschen Staatsangehörigkeiten; anders aber Staudinger/*Spellenberg* FamFG § 98 Rn. 105 ff.
[7] Dazu *Hau*, FamRZ 2009, 821 f.; siehe auch Zöller/*Geimer* FamFG § 97 Rn. 1.

Nimmt man den Wortlaut von Art. 6 Brüssel IIa-VO zum Ausgangspunkt, so wird man diese Frage verneinen: Die Vorschrift entfaltet keine Sperrwirkung gemäß lit. a, weil *A* in keinem Mitgliedstaat seinen gewöhnlichen Aufenthalt hat. Hingegen untersagt lit. b ohnehin nur ein Verfahren außerhalb des Heimatstaats des Antragsgegners (hier: *A*), will im vorliegenden Fall also nur ein auf nationales Kompetenzrecht gestütztes Verfahren in einem anderen Mitgliedstaat als Deutschland verhindern.

Allerdings kann der Rückgriff auf nationales Kompetenzrecht, wie der *EuGH* klargestellt hat,[8] auch dann ausgeschlossen sein, wenn Art. 6 Brüssel IIa-VO nicht eingreift. Dies folgt aus Art. 7 Brüssel IIa-VO, wonach autonome Zuständigkeitsgründe nur dann in Betracht kommen, wenn die Verordnung in keinem einzigen Mitgliedstaat einen Gerichtsstand eröffnet. Doch auch dieser Satz sperrt vorliegend den Rückgriff auf § 98 FamFG nicht, weil in keinem Mitgliedstaat einer der in Art. 3 Brüssel IIa-VO aufgeführten Zuständigkeitsgründe verwirklicht ist: nicht, wie gesehen, in Deutschland, aber auch nicht in Österreich (insbesondere scheidet Art. 3 I lit. a 2. Spiegelstrich Brüssel IIa-VO aus, weil sich gegenwärtig weder *A* noch *E* dort gewöhnlich aufhält) oder in Italien (Art. 3 Brüssel IIa-VO knüpft – anders als das autonome italienische Recht gemäß Art. 32 Var. 2 IPRG – nicht an den Ort der Eheschließung an).

Fraglich kann dann nur noch sein, ob man beim Wortlaut der Art. 6 und 7 Brüssel IIa-VO stehen bleiben darf oder ob auch in weiteren Konstellationen ein Vorrang der Verordnung gegenüber nationalem Zuständigkeitsrecht (wie § 98 I FamFG) in Betracht kommt. Dies wird bisweilen bejaht: Der Rückgriff auf nationales Recht sei bereits dann gesperrt, wenn nur deshalb noch keine verordnungseigene Zuständigkeit gemäß Art. 3 I lit. a Brüssel IIa-VO vorliegt, weil die dort in Str. 5 bzw. Str. 6 vorgesehene Frist noch nicht verstrichen ist.[9] Demnach könnte sich *E* gegenwärtig nicht auf § 98 I FamFG stützen, sondern hätte mit der Verfahrenseinleitung abwarten müssen, bis sie sich ein Jahr lang in Deutschland aufgehalten hat. Wenngleich dafür die Überlegung spricht, dass anderenfalls die Wartefristen des Art. 3 I lit. a Brüssel IIa-VO durch das nationale Recht ausgehebelt würden, hat sich diese Auffassung *de lege lata* nicht durchgesetzt:[10] Für die Möglichkeit eines Rückgriffs auf § 98 I FamFG streiten in Fällen wie dem vorliegenden sowohl der Umstand, dass Art. 7 II Brüssel IIa-VO ansonsten weitgehend leer liefe, als auch die Gesetzgebungsmaterialien.[11] Es bleibt also dabei, dass die internationale Zuständigkeit deutscher Gerichte zur Entscheidung über den von *E* gestellten Antrag aus § 98 I Nr. 1 Var. 1 FamFG folgt.

3. Wesenseigene Unzuständigkeit

Der Zulässigkeit eines Ehetrennungsverfahrens vor einem deutschen Familiengericht steht auch nicht die Lehre von der wesenseigenen (Un-)Zuständigkeit entgegen: Zwar mag man sich grundsätzlich zu der These bekennen, dass das in der Sache anwendbare ausländische Recht dem inländischen Richter keinesfalls eine Tätigkeit abverlangen darf, die mit seinem Aufgabenbereich gänzlich unvereinbar wäre. Nach heute allgemeiner Auffassung kann allerdings keine Rede davon sein, dass diese Grenze schon im Falle einer dem deutschen Familienrecht unbekannten Trennung

---

[8] *EuGH* 29.11.2007 (*Sundelind Lopez/Lopez*), EU:C:2007:740, EuGHE 2007, I-10403.
[9] So *Schack*, RabelsZ 65 (2001), 615 (632).
[10] Ebenso Prütting/Helms/*Hau* FamFG § 98 Rn. 29; Rauscher/*Rauscher* Brüssel IIa-VO Art. 7 Rn. 8.
[11] Siehe *Borrás*, ABl. EG 1998 Nr. C 221/27 (Rn. 43, 47).

von Tisch und Bett erreicht wäre.¹² Davon wiederum zu unterscheiden ist aber die Frage, ob das deutsche Gericht eine solche Gestaltung auch ausgehend von der Anwendbarkeit des deutschen Eherechts aussprechen könnte (dazu unten II. 4).

II. Anwendbares Recht

1. Anwendbares Kollisionsrecht

Die seit dem 21.6.2012 anwendbare Rom III-VO¹³ (vgl. ihren Art. 21) geht dem autonomen Kollisionsrecht vor, was für Deutschland Art. 3 Nr. 1 lit. d EGBGB klarstellt. Wegen ihres territorial universellen Anwendungsbereichs (Art. 4 Rom III-VO) wird das nationale Kollisionsrecht in den teilnehmenden EU-Mitgliedstaaten – darunter Deutschland – gänzlich ersetzt.¹⁴ Sachlich erfasst die Rom III-VO ausweislich Art. 1 I auch die Trennung ohne Auflösung des Ehebandes.¹⁵ Weil im vorliegenden Fall zudem, wie von Art. 1 I Rom III-VO gefordert, ein grenzüberschreitender Sachverhalt in Rede steht, ist die Rom III-VO maßgeblich.

2. Erstfrage: Wirksamkeit der Ehe

Die Trennung ohne Auflösung des Ehebandes setzt, nicht anders als eine Scheidung, voraus, dass überhaupt eine wirksam eingegangene und noch bestehende Ehe vorliegt. Bedenken gegen die Wirksamkeit der Eheschließung von *A* und *E* ergeben sich daraus, dass *E* bei der Zeremonie vor dem römischen Standesbeamten nicht persönlich anwesend war, sondern durch eine Freundin „vertreten" wurde. Die Zulässigkeit einer solchen „Handschuhehe" ist als Formfrage zu qualifizieren, sofern die „Vertreterin" – wie hier – lediglich die zuvor festgelegte Erklärung der Verlobten überbringt und folglich als deren Botin bzw. als „Vertreterin in der Erklärung" (also nicht in der Willensbildung) auftritt.¹⁶

Da sich die Frage nach der Wirksamkeit der Eheschließung bereits im Rahmen der in Deutschland maßgeblichen Kollisionsnorm (Art. 8 Rom III-VO), also nicht erst bei der Anwendung ausländischen Kollisions- oder Sachrechts stellt, handelt es sich nicht um eine sog. *Vorfrage*, sondern um eine sog. *Erstfrage*.¹⁷ Diese ist in der Regel

---

¹² Grundlegend *BGH* 22.3.1967, BGHZ 47, 324 (333 f.) = IPRspr 1966/67, Nr. 90; beachte aus neuerer Zeit nur *Schack* IZVR Rn. 570 ff. (insb. 573); Prütting/Helms/*Hau* FamFG Vor §§ 98–106 Rn. 34, 40 ff.

¹³ Verordnung Nr. 1259/2010 vom 20.12.2010 zur Durchführung einer Verstärkten Zusammenarbeit im Bereich des auf die Ehescheidung und Trennung ohne Auflösung des Ehebandes anzuwendenden Rechts; abgedr. bei *Jayme/Hausmann* Nr. 34.

¹⁴ Demgemäß regelt Art. 17 I EGBGB nur noch die nicht von der Rom III-VO erfassten vermögensrechtlichen Scheidungsfolgen (vgl. Art. 1 II lit. e, g Rom III-VO).

¹⁵ Damit stellt sich nicht mehr die nach früherem Recht (Art. 17 I EGBGB a. F. i. V. m. Art. 14 EGBGB) relevante Frage, wie die Trennung ohne Auflösung des Ehebandes in das autonome Kollisionsrecht einzuordnen ist. Die überzeugende h. M. bejahte eine Anwendung des Scheidungsstatuts auf das wesensgleiche Minus der Trennung; vgl. etwa *Kropholler* IPR, 121 ff.

¹⁶ Unstreitig seit *BGH* 19.12.1958, BGHZ 29, 137 (142) = IPRspr 1958/59, Nr. 112; beachte aus neuerer Zeit *BayObLG* 28.11.2000, StAZ 2001, 66 (67) = IPRspr 2000, Nr. 51; MüKoBGB/*Spellenberg* EGBGB Art. 11 Rn. 164; MüKoBGB/*Coester* EGBGB Art. 13 Rn. 148 m. w. N.

¹⁷ Zur Abgrenzung zwischen Vor- und Erstfrage *Kropholler* IPR, 134 f., 223 f.; *von Bar/Mankowski* IPR AT § 7 Rn. 186 (anders noch die 1. Aufl.). Einige Autoren (wie *von Hoffmann/Thorn* IPR § 6 Rn. 47 ff.; *Junker* IPR § 10 Rn. 18 f., § 18 Rn. 58) unterscheiden zwar beide Institute, gehen aber gerade im hier interessierenden Fall von einer Vorfrage aus. Andere wiederum halten die sinnvolle Differenzierung für unergiebig (so wohl *Looschelders* EGBGB Vor Art. 3 Rn. 40).

selbständig anzuknüpfen, also unabhängig von dem – noch zu klärenden – Statut der Hauptfrage (hier: der Trennung der Ehe). Demgemäß wird die Formwirksamkeit der Eheschließung anhand der hierfür aus deutscher Sicht maßgeblichen Kollisionsregeln ermittelt. An dieser These, die bereits zum früheren deutschen Recht überwiegend vertreten wurde, ist insbesondere mit Rücksicht auf Art. 13 Rom III-VO auch im Rahmen der Rom III-VO festzuhalten.[18]

Wenn es somit gilt, die Formwirksamkeit der Eheschließung anzuknüpfen, ist zu berücksichtigen, dass die fragliche Ehe in Italien geschlossen worden war. Dies ist relevant, weil im Verhältnis zu Italien nach wie vor das Haager Abkommen zur Regelung des Geltungsbereichs der Gesetze auf dem Gebiet der Eheschließung vom 12.6.1902[19] anwendbar ist und Vorrang vor den autonomen deutschen Kollisionsregeln genießt (vgl. Art. 3 Nr. 2 EGBGB), wenn die fragliche Ehe – wie hier – in einem der Vertragsstaaten eingegangen wurde. Gemäß Art. 5 I des Abkommens bestimmt sich die Formwirksamkeit in erster Linie nach dem Recht des Landes, in dem die Eheschließung erfolgt (sog. *lex loci celebrationis*); nur hilfsweise verweist Art. 7 des Abkommens auf das Heimatrecht der Verlobten. Wenngleich *E* die Vollmachtsurkunde in Deutschland ausgestellt hat, ist Deutschland nicht schon deshalb neben Italien als Ort der Eheschließung i. S. v. Art. 5 I des Abkommens anzusehen.[20] Bei Art. 5 I des Abkommens handelt es sich, wie ein Umkehrschluss aus Art. 1 des Abkommens ergibt, um eine Sachnormverweisung zugunsten der *lex loci celebrationis*. Ausweislich des ersten Bearbeitervermerks kann man davon ausgehen, dass die Voraussetzungen des somit berufenen italienischen Sachrechts gewahrt sind und die Ehe demnach formwirksam eingegangen worden ist.[21] Daher erübrigt sich eine hilfsweise Prüfung dieser Frage anhand von Art. 7 des Abkommens.

3. Anknüpfung der Trennung ohne Auflösung des Ehebandes

Die Hauptfrage der Ehetrennung ist in Ermangelung einer Rechtswahl der Parteien (Art. 5–7 Rom III-VO)[22] objektiv anzuknüpfen, also anhand der „Anknüpfungsleiter" des Art. 8 Rom III-VO. Zeitlich maßgeblich ist dabei jeweils die Anrufung

---

[18] So auch *Andrae* IntFamR § 4 Rn. 41; *Gruber*, IPRax 2012, 389; *Junker* IPR § 18 Rn. 58. A. A. allerdings Palandt/*Thorn* Rom III-VO Art. 1 Rn. 8.

[19] RGBl. 1904, 221; BGBl. 1995 II 1; abgedr. bei *Jayme/Hausmann* Nr. 30.

[20] Allgemein zur Unbeachtlichkeit des Orts der Vollmachterteilung etwa BeckOK BGB/*Mörsdorf* (Stand: 15.6.2017) EGBGB Art. 13 Rn. 63; Erman/*Hohloch* EGBGB Art. 13 Rn. 59.

[21] *Beachte:* Wer den Vorrang des Haager Abkommens verkennt, gelangt auf der Grundlage des autonomen deutschen Kollisionsrechts zu übereinstimmenden Ergebnissen. Während Art. 13 III EGBGB nur die Eheschließung im Inland betrifft, ist Art. 11 I EGBGB für die formelle Wirksamkeit einer im Ausland – hier: in Italien – geschlossenen Ehe maßgeblich. Gemäß Art. 11 I EGBGB ist die Eheschließung formwirksam, wenn sie entweder den Formerfordernissen des Eheschließungsstatuts gemäß Art. 13 I EGBGB (Wirkungsstatut) oder denjenigen am Ort der Eheschließung (Ortsrecht) entspricht; diese alternative Anknüpfung dient dem *favor matrimonii*, indem sie das Risiko der Formunwirksamkeit mindert. Das Berufen der *lex loci celebrationis* stellt nach verbreiteter Meinung eine Sachnormverweisung dar; so etwa BeckOK BGB/*Mäsch* (Stand: 1.11.2017) Rom I-VO Art. 11 Rn. 12; Erman/*Hohloch* EGBGB Art. 11 Rn. 5; Palandt/*Thorn* EGBGB Art. 11 Rn. 3. Nach a. A. sind Rück- oder Weiterverweisungen beachtlich, sofern sie zur – nicht schon nach Ortsrecht gegebenen – Formwirksamkeit führen; siehe MüKoBGB/*Spellenberg* EGBGB Art. 11 Rn. 42. Sind die Voraussetzungen des italienischen Sachrechts gewahrt, erübrigt sich eine Prüfung anhand des Eheschließungsstatuts.

[22] Beachte zur Stärkung der Parteiautonomie durch die Rom III-VO etwa *Althammer*, NZFam 2015, 9 (12 f.); *Weller/Benz/Thomale*, ZEuP 2017, 250 (258 ff.).

Fall 13. Trennung im Dreiländereck

des Gerichts, wobei sich aus den Erwägungsgründen Nr. 10 I S. 1 und Nr. 13 ergibt, dass es auf den nach Art. 16 Brüssel IIa-VO zu bestimmenden Zeitpunkt ankommt.[23] Ausschlaggebend ist demnach normalerweise die Einreichung des verfahrenseinleitenden Schriftstücks bei Gericht.[24] Spätere Veränderungen anknüpfungsrelevanter Umstände sind – außer im Falle einer späteren Rechtswahl i. S. v. Art. 5 Rom III-VO – unerheblich, sodass es sich um eine unwandelbare Anknüpfung handelt.

(1) Weil *A* und *E* im somit relevanten Zeitpunkt in keinem Staat einen gemeinsamen gewöhnlichen Aufenthalt haben, kommt Art. 8 lit. a Rom III-VO nicht zur Anwendung.

(2) Auch die erste subsidiäre Anknüpfung nach Art. 8 lit. b Rom III-VO scheidet aus: Selbst wenn man unterstellt, dass der frühere gemeinsame gewöhnliche Aufenthalt in Österreich vor nicht mehr als einem Jahr vor Anrufung des Gerichts geendet hat, wäre weiter erforderlich, dass einer der Ehegatten zu diesem Zeitpunkt noch seinen gewöhnlichen Aufenthalt dort hat. Bei Einleitung des Verfahrens in Lindau hält sich jedoch keiner der Ehegatten mehr gewöhnlich in Österreich auf.

(3) Die zweite subsidiäre Anknüpfung (Art. 8 lit. c Rom III-VO) verweist auf das Recht des Staates, dessen Staatsangehörigkeit beide Ehegatten zum Zeitpunkt der Anrufung des Gerichts besitzen. Hier haben sowohl *A* als auch *E* die schweizerische, *A* zudem die deutsche Staatsangehörigkeit. Die Frage, auf welche Staatsangehörigkeit es im Falle eines solchen Mehrstaaters für Art. 8 lit. c Rom III-VO ankommt, ist ausweislich Erwägungsgrund Nr. 22 zumindest im Grundsatz nicht verordnungsautonom, sondern anhand des nationalen Rechts zu beantworten.

Davon ausgehend wird das angerufene Gericht also deutsches Kollisionsrecht anwenden, mithin Art. 5 I EGBGB. Dies darf jedoch nicht unbesehen erfolgen; vielmehr sind mit Rücksicht auf das EU-Recht gewisse Besonderheiten zu beachten. So kann der deutschen Staatsangehörigkeit eines Ehegatten, abweichend von Art. 5 I S. 2 EGBGB, keine Blockadeposition im Verhältnis zu dessen anderer EU-Staatsangehörigkeit zukommen. Dies folgt wiederum aus Erwägungsgrund Nr. 22 zur Rom III-VO, wonach ungeachtet der Maßgeblichkeit des nationalen Kollisionsrechts die allgemeinen Grundsätze der EU – namentlich das in Art. 18 AEUV verankerte Diskriminierungsverbot – uneingeschränkt zu achten sind.[25] Der vorliegende Fall stellt sich allerdings anders dar: Fraglich erscheint allenfalls, ob Art. 5 I S. 2 EGBGB auch dann außer Betracht zu bleiben hat, wenn die gemeinsame Staatsangehörigkeit eines Drittstaates (nämlich der Schweiz) in Rede steht. Erwägungsgrund Nr. 22 erzwingt dieses Ergebnis nicht, denn es ist kein allgemeiner Grundsatz des EU-Rechts ersichtlich, wonach die mitgliedstaatlichen Gerichte die Staatsangehörigkeit eines Drittstaats nicht außer Betracht lassen dürfen. In Fällen wie dem vorliegenden erscheint es zwar rechtspolitisch wenig sinnvoll, im Kontext von Art. 8 lit. c Rom III-VO aus Art. 5 I S. 2 EGBGB eine Blockade gegen die Anwendbarkeit des gemeinsamen schweizerischen Heimatrechts abzulei-

---

[23] Siehe nur Palandt/*Thorn* Rom III-VO Art. 8 Rn. 6.
[24] Näher dazu noch unten bei Frage 2.
[25] Daher wäre beispielsweise im Falle der Scheidung eines Deutsch-Italieners von einer Italienerin, wenn es auf Art. 8 lit. c Rom III-VO ankommt, italienisches Recht berufen. Näher *Fuchs*, FS Martiny, 2014, 303 (319 f.). Vgl. auch *BGH* 19.2.2014, FamRZ 2014, 741 (Tz. 14), wo der BGH in einer Personenstandssache die Frage nach der (Un-)Anwendbarkeit von Art. 5 I S. 2 EGBGB in Bezug auf eine deutsch-bulgarische Doppelstaaterin ausdrücklich offengelassen hat, weil die deutsche Staatsangehörigkeit der Betroffenen die effektive war.

ten;[26] nach geltendem Recht wird man dieses Ergebnis aber wohl hinnehmen müssen.[27] Wendet man Art. 5 I S. 2 EGBGB auf *A* an und ignoriert demgemäß seine schweizerische Staatsangehörigkeit, so sind die Voraussetzungen des Art. 8 lit. c Rom III-VO nicht erfüllt.[28]

(4) Hält man Art. 8 lit. c Rom III-VO mit der hier vertretenen Ansicht für nicht einschlägig, kommt die Auffangklausel des Art. 8 lit. d Rom III-VO zum Zuge: Das angerufene Familiengericht beim *AG Lindau* hätte deutsches Scheidungsrecht als *lex fori* anzuwenden.

4. Anwendung deutschen Rechts auf das Begehren

Im somit eröffneten Anwendungsbereich des deutschen Eherechts bereitet der Umstand Probleme, dass *E* laut Sachverhalt beantragt, nur die Trennung der Ehe auszusprechen. Weil das deutsche Eherecht – anders als das schweizerische – eine dahingehende Gestaltung nicht vorsieht, liegt ein sog. „Handeln unter falschem Recht" vor:[29] *E* begehrt eine bestimmte Rechtsfolge, wobei sie allerdings von einer Rechtsordnung ausgeht, die das maßgebliche Kollisionsrecht nicht beruft. Fraglich ist, wie das angerufene Gericht darauf zu reagieren hat:

Denkbar wäre es, den Antrag der *E* als Versuch zu deuten, auf eine Rechtswahl i. S. v. Art. 8 I Rom III-VO zugunsten des schweizerischen Eherechts hinzuwirken. Eine solche Rechtswahl käme zwar auch noch im bereits laufenden Gerichtsverfahren in Betracht (vgl. Art. 8 III Rom III-VO, Art. 46d II EGBGB), wäre allerdings nicht einseitig, sondern nur gestützt auf eine Vereinbarung möglich. *E* wäre also auf die Kooperationsbereitschaft des *A* angewiesen.

Kommt es nicht zu einer Rechtswahl, wäre es allemal ausgeschlossen, den Antrag der *E* ohne Weiteres als Scheidungsantrag i. S. v. § 1564 S. 1 BGB auszulegen bzw. dahingehend umzudeuten: Eine Scheidung reicht deutlich weiter als eine bloße Trennung nach schweizerischem Eherecht (zu deren Rechtsfolgen siehe Art. 118 ZGB) und ist im Übrigen auch dem schweizerischen Recht in ähnlicher Form wie dem deutschen bekannt. Hätte *E* eine Scheidung beantragen wollen, hätte sie dies im Anwendungsbereich des deutschen Rechts ohne Weiteres tun können; ein „Mehr an Rechtsfolgen" im Vergleich zum Trennungsantrag darf ihr nicht „untergeschoben" werden. Erwägen könnte man allenfalls, den Trennungsantrag als Feststellungsantrag (§ 113 I S. 2 FamFG, § 256 ZPO) auszulegen oder in einen solchen umzudeuten, und zwar gerichtet auf Feststellung eines Rechts zum Getrenntleben i. S. v. § 1353 II BGB. Auch wenn man mit einer verbreiteten Ansicht unterstellt, dass ein solcher Feststellungsantrag im Anwendungsbereich des deutschen Rechts statthaft wäre, wäre das erforderliche Feststellungsinteresse nur dann gegeben, wenn der Antrags-

---

[26] Kritisch schon *Fuchs*, FS Martiny, 2014, 303 (319); *Hau*, FamRZ 2013, 249 (253 f.).
[27] Ebenso – jeweils trotz ihrer rechtspolitischen Bedenken – etwa *Fuchs*, FS Martiny, 2014, 303 (319); MüKoBGB/*von Hein* EGBGB Art. 5 Rn. 87. Anders jedoch NK-BGB/*Hilbig-Lugani* Rom III-VO Art. 8 Rn. 19a, die auch in diesen Fällen einen schematischen Vorrang der deutschen Staatsangehörigkeit als nicht mit dem „Geist der Verordnung" vereinbar betrachtet und daher stets ablehnt. Ohne nähere Differenzierung nach EU- und Drittfällen etwa Althammer/*Tolani* Rom III-VO Art. 8 Rn. 11.
[28] *Beachte:* Wer sich anders entscheidet und Art. 5 I S. 2 EGBGB außer Betracht lässt, gelangt gemäß Art. 8 lit. c Rom III-VO zur Maßgeblichkeit des gemeinsamen schweizerischen Heimatrechts. Dabei handelt es sich ausweislich Art. 11 Rom III-VO – abweichend von Art. 4 I EGBGB – um eine Sachnormverweisung.
[29] Beachte allgemein etwa MüKoBGB/*von Hein* Einl. IPR Rn. 223 ff.; *Junker* IPR § 11 Rn. 42 ff.; *Rauscher* IPR Rn. 493 f.

Fall 13. Trennung im Dreiländereck 163

gegner das Recht zum Getrenntleben bestreitet oder sich eines Anspruchs auf Wiederherstellung der häuslichen Gemeinschaft berühmt.[30] Für eine solche Haltung des *A* bietet der Ausgangsfall keinerlei Anhaltspunkte.

Das Familiengericht wird *E* daher zunächst gemäß § 113 I S. 2 FamFG, § 139 ZPO auf die dargelegten Bedenken hinweisen. Beharrt *E* gleichwohl auf ihrem ursprünglichen Begehren, so wäre ihr Antrag abzuweisen, weil ein deutsches Gericht eine bloße Trennung der Ehe in Anwendung deutschen Sachrechts nicht aussprechen kann.

Frage 2

Werden Ehesachen hinsichtlich derselben Ehe bei den Gerichten verschiedener Mitgliedstaaten eingeleitet, gilt Art. 19 Brüssel IIa-VO.[31] Ziel dieser Vorschrift ist es, möglichst frühzeitig Parallelverfahren zu unterbinden, indem nur eines der Verfahren bis zur Entscheidung geführt wird. Dies erweist sich insbesondere in familienrechtlichen Statussachen (und den ebenfalls von der Brüssel IIa-VO erfassten Kindschaftssachen) als bedeutsam, ist aber auch im Übrigen ein erklärtes Regelungsziel des IZVR.[32] Einander widersprechende Entscheidungen sollen von vornherein vermieden werden, weil diese unerwünschte Anerkennungshindernisse auslösen (vgl. Art. 22 lit. c Brüssel IIa-VO), folglich die Entscheidungsfreizügigkeit behindern und „hinkende" Rechtsverhältnisse verursachen, die gerade in Familiensachen eine empfindliche Beeinträchtigung des internationalen Entscheidungseinklangs darstellen.

In Anwendung von Art. 19 I Brüssel IIa-VO hat das deutsche Familiengericht das bei ihm eingeleitete Verfahren auszusetzen, wenn es später als das österreichische Gericht angerufen wurde. Die Vorschrift nimmt Bezug auf Art. 16 Brüssel IIa-VO, der festlegt, wann ein Gericht als angerufen gilt. Die autonome Definition soll sicherstellen, dass ein – unerwünschtes, aber gerade in Ehesachen nicht seltenes – *race to the courthouse* wenigstens in allen Mitgliedstaaten zu gleichen Bedingungen ausgetragen wird. Das wäre nicht der Fall, wenn es für den Ausgang des Rennens auf die unterschiedlich ausgestalteten nationalen Prozessordnungen ankäme.[33] Nach der Lösung des Art. 16 Brüssel IIa-VO soll kein Antragsteller das Risiko tragen, durch eine verzögerte Bearbeitung des für die Zustellung seines Antrags erforderlichen Rechtshilfeersuchens benachteiligt zu werden.[34] Für den vorliegenden Fall ist dem-

---

[30] Dazu etwa MüKoBGB/*Roth* BGB § 1353 Rn. 54. Eher fern liegt ein Antrag gerichtet auf Feststellung des in verschiedenen familienrechtlichen Regelungszusammenhängen bedeutsamen Zeitpunkts des Getrenntlebens; vgl. zum Meinungsstreit über die Zulässigkeit eines solchen Antrags etwa *OLG Koblenz* 28.6.2017, FamRZ 2018, 42 (Tz. 20 ff.).

[31] Anders als die Brüssel Ia-VO (vgl. dort Art. 33 f.) regelt die Brüssel IIa-VO nicht den Fall, dass ein ehestatusrechtliches Parallelverfahren in einem Drittstaat – wie der Schweiz – eingeleitet wird. Geradezu absurd falsch *OLG Hamm* 6.1.2017, FamRZ 2018, 51 (dazu *Dutta*, FamRZ 2018, 131; *Leipold*, NZFam 2017, 213; *Streicher*, FamRB 2017, 164): Das deutsche Familiengericht müsse sein Verfahren wegen eines früher eingeleiteten Scheidungsverfahrens vor einem Scharia-Gericht im Libanon analog Art. 33 f. LugÜ aussetzen, und zwar selbst dann, wenn es dieses Gericht für unzuständig erachtet.

[32] Beachte zu sonstigen Familiensachen die Parallelvorschriften in Art. 12 ff. EuUntVO und Art. 17 f. EuGüVO/EuGüVO (Part). Vgl. zudem für Zivil- und Handelssachen Art. 29 ff. Brüssel Ia-VO, für Erbsachen Art. 17 f. EuErbVO.

[33] Vgl. zu solchen Problemen, die sich gerade im Falle eines in einem Drittstaat parallel ausgetragenen Eheauflösungsverfahrens entsprechend § 261 III Nr. 1 ZPO nach wie vor stellen, etwa Prütting/Helms/*Hau* FamFG Vor §§ 98–106 Rn. 53a; *Schack* IZVR Rn. 833 ff.

[34] *Beachte:* Während die Zustellung der österreichischen Antragsschrift nach Deutschland der EuZustVO Nr. 1393/2007 unterfällt, erfolgt die Zustellung der deutschen Antragsschrift in die Schweiz im Wege der Rechtshilfe gemäß den Vorgaben des HZÜ. Zum Bemühen der

nach die frühere Einreichung bei Gericht, abweichend von § 113 I S. 2 FamFG, §§ 253, 261 I, III Nr. 1 ZPO also nicht etwa erst die Zustellung der Antragsschrift entscheidend. Folglich kommt dem österreichischen Verfahren der Vorrang zu. Dies zieht allerdings gemäß Art. 19 I Brüssel IIa-VO – wiederum abweichend von § 261 III Nr. 1 ZPO[35] – nicht etwa ohne Weiteres die Abweisung des in Deutschland gestellten Antrags nach sich, sondern bedeutet zunächst nur, dass das deutsche Gericht das später bei ihm eingeleitete Verfahren so lange aussetzt, bis in Österreich die Zuständigkeitsfrage geklärt ist. Erst wenn das zuerst angerufene österreichische Gericht seine internationale Entscheidungszuständigkeit rechtskräftig bejaht, wäre gemäß Art. 19 III S. 1 Brüssel IIa-VO eine Beendigung des deutschen Parallelverfahrens geboten.[36]

Während nach autonomem deutschen Recht eine Rechtshängigkeitssperre gemäß § 261 III Nr. 1 ZPO nur in Betracht kommt, wenn entweder der Streitgegenstand in den konkurrierenden Verfahren identisch ist oder wenn im einen Verfahren das kontradiktorische Gegenteil des anderen angestrebt wird,[37] greift die Sperre des Art. 19 I Brüssel IIa-VO sehr viel weiter: Nach dem eindeutigen Wortlaut dieser Vorschrift kann selbst ein Antrag auf bloße Trennung der Ehe den später anderenorts gestellten Scheidungsantrag, also das weitergehende Rechtsschutzbegehren, blockieren.[38] Der Antragsteller des später eingeleiteten Verfahrens, hier also E, ist dann gehalten, seinen Antrag im Erststaat zu verfolgen, wenn sich das dortige Gericht für zuständig erachtet (Art. 19 III S. 2 Brüssel IIa-VO).

Im Lichte des Justizgewährungsanspruchs ist das Zurückstellen des im Zweitstaat (hier: Deutschland) eingeleiteten Verfahrens nur sachgerecht, wenn feststeht, dass das im Erststaat (hier: Österreich) bereits betriebene Verfahren zu einer Entscheidung führen wird, die auch im Zweitstaat Wirkung entfalten wird. Aus diesem Grund soll die Beachtung eines ausländischen Parallelverfahrens nach der etwa zum deutschen autonomen Recht heute einhellig vertretenen Auffassung nur in Betracht kommen, wenn eine sog. positive Anerkennungsprognose dahingehend gestellt werden kann, dass der im Ausland zu erwartenden Entscheidung voraussichtlich kein Anerkennungshindernis i. S. v. § 109 FamFG (in sonstigen Zivilsachen: § 328 ZPO) entgegenstehen wird.[39] Im Anwendungsbereich des einheitlichen EU-Rechts darf die Aussetzung des Zweitverfahrens hingegen, wie der EuGH bereits zur Parallelproblematik sowohl im Brüssel Ia-System[40] als auch im Europäi-

---

EU, Parallelvorschriften zur EuZustVO im Verhältnis zur Schweiz auszuhandeln, vgl. *Mansel/Thorn/Wagner*, IPRax 2018, 121 (132).

[35] Allerdings ist heute auch im deutschen Recht, sofern es um die Beachtung der Rechtshängigkeit in einem Drittstaat geht, weithin anerkannt, dass zunächst (analog § 148 ZPO) nur eine Aussetzung des inländischen Verfahrens geboten ist. Grundlegend *Habscheid*, RabelsZ 31 (1967), 254 (266 ff.); seither etwa *Linke/Hau* IZVR Rn. 7.27. Insoweit anders aber KG 3.2.2016, FamRZ 2016, 836 (839) m. krit. Anm. *Geimer*, 840 (842); OLG Bremen 7.3.2016, FamRZ 2016, 1189 m. insoweit krit. Anm. *Eicher*, 1192 (1193).

[36] Eine grenzüberschreitende Verweisung des Verfahrens an das ausländische Gericht sieht die Brüssel IIa-VO zwar in Sorgerechtssachen (Art. 15), nicht jedoch in Ehesachen vor.

[37] Dazu BGH 28.5.2008, BGHZ 176, 365.

[38] Vgl. etwa EuGH 6.10.2015 (*A/B*), EU:C:2015:559, FamRZ 2015, 2036 (2038) m. Anm. *Althammer* = NJW 2015, 3776 m. Anm. *Rieck*; *Hilbig-Lugani*, GPR 2016, 132. Rechtspolitische Kritik übt Rauscher/*Rauscher* Brüssel IIa-VO Art. 19 Rn. 8 ff., 19 ff.

[39] Statt vieler BGH 28.5.2008, BGHZ 176, 365; Prütting/Helms/*Hau* FamFG Vor §§ 98–106 Rn. 53; *Schack* IZVR Rn. 840 ff.

[40] Hierzu EuGH 9.12.2003 (*Gasser/MISAT*), EU:C:2003:657, EuGHE 2003, I-14693, dort noch zu Parallelvorschriften in der Brüssel I-VO Nr. 44/2001.

Fall 13. Trennung im Dreiländereck 165

schen Insolvenzrecht[41] klargestellt hat, nicht von einer solchen Anerkennungsprognose abhängig gemacht werden.[42] Bedeutsam ist dies insbesondere hinsichtlich der internationalen Entscheidungszuständigkeit der Gerichte des Erststaats: Selbst wenn das in Deutschland später angerufene Gericht davon überzeugt wäre, dass die Gerichte im Erststaat unzuständig sind oder dass ihm selbst sogar die ausschließliche Zuständigkeit in der Angelegenheit zukommt, wäre es an das in Art. 19 Brüssel IIa-VO vorgesehene Procedere gebunden. Folglich ist es nicht von Belang, ob österreichische Gerichte nach Maßgabe der Brüssel IIa-VO zum Ausspruch der von *A* beantragten Ehetrennung berufen sind; darüber zu befinden obliegt vielmehr allein den zuerst angerufenen österreichischen Gerichten. Selbst wenn diesen eine Fehleinschätzung unterliefe und sie entgegen Art. 3 ff. Brüssel IIa-VO zur Sache entschieden, wäre das deutsche Verfahren gemäß Art. 19 III S. 1 Brüssel IIa-VO einzustellen und die sodann in Österreich ergehende Entscheidung ausweislich Art. 24 Brüssel IIa-VO im Inland anzuerkennen.

Nach alledem wird das deutsche Familiengericht das bei ihm eingeleitete Verfahren gemäß Art. 19 I Brüssel IIa-VO zunächst aussetzen.

---

[41] *EuGH* 2.5.2006 (*Eurofood IFSC*), EU:C:2006:281, EuGHE 2006, I-3813, dort noch zu Art. 16 EuInsVO Nr. 1346/2000; beachte nunmehr die Parallelvorschrift in Art. 19 EuInsVO Nr. 848/2015.
[42] Ganz h. M.; siehe nur Rauscher/*Rauscher* Brüssel IIa-VO Art. 19 Rn. 2; Staudinger/*Spellenberg* Brüssel IIa-VO Art. 19 Rn. 38.

Fall 14. Schlechter Umgang

Elterliche Verantwortung – Umgangsrecht – internationale Zuständigkeit nach der Brüssel IIa-VO – Forum non conveniens – Haager Kinderschutzübereinkommen – Verhältnis der Brüssel IIa-VO zum Haager Kindesentführungsübereinkommen – Verfahrensbeistand – Anhörung des Kindes – undertakings – Regelungen zur Kindesrückführung

Sachverhalt

Die Deutsche *Annette* (A) und der Franzose *Frédéric* (F) sind Eltern der heute zwölfjährigen *Marie* (M) und des elfjährigen *Pierre* (P), die sowohl die deutsche als auch die französische Staatsangehörigkeit haben und zweisprachig aufwachsen. Nach der Heirat im Jahre 2002 leben die Ehegatten zunächst in Trier, ab März 2012 dann in Paris. Im Sommer 2015 trennt sich das Paar und A kehrt mit M nach Trier zurück. Im rechtskräftigen Scheidungsurteil des französischen Familiengerichts (*Tribunal de grande instance de Paris*) vom Januar 2017 wird erkannt, dass den Eltern die elterliche Sorge für beide Kinder gemeinsam zusteht; das Aufenthaltsbestimmungsrecht hat die Mutter für die Tochter und der Vater für den Sohn. Im Rahmen des Scheidungsverfahrens vereinbaren die Eltern die Umgangszeiten: M verbringt danach die Sommerferien bei F in Paris, P die Weihnachts- und Osterferien bei A in Trier.

Wegen verschiedener Probleme zwischen F und M, die beim Umgang während der Sommerferien auftraten, beantragt A vor dem *AG – FamG – Trier*, das im Bezirk des *OLG Koblenz* liegt, die Aussetzung des Umgangs von F mit M. Sowohl F als auch – per Beschluss – der *Tribunal de grande instance de Paris* beantragen daraufhin die Verweisung des Falls an das Pariser Familiengericht. F macht geltend, er beherrsche die deutsche Sprache nicht ausreichend; vor allem aber könnten die streitigen Vorfälle besser durch das französische Gericht beurteilt werden.

Frage 1: Wird das *AG – FamG – Trier* zur Sache entscheiden?

Frage 2: Nach welchem Recht beurteilt sich die Frage der Aussetzung des Umgangs?

Vor Weihnachten holt A den P zur Ausübung des Umgangsrechts bei F ab, bringt ihn aber nicht mehr nach Paris zurück. Nachdem F zunächst versucht hat, A und P telefonisch und per E-Mail von der Rückkehr des P nach Paris zu überzeugen, beantragt er drei Monate später beim *AG – FamG – Koblenz* die Rückführung des Kindes. In der Anhörung vor Gericht erklärt P nachdrücklich, dass er lieber in Trier leben möchte. Sein Großvater väterlicherseits habe ihn mehrmals geschlagen und in seinem Zimmer eingesperrt. In Trier besuche er ein Gymnasium, in dem er das deutsche und französische Abitur ablegen könne, sei Mitglied im Tennisverein und könne in der kleineren Stadt ein wesentlich freieres Leben als in Paris führen. Außerdem wachse er lieber mit seiner Schwester auf. Der vom Gericht bestellte Verfahrensbeistand bestätigt, dass sich P in Trier sehr wohl fühle.

Frage 3: Hat der Antrag des F Aussicht auf Erfolg?

Frage 4: Nehmen Sie an, das *AG – FamG – Koblenz* lehnt die Rückgabe von P innerhalb von sechs Wochen wegen schwerwiegender Kindeswohlgefährdung ab. Kann nun der *Tribunal de grande instance de Paris* auf Antrag des F die Rückgabe von P anordnen? Können deutsche Gerichte die Vollstreckung der Rückgabeentscheidung, für die eine Bescheinigung nach Art. 42 Brüssel IIa-VO ausgestellt wurde, mit der (zutreffenden) Begründung verweigern, P sei in Frankreich nicht angehört worden?

Lösung

Frage 1

I. Internationale Zuständigkeit nach der Brüssel IIa-VO

In zivilrechtlichen Verfahren über die elterliche Verantwortung, einschließlich der Maßnahmen zum Schutz des Kindes, könnte sich die internationale Zuständigkeit deutscher Gerichte nach der Brüssel IIa-VO[1] bestimmen. Die Verordnung geht gemäß ihrem Art. 61 lit. a dem Haager Kinderschutzübereinkommen (KSÜ)[2] vor, sofern das betroffene Kind seinen gewöhnlichen Aufenthalt im Hoheitsgebiet eines EU-Mitgliedstaats hat. Dieses Ergebnis wird völkerrechtlich abgesichert über Art. 52 I, IV KSÜ: Diese Regelung wurde eigens für die EU-Mitgliedstaaten aufgenommen und ermöglicht die vorrangige Geltung der Brüssel IIa-VO im Verhältnis der Mitgliedstaaten untereinander.

1. Anwendungsbereich

a) Sachlicher Anwendungsbereich

Die Verordnung gilt für Zivilsachen, soweit Ehesachen oder die elterliche Verantwortung betroffen sind. Zur Auslegung des Begriffs „Zivilsachen" ist der Rechtsprechung des *EuGH* zufolge weder der gleichlautende Begriff der Brüssel Ia-VO noch nationales Recht heranzuziehen, sondern eine autonome Auslegung im Kontext der Brüssel IIa-VO vorzunehmen: Danach umfasst der Begriff „Zivilsachen" auch diejenigen Maßnahmen des Kinderschutzes, die nach nationalem Verständnis dem öffentlichen Recht unterliegen, wie etwa die Inobhutnahme eines Kindes und dessen Unterbringung in einer Pflegefamilie oder einem Heim.[3] Der Begriff „elterliche Verantwortung" (Art. 1 I lit. b) ist autonom und weit auszulegen und umfasst die gesamten Rechte und Pflichten eines Trägers der elterlichen Verantwortung gegenüber einem Kind (vgl. auch Art. 2 Nr. 7). Die darunter fallenden Bereiche

---

[1] Verordnung Nr. 2201/2003 vom 27.11.2003 über die Zuständigkeit und die Anerkennung und Vollstreckung von Entscheidungen in Ehesachen und in Verfahren betreffend die elterliche Verantwortung und zur Aufhebung der Verordnung Nr. 1347/2000; abgedr. bei *Jayme/Hausmann* Nr. 162.
[2] Haager Übereinkommen über die Zuständigkeit, das anzuwendende Recht, die Anerkennung, Vollstreckung und Zusammenarbeit auf dem Gebiet der elterlichen Verantwortung und der Maßnahmen zum Schutz von Kindern vom 19.10.1996; abgedr. bei *Jayme/Hausmann* Nr. 53. Das KSÜ ist für Deutschland zum 1.1.2011 in Kraft getreten.
[3] *EuGH* 27.10.2016 (*Child and Family Agency*), EU:C:2016:819 (Tz. 32), NJW 2017, 541 = IPRax 2017, 610 m. Anm. *Pirrung*, 562; *EuGH* 26.4.2012 (*Health Service Executive*), EU:C:2012:255; *EuGH* 2.4.2009 (*Fall A*), EU:C:2009:225 (Tz. 28), FamRZ 2009, 843; *EuGH* 27.11.2007 (*Fall C*), EU:C:2007:714, FamRZ 2008, 125; dazu: *Dutta/Schulz*, ZEuP 2012, 526 (530 ff.).

Fall 14. Schlechter Umgang 169

werden in Art. 1 II Brüssel IIa-VO näher definiert; Fragen des Sorge- und Umgangsrechts sind gemäß Art. 1 II lit. a Brüssel IIa-VO ausdrücklich erfasst.

b) Persönlicher Anwendungsbereich

Ein Verfahren zur elterlichen Verantwortung setzt die *Minderjährigkeit* eines Kindes voraus. Wie diese zu bestimmen ist, ist streitig. Teilweise wird eine kollisionsrechtliche Lösung vertreten;[4] überzeugender und praktisch einfacher ist es freilich, im Wege verordnungsautonomer Auslegung die Lösung des KSÜ (Art. 2) zu übernehmen und von einem Volljährigkeitsalter von 18 Jahren auszugehen.[5]

c) Räumlicher Anwendungsbereich

Zur Anwendung der Brüssel IIa-VO ist nicht zwingend erforderlich, dass das Kind seinen gewöhnlichen Aufenthalt in einem Mitgliedstaat hat (vgl. Art. 12, 13 Brüssel IIa-VO). Hat das Kind jedoch – wie im vorliegenden Fall – seinen gewöhnlichen Aufenthalt in einem Mitgliedstaat, so folgt aus Art. 8 I Brüssel IIa-VO, der die internationale Zuständigkeit regelt, dass die Brüssel IIa-VO in Kindschaftssachen anwendbar ist.

d) Zeitlicher Anwendungsbereich

Zeitlich findet die Brüssel IIa-VO auf alle Verfahren Anwendung, die ab dem 1.3.2005 eingeleitet worden sind (Art. 64 I i. V. m. Art. 72 II Brüssel IIa-VO).

2. Entscheidungszuständigkeit

Für den Antrag auf Aussetzung des Umgangs sind gemäß Art. 8 Brüssel IIa-VO die Gerichte des Mitgliedstaats am gewöhnlichen Aufenthalt des Kindes international zuständig. Dahinter steht der Gedanke, dass das sachnächste Gericht über das Kindeswohl entscheidet. Eine Definition des Begriffs des „gewöhnlichen Aufenthalts" findet sich in der Brüssel IIa-VO ebenso wenig wie im KSÜ; die EuGH-Rechtsprechung zur Auslegung anderer Sekundärrechtsakte, in denen an den gewöhnlichen Aufenthalt angeknüpft wird, ist nicht ohne Weiteres übertragbar.[6] Im Rahmen der Brüssel IIa-VO nimmt der *EuGH* keine Definition vor, sondern stellt einen Kriterienkatalog auf, nach dem die nationalen Gerichte die Umstände des Einzelfalls zu prüfen haben. Gemeint ist der tatsächliche Lebensmittelpunkt des Kindes oder – in den Worten des *EuGH* – der Ort, „der Ausdruck einer gewissen sozialen und familiären Integration des Kindes ist. Hierfür sind insbesondere die Dauer, die Regelmäßigkeit und die Umstände des Aufenthalts in einem Mitgliedstaat sowie die Gründe für diesen Aufenthalt und den Umzug der Familie in diesen Staat, die Staatsangehörigkeit des Kindes, Ort und Umstände der Einschulung, die Sprachkenntnisse sowie die familiären und sozialen Bindungen des Kindes in dem betreffenden Staat zu berücksichtigen."[7]

---

[4] *Solomon*, FamRZ 2004, 1409 (1410); Althammer/*Arnold* Brüssel IIa Art. 1 Rn. 1.
[5] Staudinger/*Pirrung* EGBGB Vorbem. zu Art. 19 Rn. C 19; Rauscher/*Rauscher* Brüssel IIa-VO Art. 1 Rn. 24; *Engelhardt* in Keidel, FamFG, 19. Aufl. 2017, FamFG § 99 Rn. 24. Dies entspricht auch dem Vorschlag zur Neufassung der Brüssel IIa-VO: Gemäß Art. 2 Nr. 7 des Vorschlags KOM(2016) 411 endg. vom 30.6.2016, ist ein „Kind" jede Person unter 18 Jahren.
[6] *EuGH* 2.4.2009 (*Fall A*), EU:C:2009:225 (Tz. 36).
[7] *EuGH* 2.4.2009 (*Fall A*), EU:C:2009:225 (Tz. 44). Zum gewöhnlichen Aufenthalt eines Säuglings: *EuGH* 22.12.2010 (*Mercredi*), EU:C:2010:829 (Tz. 55), und des nasciturus:

M lebt seit ihrer Geburt – abgesehen von einer dreijährigen Unterbrechung, während der sie in Paris lebte – ständig in Trier, besucht dort die Schule und ist sozial integriert; folglich liegt ihr gewöhnlicher Aufenthalt in Deutschland.

Art. 8 I Brüssel IIa-VO findet vorbehaltlich der Art. 9, 10 und 12 Brüssel IIa-VO Anwendung. Fraglich ist, ob ein solcher Ausnahmefall vorliegt. Art. 9 Brüssel IIa-VO greift nicht, weil *M* bereits vor der Regelung des Umgangs im Scheidungsverfahren in Trier lebte. Weiterhin handelt es sich nicht um eine Kindesentführung i. S. v. Art. 10 Brüssel IIa-VO. Eine grundsätzlich gemäß Art. 12 I Brüssel IIa-VO gegebene Annexzuständigkeit des Gerichts, das über die Scheidung entscheidet, endet gemäß Art. 12 I lit. a Brüssel IIa-VO mit dem Vorliegen einer rechtskräftigen Entscheidung über den Antrag auf Ehescheidung. Es bleibt damit bei der Grundregel des Art. 8 Brüssel IIa-VO, wonach in diesem Fall deutsche Gerichte zuständig sind.

II. Örtliche und sachliche Zuständigkeit

Art. 8 I Brüssel IIa-VO regelt allein die internationale Zuständigkeit. Die örtliche Zuständigkeit ist dem autonomen Zivilverfahrensrecht zu entnehmen, konkret § 152 II FamFG. Örtlich zuständig ist das Gericht am gewöhnlichen Aufenthalt des Kindes, hier also das *AG – FamG – Trier*, die sachliche Zuständigkeit folgt aus § 111 Nr. 2 FamFG, § 23a I Nr. 1 GVG.

III. Forum non conveniens?

1. Möglichkeit der Verweisung

Während unter der Brüssel Ia-VO[8] für die dem anglo-amerikanischen Rechtskreis bekannte Rechtsfigur des *forum non conveniens* kein Raum ist,[9] nimmt die Brüssel IIa-VO diesen Gedanken einer grenzüberschreitenden Verfahrensabgabe in Art. 15 Brüssel IIa-VO auf: Damit wird dem Gericht eines Mitgliedstaats, das für die Entscheidung in der Hauptsache zuständig ist, die Möglichkeit eröffnet, den Fall an ein Gericht eines anderen Mitgliedstaats zu verweisen, wenn dieses den Fall besser beurteilen kann.[10] Einen Antrag auf Verweisung kann gemäß Art. 15 II lit. a sowohl eine der Parteien stellen als auch gemäß Art. 15 II lit. c das Gericht eines anderen Mitgliedstaats, zu dem das Kind eine besondere Beziehung hat. Vorliegend haben *F* und der *Tribunal de grande instance de Paris* einen entsprechenden Antrag gestellt.

Ist ein Gericht eines Mitgliedstaats für die Entscheidung zuständig, so ist zentrale Voraussetzung für die Verweisung an das Gericht eines anderen Mitgliedstaats, dass das Kind eine *besondere Bindung* zu diesem Staat hat. Weiter gilt es gemäß Art. 15 I und III Brüssel IIa-VO zu prüfen, ob ein *Ausnahmefall* vorliegt und die Entscheidung durch das Gericht eines anderen Mitgliedstaats dem *Kindeswohl* entspricht.

EuGH 8.6.2017 (*O. L.*), EU:C:2017:436 (Tz. 50 ff.), FamRZ 2017, 1506, sowie *EuGH* 28.6.2018 (*H. R.*), EU:C:2018:513 (18-monatiges Kind).

[8] Verordnung (EU) Nr. 1215/2012 über die gerichtliche Zuständigkeit und die Anerkennung und Vollstreckung von Entscheidungen in Zivil- und Handelssachen vom 12.12.2012, abgedr. bei *Jayme/Hausmann* Nr. 160.

[9] *EuGH* 1.3.2005 (*Owusu/Jackson*), EU:C:2005:120, NJW 2005, 2979 = IPRax 2005, 244 m. Anm. *Heinze/Dutta*, 224; *Linke/Hau* IZVR Rn. 4.79 f.

[10] In der Praxis wird diese Vorschrift durchaus genutzt: *Schulz*, FamRZ 2018, 797 (800 zu Fn. 28). Die Anwendung von Art. 15 wird hingegen abgelehnt von *EuGH* 4.10.2018 (*IQ*), EU:C:2018:812 (Leitsatz).

Fall 14. Schlechter Umgang 171

2. Besondere Bindung des Kindes

Art. 15 III Brüssel IIa-VO nennt fünf Situationen, in denen eine besondere Bindung des Kindes an einen Mitgliedstaat bestehen und deshalb eine Verweisung an ein Gericht dieses Mitgliedstaats erfolgen kann. Vorliegend könnten die in lit. b–d genannten Kriterien eine besondere Bindung zu Frankreich begründen. Die in Art. 15 III Brüssel IIa-VO genannten Gründe sind abschließend.[11]

a) Früherer gewöhnlicher Aufenthalt

M lebte mit ihrer Familie drei Jahre in Paris, bevor sie nach Trier zurückkehrte. Daher könnte aufgrund des früheren gewöhnlichen Aufenthalts eine besondere Bindung der *M* zu Frankreich bestehen. Fraglich ist jedoch, ob die in Art. 15 III lit. b Brüssel IIa-VO ausgesprochene Vermutung für eine besondere Bindung zu diesem Mitgliedstaat auch gegenüber dem Staat des aktuellen gewöhnlichen Aufenthalts gilt. Der Wortlaut des Art. 15 III lit. b Brüssel IIa-VO gibt zwar keinen Hinweis auf diese restriktive Auslegung der Vorschrift, doch dürfte gleichwohl die Bindung an den aktuellen gewöhnlichen Aufenthalt die stärkere sein, zumal wenn – wie hier – das Kind im Laufe seines Lebens eine wesentlich längere Zeitspanne dort verbracht hat. Das *AG – FamG – Trier*, das seine Zuständigkeit auf den aktuellen gewöhnlichen Aufenthalt des Kindes (Art. 8 Brüssel IIa-VO) stützt, wird auf der Grundlage dieser Norm den Fall nicht nach Frankreich verweisen.

b) Staatsangehörigkeit

Gemäß Art. 15 III lit. c Brüssel IIa-VO könnte die französische Staatsangehörigkeit der *M* für eine besondere Beziehung zu Frankreich sprechen. *M* hat die deutsche und die französische Staatsangehörigkeit und gehört damit zwei Mitgliedstaaten an. Auf die Problematik der Mehrstaatigkeit geht die Brüssel IIa-VO nicht ausdrücklich ein.

Im deutschen IPR hat die deutsche Staatsangehörigkeit des deutsch-ausländischen Mehrstaaters gemäß Art. 5 I S. 2 EGBGB Vorrang. Indes sprechen im vorliegenden Fall verschiedene Gründe gegen die Geltung dieser vielfach kritisierten Vorschrift, welche den internationalen Entscheidungseinklang verhindert und die Entstehung „hinkender" Rechtsverhältnisse fördert.[12]

Die ausschließliche Berücksichtigung der deutschen Staatsangehörigkeit bei denjenigen Doppelstaatern, die neben der deutschen auch die Staatsangehörigkeit eines anderen EU-Mitgliedstaats haben, behandelt die in Rede stehenden Staatsangehörigkeiten nicht gleich und könnte daher gegen das Diskriminierungsverbot des Art. 18 AEUV verstoßen. Die Ungleichbehandlung liegt in dem aufgezwungenen deutschen Personalstatut.[13] Wer dem folgt, wendet Art. 5 I S. 1 EGBGB in diesen Fällen auch auf deutsche Staatsangehörige an.

Wer hingegen von der grundsätzlichen Vereinbarkeit der Norm mit Art. 18 AEUV ausgeht,[14] wird weiter fragen, ob sie im vereinheitlichten Europäischen Zivilverfah-

---

[11] *EuGH* 4.10.2018 (*IQ*), EU:C:2018:812 (Tz. 35); *EuGH* 27.10.2016 (*Child and Family Agency*), EU:C:2016:819 (Tz. 51); dies war zuvor in Deutschland streitig: Nachw. bei *Pirrung*, IPRax 2017, 562 (564 Fn. 16).
[12] NK-BGB/*Schulze* EGBGB Art. 5 Rn. 26; für die Abschaffung *de lege ferenda*: *Fuchs*, NJW 2000, 489 (491 f.).
[13] *Basedow*, IPRax 2011, 109 (116 These 10); *Fuchs*, FS Martiny, 2014, 303 (312 f.); NK-BGB/*Schulze* EGBGB Art. 5 Rn. 29.
[14] Palandt/*Thorn* EGBGB Art. 5 Rn. 3.

rensrecht anzuwenden ist. Unabhängig von der grundsätzlichen Entscheidung der Frage, ob Art. 5 I S. 2 EGBGB im Internationalen Verfahrensrecht Anwendung findet,[15] unterliegt die Auslegung einer EU-Verordnung eigenen Maßstäben, allen voran der vom *EuGH* geprägten *autonomen* Auslegung. Die autonome Auslegung soll die einheitliche Anwendung und die Wirksamkeit des Sekundärrechtsakts gewährleisten, wobei in erster Linie die Systematik und die Zielsetzungen des Rechtsinstruments beachtet werden müssen. Zur Frage des Vorrangs einer Staatsangehörigkeit im Rahmen von Art. 3 I lit. b Brüssel IIa-VO fand der *EuGH* klare Worte: Es sei weder der Staatsangehörigkeit aus dem Staat des angerufenen Gerichts noch der effektiven Staatsangehörigkeit der Vorrang einzuräumen; vielmehr seien beide Staatsangehörigkeiten zuständigkeitsrechtlich als gleichwertig zu behandeln.[16]

Freilich lässt sich dieser Grundsatz nicht ohne Weiteres auf die Auslegung von Art. 15 III lit. c Brüssel IIa-VO übertragen. Anders als Art. 3 I Brüssel IIa-VO, der eine Reihe alternativer und damit gleichrangiger Gerichtsstände zur Auswahl stellt, baut Art. 15 Brüssel IIa-VO auf dem Gedanken des *forum non conveniens* auf und fragt, ob ein anderes als das zuständige Gericht den Fall besser beurteilen kann. Daher wird man mit Hilfe der teleologischen Auslegung im Rahmen der letztgenannten Vorschrift eine Einschränkung vornehmen müssen: Um ein an sich zuständiges Gericht zur Verweisung an ein Gericht eines anderen Mitgliedstaats zu veranlassen, fordert Art. 15 Brüssel IIa-VO eine *besondere* Bindung des Kindes zu diesem Staat. Die Staatsangehörigkeit stellt im Regelfall ein solches Kriterium dar; bei Mehrstaatern ist jedoch zu prüfen, zu welchem der Heimatstaaten die besondere Bindung besteht. Dies dürfte im Ergebnis der Effektivitätsprüfung entsprechen.[17] Entscheidend ist, zu welchem Staat die engere Verbindung besteht; maßgeblich dafür sind der gewöhnliche Aufenthalt sowie der Lebenslauf des Mehrstaaters. Der gewöhnliche Aufenthalt des Doppelstaaters in einem Heimatstaat ist in aller Regel entscheidend für die Bejahung der effektiven Staatsangehörigkeit.[18] *M* verbrachte ihr Leben in Deutschland und Frankreich, doch mit dem Umzug nach Trier im Sommer 2015 ist die deutsche Staatsangehörigkeit zur effektiven geworden. Die nicht-effektive französische Staatsangehörigkeit vermag daher keine besondere Bindung der *M* nach Frankreich zu schaffen, die eine Verweisung an ein dortiges Gericht rechtfertigt.

c) Gewöhnlicher Aufenthalt eines Trägers der elterlichen Verantwortung

Eine besondere Bindung zu Frankreich könnte für *M* wegen des gewöhnlichen Aufenthalts ihres Vaters in Frankreich bestehen (lit. d). Freilich hat ihre Mutter, als die weitere Inhaberin der elterlichen Sorge, ihren gewöhnlichen Aufenthalt in Deutschland. Gleichwohl kann in diesem Zusammenhang ein weiteres Kriterium ausschlaggebend sein, das für die besondere Bindung zu Frankreich spricht, und zwar der Umgang mit dem dort lebenden Elternteil.[19] Der Umgang zwischen *F* und

---

[15] In den Gesetzesmaterialien heißt es ausdrücklich, Art. 5 I S. 2 EGBGB sei bewusst für das Internationale Privatrecht und nicht für das Internationale Verfahrensrecht formuliert: BT-Drs. 10/504, 41.
[16] *EuGH* 16.7.2009 (*Hadadi*), EU:C:2009:47, FamRZ 2009, 1571: Zur Aufrechterhaltung aller Wahlmöglichkeiten bei den Gerichtsständen kann sich der Antragsteller im Rahmen von Art. 3 I lit. b Brüssel IIa-VO auf jede gemeinsame Staatsangehörigkeit der Ehegatten stützen, nicht nur auf die effektive (zweiter Leitsatz).
[17] So auch: *Hausmann* IntEuFamR F Rn. 244; anders: Staudinger/*Pirrung* EGBGB Vorbem. zu Art. 19 Rn. C 101; Rauscher/*Rauscher* Brüssel IIa-VO Art. 15 Rn. 14.
[18] Palandt/*Thorn* EGBGB Art. 5 Rn. 2.
[19] Rauscher/*Rauscher* Brüssel IIa-VO Art. 15 Rn. 7.

Fall 14. Schlechter Umgang 173

M fand in den Sommerferien in Frankreich statt. Damit besteht gemäß Art. 15 III lit. d Brüssel IIa-VO eine besondere Bindung der *M* zu Frankreich.

3. Ausnahmefall

Eine besondere Bindung der *M* zu einem anderen Mitgliedstaat reicht alleine freilich nicht, um eine Verweisung an ein dortiges Gericht auszusprechen. Es muss vielmehr ein *Ausnahmefall* vorliegen.[20] Entscheidend ist, dass das Gericht, an das verwiesen wird, den Fall „besser beurteilen" kann und dies dem „Wohl des Kindes" entspricht. Zum Zusammenspiel dieser beiden in Art. 15 I Brüssel IIa-VO enthaltenen Begriffe betont der *EuGH*, das Kindeswohl sei Leitmotiv der Verordnung und bestimme deren Anwendung.[21] Dass der Unionsgesetzgeber zwecks Gewährleistung des Kindeswohls auf das Kriterium der räumlichen Nähe abstellt, kommt in Art. 8 Brüssel IIa-VO zum Ausdruck, wonach grundsätzlich die Gerichte am gewöhnlichen Aufenthalt zuständig sind. Demgegenüber ist Art. 15 I Brüssel IIa-VO eng dahingehend auszulegen, dass das zuständige Gericht vor einer Verweisung die starke Vermutung widerlegen können muss, die für die Beibehaltung seiner eigenen Zuständigkeit nach der Verordnung spricht. Dazu muss das entscheidende Gericht zunächst Gewicht und Intensität der „allgemeinen" Nähebeziehung gemäß Art. 8 Brüssel IIa-VO und der „besonderen" Nähebeziehung vergleichen. Gibt es einen Umstand i. S. v. Art. 15 III Brüssel IIa-VO, der für eine besondere Bindung des Kindes zu einem anderen Mitgliedstaat spricht, so ist weiterhin zu klären, ob das Gericht in diesem Mitgliedstaat den Fall „besser beurteilen" kann. Erforderlich ist, dass die Verweisung einen „realen und konkreten Mehrwert"[22] für eine das Kind betreffende Entscheidung erbringt; im Rahmen dieser Prüfung dürfen auch Verfahrensvorschriften, nicht aber das materielle Recht des anderen Mitgliedstaats berücksichtigt werden.

Soweit der Vater geltend macht, er beherrsche die deutsche Sprache nicht ausreichend, so spricht dies nicht für eine Verweisung, denn ihm wird während des Verfahrens ein Dolmetscher zur Seite gestellt (§ 185 GVG). Für eine Verweisung könnte jedoch sprechen, dass sowohl die Gegebenheiten beim Vater in Paris als auch die streitigen Vorfälle unter Umständen besser von dem französischen Familiengericht aufgeklärt werden können. Allerdings kommt es entscheidend auf die Erklärungen von *F* und *M* an sowie darauf, welcher Darstellung das Gericht glaubt. Es gilt zu klären, wie der Umgang zwischen *M* und *F* in Zukunft zu gestalten ist; dabei kann der künftige Umgang in Frankreich oder in Deutschland stattfinden. Die Verweisung an ein französisches Gericht bringt daher keinen „realen und konkreten Mehrwert" für die Entscheidung. Die Anhörung der *M* und des *F* kann ebenso vor dem deutschen Familiengericht erfolgen; von einer Verweisung ist abzusehen.

Das *AG – FamG – Trier* wird über den Antrag auf Aussetzung des Umgangs entscheiden.

---

[20] Erwägungsgrund 13: „Nach dieser Verordnung kann das zuständige Gericht den Fall im Interesse des Kindes ausnahmsweise und unter bestimmten Umständen an das Gericht eines anderen Mitgliedstaats verweisen, wenn dieses den Fall besser beurteilen kann. (...)." Vgl. auch Art. 8 KSÜ („ausnahmsweise"), der Vorbild für Art. 15 Brüssel IIa-VO war. Ebenso: *EuGH* 4.10.2018 (*IQ*), EU:C:2018:812 (Tz. 41); *EuGH* 16.1.2018 (*PM/AH*), EU:C:2018:10 (Tz. 27); *EuGH* 27.10.2016 (*Child and Family Agency*), EU:C:2016:819 (Tz. 29); *KG* 10.7.2006, NJW 2006, 3503 = FamRZ 2006, 1618.

[21] Hierzu und im Folgenden: *EuGH* 27.10.2016 (*Child and Family Agency*), EU:C:2016:819 (Tz. 39 ff.), IPRax 2017, 610 m. Anm. *Pirrung*, 562.

[22] *EuGH* 27.10.2016 (*Child and Family Agency*), EU:C:2016:819 (Tz. 57).

Frage 2

Die Brüssel IIa-VO enthält keine Kollisionsnormen.[23] Daher ist zu prüfen, ob in einem Fall, in dem sich die Zuständigkeit nach der Brüssel IIa-VO bestimmt, die Rechtsanwendungsregeln des KSÜ[24] anzuwenden sind oder ob auf das autonome Kollisionsrecht (Art. 21 EGBGB) zurückzugreifen ist. Vorrangig vor autonomem IPR sind völkerrechtliche Übereinkommen (Art. 3 Nr. 2 EGBGB) heranzuziehen.

Voraussetzung für die Anwendung des KSÜ ist, dass ein Kind betroffen ist: Ein Kind ist jede Person zwischen Geburt und Vollendung des 18. Lebensjahres (Art. 2 KSÜ). Für die zwölfjährige *M* ist damit der persönliche Anwendungsbereich des KSÜ eröffnet.

Der sachliche Anwendungsbereich des KSÜ erstreckt sich gemäß Art. 1 I lit. a auf „Maßnahmen zum Schutz von Kindern". Was darunter im Einzelnen zu verstehen ist, zählt Art. 3 KSÜ positiv und beispielhaft und Art. 4 KSÜ negativ und erschöpfend auf.[25] Darunter fällt gemäß Art. 3 lit. b KSÜ auch das Recht zum persönlichen Umgang mit dem Kind.

Nach dem Zuständigkeitssystem des KSÜ sind grundsätzlich die Behörden (einschließlich der Gerichte) des Vertragsstaats, in dem das Kind seinen gewöhnlichen Aufenthalt hat, zuständig (Art. 5 KSÜ). Diese wenden dann im Regelfall ihr eigenes Recht an (Art. 15 I KSÜ), sog. *Gleichlaufprinzip*.[26]

Im vorliegenden Fall werden jedoch – wie regelmäßig bei grenzüberschreitenden Sachverhalten innerhalb der EU (mit Ausnahme von Dänemark) – die Zuständigkeitsregeln des KSÜ durch die Brüssel IIa-VO verdrängt. Für diese Konstellation ist lebhaft umstritten, ob Art. 15 KSÜ, die zentrale Kollisionsnorm des KSÜ, herangezogen werden darf; denn seinem Wortlaut zufolge ist die Anwendung von Art. 15 KSÜ auf diejenigen Fälle beschränkt, in denen sich die Zuständigkeit auf „Kapitel II" des KSÜ gründet. Es stehen sich im Wesentlichen zwei Meinungen gegenüber. So vertritt *Rauscher*[27] die Theorie der hypothetischen KSÜ-Zuständigkeit. Danach ist die kollisionsrechtliche Regelung des KSÜ nur dann heranzuziehen, wenn das Gericht, das nach der Brüssel IIa-VO zuständig ist, auch nach dem KSÜ zuständig wäre und folglich dieselbe Zuständigkeits*wertung* vorgenommen wird. Soweit die Brüssel IIa-VO – wie etwa in Art. 9 und teilweise in Art. 10 der Verordnung[28] – andere Zuständigkeiten schafft, ist auf das autonome Kollisionsrecht der *lex fori* zurückzugreifen.

Dagegen bejaht die herrschende Meinung die uneingeschränkte Anwendbarkeit des Art. 15 KSÜ, wenn sich die Zuständigkeit aus der Brüssel IIa-VO ergibt.[29] Dafür spricht zum einen, dass der in Art. 15 KSÜ enthaltene – und im Ergebnis begrüßens-

---

[23] *Beachte*: Der in der Brüssel IIa-VO angeordnete Vorrang bezieht sich nicht auf die kollisionsrechtliche Regelung des Haager Kinderschutzübereinkommens, weil die Brüssel IIa-VO keine Kollisionsnormen enthält und ihr Anwendungsbereich insofern nicht berührt ist.
[24] Abgedr. bei *Jayme/Hausmann* Nr. 53.
[25] *Nademleinsky/Neumayr* IntFamR Rn. 08.15.
[26] Näher dazu: Rauscher/*Hilbig-Lugani* KSÜ Art. 15 Rn. 5 ff.
[27] Rauscher/*Rauscher* Brüssel IIa-VO Art. 8 Rn. 23 ff.
[28] Zum Vergleich der Zuständigkeitsvorschriften in der Brüssel IIa-VO und im KSÜ: Rauscher/*Hilbig-Lugani* KSÜ Art. 5 Rn. 5 und jeweils zu Beginn der einzelnen Artikelkommentierungen.
[29] Rauscher/*Hilbig-Lugani* KSÜ Art. 15 Rn. 2 ff. (Rn. 4 a.E.); *Hausmann* IntEuFamR F Rn. 628; Althammer/*Schäuble* KSÜ Art. 15 Rn. 4; Palandt/*Thorn* EGBGB Anh zu Art. 24 Rn. 21; *Benicke*, IPRax 2013, 44 (52 ff., 54 a.E.); Staudinger/*Pirrung* EGBGB Vorbem. zu Art. 19 Rn. C 216; jeweils m. zahlr. Nachw. Differenzierend im Hinblick auf nationale

Fall 14. Schlechter Umgang

werte – Gleichlaufgrundsatz ansonsten mitunter leerliefe, zum anderen, dass das Kindeswohl in aller Regel ein schnelles Eingreifen erfordert. Nach dieser Ansicht kann das zuständige Gericht ohne eine weitere, mitunter komplizierte rechtliche Prüfung nach seinem eigenen Recht zur Sache entscheiden und rasch effektiven Rechtsschutz gewähren.

In casu führen freilich beide Meinungen zu demselben Ergebnis, weil die Zuständigkeit des deutschen Gerichts auf Art. 8 Brüssel IIa-VO beruht, der ebenso wie Art. 5 KSÜ die Zuständigkeit am gewöhnlichen Aufenthalt des Kindes bestimmt. Daher kommt gemäß Art. 15 KSÜ deutsches Recht als *lex fori* auf die Frage der Aussetzung des Umgangs zur Anwendung.

Frage 3

I. Zulässigkeit

1. Statthaftes Verfahren

a) Vorrang der Brüssel IIa-VO

Art. 60–62 Brüssel IIa-VO bestimmen den Vorrang der Brüssel IIa-VO vor multilateralen Übereinkommen, soweit diese Bereiche betreffen, die in der Verordnung geregelt sind. Die Reichweite und Ausgestaltung des Vorrangs hängen davon ab, gegenüber welchem Übereinkommen der Vorrang besteht. Gerade in Fällen von Kindesentführung ist der Vorrang der Brüssel IIa-VO nicht umfassend ausgestaltet. Daher gilt es zunächst zu klären, welches Übereinkommen auf den konkreten Sachverhalt zur Anwendung kommt.

b) Verhältnis der Übereinkommen

Verschiedene Übereinkommen regeln die Rückführung eines Kindes nach dessen Entführung oder widerrechtlichem Zurückhalten durch einen nicht (allein) sorgeberechtigten Elternteil, der sich im Zufluchtsstaat eine für ihn günstigere Sorgerechtsentscheidung erhofft (*legal kidnapping*).[30] Die Rückführung eines Kindes ist eine Schutzmaßnahme i. S. v. Art. 3 KSÜ. Besondere Regelungen enthalten daneben das Haager Übereinkommen über die zivilrechtlichen Aspekte internationaler Kindesentführung (HKEntfÜ)[31] und das Luxemburger Europäische Übereinkommen über die Anerkennung und Vollstreckung von Entscheidungen über das Sorgerecht für Kinder und die Wiederherstellung des Sorgeverhältnisses (EuEntfÜ).[32]
Fraglich ist, welchem Übereinkommen der Vorrang gebührt. Im Verhältnis KSÜ/HKEntfÜ trifft Art. 50 KSÜ eine klare Regelung: Das KSÜ lässt das HKEntfÜ unberührt, Bestimmungen des KSÜ können jedoch gleichwohl herangezogen werden.

Restzuständigkeiten außerhalb internationaler Rechtsakte: *Schulz*, FamRZ 2018, 797 (803 f.).

[30] Die Europäische Menschenrechtskonvention vom 4.11.1950 (Bek. der Neufassung vom 22.10.2010, BGBl. 2010 II 1198) enthält kein eigenständiges menschenrechtliches Verfahren für Kindesentführungsfälle, denn das Verfahren vor dem *EGMR* ist eine *nachträgliche* Überprüfung der nationalen Gerichtsentscheidung. Der *EGMR* zieht zur Auslegung des Schutzes von Privat- und Familienleben auch das Übereinkommen über die Rechte des Kindes vom 20.11.1989 (UN-Kinderrechtekonvention), der *EuGH* mitunter die Europäische Grundrechtecharta heran, z. B. *EuGH* 22.10.2010 (*Aguirre Zarraga*), EU:C:2010:828; näher dazu: *Dutta/Schulz*, ZEuP 2012, 526 (551 ff.); *Martiny*, FS Coester-Waltjen, 2015, 597 (602).

[31] Vom 25.10.1980; abgedr. bei *Jayme/Hausmann* Nr. 222.

[32] Vom 20.5.1980; abgedr. bei *Jayme/Hausmann* Nr. 183.

Das Verhältnis des HKEntfÜ zum EuEntfÜ bestimmt für Deutschland § 37 Int-FamRVG.[33] Danach sind, sofern die Rückführung des Kindes nach beiden Übereinkommen möglich ist, die Bestimmungen des HKEntfÜ vorrangig anzuwenden, es sei denn, der Antragsteller begehrt ausdrücklich die Anwendung des EuEntfÜ. Dies wird damit begründet, dass das HKEntfÜ für die schnelle Rückführung des Kindes günstiger ist. Folglich ist zu prüfen, ob der Anwendungsbereich des HKEntfÜ eröffnet ist.

c) Anwendungsbereich des HKEntfÜ

aa) *Sachlicher Anwendungsbereich*. Ziel des Übereinkommens ist es, die sofortige Rückgabe widerrechtlich in einen Vertragsstaat verbrachter oder dort zurückgehaltener Kinder sicherzustellen (Art. 1 lit. a HKEntfÜ). F beantragt die Rückführung seines Kindes nach dem Zurückhalten durch die Mutter; damit ist der sachliche Anwendungsbereich des HKEntfÜ eröffnet.[34]

bb) *Persönlicher Anwendungsbereich*. Das HKEntfÜ findet gemäß seinem Art. 4 S. 2 Anwendung auf Kinder, die das 16. Lebensjahr noch nicht vollendet haben. Dabei kann hier dahingestellt bleiben, ob auf den Zeitpunkt der Entführung oder auf den Zeitpunkt des Rückführungsantrags abzustellen ist,[35] weil P diese Altersgrenze ohnehin nicht erreicht.

cc) *Räumlicher Anwendungsbereich*. Das HKEntfÜ gilt im Verhältnis zwischen Vertragsstaaten. Gemäß Art. 4 S. 1 HKEntfÜ ist das Übereinkommen anwendbar, wenn das Kind unmittelbar vor der Entführung den gewöhnlichen Aufenthalt – also seinen Lebensmittelpunkt – in einem Vertragsstaat hatte. Vor dem Zurückhalten durch seine Mutter lebte P bereits jahrelang in Paris und hatte also seinen gewöhnlichen Aufenthalt in Frankreich, einem Vertragsstaat des HKEntfÜ.

dd) *Zeitlicher Anwendungsbereich*. Gemäß seinem Art. 35 ist das HKEntfÜ auch in zeitlicher Hinsicht anwendbar, denn das Zurückhalten des P erfolgte nach dem Inkrafttreten des Übereinkommens in Frankreich und Deutschland.

d) Verhältnis der Brüssel IIa-VO zum HKEntfÜ

Gemäß Art. 60 lit. e Brüssel IIa-VO beansprucht die Brüssel IIa-VO innerhalb ihres Anwendungsbereichs und im Verhältnis zwischen den Mitgliedstaaten Vorrang vor dem HKEntfÜ. Dieser Vorrang ist jedoch nicht umfassend; denn die für die Kindesentführung einschlägigen Vorschriften, Art. 10 und Art. 11 Brüssel IIa-VO, wollen das HKEntfÜ nicht ersetzen, sondern ergänzen. Wird ein Antrag auf Rückgabe des Kindes bei einem Gericht im ersuchten Mitgliedstaat gestellt, so wendet das Gericht das HKEntfÜ mit den Ergänzungen der Brüssel IIa-VO an.[36]

2. Zuständigkeit

a) Internationale Zuständigkeit

Eine ausdrückliche Regelung der internationalen Zuständigkeit enthält das HKEntfÜ nicht. Aus Art. 12 HKEntfÜ lässt sich jedoch entnehmen, dass die Gerichte

---

[33] Vom 26.1.2005; abgedr. bei *Jayme/Hausmann* Nr. 162a.
[34] Anders *Andrae* IntFamR § 6 Rn. 221, die bereits im sachlichen Anwendungsbereich prüft, ob ein *widerrechtliches* Zurückhalten i. S. v. Art. 3 HKEntfÜ vorliegt. Dies ist aber keine Frage der Zulässigkeit, sondern der Begründetheit des Antrags.
[35] Staudinger/*Pirrung* EGBGB Vorbem. zu Art. 19 Rn. E 36 nimmt zu Recht eine automatische Verfahrensbeendigung bei Vollendung des 16. Lebensjahres an.
[36] So ausdrücklich Erwägungsgrund 17 der Brüssel IIa-VO.

Fall 14. Schlechter Umgang 177

des Vertragsstaats zuständig sind, in dem sich das Kind befindet.[37] Deutsche Gerichte sind mithin international zuständig.

b) Sachliche und örtliche Zuständigkeit

Die sachliche und örtliche Zuständigkeit des *AG* (Abteilung für Familiensachen) ergibt sich aus §§ 11, 12 IntFamRVG.[38] § 12 IntFamRVG schafft eine Konzentration von Rückführungsanträgen bei dem *FamG*, in dessen Bezirk ein OLG seinen Sitz hat. Folglich ist in diesem Verfahren nach dem HKEntfÜ das *AG – FamG – Koblenz* zuständig.

3. Antragsberechtigung

Antragsberechtigt ist jedenfalls derjenige, der geltend macht, dass sein Sorgerecht durch die Entführung verletzt worden ist. Trotz der im Übereinkommen vorgesehenen Unterstützung durch die zentralen Behörden (Art. 6, 7 HKEntfÜ) ist der Antragsteller nicht daran gehindert, sich unmittelbar an die Gerichte eines Vertragsstaates zu wenden (Art. 29 HKEntfÜ). Die für den Antrag[39] notwendigen Angaben sind in Art. 8 II HKEntfÜ festgelegt.

II. Begründetheit

1. Rückführung des Kindes

Der Antrag des *F* auf Rückführung des *P* ist gemäß Art. 12 I HKEntfÜ begründet, wenn das Kind widerrechtlich in Deutschland zurückgehalten und der Rückgabeantrag binnen eines Jahres gestellt worden ist. Die Jahresfrist wurde gewahrt. Das Zurückhalten des Kindes ist widerrechtlich, wenn dadurch ein Sorgerecht verletzt wird, das nach dem Recht des Staates des gewöhnlichen Aufenthalts des Kindes besteht *und* tatsächlich ausgeübt worden ist, Art. 2 Nr. 11 lit. a und b Brüssel IIa-VO. Die Verweisung auf das Recht im Staat des gewöhnlichen Aufenthalts des Kindes unmittelbar vor dem Verbringen bzw. dem Zurückhalten ist Gesamtverweisung i. S. v. Art. 4 I S. 1 EGBGB.[40] Mangels gegenteiliger Hinweise darf davon ausgegangen werden, dass das französische IPR die Verweisung annimmt. Das Sorgerecht kann nach Art. 2 Nr. 11 lit. a Brüssel IIa-VO (Art. 3 II HKEntfÜ) kraft Gesetzes, aufgrund einer Gerichtsentscheidung oder kraft einer rechtlich verbindlichen Vereinbarung bestehen. Das *FamG Paris* erließ eine Sorgerechtsentscheidung im Rahmen des Scheidungsurteils. Zur Anerkennung der ausländischen Sorgerechtsentscheidung bedarf es wegen Art. 21 I Brüssel IIa-VO keines förmlichen Verfahrens. Vielmehr können gerichtliche Entscheidungen des Aufenthaltsstaates des Kindes unmittelbar berücksichtigt werden; zeitaufwändige Anerkennungsverfahren werden im Interesse der beschleunigten Rückführung des Kindes vermieden. Nach der französischen Entscheidung steht *A* und *F* das gemeinsame Sorgerecht zu. Das Zurückhalten des *P* in Trier verletzt das von *F* tatsächlich ausgeübte Sorgerecht und ist mithin widerrechtlich.

---

[37] *Andrae* IntFamR § 6 Rn. 233.
[38] Dazu ausführlich: *Schulz*, FamRZ 2011, 1273 (1274).
[39] Hilfreich sind die Formulare, die das Bundesamt für Justiz zur Verfügung stellt: https://www.bundesjustizamt.de/DE/Themen/Buergerdienste/HKUE/Formulare/Formulare_node.html.
[40] Palandt/*Thorn* EGBGB Anh zu Art. 24 Rn. 32; *Andrae* IntFamR § 6 Rn. 228.

2. Verfahrensrechtliche Anforderungen

Gemäß Art. 11 I Brüssel IIa-VO ist das HKEntfÜ nach Maßgabe der Art. 11 II-VIII Brüssel IIa-VO anzuwenden. Während das HKEnfÜ eine Beteiligung des Kindes nicht ausdrücklich verlangt, fordert Art. 11 II Brüssel IIa-VO bei Anwendung der Art. 12 und 13 HKEntfÜ zur Wahrung der Grundrechte ausdrücklich dessen Anhörung,[41] soweit nicht Alter oder Reife des Kindes dem entgegenstehen. Hier wurde P vom Gericht angehört.

Ein Eingriff in das nationale Verfahrensrecht erfolgt mit dieser Regelung nicht (vgl. Erwägungsgrund 19). Bei der näheren Ausgestaltung der Anhörung ist dem nationalen Recht also ein gewisser Spielraum eröffnet. Konkrete verfahrensrechtliche Anforderungen wurden vom *BVerfG* für zwei Fallgruppen aufgestellt. Bei gegenläufigen Entführungen[42] sowie in dem Fall, dass der zurückgelassene Elternteil das Verfahren nicht in erster Linie im Interesse des Kindes führt,[43] ist zur Wahrung der Interessen des Kindes ein Verfahrensbeistand gemäß § 158 FamFG zu bestellen. In beiden Situationen machen die Eltern deutlich, dass sie in erster Linie ihre jeweiligen Interessen vertreten; daher muss das eigene Interesse des Kindes von einem Vertreter wahrgenommen werden (arg. Art. 6 II, 2 I, 103 I GG).

Zu prüfen ist, ob vorliegend konkrete Umstände für die Annahme sprechen, dass der zurückbleibende Elternteil die Interessen des Kindes aus dem Blick verliert. Umstände, die für die Einschaltung eines Verfahrensbeistands sprechen, sind die angespannte Situation zwischen den Eltern, die ständigen gegenseitigen Vorwürfe sowie der über Monate von P geäußerte Wille, in Trier bleiben zu wollen. Den verfassungsrechtlich gebotenen Anforderungen an die Ausgestaltung des Verfahrens wurde das *FamG* mit der Bestellung des Verfahrensbeistands jedenfalls gerecht; auch dieser wurde vor Gericht gehört.

Eine weitere, in Art. 11 III Brüssel IIa-VO genannte und aus dem Beschleunigungsgebot folgende Verfahrensmaßgabe ist, dass die Anordnung mit gebotener Eile ergehen muss, d. h. nach S. 2 grundsätzlich innerhalb einer Frist von sechs Wochen ab Antragseingang bei Gericht.

3. Ausnahmetatbestände

a) Schwerwiegende Beeinträchtigung des Kindeswohls

Fraglich ist, ob die Rückkehr des P nach Frankreich gemäß Art. 13 I lit. b HKEntfÜ mit der schwerwiegenden Gefahr eines körperlichen oder seelischen Schadens für ihn verbunden wäre oder ihn auf andere Weise in eine unzumutbare Lage brächte. Es handelt sich um einen – eng auszulegenden[44] – Ausnahmetatbestand, bei dessen Vorliegen das Gericht nicht verpflichtet ist, die Rückführung des Kindes anzuordnen. Nicht ausreichend sind die mit jeder Rückführung in ein anderes Land ver-

---

[41] Auf die Frage, ob sich eine Anhörungspflicht des Kindes bereits aus Art. 8 EMRK, Art. 24 Grundrechtecharta oder Art. 12 UN-Kinderrechtekonvention ergibt, ist daher für Entführungsfälle innerhalb der EU nicht näher einzugehen. – Im Vorschlag KOM(2016) 411 endg. vom 30.6.2016 wird die Kindesanhörung verbindlich gemacht, soweit das Kind fähig ist, sich eine eigene Meinung zu bilden.

[42] *BVerfG* 29.10.1998, BVerfGE 99, 145 (162 f.) = NJW 1999, 631 (633); *BVerfG* 31.3.1999, NJW 1999, 2175. Vgl. zum „Entführungskrimi" *Tiemann-Lancelin* mit gegenläufigen Entführungen und divergierenden Entscheidungen deutscher und französischer Gerichte: *Schulz*, FamRZ 2003, 336 (337 ff.).

[43] *BVerfG* 18.7.2006, FamRZ 2006, 1261.

[44] *BVerfG* 18.7.2016, FamRZ 2016, 1571 (1572).

Fall 14. Schlechter Umgang

bundenen Schwierigkeiten und Belastungen des Kindes. Vielmehr müssen ungewöhnlich schwerwiegende Beeinträchtigungen des Kindeswohls bestehen;[45] die Gefährdung muss besonders erheblich, konkret und aktuell sein.

Die Rückführung des Kindes könnte im vorliegenden Fall einen körperlichen oder seelischen Schaden bei *P* auslösen, weil die Gefahr besteht, dass sein Großvater ihn einsperrt oder körperlich züchtigt. Aufgrund der dem *P* drohenden Gewalt kann das Gericht nach Art. 13 I lit. b HKEntfÜ die Rückführung des Kindes ablehnen. Dem steht indes im Verhältnis zu den Mitgliedstaaten Art. 11 IV Brüssel IIa-VO entgegen:[46] Danach werden die in Art. 13 I lit. b HKEntfÜ genannten Ausnahmetatbestände auf ein striktes Minimum beschränkt.

Das Gericht hat auch in den Fällen die Rückführung des Kindes anzuordnen, in denen eine Gefahr für das Kind besteht, wenn nachgewiesen ist, dass der Schutz des Kindes nach seiner Rückkehr gewährleistet wird. Eine mögliche Vorkehrung zum Schutz des *P* könnte etwa ein Kontaktverbot des Großvaters zu *P* sein. Eine weitere mögliche Maßnahme ist, dass *F* sich verpflichtet, den *P* in angemessener Weise vor dessen Großvater zu schützen, indem er etwa dafür sorgt, dass beide nur in Gegenwart einer dritten Person zusammentreffen. Derartige Verpflichtungen, sog. *undertakings*, sind dem *Common Law* seit langem bekannt: Englische Richter setzen häufig an die Stelle des „Nein" zur Rückführung des Kindes ein „Ja, wenn...".[47] Gelingt also der Nachweis, dass der Schutz des Kindes nach seiner Rückkehr nach Frankreich gewährleistet ist, so hat das Gericht die Rückführung anzuordnen.

b) Kindeswille

Fraglich ist, ob der Wunsch des *P*, in Trier bei Mutter und Schwester zu bleiben, gemäß Art. 13 II HKEntfÜ zu beachten ist. Für diesen Ablehnungsgrund gilt in Deutschland der Amtsermittlungsgrundsatz.[48] Voraussetzung ist, dass das Kind ein Alter und eine Reife erreicht hat, die es angebracht erscheinen lassen, seine Meinung zu berücksichtigen. Eine starre Altersgrenze sieht das Übereinkommen nicht vor. Wer ein Mindestalter von 14 Jahren fordert, begrenzt den Anwendungsbereich der Vorschrift übermäßig, weil das Übereinkommen ohnehin nur für Kinder bis zu einem Alter von 16 Jahren Geltung beansprucht (Art. 4 Abs. 2 HKEntfÜ). Unter Berücksichtigung der Umstände des Einzelfalls dürfte das Mindestalter bei etwa neun bis zehn Jahren liegen.[49]

Allerdings gilt: Ein Recht des Kindes zu bestimmen, wo es leben möchte, gibt es nicht.[50] Wenn sich das Kind nachdrücklich der Rückkehr in den Staat seines gewöhnlichen Aufenthalts widersetzt, muss dies jedoch Berücksichtigung finden. Die von *P* vorgebrachte Begründung, lieber in Trier zu wohnen, wird zwar von seinem Verfahrensbeistand bestätigt, trägt aber in einer Entführungssituation nicht. Schwerer wiegt das Argument, mit seiner Schwester aufwachsen zu wollen; dieses wird sicherlich im Rahmen eines künftigen Sorgerechtsverfahrens in Frankreich zu beachten sein, doch vermag es seine Rückführung nach Frankreich in einem Verfahren nach dem HKEntfÜ nicht zu verhindern.

---

[45] *BVerfG* 18.7.2016, FamRZ 2016, 1571 (1573).
[46] Zum Verhältnis von Art. 13 HKEntfÜ zu Art. 11 VI–VIII sowie zu Art. 42 Brüssel IIa-VO: *EuGH* 11.7.2008 (*Inga Rinau*), EU:C:2008:406, NJW 2008, 2973 m. Anm. *Rieck*, 2958 = FamRZ 2008, 1729 m. Anm. *Schulz*.
[47] *Andrae* IntFamR § 6 Rn. 247.
[48] *Andrae* IntFamR § 6 Rn. 248.
[49] Eingehend: *Heiderhoff*, IPRax 2014, 525 (526 f.) m. w. N.
[50] *EGMR* 22.7.2014 (*Rouiller/Switzerland*), Nr. 3592/08 Tz. 73.

c) *Ordre public*

Ein Verstoß gegen die spezielle Vorbehaltsklausel des Art. 20 HKEntfÜ, die nur ausnahmsweise herangezogen werden darf,[51] kommt hier allenfalls unter dem Gesichtspunkt in Betracht, dass gegenüber *P*, der (auch) Deutscher ist, die zwangsweise Verbringung aus der Bundesrepublik Deutschland angeordnet wird. Gemäß Art. 16 II GG darf ein Deutscher nicht an das Ausland ausgeliefert werden. Um eine Auslieferung handelt es sich bei der Verbringung in die Hoheitsgewalt eines fremden Staates auf dessen Ersuchen. Die Herausgabe eines Kindes an den sorgeberechtigten Elternteil fällt nicht darunter.[52] Art. 20 HKEntfÜ steht der Rückführung daher nicht entgegen.

Folglich ist dem Antrag des *F* auf Rückführung des *P* gemäß Art. 12 HKEntfÜ zu entsprechen.

Frage 4

I. Zulässigkeit

Fraglich ist, ob der *Tribunal de grande instance de Paris* nach der ablehnenden Entscheidung des *AG – FamG – Koblenz* für den Erlass der Rückgabeanordnung zuständig ist. *P* lebt mit seinem Vater seit mehreren Jahren in Frankreich und hat dort seinen gewöhnlichen Aufenthalt. Daran änderte sich auch durch das Zurückhalten des Kindes nach den Weihnachtsferien nichts: Zwar lebt *P* derzeit bei seiner Mutter und Schwester und hat auch den Willen geäußert, dort zu bleiben, doch ist der Zeitraum von knapp fünf Monaten bis zur Befassung des französischen Gerichts noch recht kurz, sodass es bei der Zuständigkeit nach Art. 8 Brüssel IIa-VO bleibt. Daneben ist Art. 10 Brüssel IIa-VO heranzuziehen, der im Fall der Kindesentführung die Zuständigkeit am gewöhnlichen Aufenthalt perpetuiert. Ein gewöhnlicher Aufenthalt wird in dem anderen Mitgliedstaat nur dann begründet, wenn sich das Kind mindestens ein Jahr in dem anderen Mitgliedstaat aufgehalten hat und darüber hinaus weitere Voraussetzungen vorliegen, die indes hier nicht erfüllt sind. Folglich sind französische Gerichte weiterhin nach Art. 8 i.V.m. Art. 10 Brüssel IIa-VO zuständig.[53]

II. Besonderes Rückgabeverfahren

Für den Fall eines erfolglosen HKEntfÜ-Verfahren im Zufluchtsmitgliedstaat sieht die Brüssel IIa-VO ein besonderes Rückgabeverfahren vor: Eine Ablehnung des Rückgabeantrags zwischen den Mitgliedstaaten wegen schwerwiegender Beeinträchtigung des Kindeswohls nach Art. 13 HKEntfÜ löst den Mechanismus des Art. 11 VI–VIII Brüssel IIa-VO aus. Gemäß Art. 11 VI Brüssel IIa-VO ist die ablehnende Entscheidung dem Gericht im Mitgliedstaat des bisherigen gewöhnlichen Aufenthalts des Kindes binnen eines Monats zu übermitteln; das dortige Gericht muss die Parteien davon unterrichten und sie „einladen", Anträge bei Gericht einzureichen (Art. 11 VII Brüssel IIa-VO). Sinn und Zweck von Art. 11 VIII Brüssel IIa-VO ist es, die Rückgabe des Kindes auch dann zu gewährleisten, wenn diese vom Zufluchtsmitgliedstaat abgelehnt worden ist.

---

[51] *Andrae* IntFamR § 6 Rn. 250.
[52] *BVerfG* 10.10.1995 und 15.8.1996, IPRax 1997, 123 (124, 126) m. zust. Anm. *Klein*, 106 (109).
[53] Die örtliche und sachliche Zuständigkeit des *Tribunal de grande instance de Paris* darf unterstellt werden.

Fraglich ist, ob der *Tribunal de grande instance* dem Wortlaut von Art. 11 VII a. E. Brüssel IIa-VO entsprechend die Rückgabe des Kindes nur in Zusammenhang mit einer Sorgerechtsregelung anordnen kann. Diese Frage hat der *EuGH* in der Rechtssache *Povse* dahingehend beantwortet, dass die Rückgabeanordnung nach Art. 11 VIII Brüssel IIa-VO verfahrensrechtliche Selbständigkeit genießt und unabhängig von einer Sorgerechtsentscheidung getroffen werden kann.[54] Diese Auslegung steht in Einklang mit dem Wortlaut von Art. 11 VIII, lässt jedoch keinen Zusammenhang mit Art. 11 VII Brüssel IIa-VO erkennen. Für dieses Ergebnis spricht, dass es die schnelle Rückgabe des Kindes und den Schutz der internationalen Zuständigkeit des Hauptsachegerichts, das als sachnächstes Gericht das Kindeswohl am besten beurteilen kann, gewährleistet. Wenn die vom Gericht für richtig gehaltene Sorgerechtslage bereits (kraft Gesetzes oder aufgrund einer Gerichtsentscheidung) bestehe, sei es reiner Formalismus, hier eine wiederholende Sorgerechtsentscheidung zu fordern.[55] Das französische Gericht kann also auf Grundlage der bestehenden Sorgerechtslage den *status quo* wiederherstellen, indem es die Rückgabe von *P* anordnet.

III. Vollstreckung der Rückgabeanordnung

Mit der Rückgabe-Verweigerung durch das deutsche Gericht und der nachfolgenden Rückgabeanordnung durch das französische Gericht liegen zwei einander widersprechende Entscheidungen vor und es ist folglich zu klären, wie dieser Konflikt zu lösen ist. Art. 11 VIII Brüssel IIa-VO verweist auf Kapital III Abschnitt 4, für Rückgabeentscheidungen also auf Art. 42 ff. Brüssel IIa-VO. Nach dieser Regelung genießt die Entscheidung des Gerichts im Staat des gewöhnlichen Aufenthalts den Vorrang und ist in allen Mitgliedstaaten, insbesondere im Zufluchtsmitgliedstaat, zu vollstrecken.

Mehrere Entscheidungen des *EuGH* untermauern diese Aussage: Bereits in der frühen Entscheidung *Rinau* stellt der Gerichtshof fest, dass im Vollstreckungsmitgliedstaat lediglich die Vollstreckbarkeit der Entscheidung festgestellt werden kann.[56] Liegt eine Bescheinigung nach Art. 42 Brüssel IIa-VO vor, so dürfen die Gerichte im Vollstreckungsstaat nicht mehr in die Sachprüfung eintreten, sondern sind allein für Verfahrensfragen zuständig.[57]

Fraglich ist, ob die Vollstreckung der Entscheidung mit der Begründung abgelehnt werden kann, es habe an einer Anhörung des Kindes gefehlt. Die Gelegenheit zur Anhörung ist Voraussetzung für eine Bescheinigung nach Art. 42 Brüssel IIa-VO; bei fehlender Gelegenheit zur Anhörung des Kindes liegt ein Verstoß gegen Art. 24 I EU-Grundrechtecharta vor. Weiterführend entschied indes der *EuGH* im Fall *Aguirre Zarraga*, dass die fehlende Anhörung der Vollstreckbarkeit der Entscheidung nicht entgegenstehe; denn die Pflicht, das Kind anzuhören, sei nicht absolut, sondern stehe im Ermessen des Gerichts, das abhängig von Alter und Reife

---

[54] *EuGH* 1.7.2010 (*Povse*), EU:C:2010:400 (Tz. 67), FamRZ 2010, 1229 m. Anm. *Schulz*, 1307; s. auch bereits *EuGH* 11.7.2008 (*Inga Rinau*), EU:C:2008:406 (Tz. 63 f.). – *Beachte*: Zu einer legislativen Änderung der *Povse*-Rechtsprechung könnte es durch die Neufassung der Brüssel IIa-VO kommen. Gemäß Art. 26 IV 2. Unterabs. des Vorschlags KOM(2016) 411 endg. vom 30.6.2016 setzt sich nur eine Entscheidung des Gerichts am gewöhnlichen Aufenthalt des Kindes, die über die elterliche Verantwortung entscheidet, gegenüber der HKEntfÜ-Ablehnung durch. Dafür spricht die breitere tatsächliche Grundlage, die solchen Entscheidungen – im Gegensatz zu reinen Rückführungsentscheidungen – zugrunde liegt.
[55] *Dutta/Schulz*, ZEuP 2012, 526 (548).
[56] *EuGH* 11.7.2008 (*Inga Rinau*), EU:C:2008:406 (Tz. 88 f.).
[57] *EuGH* 1.7.2010 (*Povse*), EU:C:2010:400 (Tz. 73, 75).

des Kindes entscheiden könne, wie das Kind eine Möglichkeit erhalte, sich zu äußern. In jedem Fall ist die Prüfung, ob eine erforderliche Anhörung unterlassen worden ist, Sache der Gerichte des Ursprungsmitgliedstaats – und nicht des Vollstreckungsstaats.[58]

Da das *AG – FamG – Koblenz* keinen Prüfungsspielraum hat, gibt es keine rechtliche Möglichkeit, die Vollstreckung der Rückgabeanordnung zu verweigern.

---

[58] *EuGH* 22.12.2010 (*Aguirre Zarraga*), EU:C:2010:828 (Tz. 59 ff., 66, 69). Kritisch: *Mansel/Thorn/Wagner*, IPRax 2012, 1 (19).

Fall 15. Bimmel und Bommel Reloaded[1]

Erbstatut – Vorfrage – Abstammungsstatut – gleichgeschlechtliche Ehe – Lebenspartnerschaftsstatut – kollisionsrechtliche Anerkennung einer ausländischen Partnerschaftsauflösung – verfahrensrechtliche Anerkennung nach Brüssel IIa-VO und FamFG – Qualifikation des Zugewinnausgleichs im Todesfall

Sachverhalt

Der vermögende Österreicher *Franz (F)* und der Italiener *Gianluca (G)* lernen sich 2016 während der Arbeit in einer internationalen Großbank in Frankfurt/Main kennen. Bald schon entdecken sie ihre gegenseitige Zuneigung. Als der Bundestag am 30.6.2017 die „Ehe für alle" beschließt, ist die Freude groß. Schon am 1.10.2017 lassen sich F und G in Frankfurt trauen und ziehen gemeinsam in F's Wohnung im Frankfurter Westend.

Sowohl F als auch G haben bereits Erfahrungen mit unterschiedlichen Partnerschaftsformen. F hatte 2013 mit *Marie (M)*, einer Französin, an ihrem damaligen Wohnort Paris rechtswirksam einen Pacte civil de solidarité (Pacs) nach französischem Recht geschlossen. Ende 2014 brachte M die Zwillinge *Édouard (E)* und *Josette (J)* zur Welt, die die deutsche wie die französische Staatsangehörigkeit besitzen; beide wurden von F unmittelbar nach der Geburt vor dem Standesamt anerkannt. M lebt weiterhin gemeinsam mit den Kindern in Paris. G seinerseits war seit 2008 mit dem Niederländer *Pieter (P)* liiert, den er auf einer Konferenz kennengelernt hatte. Im Jahr 2011 gingen P und G in den Niederlanden eine registrierte Lebenspartnerschaft ein, die jedoch nach einem tiefen Zerwürfnis 2015 durch gerichtliche Scheidung in Rotterdam wieder aufgelöst wurde.

Nach dem Tod seiner reichen Erbtante möchte sich F Klarheit darüber verschaffen, wem sein Vermögen im Todesfall zufiele. In diesem Zusammenhang möchte er insbesondere wissen, ob die Ehe mit G wirksam ist oder womöglich aufgehoben werden könnte. Zur Klärung dieser Fragen sucht F Sie in Ihrer Frankfurter Kanzlei auf. Ein Testament hat er bisher nicht errichtet. Dies möchte er, wenn möglich, auch vermeiden. Davon halte er – genauso wie von Eheverträgen – nicht viel.

Bearbeiterhinweise:

1. Bearbeitungszeitpunkt ist der 6.2.2018.

2. Auf §§ 1306, 1314, 1353, 1371, 1924, 1931 BGB wird hingewiesen.

3. Der Pacs nach französischem Recht verleiht unverheirateten Paaren, ob hetero- oder homosexuell, einen Rechtsstatus, der deutlich hinter der Ehe zurückbleibt. Der Pacs endet automatisch mit der Eheschließung eines der Partner. Voraussetzung ist lediglich eine entsprechende Registrierung der Eheschließung, von der vorliegend auszugehen ist.

---

[1] Der Entwurf zur Musterlösung stammt von Richterin *Patricia Paffhausen* und Stud. iur. *Karen Varón Romero*.

4. Der Pacs hat nach französischem Recht keine unmittelbare Folge für die Abstammung der von der Frau geborenen Kinder vom Lebenspartner; dieser kann die Kinder aber im ersten Jahr nach der Geburt vor dem Standesamt anerkennen. Anwendbar ist entweder das Heimatrecht des Anerkennenden oder des Kindes.

5. In den Niederlanden können gleichgeschlechtliche wie verschiedengeschlechtliche Paare entweder die Ehe schließen oder eine registrierte Partnerschaft eingehen. Zwischen beiden Instituten bestehen nur wenige bedeutsame Unterschiede. So gelten auch für die Auflösung der Partnerschaft weitgehend die Regeln der Ehescheidung.

6. Im Übrigen ist davon auszugehen, dass ausländische Normen dem deutschen Recht entsprechen.

Lösung

I. Bestimmung des anwendbaren Rechts

Die Ermittlung des anwendbaren Rechts könnte sich vorliegend nach der EuErbVO[2] richten. Vorrangige internationale Übereinkommen i. S. v. Art. 75 EuErbVO bestehen nicht.

1. Anwendbarkeit der EuErbVO

Die EuErbVO müsste sachlich und zeitlich anwendbar sein.

a) Sachlicher Anwendungsbereich

Gemäß Art. 1 Abs. 1 EuErbVO ist die Verordnung sachlich auf die Rechtsnachfolge von Todes wegen anzuwenden. Dies umfasst nach der autonomen Definition des Art. 3 Abs. 1 lit. a EuErbVO jede Form des Übergangs von Vermögenswerten, Rechten und Pflichten von Todes wegen, sei es im Wege der gewillkürten Erbfolge durch eine Verfügung von Todes wegen oder im Wege der gesetzlichen Erbfolge.

Die Frage, wem das Vermögen des *F* im Falle seines Todes zufiele, ist eine Frage der Rechtsnachfolge von Todes wegen im Sinne von Art. 1 Abs. 1 EuErbVO. Es liegt zudem kein Ausschluss nach Art. 1 Abs. 2 EuErbVO vor. Der sachliche Anwendungsbereich der EuErbVO ist mithin eröffnet.

b) Zeitliche Anwendbarkeit

Zeitlich ist die EuErbVO gemäß Art. 83 Abs. 1 auf Todesfälle ab dem 17.8.2015 anwendbar. *F* sucht die Kanzlei am 6.2.2018 und damit nach diesem Zeitpunkt auf.

Das auf die Bestimmung der Erben des *F* anwendbare Recht ist somit anhand der Vorschriften der EuErbVO zu ermitteln.

---

[2] Verordnung (EU) Nr. 650/2012 des europäischen Parlaments und des Rates über die Zuständigkeit, das anzuwendende Recht, die Anerkennung und Vollstreckung von Entscheidungen und die Annahme und Vollstreckung öffentlicher Urkunden in Erbsachen sowie zur Einführung eines Europäischen Nachlasszeugnisses vom 4.7.2012, ABl. EU 2012 Nr. L 201/107; abgedr. bei *Jayme/Hausmann* Nr. 61.

2. Bestimmung des anwendbaren Rechts anhand der EuErbVO

Bislang hat F kein Testament errichtet und insbesondere auch noch keine nach der EuErbVO wirksame Rechtswahl hinsichtlich seiner Rechtsnachfolge von Todes wegen getroffen (vgl. Art. 22 Abs. 1 und Abs. 2 EuErbVO). Wer aus derzeitiger Sicht seine Erben sind, bestimmt sich daher nach dem durch die allgemeine Kollisionsnorm des Art. 21 EuErbVO zur Anwendung berufenen Recht.

Gemäß Art. 21 Abs. 1 EuErbVO ist zum Erbstatut das Recht desjenigen Staates berufen, in welchem der Erblasser im Zeitpunkt seines Todes seinen gewöhnlichen Aufenthalt hatte.

Der Begriff des gewöhnlichen Aufenthalts ist in der EuErbVO zwar nicht ausdrücklich geregelt, die Erwägungsgründe 23 und 24 der Verordnung liefern jedoch Maßstäbe für dessen Ermittlung.[3] Danach ist eine Gesamtbeurteilung der Lebensumstände des Erblassers in den Jahren vor seinem Tod und im Zeitpunkt des Todes vorzunehmen, wobei alle Tatsachen zu berücksichtigen sind, insbesondere die Dauer und Regelmäßigkeit des Aufenthalts in dem betroffenen Staat sowie die damit zusammenhängenden Umstände und Gründe. Entscheidend soll dabei vor allem sein, wo sich der Lebensmittelpunkt des Erblassers in familiärer und sozialer Hinsicht befand.[4]

F lebt mindestens seit 2016 in Frankfurt am Main, wo er auch seiner beruflichen Tätigkeit für eine internationale Großbank nachgeht. Seit Ende 2017 ist er zudem zusammen mit G in seine Wohnung im Frankfurter Westend gezogen. Dass F sich regelmäßig aus nicht zu vernachlässigenden privaten oder beruflichen Gründen auch an einem anderen Ort aufhält, ist nicht ersichtlich, sodass sowohl sein beruflicher als auch sein privater Lebensmittelpunkt in Frankfurt am Main liegen. Somit hat F dort seinen gewöhnlichen Aufenthalt.

Ausgehend von der Prämisse, dass F diesen gewöhnlichen Aufenthalt bis zu seinem Tod beibehält, unterliegt die Bestimmung der Erben des F daher gemäß Art. 21 Abs. 1 EuErbVO deutschem Recht. Im Umkehrschluss aus Art. 34 Abs. 1 EuErbVO ergibt sich, dass dies eine Sachnormverweisung ist.

---

[3] Nach st. Rspr. des *EuGH* folgt aus den Erfordernissen sowohl der einheitlichen Anwendung des Unionsrechts als auch des Gleichheitssatzes, dass die Begriffe einer Vorschrift des Unionsrechts, die für die Ermittlung ihres Sinnes und ihrer Bedeutung nicht ausdrücklich auf das Recht der Mitgliedstaaten verweist, in der Regel in der gesamten Europäischen Union eine autonome und einheitliche Auslegung erhalten müssen, die unter Berücksichtigung des Kontextes der Vorschrift und des mit der fraglichen Regelung verfolgten Ziels gefunden werden muss (vgl. *EuGH* 18.10.2016 (*Nikiforidis*), EU:C:2016:774 (Tz. 28 m.w.N.), EuZW 2016, 940 (941); *EuGH* 18.5.2017 (*Hummel Holding*), EU:C:2017:390 (Tz. 22 m.w.N.), GRUR 2017, 728 f.).

[4] Nach der Rspr. des *EuGH* zum Kindschaftsrecht sind dies allgemein zu berücksichtigende Faktoren für die Ermittlung des gewöhnlichen Aufenthalts (vgl. nur *EuGH* 2.4.2009 (*A.*), EU:C:2009:225, EuGHE 2009, I-2805, Tz. 39 f.; *EuGH* 22.12.2010 (*Joseba Andoni Aguirre Zarraga/Simone Pelz*), EU: C:2010:828, EuGHE 2010, I-14247, Tz. 48 ff.), die nach ganz überwiegender Ansicht auch auf den Kontext der EuErbVO übertragen werden können, vgl. MüKoBGB/*Dutta* EuErbVO Art. 4 Rn. 4; im Ergebnis gleich: Palandt/*Thorn* EuErbVO Art. 21 Rn. 5 f.

II. Anwendung deutschen Erbrechts

1. Anwendung der §§ 1924 ff. BGB

Mangels Erbeinsetzung durch letztwillige Verfügung gemäß § 1937 BGB ist die Antwort auf die Rechtsfrage des F anhand der Regelungen zur gesetzlichen Erbfolge (§§ 1924 ff. BGB) zu ermitteln.

a) Erbenstellung von E und J

Als gesetzliche Erben des F erster Ordnung gemäß § 1924 Abs. 1 BGB kommen vorliegend zunächst E und J als dessen Abkömmlinge in Betracht. Fraglich ist, ob beide von F abstammen. Zur Beantwortung dieser Vorfrage ist zunächst das hierauf anwendbare Recht zu ermitteln.

aa) Ermittlung der anwendbaren Kollisionsnorm

Es ist umstritten, wie Vorfragen anzuknüpfen sind.[5]

Einerseits könnte man sie selbständig nach dem Kollisionsrecht der *lex fori* anknüpfen.[6] Dies bedeutet, dass die Vorfrage so behandelt wird, als sei sie selbst die Hauptfrage. Dadurch erfolgt die Beantwortung unabhängig davon, in welchem Kontext sich die Frage stellt, stets nach den Kollisionsregeln des Forums, wodurch der interne Entscheidungseinklang gewährleistet wird.

Andererseits könnte man eine unselbständige Anknüpfung nach dem IPR der *lex causae* erwägen, also nach den Kollisionsnormen des Rechts, welches für die Hauptfrage gilt.[7] Dies stärkt den internationalen Entscheidungseinklang, da der inländische Richter die Vorfrage dann ebenso behandelt wie ein ausländischer Richter der auf die Hauptfrage anwendbaren Rechtsordnung. Zudem fördert die unselbständige Anknüpfung die authentische Anwendung des auf die Hauptfrage anwendbaren Sachrechts.

Im vorliegenden Fall ist die *lex fori* auf Grundlage von Art. 4 EuErbVO deutsches Recht, weshalb eine selbständige Anknüpfung zum deutschen Kollisionsrecht führen würde. Da auch die *lex causae*, nämlich das auf die Rechtsnachfolge von Todes wegen des F anwendbare Recht, hier deutsches Recht ist, wäre bei unselbständiger Anknüpfung ebenfalls das deutsche Kollisionsrecht heranzuziehen. Da beide Auffassungen vorliegend zum selben Ergebnis kommen, ist ein Streitentscheid entbehrlich.

Die Vorfrage der Abstammung der Zwillinge E und J von F ist nach Art. 19 Abs. 1 EGBGB anzuknüpfen.

bb) Anwendung des Art. 19 Abs. 1 EGBGB

Die Abstammung eines Kindes einschließlich der Voraussetzungen und Wirkungen einer Vaterschaftsanerkennung unterliegt danach dem Recht am gewöhnlichen Aufenthalt des Kindes (S. 1) oder dem Heimatrecht des betreffenden Elternteils (S. 2). Eine Anknüpfung an das Ehewirkungsstatut nach Art. 14 Abs. 1 EGBGB (S. 3) kommt hier nicht in Betracht, da die Mutter der Kinder nicht verheiratet war. Das Bestehen eines Pacs genügt hierfür nicht. Zwar könnte in solchen Fällen erwogen

---

[5] MüKoBGB/*von Hein* IPR Einleitung Rn. 169; *von Hoffmann/Thorn* § 6 Rn. 60 ff.
[6] Ganz h. M.: vgl. *BGH* 20.11.2014, NJW-RR 2015, 302 (304 Rn. 12); *Kropholler* IPR, 226; *Rauscher* IPR Rn. 507.
[7] Grundlegend: *Melchior*, Die Grundlagen des deutschen IPR, 1932, 245–265; sowie *Wengler*, RabelsZ 8 (1934), 148–251; aus neuerer Zeit: *von Hoffmann/Thorn* IPR § 6 Rn. 71 f.; *Siehr* IPR, 473.

werden, das Ehewirkungsstatut des Art. 14 Abs. 1 EGBGB durch das Lebenspartnerschaftsstatut nach Art. 17b Abs. 1 EGBGB zu ersetzen. Indes steht der Telos des Art. 19 Abs. 1 EGBGB einer solchen erweiternden Auslegung entgegen, da das Registerstatut aus Sicht der Kinder völlig zufällig erscheint und sich somit nicht als Familienstatut eignet.[8]

Ihren gewöhnlichen Aufenthalt hatten *E* und *J* an ihrem französischen Wohnort. Hingegen führt die Anknüpfung an die Staatsangehörigkeit des *F* zum österreichischen Recht. Laut Bearbeitervermerk nähmen sowohl das französische[9] wie auch das österreichische IPR die Verweisung an, sodass es keiner Entscheidung der Frage bedarf, ob es sich bei den Verweisungen nach dem Grundsatz des Art. 4 Abs. 1 S. 1 EGBGB um Gesamtverweisungen handelt oder aber ausnahmsweise um Sachnormverweisungen, da die Gesamtverweisung dem Sinn der Verweisung widerspräche (Art. 4 Abs. 1 S. 1 a. E.).[10] Fraglich bleibt, welche der beiden Anknüpfungen Vorrang genießt.

Nach h. M. handelt es ich bei Art. 19 Abs. 1 EGBGB um eine alternative Anknüpfung, die Ausfluss des Günstigkeitsprinzips ist. Anwendbar sei die Rechtsordnung, die die Begründung bzw. Feststellung der Abstammung vom jeweiligen Elternteil begünstige. Konflikte zwischen mehreren Prätendenten werden sodann entweder mittels Prioritätsprinzip oder zugunsten des „richtigen" Elternteils i. S. des Kindeswohls gelöst.[11] Freilich besteht vorliegend kein Konflikt zwischen der möglichen Vaterschaft mehrerer Personen, sondern es geht allein um die Abstammung der Kinder von *F*.[12] Nach französischem Recht konnte *F* seine Vaterschaft der Zwillinge im ersten Jahr nach der Geburt wirksam anerkennen, was vorliegend auch geschehen ist. Durch die Anerkennung wurde die Abstammung der Zwillinge von *F* begründet.

cc) Zwischenergebnis

E und *J* sind als Abkömmlinge des *F* gesetzliche Erben erster Ordnung, welche entsprechend dem Rangprinzip des § 1930 BGB andere Verwandte nachfolgender Ordnungen von der Erbfolge ausschließen.

b) Erbenstellung des *G*

Neben *E* und *J* als Verwandte der ersten Ordnung könnte jedoch auch *G* gemäß § 1931 Abs. 1 BGB als überlebender Ehegatte zu ¼ als gesetzlicher Erbe des *F* berufen sein. Dazu müsste *G* am 1.10.2017 Ehegatte des *F* geworden sein. Hierbei handelt es sich wiederum um eine Vorfrage zum Erbrecht.

---

[8] So zutreffend MüKoBGB/*Helms* EGBGB Art. 19 Rn. 48 m. w. N.
[9] Zwar knüpft das französische IPR laut Bearbeitervermerk an die Staatsangehörigkeit der Kinder an; diese waren aber deutsch-französische Doppelstaater, wobei aus französischer Perspektive in entsprechender Anwendung des Art. 5 Abs. 1 S. 2 EGBGB die französische Staatsangehörigkeit Vorrang genießt.
[10] Dies wird im Falle von Art. 19 Abs. 1 EGBGB allgemein dann angenommen, wenn die Gesamtverweisung dem der Norm zugrundeliegenden *favor filiationis* (Begünstigung der Abstammungsfeststellung) zuwiderliefe, etwa durch Verringerung der zur Verfügung stehenden Rechtsordnungen; vgl. Palandt/*Thorn* EGBGB Art. 19 Rn. 2 m. w. N.
[11] Zum Ganzen MüKoBGB/*Helms* EGBGB Art. 19 Rn. 12 ff.
[12] So auch in *BGH* 20.4.2016, IPRax 2017, 631 m. Anm. *Thorn/Paffhausen*, 590 (595).

aa) Ermittlung der anwendbaren Kollisionsnorm

Wie bereits oben angesprochen, ist die Anknüpfung von Vorfragen umstritten. Da *lex fori* und *lex causae* aber übereinstimmen, ist ein Streitentscheid entbehrlich.

Mangels Vereinheitlichung des Kollisionsrechts im Bereich der Eheschließung ist das autonome Kollisionsrecht des EGBGB heranzuziehen. Die Ermittlung der einschlägigen Kollisionsnorm richtet sich danach, wie die Ehe zwischen G und F zu qualifizieren ist, wobei insbesondere zu berücksichtigen ist, dass es sich hierbei um eine gleichgeschlechtliche Ehe handelt.

Nach früherem Recht war die Qualifikation der gleichgeschlechtlichen Ehe umstritten.[13]

Nach einer im Schrifttum verbreiteten Meinung, der sich auch der *BGH* anschloss,[14] richtete sich die Wirksamkeit einer im Ausland geschlossenen gleichgeschlechtlichen Ehe nach der Kollisionsnorm für eingetragene Lebenspartnerschaften, also Art. 17b EGBGB a. F. Dies wurde insbesondere auf die Rechtsprechung des *BVerfG* zum Ehebegriff des Art. 6 Abs. 1 GG gestützt, welcher für die Ehe – auch auf kollisionsrechtlicher Ebene – die Verschiedengeschlechtlichkeit als konstitutiv ansah, wozu eine Qualifikation nach Art. 13 Abs. 1 EGBGB im Widerspruch stehe.

Nach anderer Ansicht war die gleichgeschlechtliche Ehe kollisionsrechtlich hingegen der verschiedengeschlechtlichen Ehe gleichzustellen und nach Art. 13 Abs. 1 EGBGB anzuknüpfen.[15] Besonders hervorgehoben wurde von ihren Vertretern, die Rechtsprechung des *BVerfG* könne die unterschiedliche Qualifikation nicht begründen, da verfassungsrechtlicher und kollisionsrechtlicher Ehebegriff nicht miteinander vermischt werden dürften. Maßgeblich sei vielmehr die funktionale Qualifikationsmethode, die auch bei der gleichgeschlechtlichen Ehe zu einer Anwendung des Art. 13 EGBGB führe.

Dieser Streit hat sich aufgrund der Änderungen des EGBGB im Zuge der Einführung des Rechts auf Eheschließung für Personen gleichen Geschlechts (Gesetz über die „Ehe für alle")[16] und der sich daraus ergebenden eindeutigen gesetzgeberischen Entscheidung zur kollisionsrechtlichen Unterscheidung zwischen verschiedengeschlechtlicher und gleichgeschlechtlicher Ehe erledigt.[17] Art. 17b Abs. 4 EGBGB n. F. bestimmt nun ausdrücklich, dass auf die gleichgeschlechtliche Ehe die kollisionsrechtlichen Regelungen zur eingetragenen Lebenspartnerschaft entsprechend anzuwenden sind.

bb) Anwendung des Art. 17b Abs. 1 EGBGB

Einschlägige Kollisionsnorm zur Ermittlung des anwendbaren Ehestatuts für gleichgeschlechtliche Ehen ist folglich Art. 17b Abs. 1 EGBGB. Die Wirksamkeit der Eheschließung zwischen F und G richtet sich somit nach dem Sachrecht des Register führenden Staates.

---

[13] MüKoBGB/*Coester* EGBGB Art. 17b Rn. 12; NK-BGB/*Gebauer* EGBGB Art. 17b Rn. 18; Palandt/*Thorn*, 76. Aufl. 2017, EGBGB Art. 17b Rn. 1.

[14] Siehe nur *BGH* 20.4.2016, NJW 2016, 2322; IPRax 2017, 590; Staudinger/*Mankowski* (2010) EGBGB Art. 17b Rn. 24.

[15] Palandt/*Thorn*, 76. Aufl. 2017, EGBGB Art. 17b Rn. 1; *Coester*, FS Sonnenberger, 2004, 321; *Röthel*, IPRax 2002, 496 (498).

[16] Gesetz zur Einführung des Rechts auf Eheschließung für Personen des gleichen Geschlechts vom 20.7.2017, BGBl. 2017 I 2787 (Nr. 52).

[17] Siehe nur BeckOK BGB/*Heiderhoff* EGBGB Art. 17b Rn. 18; *Thorn/Paffhausen*, IPRax 2017, 590 (593).

Fraglich ist, was unter dem Recht des Register führenden Staates zu verstehen ist.[18]

Einerseits könnte der Begriff des „Register führenden Staates" mit dem des Registrierungsortes gleichzusetzen sein, d. h. mit dem Ort der Begründung der gleichgeschlechtlichen Ehe (*lex loci celebrationis*).[19] Dafür spricht insbesondere die Begründung des historischen Gesetzgebers, welcher nicht von der Möglichkeit einer Auslandsregistrierung ausging und vielmehr Recht des Register führenden Staates und Recht des Registrierungsorts gleichsetzte.[20]

Andererseits könnte es, da Art. 17b Abs. 1 EGBGB von seinem Wortlaut her nicht auf den Registrierungsort abstellt, auch auf die sog. *lex libris,* also auf das Recht des Staates, in dessen Register die Ehe eingetragen wird, ankommen.[21] So wäre beispielsweise bei der Registrierung einer in einem in Deutschland gelegenen Konsulat eines ausländischen Staates begründeten gleichgeschlechtlichen Ehe das Recht des ausländischen Staates anzuwenden, denn die Ehe würde in diesem Fall in dessen Register eingetragen. Dagegen spricht allerdings nicht zuletzt die Tatsache, dass gleichgeschlechtliche Paare so den auch für sie geltenden zwingenden Art. 13 Abs. 3 EGBGB umgehen könnten, nach dem die Formvorschriften des deutschen Rechts für alle im Inland geschlossenen Ehen gelten.[22]

Welcher Ansicht der Vorzug gebührt, kann hier jedoch dahinstehen, denn als Register führender Staat sowie als Registrierungsort kommt ausschließlich Deutschland in Betracht. Die Wirksamkeit der Eheschließung zwischen F und G richtet sich somit gemäß Art. 17b Abs. 1 EGBGB in jedem Fall nach deutschem Sachrecht.

(1) Anwendung deutschen Eherechts

Nach dem in Folge der Entscheidung des Bundestags vom 30.6.2017 zur Einführung der „Ehe für alle" angepassten § 1353 Abs. 1 S. 1 BGB n. F. kann nach deutschem Recht die Ehe sowohl zwischen zwei Personen verschiedenen als auch zwischen zwei Personen gleichen Geschlechts geschlossen werden. Eine wirksame Eheschließung zwischen zwei gleichgeschlechtlichen Partnern wie F und G ist nach deutschem Recht somit grundsätzlich zulässig.

Durch diese sachrechtliche Gleichstellung unterliegt die gleichgeschlechtliche Ehe indes auch denselben Aufhebungsgründen wie die verschiedengeschlechtliche Ehe. Die Aufhebung der Ehe durch richterliche Entscheidung nach § 1313 S. 1 BGB führt zur Auflösung der Ehe (§ 1313 S. 2 BGB). Da F sichergehen möchte, dass seine Ehe mit G nicht später aufgelöst werden wird, ist daher das Vorliegen von Aufhebungsgründen zu prüfen.

Hier kommt, da sowohl F als auch G vor ihrer Eheschließung bereits mit anderen Partnern rechtlich verbunden waren, das Vorliegen eines Aufhebungsgrunds nach den §§ 1306, 1314 Abs. 1 Nr. 2 BGB in Betracht. Danach ist eine Ehe aufhebbar, wenn einer der Ehegatten zum Zeitpunkt der Eheschließung noch mit einem Dritten verheiratet bzw. durch eine Lebenspartnerschaft verbunden war. Dafür müssten die vorherigen Lebenspartnerschaften des F bzw. des G nicht wirksam aufgelöst worden sein.

---

[18] Vgl. MüKoBGB/*Coester* EGBGB Art. 17b Rn. 20; *Thorn/Paffhausen*, IPRax 2017, 590 (593).
[19] Noch für EGBGB Art. 17b a. F.: *von Hoffmann/Thorn* § 8 Rn. 73c; Staudinger/*Mankowski* (2010) EGBGB Art. 17b Rn. 1; *Süß*, DNotZ 2001, 168 (169).
[20] BT-Drs. 14/3751, 60.
[21] MüKoBGB/*Coester* EGBGB Art. 17b Rn. 20; *Kegel/Schurig* IPR Rn. 887 f.
[22] Vgl. *Thorn/Paffhausen*, IPRax 2017, 590 (593).

(2) Vorfrage 1: Ist die vorherige Lebenspartnerschaft des F wirksam aufgelöst worden?

Da die Auflösung der Lebenspartnerschaft zwischen F und M nicht durch Gerichtsurteil und auch ohne sonstige verantwortliche Mitwirkung einer Behörde erfolgt ist,[23] muss die Vorfrage unter Rückgriff auf die Normen des materiellen Rechts beantwortet werden (sog. kollisionsrechtliche Anerkennung[24]).

Wiederum kann die Art der Anknüpfung der Vorfrage[25] offenbleiben. Zur Anwendung gelangt nach beiden Ansichten Art. 17b EGBGB, vorausgesetzt der französische Pacs kann unter den Anknüpfungsbegriff der eingetragenen Lebenspartnerschaft subsumiert werden. Zwar bleibt der Pacs in seinen rechtlichen Wirkungen deutlich hinter der ehemaligen eingetragenen Lebenspartnerschaft des deutschen Rechts zurück; es handelt sich aber gleichwohl um einen förmlich begründeten Paarstatus mit Rechtswirkungen unterhalb der Ehe.[26] Somit ist einerseits die notwendige Funktionsäquivalenz zur Lebenspartnerschaft gegeben; andererseits stellt sich trotz Verschiedengeschlechtlichkeit der Partner nicht die Frage nach der Anwendbarkeit der Rom III-VO, deren sachlicher Anwendungsbereich sich nicht auf unterhalb der Ehe angesiedelte Lebenspartnerschaften erstreckt.[27]

Nach Art. 17b Abs. 1 S. 1 EGBGB unterliegt die Auflösung einer eingetragenen Lebenspartnerschaft den Sachvorschriften des Register führenden Staates. Unabhängig davon, ob hiernach auf den Registrierungsort oder den Registrierungsstaat abzustellen ist, verweist die Norm vorliegend im Wege der Sachnormverweisung auf das französische Recht.

Laut Bearbeitervermerk endet der Pacs automatisch mit der Eheschließung eines der Partner, hier durch die Heirat zwischen F und G[28]. Diese Rechtswirkung tritt ohne förmlichen Ausspruch ein und erfordert lediglich eine Registrierung der Eheschließung, die hier erfolgt ist.

Infolge dessen droht keine spätere Aufhebung der Ehe zwischen F und G nach §§ 1306, 1314 Abs. 1 Nr. 2 BGB aufgrund einer noch bestehenden Lebenspartnerschaft zwischen F und M.

(3) Vorfrage 2: Ist die vorherige Lebenspartnerschaft des G wirksam aufgelöst worden?

Da die Auflösung der Lebenspartnerschaft zwischen G und P durch Urteil eines niederländischen Gerichts erfolgt ist, stellt sich Frage nach dessen Anerkennungsfähigkeit (sog. verfahrensrechtliche Anerkennung[29]).

---

[23] S. auch *BGH* 21.2.1990, NJW 1990, 2194 (2195): formale Registrierung ohne Überprüfung genügt nicht.
[24] S. etwa MüKoBGB/*Coester* EGBGB Art. 13 Rn. 176. Diese „kollisionsrechtliche Anerkennung" verkannte der *EuGH* bis zuletzt in dem berühmt-berüchtigten Verfahren *Sahyouni/Mamisch*, EU:C:2017:988.
[25] Hier: der Vorfrage zur Vorfrage einer wirksamen Ehe zwischen F und G.
[26] MüKoBGB/*Coester* EGBGB Art. 17b Rn. 11.
[27] Palandt/*Thorn* Rom III-VO Art. 1 Rn. 4.
[28] Hierbei handelt es sich genau betrachtet wiederum um eine Vorfrage zur wirksamen Auflösung des Pacs, die nach dem insoweit anwendbaren deutschen Sachrecht zu bejahen ist; vgl. auch Staudinger/*Mankowski* EGBGB Art. 17b Rn. 46.
[29] MüKoBGB/*Coester* EGBGB Art. 13 Rn 76.

(aa) Anerkennung des Auflösungsurteils gemäß Art. 21 Brüssel IIa-VO?

Fraglich ist, welche Rechtsnorm hierfür maßgeblich ist. In Betracht kommt zunächst die Anwendung von Art. 21 Brüssel IIa-VO[30]. Voraussetzung hierfür wäre, dass die Brüssel IIa-VO auf die Auflösung gleichgeschlechtlicher Lebenspartnerschaften sachlich anwendbar ist. Dies erscheint aus zwei Gründen zweifelhaft: Zum einen stellt sich die Frage nach der Öffnung des klassischen Ehebegriffs für gleichgeschlechtliche Paare; zum anderen müsste die Verordnung auch unterhalb der Ehe angesiedelte Statusverhältnisse erfassen.

Nach h. M.[31] bezieht sich der Begriff der Ehe in Art. 1 Brüssel IIa-VO nur auf verschiedengeschlechtliche Ehen. Die Norm gehe von einem traditionellen Ehebegriff aus, wie er bei Entwicklung des zugrundeliegenden Übereinkommens[32] in allen und auch jetzt noch in vielen Mitgliedstaaten gilt. Die in anderen Mitgliedstaaten festzustellende Tendenz zur Gleichstellung gleichgeschlechtlicher Paare sei keineswegs Ausdruck eines allgemein akzeptierten Begriffswandels.

Dagegen spricht sich eine im Vordringen befindliche Ansicht[33] für die Erfassung der gleichgeschlechtlichen Ehe aus. Diese sei bereits in vielen Mitgliedstaaten anerkannt. Zudem gehe die neuere kollisionsrechtliche Rom III-VO[34] von einem weiten Ehebegriff aus, was im Sinne eines kohärenten Verordnungssystems auch Folgen für die verfahrensrechtliche Brüssel IIa-VO haben müsse. Schließlich könne ein Ausschluss gleichgeschlechtlicher Ehen angesichts der Rechtsprechung des *EuGH*[35] eine rechtfertigungsbedürftige Diskriminierung darstellen.

Die besseren Gründe sprechen gegen eine Ausdehnung des Ehebegriffs im Rahmen der Brüssel IIa-VO. Zwar trifft es zu, dass ein solcher Begriff dem gesellschaftlichen Wandel unterliegt. Doch gerade im Hinblick auf die Anerkennung der gleichgeschlechtlichen Ehe als Institut bestehen zwischen den Mitgliedstaaten nach wie vor scharfe Gegensätze. Es handelt sich um eine rechtspolitisch höchst umstrittene Materie, bei der ein Begriffswandel dem Gesetzgeber vorbehalten sein sollte.[36] Der abweichende Ehebegriff der Rom III-VO taugt insoweit nicht zur Begründung, da es sich hierbei um ein Instrument der Verstärkten Zusammenarbeit handelt; die dortigen Regelungen lassen sich nicht ohne Weiteres auf die nicht teilnehmenden Mitgliedstaaten übertragen. Schließlich beschränken sich die Judikate des *EuGH* bislang auf spezifische Rechtsfragen, wie zuletzt das abgeleitete Aufenthaltsrecht gleichgeschlechtlicher Ehegatten aus Drittstaaten.

Unabhängig von diesem Meinungsstreit wird indes die Auflösung nichtehelicher Lebensgemeinschaften – wie etwa registrierter Partnerschaften – ohnehin nicht von der Brüssel IIa-VO erfasst. Als Begründung stellt die h. M. wiederum auf den engen

---

[30] Verordnung (EG) Nr. 2201/2003 des Rates über die Zuständigkeit und die Anerkennung und Vollstreckung von Entscheidungen in Ehesachen und in Verfahren betreffend die elterliche Verantwortung und zur Aufhebung der Verordnung (EG) Nr. 1347/2000 vom 27.11.2003, ABl. EU 2003 Nr. L 338/1; abgedr. bei *Jayme/Hausmann* Nr. 162.
[31] Rauscher/*Rauscher* Brüssel IIa-VO Art. 1 Rn 6; Magnus/Mankowski/*Pintens* Brüssel IIa-VO Art. 1 Rn 20 ff.; MüKoZPO/*Gottwald* ZPO Art. 1 Rn. 5.
[32] Übereinkommen über die Zuständigkeit und die Anerkennung und Vollstreckung von Entscheidungen in Ehesachen vom 28.5.1998, ABl. EG 1998 Nr. C 221/1.
[33] NK-BGB/*Gruber* EheVO 2003 Art. 1 Rn. 3
[34] Verordnung (EU) Nr. 1259/2010 des Rates zur Durchführung einer Verstärkten Zusammenarbeit im Bereich des auf die Ehescheidung und Trennung ohne Auflösung des Ehebandes anzuwendenden Rechts vom 20.12.2010, ABl. EU 2010 Nr. L 343/10; abgedr. bei *Jayme/Hausmann* Nr. 34.
[35] Zuletzt *EuGH* 5.6.2018 (*Coman u. a.*), EU:C:2018:385, FamRZ 2018, 1063.
[36] So zutreffend Althammer/*Arnold* Brüssel IIa-VO Art. 1 Rn. 6.

Ehebegriff der Verordnung ab, während die geschilderte Gegenansicht die Parallele zur Rom III-VO bemüht, die unterhalb der Ehe angesiedelte Partnerschaften nicht erfasse.[37]

Somit findet Art. 21 Brüssel IIa-VO auf die Anerkennung des niederländischen Urteils, mit dem die Auflösung der Lebenspartnerschaft zwischen G und P ausgesprochen wurde, keine Anwendung.

(bb) Anerkennung des Auflösungsurteils nach FamFG

Mangels sachlicher Anwendbarkeit der Brüssel IIa-VO ergibt sich die Anerkennungsfähigkeit des niederländischen Auflösungsurteils somit aus den Normen des FamFG.

Fraglich ist, ob vorliegend § 107 oder aber § 108 FamFG zur Anwendung gelangt. Die Frage ist praktisch von großer Bedeutung, da § 107 FamFG für die Anerkennung ausländischer Entscheidungen in Ehesachen die Delibation durch die Landesjustizverwaltungen verlangt, während § 108 FamFG für alle anderen ausländischen Entscheidungen eine automatische Anerkennung anordnet, soweit keine Anerkennungshindernisse gemäß § 109 FamFG bestehen.

Nach seinem Wortlaut ist § 107 FamFG auf die Anerkennung ausländischer Entscheidungen in Ehesachen beschränkt. Lebenspartnerschaftssachen werden nicht genannt, obgleich dem Gesetzgeber die Frage durchaus bewusst war. Dies zeigt ein Blick auf § 270 FamFG, der für inländische Verfahren in Lebenspartnerschaftssachen auf das Verfahren in Ehesachen verweist. Dies gilt freilich nicht für das in einem anderen Buch des FamFG geregelte internationale Verfahrensrecht, sodass eine Analogie erforderlich wäre, die jedoch von der ganz h. M.[38] abgelehnt wird. Zwar mag die Gleichbehandlung von Lebenspartnerschaft und Ehe rechtspolitisch wünschenswert sein, aber es fehlt an der für eine Analogie erforderlichen planwidrigen Regelungslücke. Dies ergibt sich zwingend aus § 107 Abs. 2 S. 2 FamFG, wo die Lebenspartnerschaft in einem Nebenpunkt, aber auch nur hier angesprochen wird.

Somit findet auf die Anerkennung des niederländischen Urteils über die Auflösung der Lebenspartnerschaft zwischen G und P § 108 FamFG Anwendung. Nach dessen Abs. 1 ist die ausländische Entscheidung anzuerkennen, ohne dass es hierfür eines besonderen Verfahrens bedürfte. Anerkennungshindernisse nach § 109 FamFG bestehen nicht. Insbesondere bestand eine Anerkennungszuständigkeit niederländischer Gerichte aufgrund spiegelbildlicher Anwendung des § 103 Abs. 1 Nr. 1, 2 und 3 FamFG (§ 109 Abs. 1 Nr. 1 FamFG). Ein Verstoß gegen den verfahrensrechtlichen oder materiellrechtlichen *ordre public* ist nicht ersichtlich. Das Erfordernis der Gegenseitigkeit nach § 109 Abs. 4 FamFG gilt nicht für Statusentscheidungen.

Somit ist das niederländische Urteil ohne Weiteres anzuerkennen. Sollte F gleichwohl Zweifel haben, könnte er nach § 108 Abs. 2 FamFG eine gerichtliche Feststellung mit Rechtskraft erga omnes beantragen.[39]

---

[37] NK-BGB/*Gruber* EheVO 2003 Art. 1 Rn. 3
[38] *Hau*, FamRZ 2009, 821 (825); Staudinger/*Spellenberg* FamFG § 107 Rn. 54 m. w. N.
[39] Zur Antragsberechtigung des Partners der Zweitehe Staudinger/*Spellenberg* FamFG § 108 Rn. 172 i. V. m. FamFG § 107 Rn. 165, unter Hinweis auf *BGH* 10.1.2001, FamRZ 2001, 991.

Fall 15. Bimmel und Bommel Reloaded

(cc) Zwischenergebnis: Kein Ehehinderungsgrund nach deutschem Recht

Der Pacs zwischen F und M wurde nach dem insoweit anwendbaren französischen Recht wirksam aufgelöst; die Lebenspartnerschaft zwischen P und G wurde durch ein in Deutschland anzuerkennendes Urteil eines niederländischen Gerichts aufgelöst. Die Aufhebungsgründe der §§ 1306, 1314 Abs. 1 Nr. 2 BGB liegen somit nicht vor.

(4) Zwischenergebnis: Ehe zwischen F und G wirksam

Damit ist auch die Vorfrage, ob die Ehe zwischen F und G wirksam geschlossen wurde, zu bejahen.

c) Ergebnis: G ist gemäß § 1931 BGB Erbe zu ¼

G ist Ehegatte des F. Gemäß § 1931 Abs. 1 BGB ist er daher neben E und J als Verwandter der ersten Ordnung zu ¼ als dessen gesetzlicher Erbe berufen.

2. Erhöhung der Erbquote gemäß § 1371 Abs. 1 BGB?

Gemäß § 1931 Abs. 3 BGB bleibt die Anwendung des § 1371 Abs. 1 BGB bei der Berechnung der Erbquote des überlebenden Ehegatten unberührt. Nach dieser Vorschrift – die nur Anwendung findet, wenn die Ehegatten im gesetzlichen Güterstand gelebt und die Geltung der Vorschrift nicht abbedungen haben – erhöht sich die Erbquote des überlebenden Ehegatten pauschal um ein weiteres Viertel, wenn der Güterstand durch den Tod des anderen Ehegatten beendet wird, ungeachtet dessen, ob tatsächlich ein Zugewinn erzielt wurde.

a) Qualifikation des § 1371 BGB

Unabhängig davon, ob F und G im gesetzlichen Güterstand der Zugewinngemeinschaft nach § 1363 Abs. 1 BGB leben – was hier der Fall ist, da sie keinen Ehevertrag geschlossen haben –, kann die Regelung des § 1371 BGB nur dann im Rahmen der Verweisung des Art. 21 Abs. 1 EuErbVO auf deutsches Erbrecht zur Anwendung gelangen, wenn sie als eine Regelung der Rechtsnachfolge von Todes wegen im Sinne der Art 1 Abs. 1, 3 Abs. 1 lit. a EuErbVO anzusehen ist.[40] Dies erscheint deshalb zweifelhaft, weil § 1371 BGB ausweislich seiner amtlichen Überschrift den Zugewinnausgleich im Todesfall regeln soll und damit an den Güterstand, in welchem die Ehegatten gelebt haben, anknüpft. Daher könnte die Regelung auch als eine nach Art. 1 Abs. 2 lit. d vom Anwendungsbereich der EuErbVO ausgenommene Frage des ehelichen Güterrechts einzuordnen sein.

Ob § 1371 BGB erb- oder güterrechtlich zu qualifizieren ist, ist bereits seit langem Gegenstand lebhafter Diskussionen.[41] Diese betraf bislang die nationalen Kollisionsnormen,[42] sodass sich die Frage nach einer Übertragbarkeit der Argumentationen auf das Unionsrecht stellt.[43] Aufgrund des Vorrangs des Unionsrechts und des

---

[40] Vgl. insoweit die Ausschlusstatbestände des Art. 1 Abs. 2 der EuErbVO sowie dessen Erwägungsgründe 9 und 11.
[41] Siehe nur MüKoBGB/*Koch* BGB § 1371 Rn. 6; *Rauscher* IPR Rn. 1076.
[42] Namentlich EGBGB Art. 15, 25. Nach ganz h. M. in Deutschland ist § 1371 BGB rein güterrechtlich zu qualifizieren: BGHZ 205, 289 (295 ff.); MüKoBGB/*Koch* BGB § 1371 Rn. 6; Schulze-BGB/*Kemper* BGB § 1371 Rn. 8a m. w. N.
[43] Einen solchen Gedanken andeutend: *EuGH* – Schlussanträge des Generalanwalts *Szpunar* 13.12.2017 (*Mahnkopf*), EU:C:2017:965 (Tz. 32) sowie *Rauscher*, FS Geimer, 2017, 529 (535).

bewusst autonomen Charakters der Begriffe seiner kollisionsrechtlich vereinheitlichenden Verordnungen ist eine unreflektierte Übertragung bisheriger Streitstände freilich verwehrt.[44] Vielmehr ist die Einordnung des § 1371 BGB auf der Ebene des Unionsrechts eigenständig und anhand seiner spezifischen Maßstäbe vorzunehmen. Wie der Begriff der „Fragen des ehelichen Güterrechts" im Rahmen des Art. 1 Abs. 2 lit. d auszulegen ist und ob eine Regelung wie die des § 1371 BGB davon erfasst ist, geht aus der Verordnung selbst allerdings nicht hervor, sodass eine Auslegung mittels der anerkannten Methoden des Europarechts vorzunehmen ist.

b) Erbrechtliche Qualifikation

Für eine erbrechtliche Qualifikation spricht zunächst der Umstand, dass für die Anwendung des § 1371 BGB der Tod eines der Ehegatten unabdingbare Voraussetzung ist.[45] In diese Richtung deuten Erwägungsgrund 9, wonach der Anwendungsbereich der Verordnung sich auf alle zivilrechtlichen Aspekte der Rechtsnachfolge von Todes wegen erstrecken soll, sowie Art. 23 Abs. 2 lit. b EuErbVO, der bestimmt, dass das auf die Rechtsnachfolge von Todes wegen anwendbare Recht insbesondere auch die Bestimmung sonstiger Rechte am Nachlass, einschließlich der Nachlassansprüche des überlebenden Ehegatten, erfasst. Daraus könnte sich ergeben, dass eine Vorschrift dann, wenn ihre Anwendbarkeit im Einzelfall zwingend an den Tod eines der Beteiligten anknüpft, stets als erbrechtlich einzuordnen ist.[46] Damit zusammenhängend gilt zu bedenken, dass auf § 1371 BGB nur im Zusammenhang mit der unstreitig erbrechtlichen Regelung des § 1931 BGB zurückgegriffen wird. Dies sowie die Tatsache, dass die Geltung des § 1371 Abs. 1 BGB einseitig sowohl vom Erblasser durch Testament nach § 1938 BGB als auch vom überlebenden Ehegatten selbst durch Ausschlagung der Erbschaft (§§ 1942 ff. BGB) und damit mittels erbrechtlicher Instrumente abbedungen werden kann, stellen gewichtige Argumente für eine erbrechtliche Qualifikation dar.[47]

Des Weiteren vermag die EuErbVO selbst zwar keine Aussage dazu zu treffen, wann von einer „Frage des ehelichen Güterrechts" auszugehen ist. Es erscheint allerdings im Sinne einer einheitlichen Auslegung unionsautonomer Begriffe einerseits und einer klaren Abgrenzung der Anwendungsbereiche der unterschiedlichen Verordnungen andererseits angebracht, auf die Rechtsprechung des *EuGH* zu anderen Instrumenten des Unionsrechts Bezug zu nehmen. Dabei verdient die Rechtsprechung des *EuGH* zur Auslegung von Art. 1 Abs. 2 Nr. 1 EuGVÜ – welche nach dem Beschluss *Iliev* für die Auslegung der entsprechenden Regelung im Nachfolgeakt der Brüssel Ia-VO (Art. 1 Abs. 2 lit. a) weiterhin gelten soll –[48] besondere Beachtung.[49] Dieser legt nahe, dass der Ausschluss der „ehelichen Güterstände" im Bereich des Zuständigkeitsrechts nicht nur die im nationalen Recht vorgesehenen Güterstände umfasst, sondern „alle vermögensrechtlichen Beziehungen, die sich

---

[44] NK-BGB/*Looschelders* EuErbVO Art. 1 Rn. 30; *Dörner*, IPRax 2017, 81 (84); *Rauscher*, FS Geimer, 2017, 529 (535). Gleichwohl sollen die in der deutschen Debatte angeführten Argumente auch hinsichtlich der EuErbVO Beachtung finden dürfen; vgl. a. a. O.

[45] Vgl. MüKoBGB/*Koch* BGB § 1371 Rn. 8; Palandt/*Brudermüller* BGB § 1371 Rn. 1 f.; Staudinger/*Thiele* (2017) BGB § 1371 Rn. 5.

[46] Vgl. *EuGH* – Schlussanträge des Generalanwalts *Szpunar* 13.12.2017 (*Mahnkopf*), EU: C:2017:965 (Tz. 34), (Argumente der italienischen Regierung).

[47] Vgl. *EuGH* – Schlussanträge des Generalanwalts *Szpunar* 13.12.2017 (*Mahnkopf*), EU: C:2017:965 (Tz. 35), (Argumente der polnischen Regierung).

[48] *EuGH* 14.6.2017 (*Iliev*), EU:C:2017:459 (Tz. 24 ff.), FamRZ 2017, 1913 (1914).

[49] Vgl. *EuGH* – Schlussanträge des Generalanwalts *Szpunar* 13.12.2017 (*Mahnkopf*), EU: C:2017:965 (Tz. 82); so wohl auch *Dörner*, IPRax 2017, 81 (84).

unmittelbar aus der Ehe oder ihrer Auflösung ergeben",[50] insbesondere die Fragen der Hinzurechnung bestimmter Vermögensbestandteile zum Erbschaftsvermögen oder dem zwischen den Ehegatten zu teilenden Vermögen.[51] Eine Vorschrift würde ausgehend von einer funktionalen Qualifikation dann diesem Regelungskreis angehören, wenn sie primär der Aufteilung der Vermögenswerte zwischen den Ehegatten dient.[52] Damit könnte der Zweck des § 1371 BGB für eine Auslegung als Regelung zur Rechtsnachfolge von Todes wegen sprechen, wenn dieser darin besteht, die Stellung des überlebenden Ehegatten im Verhältnis zu den übrigen Erben zu bestimmen. Für ein solches Verständnis spricht, dass die angeordnete pauschale Erhöhung der Erbquote des überlebenden Ehegatten um ¼ unabhängig davon stattfindet, ob die Voraussetzungen für eine Aufteilung der Vermögensgegenstände nach den Grundsätzen der Zugewinngemeinschaft (§§ 1373–1390 BGB) vorliegen.[53]

Letztendlich könnten auch die mit dem Institut des Europäischen Nachlasszeugnisses nach Art. 62 ff. EuErbVO verfolgten Zwecke für eine erbrechtliche Qualifikation des § 1371 BGB sprechen.[54] Zum einen soll das Nachlasszeugnis nach Art. 63 Abs. 2 lit. a EuErbVO insbesondere auch für die Rechtsstellung und/oder die Rechte jedes Erben und seinen jeweiligen Anteil am Nachlass als Nachweis dienen. Zum anderen soll es darüber hinaus Legitimationsfunktion haben und eine Vermutung aufstellen, nach welcher es die Sachverhalte, die nach dem auf die Rechtsnachfolge von Todes wegen anwendbaren Recht festgestellt wurden, zutreffend ausweist, d. h. vor allem Beweiskraft besitzen (aber nur hinsichtlich der vom Anwendungsbereich erfassten Aspekte, vgl. Art. 69 Abs. 2 und Erwägungsgrund 71 S. 3 EuErbVO)[55]. Sollte der nach § 1371 BGB ermittelte zusätzliche Anteil des überlebenden Ehegatten an der Erbschaft als güterrechtlich qualifiziert werden, so würden die Wirkungen des Art. 69 Abs. 2 EuErbVO diesen Aspekt nicht erfassen, obwohl er für die Frage der Rechtsnachfolge von Todes wegen in jedem Fall als äußerst bedeutsam einzustufen ist und den Gesamtanteil des überlebenden Ehegatten an der Erbschaft bestimmt. Wenn aber zu befürchten ist, dass das Europäische Nachlasszeugnis entgegen Art. 63 Abs. 2 lit. a EuErbVO nicht hinsichtlich der gesamten Erbquote eines überlebenden Ehegatten, in deren Fällen § 1371 BGB Anwendung findet, Beweiskraft besitzt, könnte zu befürchten sein, dass das Zeugnis an Praxistauglichkeit verliert.[56] Dies läuft jedoch diametral dem in Erwägungsgrund 7 der EuErbVO angeführten Ziel zuwider, die Beseitigung von Hindernissen für den freien Personenverkehr bei der Durchsetzung ihrer Rechte in Zusammenhang mit grenzüberschreitenden Erbfällen zur Sicherung des reibungslosen Funktionierens des Binnenmarkts voranzutreiben.[57]

---

[50] *EuGH* 27.3.1979 (*de Cavel/de Cavel*), EU:C:1979:83, EuGHE 1979, 01055 (Tz. 7); *EuGH* 31.3.1982 (C. H. W./G. J. H.) EU:C:1982:116, EuGHE 1982, 01189 (Tz. 6 ff.).

[51] Vgl. *EuGH* – Schlussanträge des Generalanwalts *Szpunar* 13.12.2017 (*Mahnkopf*), EU:C:2017:965 (Tz. 91). Dazu auch *Dörner*, IPRax 2017, 81 (84).

[52] Vgl. *EuGH* 27.2.1997 (*van den Boogaard/Laumen*) EU:C:1997:91, EuGHE 1997, I-01147 (Tz. 22); *EuGH* – Schlussanträge des Generalanwalts *Szpunar* 13.12.2017 (*Mahnkopf*), EU:C:2017:965 (Tz. 91 ff.); *Looschelders*, JR 2016, 193 (199).

[53] *EuGH* 1.3.2018 (*Mahnkopf*), EU:C:2018:138 (Tz. 39 f.).

[54] Näheres dazu *Looschelders*, JR 2016, 193, 199; *Rauscher*, FS Geimer, 2017, 529 (540 ff.).

[55] *EuGH* 12.10.2017 (*Kubicka*), EU:C:2017:755 (Tz. 60), NJW 2017, 3767 (3770); *EuGH* 1.3.2018 (*Mahnkopf*), EU:C:2018:138 (Tz. 42 f.), NJW 2018, 1377 (1378).

[56] Siehe bereits den Wortlaut § 1371 Abs. 1 Hs. 2 BGB; zur Wirkung des pauschalen Ausgleichs vgl. MüKoBGB/*Koch* BGB § 1371 Rn. 20; Palandt/*Brudermüller* BGB § 1371 Rn. 3; Staudinger/*Thiele* (2017) BGB § 1371 Rn. 7; zustimmend *EuGH* 1.3.2018 (*Mahnkopf*), EU:C:2018:138 (Tz. 42 f.), NJW 2018, 1377 (1378).

[57] *EuGH* 1.3.2018 (*Mahnkopf*), EU:C:2018:138 (Tz. 35), NJW 2018, 1377 (1378).

c) Güterrechtliche Qualifikation

Gegen eine erbrechtliche Qualifikation könnten freilich die Erwägungsgründe 11 und 12 der EuErbVO sprechen. Diese stellen fest, dass nicht alle Fragen, die mit Erbsachen zusammenhängen, vom Anwendungsbereich der Verordnung erfasst sein sollen bzw. müssen, wozu eben auch die Fragen des ehelichen Güterrechts gehören, wenn der Tod eines Ehegatten (wie im vorliegenden Sachverhalt) den Anlass für die Beendigung des Güterstands darstellt.

Zudem gilt auch bei der Qualifikation der in der EuErbVO verwendeten Begriffe zu beachten, dass diese im Rahmen des europäischen Kollisionsrechtssystems nicht isoliert ist, sondern mit der grundsätzlich ab dem 29.4.2019 geltenden EuGüVO[58] (vgl. deren Art. 70 Abs. 2 Unterabs. 2) im Komplementärverhältnis steht.[59] Aus der Tatsache, dass sich die Anwendungsbereiche der Verordnungen zur Vermeidung des Auftretens widersprüchlicher Verweisungen nicht überlappen sollen,[60] ist logisch zu folgern, dass zur notwendigen Abgrenzung der Anwendungsbereiche auch die in der jeweils anderen Verordnung getroffenen Regelungen und Begriffsbestimmungen heranzuziehen sind.[61] Folglich ist zur Auslegung der Begriffe der EuErbVO auch die Auslegung der Begriffe der EuGüVO heranzuziehen. Dabei weckt insbesondere deren Erwägungsgrund 18 nicht unerhebliche Zweifel an einer erbrechtlichen Qualifikation des § 1371 BGB:[62] Danach soll der Anwendungsbereich der EuGüVO alle zivilrechtlichen Aspekte der ehelichen Güterstände erfassen, wobei explizit die güterrechtliche Auseinandersetzung, insbesondere infolge der Trennung des Paares oder auch des Todes eines Ehegatten, als positives Beispiel genannt wird. Dies könnte nicht zuletzt im Rahmen einer zusammenhängenden Betrachtung mit den soeben angesprochenen Erwägungsgründen 11 und 12 der EuErbVO so gedeutet werden, dass Vorschriften wie § 1371 BGB, die die Folgen aus der Beendigung des Güterstandes durch den Tod eines Ehegatten regeln sollen, im europäischen Kollisionsrecht als güterrechtlich zu qualifizieren sind. Diesen Eindruck verstärkt die Regelung des Art. 27 lit. e EuGüVO.

Des Weiteren vermag das Argument, § 1371 BGB sei eine Regelung, die mithilfe erbrechtlicher Instrumente abbedungen werden könne und deshalb erbrechtlicher Natur sei, nicht zu überzeugen. Die Möglichkeit eines solchen Vorgehens besteht zwar; allerdings ist es den Eheleuten genauso gut möglich, § 1371 BGB durch Abschluss eines Ehevertrags und damit durch ein nicht erbrechtliches Instrument abzubedingen.[63]

Entscheidend ist jedoch die Funktion, die § 1371 BGB im nationalen Recht zugesprochen wird. Auf diese kommt es für die Qualifikation eines Rechtsinstituts nach der herrschenden sog. funktionalen Methode maßgeblich an.[64] § 1371 BGB ist nicht auf die Verteilung des Vermögens des Erblassers auf die ihm nahestehenden

---

[58] Verordnung (EU) 2016/1103 des Rates zur Durchführung einer Verstärkten Zusammenarbeit im Bereich der Zuständigkeit, des anzuwendenden Rechts und der Anerkennung und Vollstreckung von Entscheidungen in Fragen des ehelichen Güterstands vom 24.6.2016, ABl. EU 2016 Nr. L 183/1; abgedr. bei *Jayme/Hausmann* Nr. 33.

[59] *Rauscher*, FS Geimer, 2017, 529 (538).

[60] *EuGH* 6.10.2015 (*Matoušková*), EU:C:2015:653 (Tz. 34), NJW 2016, 387 (388 m. w. N.); NK-BGB/*Looschelders* EuErbVO Art. 1 Rn. 32; *Mankowski*, ZEV 2016, 479 (480).

[61] Vgl. *Mankowski*, ZEV 2016, 479 (480 f.); *Martiny*, ZfPW 2017, 1 (7).

[62] Vgl. *Rauscher*, FS Geimer, 2017, 529 (538). Jeweils betreffend den Erwägungsgrund 11 des ursprünglichen Entwurfs: *Mankowski*, ZEV 2014, 121 (125); *Heinig*, DNotZ 2014, 251 (257).

[63] MüKoBGB/*Koch* BGB § 1371 Rn. 1 m. w. N.; Staudinger/*Thiele* (2017) BGB § 1371 Rn. 133.

[64] Vgl. nur MüKoBGB/*von Hein* IPR Einleitung Rn. 118 ff.

Personen gerichtet, sondern vielmehr auf die Durchführung eines Ausgleichs infolge des Todes des Erblassers als ein mögliches Ereignis unter vielen, die zur Beendigung des ehelichen Güterstands führen können.[65] Der Umstand, dass dieser Ausgleich bei Eintreten dieses bestimmten Ereignisses durch das Zusprechen eines (pauschalen) Anteils an der Erbschaft erfolgt und unabhängig davon ist, ob tatsächlich ein Zugewinn erwirtschaftet wurde, dient lediglich der Vereinfachung; einerseits im Hinblick auf die Schwierigkeiten, die sich bei der exakten Ermittlung von Bestand und Wert des Anfangs- sowie des Endvermögens des verstorbenen Ehegatten ergeben, andererseits im Rahmen der Auseinandersetzung zwischen dem überlebenden Ehegatten und den übrigen Erben.[66]

Zu guter Letzt verbietet es die EuErbVO selbst nicht, Sachverhalte in das Europäische Nachlasszeugnis aufzunehmen, die nicht die Wirkungen des Art. 69 entfalten. Dies wird zum einen aus deren Art. 68 EuErbVO deutlich,[67] der sogar (soweit im Einzelfall erforderlich) die Aufnahme auch eindeutig nicht vom Anwendungsbereich der Verordnung erfasster Aspekte, wie z.B. Angaben zu einem vom Erblasser geschlossenen Ehevertrag (lit. h), anordnet. Zum anderen besagt Erwägungsgrund 71 S. 3 lediglich, dass die Wirkungen des Art. 69 EuErbVO sich nicht auf solche Angaben erstrecken sollen; zur Ablehnung der Aufnahme in das Zeugnis an sich trifft dieser jedoch keine Aussage. Damit kann nicht behauptet werden, die Effektivität des Zeugnisses sei dadurch vollständig ausgeschlossen, dass § 1371 BGB güterrechtlich qualifiziert werde.

d) Stellungnahme: erbrechtliche Qualifikation

Für die Ansicht, die in § 1371 BGB eine güterrechtliche Regelung sieht, sprechen gewichtige systematische und teleologische Argumente. Insbesondere führt die Anwendung der funktionalen Methode zu einer güterrechtlichen Qualifikation. Allerdings muss vor allem das Vorbringen der Gegenansicht, das Europäische Nachlasszeugnis würde hierdurch eines wesentlichen Teils seiner Effektivität beraubt, berücksichtigt werden. Regelungen wie § 1371 BGB bilden die Grundlage für einen erheblichen Teil der Ansprüche des überlebenden Ehegatten am Nachlass. Erhalten diese Angaben aber nicht die Wirkungen des Art. 69 Abs. 2 EuErbVO, so ist in der Tat der praktische Nutzen des Zeugnisses stark beeinträchtigt, zumal es sich bei § 1371 BGB auch um eine Vorschrift handelt, die im Rahmen des gesetzlichen Güterstands anwendbar ist. Damit dürfte die Anzahl der betroffenen Sachverhalte beträchtlich sein.[68] Daran vermag auch eine „vermittelnde" Lösung durch eine rein informatorische Ausweisung der nach § 1371 BGB erfolgenden Erhöhung nach Art. 68 lit. h EuErbVO[69] nichts zu ändern. Ebenso wenig vermag eine Eintragung

---

[65] BGHZ 205, 289 (295 f.); Palandt/*Thorn* EuErbVO Art. 1 Rn. 8; *Mankowski*, ZEV 2014, 121 (127).
[66] So bisher die ganz h.M., vgl. *EuGH* – Schlussanträge des Generalanwalts *Szpunar* 13.12.2017 (*Mahnkopf*), EU:C:2017:965 (Tz. 36); sowie auch *Sakka*, MittBayNot 2018, 4 (5); a.A. nun aber *EuGH* 1.3.2018 (*Mahnkopf*), EU:C:2018:138 (Tz. 40), NJW 2018, 1377 (1378).
[67] Für eine Aufnahme des nach BGB § 1371 zuzusprechenden Erbteils auch bei güterrechtlicher Qualifikation wird zum Teil auch dessen lit. l angeführt: MüKoBGB/*Dutta* EuErbVO Art. 68 Rn. 9; wohl auch NK-BGB/*Nordmeier* EuErbVO Art 68 Rn. 20. Dann aber würde die Wirkung des Art. 69 Abs. 2 EuErbVO dennoch eintreten, vgl. *Rauscher*, FS Geimer, 2017, 529 (541).
[68] Ähnlich: *Bandel*, ZEV 2018, 205 (208).
[69] So bspw. *Dörner*, ZEV 2012, 505 (508); *Walther*, GPR 2014, 325 (327); krit. *Süß*, ZEuP 2013, 725 (742).

des Erbteils aus § 1371 BGB nach Art. 68 lit. l EuErbVO das Problem zu lösen, da sich nach Art. 67 Abs. 1 Unterabs. 1 S. 1 EuErbVO die zu bescheinigende Position nach dem jeweils einschlägigen Statut beurteilt und das eheliche Güterrecht auf europäischer Ebene nicht vereinheitlicht ist.[70]

Die entscheidenden Argumente sprechen daher für eine erbrechtliche Qualifikation des § 1371 BGB auf Ebene des europäischen Kollisionsrechts, wenngleich sie eher Zweckmäßigkeitserwägungen widerspiegeln[71] und methodisch nicht vollends überzeugen können. Folglich gelangt die Vorschrift im Rahmen der Bestimmung der Erbquoten der Erben des *F* bereits aufgrund der Verweisung des Art. 21 Abs. 1 EuErbVO zur Anwendung.

3. Ergebnis: Erbquote des *G* beträgt die Hälfte neben den Kindern

Die gesetzliche Erbquote des *G* von einem Viertel erhöht sich folglich nach § 1371 Abs. 1 BGB um ein weiteres Viertel. Sie beträgt somit insgesamt die Hälfte neben *E* und *J*, die jeweils zu einem Viertel Erben des *F* sind.

III. Gesamtergebnis

F ist auf seine Frage zu antworten, dass im Falle seines Todes sein Vermögen zur einen Hälfte dem *G* und jeweils zu einem Viertel seinen Kindern *E* und *J* zufallen würde.

---

[70] Siehe dazu MüKoBGB/*Dutta* EuErbVO Art. 63 Rn. 8; *Dörner*, IPRax 2017, 81 (86 f.).
[71] Vgl. *Fornasier*, FamRZ 2018, 632 (634); *Rentsch*, NZFam 2018, 378.

Gesetzesverzeichnis

I. Deutsches Recht

AGBG – Gesetz zur Regelung des Rechts der Allgemeinen Geschäftsbedingungen
- § 3 a. F.: 4 (Fn. 10)
- § 12: 2

Ausführungsgesetz zum HZÜ
- § 1: 120 (Fn. 3)

AVAG – Gesetz zur Ausführung zwischenstaatlicher Anerkennungs- und Vollstreckungsverträge in Zivil- und Handelssachen (Anerkennungs- und Vollstreckungsausführungsgesetz)
- § 11 ff.: 70
- § 55: 70

BGB – Bürgerliches Gesetzbuch
- § 7: 117
- § 126: 110
- § 138: 53
- § 253: 107
- § 269: 43
- § 270: 43
- § 280: 114
- § 285: 135
- § 288: 94
- § 305: 3, 4, 10
- § 305c: 110
- § 307: 4, 111
- § 355: 1
- § 530: 145 (Fn. 10)
- § 823: 61, 113 (Fn. 58), 134, 138, 150
- § 826: 150
- § 929: 137
- § 935: 121
- § 954: 123
- § 985: 118, 123, 127
- § 986: 118, 123
- § 1000: 123, 126
- § 1297: 145
- § 1298: 145 (Fn. 10)
- § 1301: 145, 147
- § 1306: 183, 189 f., 193
- § 1313: 189
- § 1314: 183, 189 f., 193
- § 1353: 162, 183, 189
- § 1363: 193
- § 1371: 183, 193 ff.
- § 1564: 162
- § 1615l: 151
- § 1896: 153
- § 1924: 183, 186

- § 1930: 187
- § 1931: 183, 187, 193 ff.
- § 1937: 186
- § 1938: 194
- § 1942 ff.: 194

EGBGB – Einführungsgesetz zum Bürgerlichen Gesetzbuch
- Art. 3: 2, 74, 130, 148, 151, 154, 159 f., 174
- Art. 4: 9, 70, 118 ff., 132, 162 (Fn. 28), 177, 187
- Art. 5: 157, 161 f., 171 f., 187 (Fn. 9)
- Art. 6: 103
- Art. 10: 122
- Art. 11: 160 (Fn. 21)
- Art. 13: 160 (Fn. 21), 188 f.
- Art. 14: 122, 150, 186 f.
- Art. 15: 193 (Fn. 42)
- Art. 17 a. F.: 159 (Fn. 15)
- Art. 17: 159 (Fn. 14)
- Art. 17b a. F.: 188
- Art. 17b: 187 ff.
- Art. 19: 151, 187
- Art. 21: 174
- Art. 24: 154
- Art. 25: 193 (Fn. 42)
- Art. 29: 3 ff., 11, 80
- Art. 40: 7, 69 f., 106, 148
- Art. 41: 70
- Art. 42: 122
- Art. 43: 9, 118 f., 120, 121, 125, 126, 132, 137
- Art. 46: 9, 119, 121, 122 f., 132
- Art. 46b: 2, 3
- Art. 46c: 79 (Fn. 29)
- Art. 46d: 162
- Art. 229 § 42: 79 (Fn. 29)

EGGVG – Einführungsgesetz zum Gerichtsverfassungsgesetz
- § 23: 102, 105
- § 24: 102
- § 25: 102
- § 28: 103

FamFG – Gesetz über das Verfahren in Familiensachen und in Angelegenheiten der freiwilligen Gerichtsbarkeit
- § 1: 144
- § 12: 145
- § 13: 145
- § 29: 145

- § 97: 144, 153, 157
- § 98: 156 (Fn. 2), 157 f.
- § 103: 192
- § 104: 153 f.
- § 105: 42, 144 ff.
- § 107: 192
- § 108: 192
- § 109: 164, 192
- § 111: 144, 170
- § 113: 162 ff.
- § 121: 157
- § 152: 170
- § 158: 178
- § 266: 144
- § 267: 144 ff., 148
- § 270: 192
- § 271: 153
- § 172: 154 (Fn. 57)

FlaggenrechtsG – Gesetz über das Flaggenrecht der Seeschiffe und die Flaggenführung der Binnenschiffe (Flaggenrechtsgesetz)
- § 21: 85

GG – Grundgesetz für die Bundesrepublik Deutschland
- Art. 1: 71
- Art. 2: 54, 71, 178
- Art. 5: 71
- Art. 6: 178, 188
- Art. 16: 180
- Art. 103: 178

GVG – Gerichtsverfassungsgesetz
- § 17: 147
- § 23: 13, 24, 36, 56, 69, 99, 117, 139
- § 23a: 148, 154 (Fn. 57)
- § 23c: 154 (Fn. 57)
- § 71: 13, 24, 56, 69, 99, 117, 139
- § 185: 173

HGB – Handelsgesetzbuch
- § 89b: 49, 55, 57
- § 92c: 57 (Fn. 31)
- § 650: 130, 138

IntFamRVG – Gesetz zur Aus- und Durchführung bestimmter Rechtsinstrumente auf dem Gebiet des internationalen Familienrechts (Internationales Familienrechtsverfahrensgesetz)
- § 11: 177
- § 12: 177
- § 37: 176

ProdHaftG – Gesetz über die Haftung fehlerhafter Produkte (Produkthaftungsgesetz)
- § 1: 135, 138
- § 2: 75

RPflG – Rechtspflegergesetz
- § 20: 55

StGB – Strafgesetzbuch
- § 263: 150

TzWrG – Gesetz über die Veräußerung von Teilzeitnutzungsrechten an Wohngebäuden
- § 8: 2

UKlaG – Gesetz über Unterlassungsklagen bei Verbraucherrechts- und anderen Verstößen
- § 7: 71

UWG – Gesetz gegen den unlauteren Wettbewerb
- § 12: 71

ZPO – Zivilprozessordnung
- § 1: 36, 56, 99, 139
- § 3: 36
- § 5: 13
- § 12: 56, 117, 145
- § 13: 117, 145
- § 17: 56
- § 21: 42
- § 23: 13, 43 ff., 47, 54, 139, 146 (Fn. 13)
- § 29: 42 f., 47, 108, 145 f.
- § 32: 108, 146 ff.
- § 39: 47, 109, 111
- § 40: 109
- § 50: 24
- § 78: 51
- § 91: 105, 113
- § 139: 163
- § 148: 46, 164
- § 184: 55 f.
- § 253: 164
- § 256: 162
- § 261: 45 ff., 163 f.
- § 328: 46 ff., 51, 53 f., 104, 106 ff., 111 ff., 164
- § 331: 150
- § 722: 50, 105
- § 723: 50, 105 f., 111
- § 728: 106
- § 829: 55
- § 835: 55
- § 836: 55
- § 828: 55
- § 1025: 139
- § 1032: 139 f.
- § 1087: 38, 59
- § 1104a: 38 (Fn. 32)
- § 1115: 51

II. Ausländisches Recht

Frankreich
– Code Civil: 52, 183 f.

Italien
– Codice civile: 116, 120 ff., 125, 153, 155
– Gesetz über das internationale Privatrecht: 116, 121, 158

Niederlande
– Wet ansprakelijkheidsverzekering motorrijtuigen (WAM): 16, 23, 25

– Burgerlijk Wetboek (BW): 16, 26
– Wetboek van burgerlijke Rechtsvordering (Rv): 16, 27

Schweiz
– Bundesgesetz über das Internationale Privatrecht (IPRG): 62, 69 (Fn. 37), 70, 115 f., 119 ff., 124, 155 f.
– Zivilgesetzbuch (ZGB): 62, 71, 115, 120 f., 124, 126 f., 155, 162

III. Europäisches Gemeinschaftsrecht

Richtlinie 85/374/EWG des Rates zur Angleichung der Rechts- und Verwaltungsvorschriften der Mitgliedstaaten über die Haftung für fehlerhafte Produkte vom 25.7.1985 (ABl. EG Nr. L 210/29)
– Art. 2: 75

Richtlinie 93/13/EWG über missbräuchliche Klauseln in Verbraucherverträgen vom 5.4.1993 (ABl. EG Nr. L 95/29) – Klauselrichtlinie
– Art. 1: 3
– Art. 2: 3
– Art. 3: 3 f.
– Art. 6: 3

Charta der Grundrechte der Europäischen Union vom 7.12.2000 (inkorporiert in das Gemeinschaftsrecht über Art. 6 AEUV)
– Art. 24: 181

Verordnung (EG) Nr. 44/2001 des Rates über die gerichtliche Zuständigkeit und die Anerkennung und Vollstreckung von Entscheidungen in Zivil- und Handelssachen vom 22.12.2000 (ABl. EG Nr. L 12/1) – Brüssel I-VO
– Art. 1: 65, 98, 140
– Art. 5: 54, 56 (Fn. 30), 98
– Art. 7: 77, 98, 147 (Fn. 20)
– Art. 23: 96
– Art. 15: 5
– Art. 34: 51
– Art. 38 ff.: 50
– Art. 43 ff.: 51
– Art. 60: 12 (Fn. 45)
– Art. 76: 54

Verordnung (EG) Nr. 2201/2003 des Rates über die Zuständigkeit und die Anerkennung und Vollstreckung von Entscheidungen in Ehesachen und in Verfahren betreffend die elterliche Verantwortung vom 27.11.2003 (ABl. EU Nr. L 338/1) – Brüssel IIa-VO
– Art. 1: 152, 156, 168 f., 191
– Art. 2: 168 f., 177
– Art. 3: 156, 158, 165, 172
– Art. 6: 158
– Art. 7: 156 (Fn. 2), 158
– Art. 8: 169 ff., 173, 180
– Art. 9: 170, 174
– Art. 10: 170, 174, 176, 180
– Art. 11: 176, 178 f., 180 f.
– Art. 12: 169 f.
– Art. 13: 169
– Art. 15: 164 (Fn. 36), 170 ff.
– Art. 16: 161, 163
– Art. 19: 163 ff.
– Art. 21: 177, 191
– Art. 22: 163
– Art. 24: 165
– Art. 42: 168, 179 (Fn. 46), 181
– Art. 60: 175 f.
– Art. 61: 168, 175
– Art. 62: 175
– Art. 64: 169
– Art. 72: 169

Verordnung (EG) Nr. 261/2004 des Europäischen Parlaments und des Rates über eine gemeinsame Regelung für Ausgleichs und Unterstützungsleistungen für Fluggäste im Fall der Nichtbeförderung und bei Annullierung oder großer Verspätung von Flügen vom 11.2.2004 (ABl. EU 2004 Nr. L 46/1) – Fluggastrechte-VO

- Art. 3: 31, 33, 36
- Art. 5: 31, 36
- Art. 7: 32, 36

Verordnung (EG) Nr. 805/2004 des Europäischen Parlaments und des Rates zur Einführung eines Europäischen Vollstreckungstitels für unbestrittene Forderungen vom 21.4.2004 (ABl. EU Nr. L 143/15) – EuVTVO
- Art. 1: 37
- Art. 2: 58
- Art. 3: 37, 58
- Art. 4: 58
- Art. 5: 58
- Art. 6: 58 f.
- Art. 21: 58

Verordnung (EG) Nr. 1896/2006 des Europäischen Parlaments und des Rates zur Einführung eines Europäischen Mahnverfahrens vom 12.12.2006 (ABl. EU Nr. L 399/1) in der Fassung der Änderungsverordnung (EU) Nr. 2015/2421 vom 16.12.2015 (ABl. EU Nr. L 341/1) – EuMahnVO
- Art. 1: 39
- Art. 2: 37
- Art. 3: 37 f., 59
- Art. 4: 38
- Art. 6: 38, 59
- Art. 7: 38
- Art. 17: 39, 59
- Art. 18: 59

Verordnung (EG) Nr. 864/2007 des Europäischen Parlaments und des Rates über das auf außervertragliche Schuldverhältnisse anzuwendende Recht vom 11.7.2007 (ABl. EU Nr. L 199/40) – Rom II-VO
- Art. 1: 6, 25 f., 69, 74, 82, 134, 148
- Art. 2: 6, 74
- Art. 4: 7 ff., 25, 75 f., 82 f., 84, 86, 134 f., 138, 149 f.
- Art. 5: 75 ff., 83 f., 86, 134 f., 138
- Art. 7: 7 (Fn. 26)
- Art. 10: 8
- Art. 11: 7
- Art. 14: 6 ff., 75, 77, 82 f., 86, 134 f.
- Art. 18: 25 f.
- Art. 21: 26
- Art. 22: 26 f.
- Art. 23: 75 f., 134 f.
- Art. 24: 7 f., 25, 77, 82, 84, 134, 136
- Art. 26: 27, 106, 107 (Fn. 28)
- Art. 28: 25, 75, 79
- Art. 31: 6, 25, 75, 82, 148
- Art. 32: 6, 75, 134, 148

Verordnung (EG) Nr. 1393/2007 des Europäischen Parlaments und des Rates über die Zustellung gerichtlicher und außergerichtlicher Schriftstücke in Zivil- oder Handelssachen in den Mitgliedstaten vom 13.11.2007 (ABl. EU Nr. L 324/79) – EuZVO
- Art. 1: 102 (Fn. 2)

Verordnung (EG) Nr. 593/2008 des Europäischen Parlaments und des Rates über das auf vertragliche Schuldverhältnisse anzuwendende Recht vom 17.6.2008 (ABl. EU Nr. L 177/6) – Rom I-VO
- Art. 1: 79, 131
- Art. 2: 57
- Art. 3: 2, 43, 56, 57 (Fn. 33), 79 f., 84, 88, 131
- Art. 4: 53, 56 f., 89, 94, 122, 123 (Fn. 31)
- Art. 5: 81, 83 f.
- Art. 6: 4 ff., 10 f., 80 f.
- Art. 7: 26 (Fn. 40)
- Art. 8: 56, 84 ff.
- Art. 9: 57
- Art. 10: 2, 80
- Art. 12: 94, 113
- Art. 17: 93
- Art. 19: 57, 81, 86, 89
- Art. 20: 6, 57, 80 f., 86, 89, 122
- Art. 21: 57
- Art. 22: 80
- Art. 23: 2, 79 (Fn. 29)
- Art. 24: 25
- Art. 25: 88, 130
- Art. 28: 79, 131

Verordnung (EG) Nr. 4/2009 des Rates über die Zuständigkeit, das anwendbare Recht, die Anerkennung und Vollstreckung von Entscheidungen und die Zusammenarbeit in Unterhaltssachen vom 18.12.2008 (ABl. EU Nr. L 7/1) – EuUntVO
- Art. 1: 151 f.
- Art. 2: 152
- Art. 3: 152
- Art. 5: 152
- Art. 12: 163 (Fn. 32)
- Art. 15: 150

Richtlinie 2009/103/EG des europäischen Parlaments und des Rates über die Kraftfahrzeug-Haftpflichtversicherung und die Kontrolle der entsprechenden Versicherungspflicht vom 16.9.2009 (ABl. EU Nr. L 263/11) – Kfz-Haftpflicht-RL
- Art. 3: 16
- Art. 18: 16, 23

Gesetzesverzeichnis

Vertrag über die Arbeitsweise der Europäischen Union (aufgrund des am 1.12.2009 in Kraft getretenen Vertrags von Lissabon) – AEUV
- Art. 18: 161, 171
- Art. 54: 10
- Art. 57: 34
- Art. 81: 59
- Art. 288: 9, 36, 117

Verordnung (EU) Nr. 1259/2010 des Rates zur Durchführung einer Verstärkten Zusammenarbeit im Bereich des auf die Ehescheidung und Trennung ohne Auflösung des Ehebandes anzuwendenden Rechts vom 20.12.2010 (ABl. EU Nr. L 343/10) – Rom III-VO
- Art. 1: 159
- Art. 4: 159
- Art. 5: 160 ff.
- Art. 6: 160
- Art. 7: 160
- Art. 8: 159 ff.
- Art. 11: 162 (Fn. 28)
- Art. 13: 160
- Art. 21: 159

Verordnung (EU) Nr. 650/2012 des Europäischen Parlaments und des Rates über die Zuständigkeit, das anzuwendende Recht, die Anerkennung und Vollstreckung von Entscheidungen und die Annahme und Vollstreckung öffentlicher Urkunden in Erbsachen sowie zur Einführung eines Europäischen Nachlasszeugnisses vom 4.7.2012 (ABl. EU 2012 Nr. L 201/107) – EuErbVO
- Art. 1: 184, 193
- Art. 3: 184, 193
- Art. 4: 186
- Art. 17: 163 (Fn. 32)
- Art. 21: 185, 193, 198
- Art. 22: 185
- Art. 23: 194
- Art. 34: 185
- Art. 62: 195
- Art. 63: 195
- Art. 67: 198
- Art. 68: 197 f.
- Art. 69: 195, 197
- Art. 75: 184
- Art. 83: 184

Verordnung (EU) Nr. 1215/2012 des Europäischen Parlaments und des Rates über die gerichtliche Zuständigkeit und die Anerkennung und Vollstreckung von Entscheidungen in Zivil- und Handelssachen vom 12.12.2012 (ABl. EU Nr. L 351/1) – Brüssel Ia-VO

- Art. 1: 10, 16, 27, 32, 42, 50, 95, 98, 117, 152, 194
- Art. 4: 10, 16 f., 22, 27 f., 42, 45, 50, 54 ff., 74, 77 f., 96, 112, 117, 144
- Art. 5: 10, 43, 52, 54, 56 (Fn. 30), 77, 98, 117, 144
- Art. 6: 10 f., 13, 32, 38, 42, 50, 52, 56, 63, 77, 95, 109, 112, 117, 138, 144
- Art. 7: 21, 28, 33 ff., 37 f., 42, 45, 57, 77 f., 96 ff., 147 (Fn. 20)
- Art. 8: 28, 45
- Art. 9: 45
- Art. 10: 22
- Art. 11: 22 ff., 27 f., 42
- Art. 12: 22
- Art. 13: 22 f., 24 (Fn. 31), 27 f.
- Art. 17: 10 ff., 18 ff., 32 f., 42
- Art. 18: 10 ff., 18, 32 f., 52, 58
- Art. 19: 12, 18, 20 f.
- Art. 20: 42
- Art. 24: 16 (Fn. 2), 17, 54
- Art. 25: 12, 16 (Fn. 2), 17 f., 20, 42, 95 f., 109 ff.
- Art. 26: 47 f., 95, 97 f., 111 (Fn. 54), 144
- Art. 29: 45 f., 163 (Fn. 32)
- Art. 30: 45
- Art. 32: 45 (Fn. 22)
- Art. 33: 45, 163 (Fn. 31)
- Art. 34: 45
- Art. 39: 44, 50, 58, 105
- Art. 41: 54
- Art. 42: 50
- Art. 45: 51 (Fn. 7), 52 f.
- Art. 46: 51 ff., 58
- Art. 48: 51
- Art. 49: 51
- Art. 50: 51
- Art. 52: 53
- Art. 53: 50
- Art. 60: 12 (Fn. 45)
- Art. 62: 11, 42 (Fn. 2), 117
- Art. 63: 10, 22, 32, 42, 56, 77, 95
- Art. 66: 10, 16, 22, 27, 32, 42, 50, 77, 95, 117
- Art. 72: 52
- Art. 73: 63
- Art. 76: 43, 54
- Art. 80: 9
- Art. 81: 9 f., 16, 22, 27, 32, 77, 117

Verordnung (EU) 2015/848 des Europäischen Parlaments und des Rates über Insolvenzverfahren vom 20.5.2015 (ABl. EU Nr. L 141/19) – EuInsVO
- Art. 16 a. F.: 165 (Fn. 41)
- Art. 19: 165 (Fn. 41)
- Art. 26: 53

Richtlinie (EU) 2015/2302 über Pauschalreisen und verbundene Reiseleistungen vom 25.11.2015 (ABl. EU Nr. L 326/1) – Pauschalreise-RL
- Art. 2: 33
- Art. 3: 33, 80 (Fn. 30)

Verordnung (EG) Nr. 861/2007 des Europäischen Parlaments und des Rates zur Einführung eines europäischen Verfahrens für geringfügige Forderungen vom 11.7.2007 (ABl. EU Nr. L 199/1) in der Fassung der Änderungsverordnung (EU) Nr. 2015/2421 vom 16.12.2015 (ABl. EU L 341/1) – BagatellVO
- Art. 1: 38
- Art. 2: 38
- Art. 4: 38 f.
- Art. 5: 38
- Art. 7: 38

Verordnung (EU) 2016/1103 des Rates zur Durchführung einer Verstärkten Zusammenarbeit im Bereich der Zuständigkeit, des anzuwendenden Rechts und der Anerkennung und Vollstreckung von Entscheidungen in Fragen des ehelichen Güterstands vom 24.6.2016 (ABl. EU Nr. L 183/1) – EuGüVO
- Art. 17: 163 (Fn. 32)
- Art. 27: 196
- Art. 70: 196

Verordnung (EU) 2016/1104 des Rates zur Durchführung der Verstärkten Zusammenarbeit im Bereich der Zuständigkeit, des anzuwendenden Rechts und der Anerkennung und Vollstreckung von Entscheidungen in Fragen güterrechtlicher Wirkungen eingetragener Partnerschaften vom 24.6.2016 (ABl. EU Nr. L 183/30; L 113/62) – EuGüVO (Part)
- Art. 17: 163 (Fn. 32)

IV. Völkerrechtliche Verträge

Haager Abkommen zur Regelung des Geltungsbereichs der Gesetze auf dem Gebiet der Eheschließung vom 12.6.1902 (RGBl. 1904, 221)
- Art. 5: 160
- Art. 7: 160

Konvention zum Schutz der Menschenrechte und Grundfreiheiten vom 4.11.1950 (BGBl. 1952 II 685, 953) – EMRK
- Art. 6: 52
- Art. 8: 178 (Fn. 41)

Deutsch-britisches Abkommen über die gegenseitige Anerkennung und Vollstreckung von gerichtlichen Entscheidungen in Zivil- und Handelssachen vom 14.6.1960 (BGBl. 1961 II 302, 1025): 148

Haager Übereinkommen über die Zustellung gerichtlicher und außergerichtlicher Schriftstücke im Ausland vom 15.11.1965 (BGBl. 1977 II 1452) – HZÜ
- Art. 5: 102
- Art. 6: 102 (Fn. 5)
- Art. 13: 103 f.

Brüsseler EWG-Übereinkommen über die gerichtliche Zuständigkeit und die Vollstreckung gerichtlicher Entscheidungen in Zivil- und Handelssachen vom 27.9.1968 (BGBl. 1972 II 774) – EuGVÜ
- Art. 1: 65, 194
- Art. 5: 98

- Art. 13: 11 f.
- Art. 27: 53 (Fn. 18)

Baseler Europäischen Übereinkommen über Staatenimmunität vom 16.5.1972 (BGBl. 1990 II 35) – EuStImmÜ
- Art. 27: 63
- Art. 34: 63

Haager Übereinkommen über das auf die Produkthaftung anzuwendende Recht vom 2.10.1973 (in Deutschland nicht ratifiziert): 79

Wiener Übereinkommen über Verträge über den internationalen Warenkauf vom 11.4.1980 (BGBl. 1989 II 588) – CISG
- Art. 1: 88 f., 130 f.
- Art. 3: 88
- Art. 4: 93, 122 (Fn. 26), 132
- Art. 5: 3 ff., 11, 80
- Art. 6: 131
- Art. 7: 92 f., 94, 132 (Fn. 6)
- Art. 14: 89, 132
- Art. 19: 89
- Art. 25: 90 f.
- Art. 30: 132, 136 ff.
- Art. 31: 136 f.
- Art. 36: 133
- Art. 38: 90
- Art. 39: 90
- Art. 45: 90 f., 93, 133

- Art. 46: 92, 133
- Art. 48: 92
- Art. 49: 90 f.
- Art. 53: 89, 93
- Art. 57: 98
- Art. 58: 93
- Art. 61: 89
- Art. 62: 89
- Art. 68: 133
- Art. 74: 91, 93, 133
- Art. 78: 94
- Art. 81: 89, 93
- Art. 84: 93, 135
- Art. 88: 93
- Art. 100: 131

Luxemburger Europäisches Übereinkommen über die Anerkennung und Vollstreckung von Entscheidungen über das Sorgerecht für Kinder und die Wiederherstellung des Sorgeverhältnisses vom 20.5.1980 (BGBl. 1990 II 220) – EuEntfÜ: 175 f.

Römisches EWG-Übereinkommen über das auf vertragliche Schuldverhältnisse anzuwendende Recht vom 19.6.1980 (BGBl. II 810) – EVÜ
- Art. 5: 3 ff., 11, 80

Haager Übereinkommen über die zivilrechtlichen Aspekte internationaler Kindesentführungen vom 25.10.1980 (BGBl. 1990 II 207) – HKEntfÜ
- Art. 1: 176
- Art. 3: 176 (Fn. 34), 177
- Art. 4: 176, 179
- Art. 6: 177
- Art. 7: 177
- Art. 8: 177
- Art. 12: 176 ff., 180
- Art. 13: 178 ff.
- Art. 20: 180
- Art. 29: 177
- Art. 35: 176

Übereinkommen über die Rechte des Kindes vom 20.11.1989 (BGBl. II 990) – UN-Kinderrechtekonvention
- Art. 12: 178 (Fn. 41)

Haager Übereinkommen über die Zuständigkeit, das anzuwendende Recht, die Anerkennung, Vollstreckung und Zusammenarbeit auf dem Gebiet der elterlichen Verantwortung und der Maßnahmen zum Schutz von Kindern vom 19.10.1996 – KSÜ

- Art. 1: 174
- Art. 2: 169, 174
- Art. 3: 174 f.
- Art. 4: 174
- Art. 5: 174
- Art. 8: 173 (Fn. 20)
- Art. 15: 174 f.
- Art. 50: 175
- Art. 52: 168

Haager Übereinkommen über den internationalen Schutz von Erwachsenen vom 13.1.2000 (BGBl. 2007 II 323) – HErwSÜ
- Art. 1: 153 f.
- Art. 3: 153
- Art. 4: 151, 153
- Art. 5: 154
- Art. 13: 154
- Art. 18: 154
- Art. 19: 154

Haager Übereinkommen über Gerichtsstandsvereinbarungen vom 30.6.2005 – HGÜ
- Art. 1: 95
- Art. 2: 9 (Fn. 37), 95
- Art. 11: 107 (Fn. 31)
- Art. 13: 105
- Art. 26: 95

Luganer Übereinkommen über die gerichtliche Zuständigkeit und die Anerkennung und Vollstreckung von Entscheidungen in Zivil- und Handelssachen vom 30.10.2007 (ABl. EU L 147/2009) – LugÜ
- Art. 1: 64
- Art. 2: 64 f.
- Art. 5: 65 f., 69
- Art. 33: 163 (Fn. 31)
- Art. 34: 70
- Art. 35: 70
- Art. 38: 70
- Art. 43: 70
- Art. 45: 70
- Art. 60: 64

Haager Protokoll über das auf Unterhaltsverpflichtungen anzuwendende Recht vom 23.11.2007 – HUntP 2007
- Art. 2: 151
- Art. 3: 151
- Art. 4: 151
- Art. 5: 151
- Art. 6: 151
- Art. 15: 150

Sachverzeichnis

American rule of costs 108
Antisuit injunction 114 (Fn. 66)
Anerkennung ausländischer Entscheidungen
- Anerkennungszuständigkeit 46 ff., 51 f., 108 ff., 192
- ordre public 52 f., 71, 103 f., 106 f., 180
- Rechtskraftwirkung 112 f.
- révision au fond 53, 104, 106
- Verbürgung der Gegenseitigkeit 46, 107 f.
- Vollstreckbarerklärung, s. dort
Anerkennungsprognose 46 ff.
Anerkennungszuständigkeit
- Irrelevanz nach Brüssel Ia-VO 52, 111 (Fn. 54)
- kraft rügeloser Einlassung 47, 97 f., 111 f.
- Spiegelbildprinzip 47, 108, 111, 192
- US-Bundesgerichte 107 f.
Anknüpfung
- akzessorische 7 f., 70, 76 f., 80, 82, 121 f., 149 f.,
- alternative 187
- subsidiäre 83, 161
- Sonderanknüpfung von Einzelfragen 2, 4, 56, 69
Anpassung 8, 64 (Fn. 13)
Aufenthalt
- gewöhnlicher 57, 69 f., 75 f., 169 f.
- Minderjährige 169
Auflockerung
- Geschäftsführung ohne Auftrag 7
- unerlaubte Handlung 7 f., 149
- ungerechtfertigte Bereicherung 8
Ausweichklausel
- Sachenrecht 9, 46, 121
- Vertragsrecht 57, 85
- Deliktsrecht 84

Betreuung
- Anknüpfung 144
- internationale Zuständigkeit, s. dort

Drittschadensliquidation 135 ff.

Europäisches Bagatellverfahren 39
Ehescheidung
- Anknüpfung 160 f.
- internationale Zuständigkeit, s. dort
Eheschließung
- Formwirksamkeit 159 ff.
- Handschuhehe, s. dort

Erbrecht
- Lebenspartnerschaft, s. dort
- Qualifikation Zugewinnausgleich, 193 ff.
Erstfrage 159
Erwachsenenschutz, s. Betreuung
Europäisches Mahnverfahren 37 ff., 58 f.
Europäischer Vollstreckungstitel 37, 58
Exequatur, s. Vollstreckbarerklärung

Gerichtsstandsvereinbarung
- Einbeziehungs- und Inhaltskontrolle 17, 95, 109 ff.
- in AGB 17, 95, 109 f.
- mit Verbrauchern 18 ff.
- Prorogationsschranke 18 f.
- sachliche Reichweite 111
- Schadensersatz wegen abredewidriger Klageerhebung 113 f.
- Sprache 111
Geschäftsführung ohne Auftrag 6 ff.
Grundrechte, s. ordre public

Handelsvertretervertrag
- Ausgleichsanspruch 55
- charakteristische Leistung 57
Handschuhehe 159

Insolvenzrecht 53, 165 (Fn. 41)
Internationale Rechtshilfe, s. Zustellung
Internationale Übereinkommen
- autonome Auslegung 63 f., 168
- Kindschaftsrecht 168 ff.
- Vorrang 25, 33 (Fn. 1), 79, 88, 92, 109, 118, 130, 144, 174 ff.
Internationale Zuständigkeit, s. auch Anerkennungszuständigkeit
- actor sequitur forum rei 43, 148
- action directe (Direktklage) 22 ff., 26, 28
- allgemeiner Gerichtsstand 28, 65, 117, 145
- Betreuung 153 f.
- common law 50
- Doppelfunktionalität der örtlichen Zuständigkeit 42, 108, 144 f., 147
- doppelrelevante Tatsache 23, 146 (Fn. 14)
- Ehescheidung 156, 169 f.
- Einziehungsklage 55 f.
- Erfüllungsort 21, 34 ff., 42 f., 96 f., 145
- Forderungspfändung 54
- forum non conveniens 44, 52, 170, 172
- Gerichtsstandsvereinbarung, s. dort

– Gesellschaftssitz 22, 31, 77, 95
– Kognitionsbefugnis 67, 147
– Mehrparteiengerichtsstand 28 f.
– Niederlassung 11, 42
– rügelose Einlassung 47, 97 f., 111
– Sorgerecht 164 (Fn. 36), 175, 177, 181
– Trennung von Tisch und Bett 158 f.
– unerlaubte Handlung 21, 28, 33, 65, 77 f., 147
– Unterhalt 152
– Verbrauchergerichtsstand 11 ff., 32
– Vermögensgerichtsstand 13, 43, 54
Internationale Rechtshilfe, s. Zustellung

Kaufvertrag
– Aufrechnung 92 f.
– Erfüllungsanspruch 91, 132 ff.
– Ersatzlieferung 92, 133, 135
– Nacherfüllung 92
– Rügefrist 90
– Schadensersatz 91 f., 133
– Sperrwirkung des UN-Kaufrechts 88, 130
– Spezieskauf 133
– Vertragsaufhebung 89 ff.
– wesentliche Vertragsverletzung 90 f.
– Zinsen 94
Kindesentführung
– Kindeswille 179
– Kindeswohl 173, 178 f.
– Rückgabeverfahren 180 f.
– Schutzmaßnahmen 175
– undertakings 179
– Verfahrensbeistand 178
Kognitionsbefugnis, s. internationale Zuständigkeit

Lebenspartnerschaft
– Anknüpfung 190
– Erbrecht 187 f.
– Qualifikation 188
Legal kidnapping, s. Kindesentführung

Ordre public
– Angehörigenbürgschaft 52 ff.
– Grundrechte 53
– Inlandsbezug 53
– *ordre public atténué* 70, 107
– punitive damages, s. dort

Punitive damages 102 ff.; 106 f.

Qualifikation 64, 118, 123, 188, 194 ff.

Rechtshängigkeitssperre 44, 164
Rechtshilfe 104, 148
Rechtswahl
– in AGB 2 ff.
– Sachenrecht 121 f.
– stillschweigende 56
– Vertragsrecht 2 ff., 56, 79 f., 131

Sachenrecht
– gutgläubiger Erwerb 118 ff.
– Herausgabeanspruch 9, 118
– Internationaler Versendungskauf 120 ff.
– *lex rei sitae* 9, 118 f., 123 f., 132, 137
– Lösungsrecht 123 ff.
– *res in transitu* 132
– Wertpapiere 137
Schiedsklausel
– Schiedseinrede 139 f.
– antisuit injunction 140 f.
Sorgerecht
– internationale Zuständigkeit, s. dort
Staatsangehörigkeit
– effektive 157, 171 f.
– Mehrstaater 161, 171 f.
– und internationale Zuständigkeit 157 f.
Staatsimmunität 62 f.
Statutenwechsel 8, 119 f., 124, 133
– abgeschlossener Tatbestand 120, 124
– offener Tatbestand 121
Stellvertretung, s. Handschuhehe
Strafschadensersatz, s. punitive damages
Streitverkündung 28

Trennung von Tisch und Bett
– internationale Zuständigkeit, s. dort
– weseneigene Unzuständigkeit 158 f.

Umgangsrecht
– Aussetzung des Umgangs 169 f., 173, 175
– internationale Zuständigkeit, s. dort
– Schutzmaßnahmen 175
Unerlaubte Handlung
– akzessorische Anknüpfung, s. Anknüpfung
– Anscheinsbeweis 26 f.
– Auflockerung, s. dort
– Direktanspruch 25 f.
– Distanzdelikt 66, 69, 146, 148
– Erfolgsort 7 f., 66 ff., 78, 82, 84, 146, 148
– Günstigkeitsprinzip 7 f., 25, 187
– Handlungsort 66 ff., 78, 146 f.
– internationale Zuständigkeit, s. dort
– Mosaikbeurteilung 67 ff.
– Persönlichkeitsrechtsverletzung 67, 69 f.
– Produkthaftung 75, 78 f., 134 f.
– Tatort 22, 69, 84
– Ubiquitätsprinzip 7, 146
Ungerechtfertige Bereicherung 8
Unterhalt
– Anknüpfung 150 f.
– internationale Zuständigkeit, s. dort

Verlöbnis
– Anknüpfung 149 f.
– Verlöbnisbruch 149 f.
Vertrag
– Arbeitsvertrag 84 f.
– Ausweichklausel, s. dort

– Dienstleistungsvertrag 4 f., 10 f., 34 f., 56 f.
– Handelsvertretervertrag, s. dort
– Kaufvertrag, s. dort
– Personenbeförderungsvertrag 33 ff., 81, 149 (Fn. 26)
– Rechtswahl, s. dort
– Verbrauchervertrag 4 f.,11, 18 ff., 33, 80 f.
– Vertragsklagen 21, 33 ff., 96 f., 98 f.
– zwingende Bestimmung 5, 80
Versicherungssachen 22 f., 28
Verweisung
– Gesamtverweisung 9, 70, 119 ff., 140, 132, 187
– Sachnormverweisung 6 ff., 25, 57, 77, 80 ff., 84, 86, 91, 118, 122, 134, 160, 185, 187, 190

Vollstreckbarerklärung 50 f., 58, 70, 72, 105 ff., 112
– Einziehungsklage 55 ff.
– Europäischer Vollstreckungstitel, s. dort
– Forderungspfändung 54 f.
– Rechtsbehelfsverfahren 51
Vorfrage 134, 159, 186

Zustellung
– ins Ausland 56, 102 ff., 164
– Rechtsschutz gegen Zustellungsverfügung 102 (Fn. 5)
– von punitive damages-Klagen 107 ff.
Zwangsvollstreckung
– Forderungspfändung 54 f.
– Vollstreckbarerklärung 105